함평고구마 피해보상투쟁

윤수종 지음

함평고구마 피해보상투쟁

윤수종 지음

심미안

암울한 군사독재 시절 얻어낸 값진 농민의 승리

서경원 당시 가농 전남연합회 총무, 회장

나는 1976년 전남 함평군 신광면 191번지(대동면 경계에 있음) 밭에 온 식구와 정성을 다해 고구마를 심고 가꾸었다. 8월 어느 날 대동 농협 직원이 우리 집에 와서 "금년산 고구마는 생고구마로 전량을 수매하기로 했다"고 하여 나는 고무된 표정으로 "그게 정말이냐"고 물었다. 직원은 "그렇다"고 힘주어 말했다.

나는 농협직원과 막걸리 잔을 주거니 받거니 하다가, 농협 정관을 중심으로 농협의 원칙과 운영 방안을 설명하였다. 농협 정관 제2조 '본농협은 농민의 경제적 사회적 지위 향상을 도모한다'는 대목을 강조하면서, '사회적 지위 향상'이란 무슨 뜻인지 알고 있느냐고 질문을 던졌다. 농협직원은 우물쭈물하며 모호한 대답을 하였다.

"농민이 해진 신발 신고 때가 묻은 옷을 입고 꿰맨 밀짚모자 쓰고 농협에 가면 본체만체하면서, 넥타이 매고 구두 반짝거리며 들어오는 사람은 조합장이 나와 안으로 모셔가 차를 대접하는 모습을 내가 수십 번 봤다. 이런 것을 고쳐야 돼"라고 하면서, 나는 농민이 조합의 주인이고 농협 종사자들은 농민을 하늘같이 받드는 자세로 일해야 할 것임을 강조하였다.

그해 가을 각 마을에서 고구마 생산농민들은 처음으로 짚가마니를 사용하지 않고 농협으로부터 화학공법으로 만든 가볍고 관리하기 편리한 15관들이 농업용 포대(PD포대)를 받아서 고구마를 담아 수매차량이 올 수 있는 곳에 쌓아놓았다.

그런데 전에는 쌓아놓으면 금방 가져가더니 며칠이 지나도 가져가지 않았다. 조금씩 가져가는 듯했지만, 날짜는 지나가고 날씨는 추워지고 서리까지 내리자 고구마가 썩어가기 시작했다. 고구마가 서리를 맞고 썩기 시작하자 나는 고민하기 시작했다. 그러다가 몇몇 동지들 및 이웃들과 얘기하면서 고구마가 썩은 책임은 누구에게 있는가 따져보고 생각을 교환하였다.

나는 고구마가 썩은 책임이 생산자에게 있는지 수매자에게 있는지 곰곰히 따져보았다. 아무래도 고구마가 썩은 책임은 수매를 약속한 농협에 있다고 판단했다. 그즈음 피해농민들은 단위농협과 군농협에 가서 고구마를 수매하도록 촉구하고 고구마가 썩어 농민들이 피해를 보고 있는데 어쩔 것이냐고 따졌다. 농협이 이런저런 핑계를 대면서 자신들은 잘못이 없다는 투로 나오자, 피해농민들은 분노하기 시작하였다.

나는 여기서 그냥 지나쳐서는 안되겠구나 생각했다. 마침 내가 가농 전남연합회 총무 일을 하고 있었고 함평에 농민회원들이 있어서, 우선 고구마피해가 얼마나 되는지 단순히 알아보고자 하였다. 가농이 해온 방식으로 조사를 해서 그것을 증거로 농민들의 피해를 주장하기 위해 피해조사부터 시작하기로 하였다. 그런데 피해조사조차도 당시 독재정권 아래에서 농협과 경찰로부터 압박당하고 탄압받게 되었다. 이리하여 피해농민들은 더욱 분노하였고 비상대책위원회를 중심으로 피해조사를 하고 피해보상을 요구하게 되어, 이른바 '함평고구마사건'이 일어나게 되었다.

이렇게 시작한 함평고구마 피해보상투쟁은 1976년 가을(11월 초)에서 시작하여 1978년 초여름(5월 초)에 마무리되었다. 그 과정에 대해서는 이 책에서 자세하게 다루고 있다.

나는 함평고구마 피해보상투쟁이 우리 농민의 승리였다고 생각한다. 우리는 고구마피해보상으로 요구한 309만 원을 보상받았고 농협

감사를 이끌어내 관련자들이 책임을 지게 하였다. 물론 이것은 불완전한 승리였고 긴 기다림과 희생을 요구했다. 그럼에도 함평고구마 피해보상투쟁의 승리는 그후 가농운동과 전체 농민운동이 더욱 적극적으로 농민의 권익을 옹호하는 방향으로 투쟁해 나가도록 만들었다.

이 자랑할 만한 우리의 투쟁이 정리되어 세상에 널리 알려지게 되어 나를 비롯하여 당시 주역을 맡았던 동지들은 매우 환영하는 바이다. 농민운동뿐만 아니라 당시 군사독재 치하에서 싸웠던 전국에 계신 동지들과 전체 운동권에게도, 함평고구마 피해보상투쟁을 되새기고 학습하고 토론할 수 있는 근거가 마련되어 기쁘기 그지없다.

상세한 자료를 수집하여 함평지역농민운동 상황과 함평고구마 피해보상투쟁 과정을 정리해 주신 윤수종 교수님께 감사의 뜻을 전하며 큰 작업을 해내신 업적을 높이 평가하는 바이다.

2022년 7월 20일

머리 숙여 감사의 뜻을 드립니다.

함장 돈수

농민투쟁의 새로운 장을 연 함평고구마투쟁

윤수종 전남대학교 사회학과 교수

함평고구마 피해보상투쟁(이하 함평고구마투쟁)은 '함평고구마사건'이라고 불리며 1970년대에 대표적인 농민운동으로 알려져 있다. 함평고구마투쟁은 1976년 발생하여 고구마 수매를 둘러싸고 농협의 수매불이행과 책임회피, 그에 대한 농민들의 피해보상 요구, 투쟁의 집중화(전국화), 그리고 2년여 만의 보상으로 특징지어졌다.

1976년 11월 함평군 단위농협들이 고구마 수매 약속을 이행하지 않아 전남 함평군 고구마 재배농가들이 피해를 입게 되었다. 피해농민들은 수차례 피해보상을 요구했지만 농협이 아무런 대책을 마련하지 않았다. 그러자 가톨릭농민회(이하 가농) 회원들을 중심으로 '피해보상대책위원회'를 구성하고 피해를 조사하였으며 그것을 기반으로 피해보상운동을 전개하였다. 그러나 농협과 당국은 계속 피해보상을 요구하는 농민들을 압박하였고, 농협은 전혀 잘못도 없고 책임도 없다고 주장하였다. 피해농민들은 1977년 4월 22일 광주 계림동 천주교회에서 기도회를 갖고, 그동안의 농협의 태도를 규탄하고 보상을 촉구했다. 그때서야 농협은 대응하기 시작했고 사찰 당국도 조사해서 처리하기 시작했다. 5월초 농수산부와 농협중앙회의 합동조사반이 함평 현지에 내려와서 조사를 했지만, 농협과 당국은 조사결과에 대해 아무런 발표도 대답도 해주지 않아 피해농민들이 그 결과를 요구하였다. 더욱이 대책위원회에서는 수차례에 걸쳐 농협의 잘못을 입증하는 자료를 제시하고 농협중앙회장의 면담까지 요구했으나 이를 묵살하고 오히려 피해보상운동을 탄압하였다.

가농 전남연합회와 가농 전국본부는 이 문제를 전국적인 차원에서 해결해 나가려는 뜻에서 1978년 4월 24일 광주 북동 천주교회에서 '농민의 기도회'를 개최하고 즉각 보상을 요구했다. 농협이 요구를 받아들이지 않자 농민들은 기도회에 이어 단식투쟁을 하였다. 이러한 상황에 직면하게 되자 농협이 마지못해 스스로의 잘못을 인정하고 피해보상액 309만 원을 피해보상 증서와 함께 대책위원회에 지불하면서 함평고구마투쟁은 일단락되었다.

이처럼 함평고구마투쟁은 농협의 고구마수매 불이행 및 수매자금 유용에 대해 가톨릭농민회 주도 아래 진상규명과 피해보상투쟁을 전개하여 독재정권의 탄압에도 불구하고 소외된 농업정책과 유신독재체제에 대한 농민투쟁의 새로운 장을 연 사건으로 인식되고 있다.

1970년대 엄혹한 정치상황 아래에서 종교의 보호막 아래 싸워나갔던 투쟁농민들은 농협민주화 운동의 흐름 위에서 정치권력의 하수인인 농협의 잘못을 밝혀냈으며, 기도회와 단식투쟁을 통해 권력의 폭력에 정면으로 맞서 농민운동의 새로운 장을 열었다.

그동안 함평고구마투쟁은 가농과 대책위원회의 입장에서 정리된 이러한 내용이 널리 알려져 왔으며 가농의 지도 아래 일관되게 진행된 투쟁으로 인식되어 왔다(가톨릭농민회, 1984, 1999; 대책위, 1977, 1978a, 1978b). 그러나 전개과정을 들여다보면(노금노, 1986,

1987; 기타 자료들) 현장농민들과 가농(본부와 연합회), 농협과 경찰 및 정보기관의 길항관계 속에서 투쟁이 전개되었다는 것을 알 수 있다.

함평고구마투쟁은 농민들의 불만 제기 그리고 항의와 저항에 대해 정부(당국, 경찰, 농협)의 대응과 압박이 있었고, 그에 따라 운동의 분열(타협)과 정체가 있었지만 이러한 상황에서 상위조직 및 외부세력이 활력을 불어넣고 저항에 합류하면서 당국(경찰과 농협)과 농민들 간에 타협(협상)이 이루어지고 제기된 문제가 일단락되는 과정을 겪었다.

이처럼 함평고구마투쟁 과정은 기도회-단식투쟁-보상이라는 평면적 과정을 넘어 역동적인 과정과 맥락을 포함하고 있었다.

이 책은 이러한 전개과정을 서술하면서도 국가권력과 종교계, 종교와 농민운동가, 농민운동가와 일반 농민 등이 때로는 통일된 입장을, 때로는 갈등적 입장을 지니고 투쟁에 참여했다는 점을 드러내고자 한다. 그럼에도 왜 함평에서 발생했으며, 보통 피해보상투쟁이 택하는 달콤한 협상안에 굴복하지 않고 원칙을 지키며 즉 '직접 피해보상'을 받으며 끝낼 수 있었는지를 드러내려고 노력하였다. 그러다 보니 가농운동과 특히 함평지역의 가농운동에 많은 지면을 할애하게 되었다. 함평지역에는 엄청난 운동이 축적되고 있었으며, 그 위에서 고구마투쟁이 불타올랐다는 것을 보여주고자 했다.

이를 위해서는 기존에 책이나 연구논문으로 출간된 것들, 대책위원회가 만들어낸 자료들을 기본적으로 참고하였고, 나아가 민주화운동기념사업회 자료관에 있는 관련자료들을 수집하여 정리하였다. 기록자료 중심으로 정리하다보니 실제와 다르게 서술되거나 묘사된 부분이 있을 수도 있다. 최대한 보완하려 했으나 현지 농민들이나 관련자들에게 불편을 끼칠까 봐 두렵다. 그리고 투쟁을 주도했던 분들이 기록해 놓은 것(구술자료)과 운동과정과 단식투쟁에 참여했던 분들과 관련자들을 면담하여 내용을 보완하였다.[1] 구술자료의 구술내용을 인용하거나 면담을 인용할 때에는 날짜 표시는 하지 않고 면담자의 이름만 표기하였다. 면담은 2021년 8월부터 2022년 4월까지 이루어졌으며(이후에도 전화면접은 계속함), 직접 만나서 구술하기도 하였고 전화면담을 하기도 하였다. 대개 기록으로 정리된 내용을 확인하고 기록되지 않은 내용들을 추가설명하도록 요청하여 내용을 확보하였고, 한 면담자에게 반복해서 면담하기도 하였다. 그리고 당시 함평 현지의 상황을 파악하기 위해 현지 농민들을 면담하려고 노력하였으나, 45년 전 일이라 관련 농민들 중에는 돌아가신 분도 있고 양로원에 계시거나 아프신 분이 많았다. 그래도 꿋꿋이 살아계셔서 정성껏 말씀해 주신 면담자들께 감사드린다.

2022년 여름

1) 면담자는 서경원, 최성호, 모영주, 임재상, 김양혁, 이석현, 윤종형, 정재돈, 이강, 권광식, 조계선, 박형선, 오동철, 김정순, 조봉훈, 황한식, 장상환, 김병구, 박석빈, 김성룡, 장성대, 김문식, 박형중, 황연자, 박병기, 문경식, 박석면, 나상기, 이종옥, 유영자, 유정자, 김종중, 김재술, 김갑현 부인, 윤홍중, 이창균, 김현장, 황광우(메일), 임수진, 배종열, 이우재, 김상윤 등이다.

차례

3장 피해보상대책위원회 결성과 활동

4장 가톨릭농민회 전남연합회의 주도와 전선의 확대

5장 투쟁의 집중화(전국화)와 피해보상

6장 함평고구마 피해보상투쟁 이후

1장 '함평고구마사건'의 발생

1장 '함평고구마사건'의 발생

1. 농협의 수매불이행과 농민들의 분노

함평군은 1970년대 들어 전남지역에서 해남군, 무안군과 함께 고구마 주산지였고, 매년 약 2만여 톤의 고구마를 생산했다. 그런데 1975년에 고구마 값이 상당히 오르자(약 30%) 농민들이 고구마 재배면적을 늘림으로써 1976년에는 예년보다 많은 약 2만 5천 톤이 생산되었다.

생산된 고구마는 농협에서 수매하고 일부는 상인들에게 직접 팔기도 했다.[2] 1976년 들어 농협은 1976년산 고구마를 수매한다고 7월부터 농민들에게 널리 선전하고 확약하였다. 농협은 신문과 방송을 통해 보도하고 이장·동장 회의에서 시달하고 반상회에서 이야기하고 마을마다 앰프방송을 통해 수차 알렸고, 농협 전남도지부장이 함평에

---

2) 문제는 판로가 마땅치 않았다. "특별히 심을 게 없어 마을마다 고구마를 많이 심었으나 보관하기 좋게 썰어서 말린 것(절간고구마. 일명 빼때기) 일부가 제분공장이나 주정공장으로 팔리고 그도 아니면 나머지는 썩히기가 부지기수였다."(함평군 대동면 백련동 마을 황이권(65. 2007년 기준) 씨 회상). 농민운동 새 장 연 생존권 투쟁, 『호남현대사Ⅱ』① 함평고구마사건, (시민의 소리, 2007년 10월 17일, 김경대 기자).

와서 사업방침을 설명하고 KBS 지방방송국의 방송을 통해 수매를 약속하였다.

함평군농협은 1976년 처음으로 직접 고구마의 계통수매에 나섰다. 그것도 이전에는 절간고구마를 수매했는데 이번에는 생고구마를 수매하겠다는 것이었다. 농협의 계통수매는 농협이 각 생산농가로부터 농산물을 적정한 고시가격으로 수매하여 이를 수요자에게 판매함으로써 중간상인의 '농간'으로부터 생산농가를 보호하자는 데 그 목적이 있었다.

그런데 함평군농협은 1976년 고구마의 계통수매를 시작하면서 이를 농가에 알리는 과정에서 오류를 범하였다. 군농협은 고구마의 수확기에 들어선 1976년 10월 1일자로 함평읍 소재 신한제분(新韓製粉)과 생고구마 1만 2천 톤의 매매계약을 체결한 뒤, 각 읍면단위조합을 통해 전년보다 17.4% 인상된 가격으로 고구마를 수매한다는 내용의 전단을 각 농가에 배포했다. 이 전단에는 농가가 생산한 고구마를 '전량' 수매한다는 내용은 없었다. 그러나 동시에 얼마만큼을 수매한다는 이야기도 없었다. 다만 생고구마는 1월 1일부터 3개월간, 절간고구마[3]는 11월 1일부터 4개월간 수매하되 생고구마로 파는 것보다는 절간고구마로 파는 것이 유리하다는 내용이 들어 있었다. 어쨌든 농협직원까지 고구마는 농협이 전량 수매하기로 결정했으니 준비하라고 하였으며, 함평군농협에서는 고구마를 담는 규격포대까지 만들어 배포하였다(서경원, 2003: 216).

고구마 생산농가들은 고구마 수매를 환영하고 기대에 부풀어 있었

3) 절간고구마는 얇게 썰어서 볕에 말린 고구마로 보관하기 좋게 만든 것이며, 노동력이 소요되어 농번기와 겹치면 만들기가 쉽지 않았다.

다. 절간고구마를 만들려면 많은 노동력이 필요했고 더욱이 다른 작물의 수확기와 겹쳐서 농민들이 힘들어했다. 그리고 수확하기 어려우면 상인들에게 밭떼기로 넘기곤 했다. 그런데 생고구마를 전량 수매한다니 농민들은 적극적으로 수매에 응할 생각을 하고 있었다. 농협으로부터 1만여 원씩의 선대자금[4)]을 받은 농가도 있었다. 생산농가들은 농협에서 말하는 수매란 당연히 전량수매일 것으로 짐작했다.

"농협이 웬일로 농민들 생각해 주나 했지만, 가격을 맞춰 준다고 하니까 기대를 했던 거지. 답답하던 농민들이 믿고 팔 수 있는 길이 생겼다는 얘기요. 고구마를 인자 심어 놓으면 보통에는 상인들이 와서 밭떼기를 하거든요. 근데 농협이 사 준다고 하니까 중간상인들이 와서 팔라고 혀도 안 팔았다 이거죠."(김갑현, 대동면 운교리)

그런데 함평군농협의 판매능력은 신한제분과 매매계약한 1만 2천 톤인데, 농민들은 함평군의 전체 생산량인 2만 5천 톤(이중 종자고구마와 자가소비 제외)이 전량 수매될 것으로 확신한 것이다(조영호, 1984: 181). 또 1976년 10월 13일 함평군농협은 수매를 시작하기에 앞서 각 단위조합에 홍수출하가 예상되니 고구마 수확 예상의 50% 범위 안에서 절간고구마로 생산·출하하도록 생산농가들에게 알리라고 지시하였다. 이어 8일 뒤인 10월 21일 다시 각 단위조합에 이미 배정한 생고구마 수매목표량에서 4천 톤을 절간고구마로 바꾸어 생산하도록 지시를 내렸다.

이것을 보면, 농협은 이미 고구마 작황과 농가의 노동력 부족, 그리고 농협 자체의 수매능력 등을 감안할 때 홍수출하가 되고 출하량

4) 농협이 출하물량을 확보하기 위해 농수산물 출하시기 이전에 생산자 농민에게 농협으로의 출하를 전제로 대여해 주는 자금으로, 관행적으로 무이자가 대부분이며 대여금액의 일정 배수 이상을 출하하도록 약정한다.

적재된 서경원의 고구마 ⓒ 〈대화〉지

을 수매하지 못하게 되어 농민들이 피해를 입을 가능성이 있다는 것을 충분히 예상하고 있었다. 그런데도 사전에 농민들의 피해를 줄이기 위한 조치를 취하지 않았다(조영호, 1984: 182). 또 농협측은 생고구마의 홍수출하를 막기 위해 수익성이 나은 절간고구마를 많이 생산하도록 일찍부터 계몽활동을 했다고 하지만, 농협이 말하는 수준의 절간고구마의 생산은 추수기 농가의 노동력 부족을 생각한다면 거의 불가능하였다.[5)]

농협의 수매약속으로 인해 10월 수확기를 지나고 11월 출하기를 맞아 농민들은 예년과 달리 상인 및 시장 출하 등 개별 판매계획을 세우지 않고 심지어 수년간 거래하던 상인들이 후한 가격(15관들이 1포대당 1,100~1,200원)으로 사겠다고 하였지만, 농협이 약속한 가격(1975년 보다 17.4% 인상된 포대당 1,317원〈2등품 기준〉의 가격)에 팔기 위해 상인들에게 팔지 않았으며, 별도의 저장 대책 없이 농협이 내준 전용포대에 고구마를 담아 수매트럭이 실어가기 편한 도로변에 쌓아두었다.

고구마는 3월에 심어서 9월부터 수확한다. 그리고 고구마는 생산하면 두 가지 방법으로 출하한다. 하나는 생고구마를 그대로 상인들

---

5) 함평군에서 1976년에 생산된 고구마 2만 5천 톤 가운데 절간고구마로 수매된 것은 2백여 톤에 불과하였다.

이나 소비자들에게 파는 것이고, 다른 하나는 생고구마를 직접 생산해서 그걸 얇게 썰어 말려서 (절간고구마라 함) 저장해 뒀다가 출하하는 것이다.

생고구마를 출하하든 절간고구마를 출하하든, 섭씨 15도 이하로 내려가게 되면 장기저장이 어렵다. 15도씨 이하로 내려가면 고구마가 부패하기 시작한다. 1976년에는 추위가 일찍 찾아왔지만 농민들은 농협이 전량수매해서 농가소득을 올리도록 하겠다고 하고 제공하는 전용수매포대(피디포대)에 담아서 자동차가 들어갈 수 있는 곳에 쌓아놓으라고 하니까, 가뜩이나 경제적인 형편이 어려운데 상인들에게 헐값에 파는 것보다는 농협이 정해준 15킬로그램들이 한 포대당 1,317원의 공시가격에 파는 것이 훨씬 이익이 되었으니 농협수매에 대해 크게 기대하고 있었다(노금노)(5·18기념재단, 2009: 23~24).

전남에서는 주로 섬 지역에 고구마를 많이 심었었다. 그리고 농협에서는 애당초 절간고구마(건고구마)만 수매했다. 그러니까 고구마를 밭에서 캐서 쪼개서 말려서 농협에 내는 게 힘들었는데, 뜻밖에 1976년에 생고구마를 받아주겠다고 하니까 문제는 거기서부터 발단이 된 것이었다.(김문식, 가농광주2, 2013: 317)

각 읍면 단위조합에서는 읍면마다 2명의 수매원을 배치해 조금씩 수매를 시작하였다. 그러나 농협포대가 잘 나오지 않자 농민들은 직접 해당 단위조합에 가서 포대를 가져다 고구마를 넣어 길가에 쌓아놓고 수매트럭이 오기만을 기다렸다. 농협은 일부만을 수매해 가고 차일피일 미루면서 수매해 가지 않았다. 농민들은 단위조합에 찾아가서 고구마 수매를 요구하였으나 단위조합에서는 계획에 차질이 생겼다거나 함평에 있던 주정회사인 '신한제분'에서 안 사가니 할 수 없다는 식으로 답변하였다. 그리고 이미 시기가 지나 절간을 할 수 없는데도 저장용 고구마인 절간고구마를 하면 어떠냐고 하였다. 마을마다 수확한 고구마는 길가에 쌓인 채 하루 이틀 시간이 흘러갔다. 이렇게 수매가 지체되고 있던 데다가, 예년에 비해 보름 정도 한파가 빨리 몰아쳐 서리가 내리면서 고구마가 썩어가기 시작했다.

"그때 밭에는 거지반(거의) 고구마 농사제. 저그 도로가에다 가마니 가마니 해서 쌓아 놓거든. 자기 것 죽 쌓아 놓고, 그 다음 다른 사람 것 쌓아 놓고. 그런데 안 가져가 버리니까 한쪽에서는 막 썩고 난리 났었지"(황의권[6]). 농민들이 안타까워 농협에 문의하면 곧 실어갈테니 걱정말라는 말뿐, 마을 어귀나 밭고랑 가에는 고구마 썩는 냄새가 지나가는 사람들의 코를 찔렀다. "신한제분(함평 소재의 주정회사)에 넣을라케도 제분공장하고 배경이 있는 사람만 한 차씩 실어 넣고. 그 사람들 술 받아줌시로 우리 것 좀 실어가달라고 사정 사정을 한 거이지." 불안해진 농민들은 개별적으로 상인들과 접촉을 시도했으나 이제 농협수매가 진전이 없다는 낌새를 알아챈 상인들은 배짱을 부렸다.

15관(60kg)들이 고구마 한 포대 수매가격이 농협이 약속한 1,317원에서 600원으로, 200원까지 폭락했다. 이렇게 되자 위탁상인들이 마을에 들어와 고구마를 헐값(포대당 500원~700원씩)에 사가기 시작했다. 그나마도 농협 전용포대로는 수매가 안 되니 모두 비워서 새 포대에 담아야만 사갔고, 그러다 보니 썩은 것을 추려내고 나면 포대 수마저 줄어 손실이 더욱 컸다.

그리고 일부 농민들은 운임을 주면서까지 주변이나 목포에 있는 주정회사에 팔려고 가져갔으나 팔 수 없었다. 고구마는 더 썩어가고

6) 함평군 대동면, 가톨릭농민회 회원으로 고구마 농사를 지었다.

더 이상 고구마를 사가는 사람이 없었다.

"그렁께 농민들이 억울하고 분통 터지는 것이, 농협이 사갈 거라 안 했으면 애초에 상인한테 판달지 저장한달지 아니면 절간고구마를 한달지 그렇게라도 했을 거란 말이지. 그게 아니고 농협이 다 사간다, 도로 옆에다 쌓아만 둬라, 실어간다 그래 놓고, 시간만 지나다가 난중에 보니까 얼어 버리더란 말이여. 얼어 버렸어. 그래 가꼬 다 썩어 버리니까 이제 누가 사갈 거여. 10원이라 그래도 안 사가지."(김갑현)

또한 농민들 사이에는 농협수매원[7]이 일반 상인과 짜고 고구마를 헐값으로 사다 고시가격으로 수요회사에 넘기지 않았나 하는 의혹이 일었다. 농민들은 수매원이 한두 사람의 상인을 거느리고 다녔다거나,[8] "수매원들이 자기들이 수매하고도 대금을 전액 지불하지 못하면 입장이 곤란해질 테니까 중간에 상인을 넣어 상인이 사들인 것처럼 한 것 같다"고 하였다. 이에 대해 농협측은 농민들이 수매원과 일반인을 혼동한 것 같다고 해명하였으나, 농민들의 의혹은 풀리지 않았다(조영호, 184: 174). 실제로 그런 중간수집상들이 있었다. 이들은 농민들에게 예를 들어 1,000원에 사다가 주정회사에 넘겨서 주정회사에서 전표를 끊어주면 그 전표를 단위농협에 가져다 주고 1,317원을 받았다.

농협이 수매를 한다고는 하는데 아주 조금씩 하였고, 그나마도 수매에 응한 고구마들을 8톤 트럭에 보통 150킬로그람들이 120개에서 150개를 싣고 신안제분으로 가면, 공장 안에서 검사를 하였다. 고구

7) 농협수매원이란 고구마 수매를 위해 각 읍면에 배치된 단위농협직원을 가리킨다.

8) 대동면 백호리에 사는 김정빈씨의 경우 고구마 79포대를 1포당 1천 원씩에 수매원 조모씨 밑에서 일하는 상인에게 넘겼는데, 이 상인은 물건을 실어다 주고 돌아와 "23포대나 감량되었다"면서 농협전용수매전표를 내보였다고 한다.

마가 수확해 놓은 지 한두 달 지나버렸기 때문에 다시 포대를 열고 검사를 하여 썩어가는 것이나 썩은 것을 감량을 때려 제외하였다. 감량은 15관들이 포대를 포대갈이 하면서 부패된 것이나 부패하고 있는 것을 버리고 다시 담아서 입고할 때의 수량에서 줄어든 양을 빼는 것을 말하였다. 그렇게 되면 1,317원짜리 고구마 한 가마에 150원, 200원 정도 밖에 안 되는 결과가 나왔다. 싣고 간 운반비도 안 되고 인건비도 안 나오니까 팔지도 못하고 농민들은 농협이 사가라고 아우성을 치면서 그냥 야적해 놓았다.

수매를 위해 길가에 쌓아놓은 고구마는 더욱 썩어갔고, 농협의 수매약속을 믿고 있다가 피해를 당한 농민들은 산발적으로 수매요구 및 피해보상요구를 하였다. 그러나 농협이 반응을 보이지 않자 농민들은 분노하였고, 가톨릭농민회 회원들을 중심으로 조직적인 투쟁을 펼쳐 나가기로 하였다.

곡식이 썩었다는 것, 식량증산을 목표로 내달려 오던 차에 곡식이 썩었다는 것은 해방 후 처음 있는 일이었다. 단순히 고구마가 썩었다는 의미가 아니라 식량이 부패했다는 초유의 사태였다. 농민들이 일어서게 된 것은 단순히 피해를 입었다는 것을 넘어서 바로 상상할 수 없는 일이 현실에서 벌어졌다는 경악에서였다. "10월 중순께 수확한 고구마가 썩기 시작해 마을주민들이 냄새가 심하다며 어서 치우라고 할 정도였지만 농협에서는 어떻게 하겠다는 말도 없었다".(서경원)[9]

고구마가 썩기 시작했고 그걸 바라보는 농민들 마음도 썩어들어갔다. "고구마만 그런 게 아니고 농사지은 게 썩는 걸 보면 사람이 정

9) 농민운동 새 장 연 생존권 투쟁, [호남현대사Ⅱ]①함평고구마사건, (시민의 소리, 2007년 10월 17일, 김경대 기자).

신이 있는 것도 같고 없는 것도 같고, 사람이 사는 것도 같고 안 사는 것도 같고 그래요. 마음이 불안해서 행동을 어떻게 해야 할지 모른다니까. 고구마를 쌓아놓았는데 이것이 썩으니까 내려앉아 버리잖아요. 물이 빠지면서 허물어져요. 그 때는 사람 애간장이 같이 녹아내리는 거여"(김갑현, 대동면 마량분회 회원).

"고구마 농사를 짓는데 예전에 농사를 지으면 우리는 함평이 가깝잖아요. 2km 거리에 버스 정류장 앞에 신한제분이라는 회사였어요. 정류장 옆이라 실어가는데는 어려움이 없었어요. 그런데 76년산 고구마를 캐서 가져가기 좋게 도로까지 내놨는데 얼릉 안 가져 간겨. 3~4일 지났는데. 그전에는 그냥 내놓으면 곧바로 가져갔어요. 생산량이 많지 않은 우리 마을에서는 매년 생고구마만 가져갔어요. 절간하는 사람들은 양이 많은 사람들이구요. 생산량이 10~20가마 정도밖에 안 됐어요. 그때는 그거도 60kg짜리라 많은 거지.

고구마를 매년 생산해놓고 도로에 내놓으면 마산 사는 신한제분 중간수집상[10)]이 차를 가져와서 가져갔어요. 50~60가마씩 신한제분이라는 공장에 가져갔죠. 그때는 농협은 전혀 관여하지 안았어요. 중간수집상이 다 가져간거지. 수수료 먹으며 그 사람이 가격이 1,000원이다 하면 1,000원 정산하면 농협에서 1,100원을 주는거야. 76년산 고구마를 똑같이 캐서 밭에서 제일 가까운 길가에 내놨는데 3~4일 뒤에 가져간다 했는데 안 가져갔어요. 어머니가 마지 못해서 뭐라 하냐면 아침에 방위 근무 나가려 하는데, '너는 4-H 회장까지 한 놈이 고구마 내놨는데 그것도 못 내냐' 하고 질책을 했죠. '남들은 실어가기라도 했단다' 라고 하시면서. 10월에 캐놓고 기다리는데 11월 1~2

10) 학교면 마산리 노학기.

일이 되었는데도 고구마를 못 내고 있었어요. 게다가 우리가 생산했던 고구마를 도로에 내놨는데 학생들이 지나다니는 길이다 보니 먹어버려서 감량되고 말았죠"(임재상).

"600평짜리 밭이 있었어요. 거기다가 심어서 내놨는데 상인들이 와서 집사람을 꼬드기는 거예요. 너희들 이거 안 사간다, 두고 봐라, 우리한테 팔아라. 그래서 한 가마당 400원씩에 계약금을 받아버렸어요. 그래도 이건 아니다 싶어서 상인 불러서 돈 다시 물리고 썩어도 내가 알아서 할 테니까 관계하지 말라고 했죠. 왜 약속한 수매를 안 하는지 알아보자고 했어요. 그때는 부드럽게 말해서 알아보자 였지만 사실 그게 항의죠. 가서 물어보니까 지금도 고구마가 있냐고 엉뚱한 소리를 하는 거예요. 엄청 분노했죠. 그래서 시작한 것이죠"(서경원, 가농광주2: 317).

"게다가 거짓말이 들통 난 것은 사전에 전용포대를 갖다주면서 여기에 담아서 도로변에 내놓아라 했잖아요. 전용포대는 받았는데 가져가질 않으니까 그것이 증거로 남아서 잡힐 수밖에 없는 거죠"(김문식, 가농광주2: 318).

물론 농협으로서는 고구마를 막 계통수매하기 시작해서 아직 고구마수매업무가 정착되지 않고 시행착오가 불가피하기도 했지만, 그보다는 농민을 위한다는 농협이 자신의 과오를 스스로 인정하지 않고 개선하려는 진솔한 노력을 보이지 않은 채 무조건 농민들을 무시하려는 비민주적·반농민적 성향을 보였으니, 농민들이 분노할 수 밖에 없었다.

농협의 입장이나 이유야 어찌됐건 힘없는 농민들만 농협에 농락당하는 신세가 되었다. 뿐만 아니라 상인들에게 애걸복걸해야 하는 비참한 꼴이 되었다. 그런데도 농협은 '할 만큼 했다' '자금이 없다' '우리의 잘못이 없다'며 농민들의 요구를 거들떠보지도 않았다. 농민들로서는 더욱 억울할 수밖에 없는 일이었다. 이 때문에 억울하다는 외침을 멈출 수가 없었다(김영택, 2011: 8).

농민들이 이렇게 분노하던 상황에서 피해농가들을 모아서 대책위원회를 만들고 대책위원들이 마을로 돌아다니면서 조사를 하기로 하면서 이른바 '함평고구마사건'이 발생했다.

2. 고구마 생산과 수매제도

당시 함평 고구마 생산농가는 약 7,000호였다. 고구마는 양파, 마늘과 함께 함평의 주 소득작물이었다. 1976년 당시 함평의 농가가 12,500호 정도 되었는데, 7,500농가가 고구마를 생산하고 있을 정도였다. 그리고 1976년이 면적과 생산량이 정점에 이른 해였다(〈표-1〉). 작황에 따라 연도별 차이는 있지만 1975년과 1976년에 함평에서 생산되는 고구마의 양이 크게 늘었던 것이다.

1976년 이전에는 농협이 건고구마를 주로 수매했었는데 1976년에 만큼은 생고구마를 전량 수매하겠다고 하였다. 물론 전분회사들은 절간고구마를 더 많이 수매하였다.

그리고 당시 고구마는 주정원료나 전분원료로 사용되었다. 알코올을 뽑아내서 주정원료로 사용하는데, 그 걸 뽑아내는 삼성 재벌 산하의 '신한 제분'이라는 회사(고구마공장 또는 제분공장이라 불렀다)가 함평읍 공용버스 터미널 부근에 있었다. 함평의 고구마를 가장 많이 수매하는 전분공장인 신한제분에 가을이면 경운기, 지게 등을 지고 끌고 수매하러 갔는데, 1976년에는 절반도 수매를 못하고 돌아오곤 하였다.

〈표-1〉 함평군 고구마 생산 추이

연도	면적 ha	10a 당 kg	수확량 톤
1970	1,448	563	8,157
1971	1,293	570	7,369
1972	971	479	4,658
1973	1,448	406	8,911
1974	874	460	5,633
1975	1,350	598	11,744
1976	1,693	538	13,057
1977	1,032	639	6,603
1978	952	209	1,985
1979	653	714	4,668
1980	671	582	3,912

– 함평통계연보, 『함평군사』, 1984, 728쪽에서 재인용 작성.

정부는 1970년대 전반기에 걸쳐 세계 식량 사정의 악화에 대처하여 수입에 크게 의존해오던 각종 원료농산물을 증산하여 자립하고자 했다. 정책적으로 수매가격을 인상하여 고시하는 한편 농협으로 하여금 농가가 생산한 고구마를 수매하여 주정기업에 공급하도록 했다. 그리고 1970년대 전반 생고구마, 절간고구마 수매가격은 매해 20~30%씩 인상되었다. 그러나 1960년대 말 수매가격을 동결했었기 때문에 인상된 수매가격 역시 시장가격보다 저렴했다. 고구마 가격이 올랐음에도 정부의 가격통제로 주정 가격은 인상할 수 없었기 때문에 주정 및 제분 업계의 불만은 깊어졌다. 이러한 가운데 주정기업들은 수매가를 기준으로 판매하는 농협을 피해 각자 임의적으로 고구마를 사들였다.[11] 이들은 개별 농가로부터 직접 고구마를 사들임으로써 농협에 별도의 수수료를 지불하지 않을 수 있었음은 물론, 공시된 수매가격보다 저렴하게 원료를 구할 수 있었다. 다른 한편으로는 정부에 수매가 인하를 요구하고 원료농산물 수입을 확대하려고 하였다(김동주 2020: 373~375).

이러한 상황에서 정부(농정당국)는 원료농산물 등의 수매를 농협에 맡겼다. 당국이 원료농산물 증산을 위해 활용한 농협의 정책판매사업 역시 기본적으로 국가가 직접 수매할 수 없는 여타 장려대상 농산물들의 수요를 보장해주기 위한 정책의 일환이었다. 하지만 농협의 정책판매사업은 '정책'임과 동시에 '사업'이었다. 가공기업 등의 실수요자가 농협으로부터 생산물을 사가지 않는다면 농협이 무한정 손해를 감수하며 사들일 수는 없었다. 원료농산물 증산을 위해 안정적인 유효수요를 확보해야 했던 정부는 가공기업 수요를 동원하는 방법으로 '농산물 계약재배'(이하 계약재배) 제도를 이용하였다. 계약재배란 생산자와 수요자가 파종기에 생산 및 공급에 관한 계약을 맺고, 계약한 물량에 대해 생산자는 공급할 의무를, 수요자는 매수할 책임을 지는 방식이다. 그런데 이렇게 시작된 계약재배는 가공기업 입장에서는 정부와 농협으로부터 원료농산물 인수를 '위탁'받는 수준을 넘어, 그 부담이 '전가'되는 제도였다(김동주, 2020: 380~382).

이러한 상황에서 정부가 가공기업을 동원할 수 있었던 것은 바로 '수입추천권' 때문이었다. 당시 가공기업이 원료농산물을 수입하고자 할 때는 농정당국의 승인, 즉 수입추천이 필요했다. 정부는 국산 농산물을 이용하는 업체에 한하여 수입을 승인하기로 하여, 수매실적을 근거로 수입추천 물량을 배정하는 '수입링크제'를 적용하였다. 한

11) 주정기업들은 파종기에 농민에게 영농자금을 융자해준 뒤 이를 빌미로 고구마를 싼 값에 사들이거나, 수확기에 현금이 급히 필요한 농민에게 "밭떼기" 형식으로 사들이기도 했다.

편 국산 이용을 조건으로 한 수입추천은 매력적인 유인이기도 했다. 제품 수요가 급증하는 가운데 원료 수입 기회 확대는 기업에게는 곧 더 큰 이윤 창출을 의미했다. 실제로 1975년 고구마 계약재배 시행 후 3년간 고구마 수매량은 눈에 띄게 늘었고 재배면적도 늘어났다. 그에 따라 대안적인 판로를 개척하기 어려웠던 농민들은 수매에 더욱 매달릴 수밖에 없었다.

주정기업이 원료고구마를 계약재배나 수매를 통해 수집하면서 고구마 생산은 상품화가 가속화되었다. 농가의 겨울철 보조 식량으로 생산되었던 고구마가 판매하기 위해 생산되는 비중이 늘어났다. 주정기업의 고구마 수매가 대폭 확대되면서 고구마 생산량은 크게 늘어났다. 결국 1970년대 후반에는 가공용으로 소비하는 고구마가 전체 소비량의 과반을 넘어섰다. 이와 더불어 전분 함량이 높고 다수확을 겨냥한 품종을 재배하게 되었다. 자가소비의 경우 생고구마 상태로 보관하였지만, 가공용 고구마는 저장의 필요상 절간고구마를 생산해야 했다. 주정기업은 빨리 부패하는 생고구마 보다 절간고구마를 원하였다. 물론 생고구마에 비해 비싸지만 고구마 생산농가는 절간고구마를 생산하기 위해서는 절간기, 건조시설 등을 마련해야 하고 노동력이 많이 소요되는 벼 수확기 및 보리 파종기에 추가 노동력을 필요로 하였다. 그럼에도 1975년을 전후로 주정기업의 절간고구마 수매가 적극화되자, 농가는 2배 이상의 절간고구마를 생산했다.

더욱이 주정기업은 대량 수매를 하기 위해 고구마 주산지에 있었고 따라서 고구마 주산지의 상품화율은 높았고, 생산농민들은 주정기업 및 전분기업에 대부분을 판매하였다.

그런데 수입링크제는 표면적으로 국산 이용량과 수입산 이용량을 동시에 확대했으나, 실질적으로는 더 많은 원료농산물을 수입할 수 있는 조건을 제공했다. 즉 수입링크제도는 가공기업들에 의해 국산 원료농산물 사용을 장려하는 제도가 아니라 수입확대를 보장하는 제도로 변질되었다. 주정기업들은 값싼 수입 원료농산물을 적극적으로 사용하였고 당밀과 타피오카를 수입하기 위해 고구마를 이용하게 되었다. 더군다나 국제농산물 가격은 1970년대 전반기 이후 점차 안정세를 되찾았던 반면 국내 농산물가격은 1970년대 중반까지 상승세를 지속했다. 이에 따라 수입 농산물을 상대로 한 국산 농산물의 가격경쟁력은 점점 더 떨어졌다. 그러자 주정기업들은 수입 원료농산물을 더욱 선호하게 되었고 수입확대를 요구하게 되었다.

또한 맥주 소비가 확대되고 쌀 막걸리 제조가 허가되면서 소주소비가 줄어들어 주정기업들은 더욱 어려움에 처하게 되었다. 결국 주정기업들이 일선 농협과 결탁하여 고구마 재배계약을 이행하지 않는 사태가 발생했다. 주정기업들은 계약재배에 의해 생산된 고구마를 인수하지 않고 농협으로부터 고구마를 인수받은 것처럼 관련 서류를 조작하고, 당국에도 원료 반입, 사용을 허위보고했다.

이러한 수매부정은 더 싼 값에 원료농산물을 조달하기 위해서였다. 주정기업은 농협으로부터 건네받은 수매 지원금으로 시중에서 고구마를 매입하고 차액을 유출하거나 고구마 대신 원가 면에서 유리한 소맥분, 옥수수분 등 곡류를 매입하여 원료로 사용했다. 특히 수매부정에 가담한 주정회사는 허위 조작된 수매실적서류를 근거로 수입 당밀을 배정받기까지 했다(김동주, 2020: 386~396).

함평고구마사건은 이러한 조건 속에서 일어났으며 고구마 수매의 문제를 가장 극명하게 드러냈다. 이 이후 수입확대에 밀려 고구마 생산은 대폭 감소하게 되었다.

이러한 배경 위에서 함평에서는 '사건' 발발 직전에 고구마를 직접 신한제분으로 싣고 가는 사람들이 있었다. 신한제분이 있는 곳에서 가까운 거리에 있는 학교면 월산리 화산 마을에 살던 임재상은 친구들이 운전하게 해서 경운기에 싣고 직접 신한제분을 찾아가 어렵게 고구마를 수매하였다. 그 때 5톤 트럭에 고구마를 싣고 와서 신한제분의 문이 열리기를 기다리던 차들이 있었다. 물론 나중에는 좀 먼 거리에 있는 농민들은 운반비를 주고 운반차량에 고구마를 싣고 신한제분에 갔지만 들어가지도 못하고 되돌아와야 했다.

"우리 집의 고구마를 경운기로 실어 날랐죠. 우리가 배차를 못 받으니까. 마을의 친구 경운기 2대를 동원해서 우리 고구마 20개와 동네 꺼까지 47개를 실어서 신한제분으로 갔어요. 가보니까 문이 잠겨 있었어요. 고구마 출하 성수기에, 한창 고구마를 받는 시기에 문을 열어두고 받아야 되는데, 신한제분은 안 받고 있었어요."(임재상)

이렇게 신한제분에 고구마를 넘기러 가도 늑장을 부리거나 감량을 때리기 일수였다. "그때 보안대에 방위근무를 하고 있어서 보안대장에게 부탁하여 신한제분에 근무하는 과장에게 전화를 넣어 들여보내달라고 요청하였어요. 강과장이라는 사람이 신한제분 철문 안내소에서 나와서, 주유소가 바로 길 건너 주유소에 있는데 거기에 고구마 실은 차가 기다리고 있으니까 지금은 안 되고 12시에 기사들 점심 먹을 때 경운기를 들어오게 해주겠으니 그때 오라고 했어요. 5톤 화물차 4~5대가 길 건너편 주유소에서 시동까지 켜놓고 문이 열리기를 기다리고 있었어요. 마침 점심시간이 되어서 가니 그 과장이 나와서 문을 열어주어 우리는 경운기 2대를 끌고 들어가고 문을 닫았어요. 그때는 주유소에 차가 없었어요. 고구마를 받았다는 검수증을 끊어야 나오잖아요. 그런데 인수받을 사람이 없어요. 그래서 12시 반에 들어가서 오후 4시 반까지 기다렸어요. 그제서야 고구마를 내리라고 해서 내렸는데 자기네들이 감량을 때리는 거예요. 47개를 갖고 갔는데 7개를 감량을 때린 거예요. 40개치 전표를 주며 학다리 농협에 가서 돈을 찾아가라는 거예요"(임재상).

물론 이런 객관적인 상황이 '고구마사건'의 발생을 충분히 설명해주지는 못한다. 예를 들어 기상조건도 한 요소였다. 예년에 비해 고구마가 10여 일 빨리 자랐고 농협에서는 20여 일 늦게 수매하였다. 게다가 날씨가 빨리 추워졌다.

여하튼 '함평고구마사건'은 고구마를 전량수매 하겠다고 하는 농협과 주정회사 그리고 행정관료들이 짜고 저지른 부정사건으로 요약할 수 있다.

그러나 무엇보다도 사건화되고 사건이 투쟁(운동)으로 나아가게 된 가장 중요한 요인은 주체적 요소였다. 함평의 농민운동 주체들의 성장이야말로 왜 고구마투쟁이 함평에서 일어나게 되었는지 설명해줄 수 있을 것이다. 함평지역의 농민운동의 현황은 다음 장에서 살펴보기로 하자.

2장 함평지역 농민운동 현황

2장 함평지역 농민운동 현황

1976년 11월 농협측이 수매약속을 이행하지 않아 고구마피해가 함평 전역에서 발생할 당시, 함평지역 운동세력은 다양한 흐름 위에서 형성되어 있었다. 그 다양한 흐름은 함평 지역 뿐만 아니라 전국과 전남의 운동을 배경으로 확산되고 있었다. 당시의 운동 상황으로 볼 때 가톨릭농민회, 크리스찬 아카데미교육 이수자 네트워크, 4-H 회원 및 농촌문화연구회 등이 중심이 되었으며 그 외의 흐름들도 있었다.

이 장에서는 전국적인 움직임, 전남 지역의 움직임, 함평 지역 및 마을의 움직임을 순차적으로 살펴보도록 하겠다. 실제 고구마투쟁의 전개과정을 보면 함평에서 발생하고 투쟁해 나갔지만 가농 전남연합회의 비타협적인 태도와 투쟁방식, 이어서 전국적인 기도회와 단식투쟁을 통해 완성되어 갔다. 그래서 우선 가농의 활동을 전국 단위, 도 단위, 함평 단위, 분회 단위로 나누어 정리해 보고자 한다.

그러나 가농 단독으로 이루어낸 성과라기 보다는 가농이 주도하며 다양한 흐름과 활동가들이 결합했었다. 크리스찬 아카데미교육 이수자 네트워크, 4-H 회원 및 농촌문화연구회는 물론이고, 신용협동조합운동을 비롯한 다양한 협동활동, 다른 농민회들, 그리고 당시 호남

지방에서 나타났던 기독교 수도회 흐름인 동광원 활동, 학생운동과 재야운동 등 다양한 배경요소들을 추적할 수 있겠다.

1. 가톨릭농민회의 활동

1) 한국가톨릭농촌청년회 설립과 농민운동의 시작(1964~1971)

'한국가톨릭농민회'(KCFM, 이하 가농)은 '가톨릭노동청년회'(JOC, 지오세, 이하 가노청)[12] 안에 '농촌청년부'(JAC, 지아세)로 활동하던 청년들이 1966년 '한국가톨릭농촌청년회'(이하 가농청)로 완전 분리하여 전국적인 조직으로 전환한 것에서 태동하였다.

(1) 가톨릭노동청년회 농촌청년부

당시 가노청(지오세)에서는 노동계에서 투사훈련을 시킨다는 목표로 활동하였고, 노동현장에 대해 공부도 하고 사회에 대한 인식도 키웠다. 1960년대 초에 이미 농촌본당에는 가노청이 있어서 농촌청년들도 활동하고 있었다. 이런 상황에서 가노청 전국본부에서는 많은 청년들이 여전히 자신들이 살고 있는 농촌의 문제에 대해 고민하였다. 그리고 가노청 활동을 하던 도시의 노동자들은 대부분 농촌출신으로 노동문제는 농민문제의 연속이라는 인식을 하였고, 가노청 전국평의회는 1964년 10월 17일 '농촌청년부'(JAC, 지아세)를 설치하여 활동하기 시작하였다.

12) 1925년 벨기에에서 시작되었고 한국에서는 1958년에 시작되었다.

이즈음 가노청을 창설한 가노청 지도신부(박성종)가 이길재[13]를 불러 지오세 활동에서 농촌활동을 분리시키려고 하니 맡아서 하자고 하였다. 이길재는 지오세 본부에서 1년 동안 농촌청년활동을 농촌본당 조직들을 중심으로 활성화하고 국제본부에 연락하여 자료도 얻으며 활동하였다.

1965년 3월에 이길재가 농촌청년부 전국대표(회장)로 부임하였고 이후 지역 농촌청년부를 결성하면서, 농촌청년부는 광주교구 함평을 비롯한 여러 본당(전주교구 화산·함열·진안·남원, 수원교구 양지본당)을 중심으로 농촌청년부 운동 소개 자료와 이후 다양한 자료를 발간하여 교육, 홍보활동을 벌였다[14]. 그리고 6월 6일~12일(7일간) 경북 왜관의 '피정의 집'에서 '전국지도자 훈련회'를 개최하였는데, 왜관 관목 청주교구의 17개 본당에서 30명이 참석하여 지아세 운동이론과 방법, 새농사기술, 성경과 전례, 신용조합 등에 관한 강의를 듣고 토의하였다. 가톨릭농촌청년회는 이후 이러한 지도자 훈련회를 매년 실시하였다.

---

13) 이길재는 1940년생으로 광주시(당시 광산군)에서 자랐다. 어려서부터 농사일을 도왔으며 부모는 마을에서 상층농민이었다. 광주농업고등학교 3학년 때 가톨릭 영세를 받았고 신부가 되려고 3년 동안 준비했지만 집안의 반대로 뜻을 접고 농촌을 위해서 할 수 있는 일을 찾으며 더 농업공부를 하고자 하였다. 수의사가 돼서 농촌에 도움을 줘야 하겠다는 생각에 1961년에 전남대 수의학과를 입학하여 다녔으며, 대학생활 중에 사회활동으로서 레지오(가톨릭 평신도 사도직 단체) 활동을 하였다. 레지오 활동을 하던 본당의 신부가 이길재에게 지오세(가톨릭노동청년회) 활동을 하자고 권유하여, 대학 다니면서 지오세 활동을 활발히 하였고 특히 농촌봉사활동을 조직하였으며, 대학을 졸업하고 나서는 지오세 광주교구 회장을 하였다.

14) 「JAC 프로그램」(1964. 11), 「JAC 교재」(1965. 3), 「JAC 개요」(1965. 5), 「가톨릭농촌청년」(1965. 8), 「가톨릭농촌청년운동의 실제 방법」(1966. 10), 「년간 프로그램」(1967. 1), 「JAC 길잡이」(1967. 2), 「JAC 지도서」(1968. 1), 그리고 68년 4월부터 JAC 공보지 「농촌청년」(1965. 8)을 2개월에 한 번 발행하였다.

(2) 한국가톨릭농촌청년회 창립과 활동

1966년은 가농의 역사에서 창립연도로 삼는 해다. 왜관 베네딕토 수도원장(오도 하스 아빠스)이 4월 쯤 가농청 활동을 하던 이길재를 만나서 논의하고 농촌청년운동을 발전시키기로 하고 수도원 쪽에서 적극 지원하겠다고 약속하였다. 가농청 총회에서는 전국 가농청이 각 지역의 독립된 농촌청년부를 발족하고 성장하는데 협력하기로 의결하였다. 그리고 이후 가톨릭노동청년회와의 분리 논의를 거쳐, 1966년 8월 왜관 성베네딕토 수도원의 경제적 지원과 협력으로 한국농촌청년부 사무실을 경북 구미로 이전하였다.

당시 농촌 전교사[15]들이 농촌 본당[16]과 공소[17]에서 봉사활동을 하고 있었는데, 이들에게 농촌문제, 농업문제를 교육하여 농촌문제에 관심을 갖도록 하여 농촌교회가 지역사회에 관심을 갖고 변화의 중심이 되게 하자는 논의가 있었다. 그 다음에 전국적으로 농촌본당의 청년들을 특히 이미 조직되어 있는 곳 중심으로 모아서 지도자 훈련을 시키고 교육과 함께 조직을 해 나갔다.

그러한 준비과정 위에서 1966년 10월 17일~18일 전주, 광주, 대전, 대구 교구에서 온 남녀대표 30명[18]이 참석한 가운데 경북 구미에서 '한국가톨릭농촌청년회(이하 가농청)' 창립총회를 하였으며, 회장에 이길재, 전국지도신부에 이석진이 부임하였다[19]. 창립총회에서 활동과 관련해서는, 논의를 통해 '본당 중심의 그룹활동에서 벗어나

15) 성직자가 아닌 평신도로서 가톨릭 천주교회에서 종교의 가르침을 펴는 사람.
16) 주임신부가 상주하는 성당. 군 단위에 하나 정도 있었다.
17) 신부가 상주하지 않는 작은 천주교회.
18) 참여한 교구남녀대표(신자)들은 대구교구(구미본당 16명, 낙산본당 2명)에서 18명이 참석하였고 전주교구 2명, 대전교구 1명이었다. 그 외에는 참관인이나 진행을 맡은 사람들(이길재, 김희경, 이석진 신부, 오도 하스 아빠스〈분도수도원 대원장〉 등)이었다.

지도자 중심으로 마을 단위 활동을 전개한다'고 확인 및 합의하였다[20]. 가농청의 회원자격은 농촌지역에 거주하는 18~35살의 남녀 농촌청년이었으며, 주요활동은 농촌 청년들을 대상으로 한 농업생산기술교육, 양돈양계의 협동사업, 신용협동조합운동 촉진 등이었다.

당시 전국에 가톨릭농촌청년 그룹이 15개 정도 있었는데 가농청은 이 기존 그룹을 강화하고 확대하는 방향으로 노력하였다. 그러나 다른 한편 새로운 조직화를 시도하기 위해서 전국 및 지역 단위로 지도자 교육을 실시하였고 그룹활동의 지도자를 양성·배출하여 조직의 기반을 구축하고 운동을 해 나가려 하였다. 그 구체적 활동으로 '전국지도자훈련회'를 개최하였는데[21], 주요 교육내용은 한국가톨릭농촌청년회 운동의 이론과 방법, 새농사기술, 지역사회 개발, 생활개선, 공동체의 형성과 실천, 양계·양돈에 관한 기술, 남녀교제와 결혼준비, 레크레이션 등이었다. 농업기술과 생활개선, 지역개발 등 4-H 연합

---

19) 1966년부터 1970년까지 이석진 신부에 의해서 주도된 가톨릭농민회(가톨릭농촌청년회)는 1970년 이후 대전으로 본부를 옮긴 뒤 농민권익 향상에 관심을 갖기 시작하였다. 그렇지만 초기 활동을 주도했던 사람들의 사회인식이 모두 같았던 것은 아니다. 이석진 신부, 오도 하스(오도환) 아빠스, 김교홍(구미본당 전교회장) 등은 농촌개발을 통한 농민들의 경제발전, 소득증대를 위해 이 운동을 조직적으로 키우고자 노력했다. 이들의 주된 관심은 '농민회'가 어디까지나 한국가톨릭교회 안에서 농촌사목 차원에서 이뤄지기를 바랐다. 반면 이길재는 농민들의 의식화와 권익향상에 많은 관심을 기울였다. '농민회'가 왜관 베네딕도 수도원의 감목대리구의 관할에서 벗어난 1971년 이후, 특히 대전으로 이전한 후 더욱 농민의 사회적 지위향상을 위해 활동하는 방향으로 나아가게 된다.

20) 또한 전주교구 5개팀(장계, 군산, 화산, 황등, 진안), 대구교구 5개팀(왜관의 낙산, 구미의 송림·봉한·임은 본당팀 등), 광주교구 함평, 대전교구 3개팀(규암, 홍산, 강경), 그리고 수원교구의 양지팀에 대한 조직실태와 활동상의 보고를 듣고 질의와 토론을 하였다. 이 팀들은 지아세 활동을 했던 천주교회 중심의 클럽이었을 것으로 보이며, 수원교구의 양지 팀에서는 이말구가 농촌지아세 활동을 주도하였다(가톨릭농촌청년회 창립총회 회의록).

21) 1966년에서 1968년 사이에 총4회에 걸쳐 개최되었는데, 6개 교구 본당 신자 112명이 참석하였다.

회 등에서 하는 교육내용과 크게 다르지 않았다.

1967년 들어서는 여전히 지역 가톨릭농촌청년회가 계속 발족하는 가운데[22], 훈련회의 이름을 바꿔 '강습회'를 열었다. 참여자들은 구미와 전주에서 열린 강습회에서 지역개발, 농촌청년운동, 생활개선, 농업경영, 협동, 농촌청년회운동 등에 대해 강의를 듣고 질의응답을 하고 주제에 따라 연구토의나 좌담회 등을 했다. 강습회에 참여했던 회원들은 자신들의 본당에 돌아가 강습회를 열고 회의와 조직화를 실행하고 다양한 활동(협업양계조합 등)을 벌여 나가기도 하였다.

이처럼 이 당시 교육은 농업기술을 혁신하고 마을에서 협동활동을 해나가는 취지였다. 그러다 보니 농업정책에 대해서는 크게 관심을 두지 않았다. 그래도 농촌청년들에게 농촌을 변화시키는 주역이 되어야 한다고 하면서, 농촌 청년지도자로 육성하고자 교육하였다.

(3) 농촌지도자 교육과 협업활동

1968년 들어서는 2월에 전국사무실 상임으로 마리아 싸일러[23]가 부임하여 좀더 본격적인 활동을 할 수 있게 되었다. 여전히 농촌청년지도자강습회가 열렸으며, 21개 농촌본당에서 남녀청년 36명(남26, 여10)이 참여하였다. 이들은 신용조합, 가톨릭농촌청년회, 양계기술, 남녀교제, 평신도운동 등에 관해서 강의를 듣고 토의하였으며, 이러한 교육에 이어 전국본부는 전국 모델지역으로 구미 3개 공소에 가톨릭농촌청년회를 조직하고 야간학교 운영, 협업양계, 협업농장, 신용

22) 5월에는 대전교구 태안 본당 JAC가, 9월에는 전주교구 상계 JAC가 발족하였다.

23) 독일인으로 교황청 산하 평복 수녀회 성원이었는데, 한국에 들어와 농민운동과 관련을 맺고 가농청에서 활동을 시작하였다. 독일에서 모금을 해서 가지고 왔고, 원주교구에서 시행한 태풍 이후 재건사업에 관련하면서 협동조합을 만드는 활동을 하는 등 한국에서 10여 년 농민운동에 관여하였다. 특히 국제교류를 담당하였다.

협동조합, 협업양돈장 경영을 전국본부 사업으로 추진해 나갔다. 이처럼 가농청은 협업에 대한 관심을 지녔고 특히 신용협동조합에 대한 관심이 컸다.

전국본부 임원진이 전국에 걸쳐 지방 가톨릭농촌청년회를 순회방문하여 교육하고 조직을 만들어 나갔다. 이석진 지도신부와 이마린 회장이 중심이 되어 활동해 왔으나, 그 이후 마리아 싸일러와 정용부가 충원되어 전국본부 임원이 지도신부를 포함하여 4명으로 늘어났으며 조직활동도 속도가 붙었다. 1968년말까지 가농청의 조직현황을 보면 그룹이 있는 곳이 전국적으로 12군데였고[24] 회원이 있는 곳이 19곳이었다.

특히 1968년 들어서는 각종 정보제공, 경험교환, 교육 등의 목적으로 4월부터 〈농촌청년〉이라는 월간 기관지를 창간하였으며 실무진을 확장하고 기구도 확장하였다. 그리고 전주에서는 '전주교구 가톨릭농촌청년회 연합회'가 창립되었다. 10월에 구미에서 열린 훈련회에서는 협동조합이나 협동활동에 대한 관심이 높았다.

그리고 1968년부터 성직자들의 농촌 사목활동을 촉진하기 위하여 3차례에 걸친 '전국농촌성직자들의 세미나'를 개최하였다. 7월 18~19일에는 경북 왜관 피정의 집에서 열린 '농촌개발과 사목'이라는 세미나가 개최되었는데, 일선 농촌교회 신부들은 강사들의 강의를 듣고 토의하며 농촌교회의 발전과 현실참여의 길을 모색하고자 하였다. 또한 일년에 두 번씩 전국농촌본당 성직자들이 '농촌사목회의'를 개최하고 가농청 운동을 촉진시키자고 결의하였다.

24) 전주교구 장계, 황등, 함열, 상관. 대구교구 구미, 낙산, 고령. 대전교구 태안, 홍산. 광주교구 함평. 수원교구 양지.

1966년 10월 창립총회에 이어 2년 만인 1968년 12월 5~7일 왜관 피정의 집에서 한국가톨릭농촌청년회 '제2차 대의원총회'가 열렸다. 6개 교구 남녀대표 35명과 지도신부 9명이 참여하여 각 단위조직의 회칙을 심의제정하고 임원을 선출하였다. 그리고 분회·교구연합회·전국연합회로 조직체계를 정리하면서 전국적 운동의 틀을 갖추고, '국제 가톨릭 농촌청년운동'과도 접속하게 되었다.

1969년 들어서 가농청은 농촌문제에 적극적으로 관심을 가지려고 노력했으며 그에 따른 조직적인 활동을 전개했다. 그럼에도 여전히 지도자훈련회, 기술강습회 위주로 하였고 세미나 및 연구회를 활성화하려고 하였다.

6월 10일~12일에 왜관 '피정의 집'에서 '농촌사목연구회'가 개최되었는데, 8개 교구에서 20명의 농촌신부들이 참석하여, 지역사회 개발과 지역사회 봉사, 농업 현황 등에 대해 토의하였다. 이 연구회에서 신부들은 가농청이 주최하는 농촌사목연구회만으로는 부족하다고 생각하여 공동노력을 할 수 있는 방법으로 '전국농촌사목협의회'를 발족하였다.

그리고 전부터 해오던 전국본부에서 주관하는 훈련회와 교육은 지도자 교육에서 점차 농촌평신도들의 지도력 훈련에 집중하였다. 그리고 훈련회는 전국 단위에서만 이루어진 것이 아니었다. 구미와 전주에서 지역훈련회가 열렸고, 더욱이 지역훈련회는 분회단위에서도 열렸다[25]. 참가자들은 해당 지역의 천주교회(본당 또는 공소)에서 숙식하며 훈련을 하였다.

25) 전북 지역의 장계분회(1968. 12. 9.), 황등분회(1969. 4. 11.), 함열분회(1969. 5. 1.), 전남지역의 나주 노안분회(1969. 10. 1.)에서 열렸다.

가농청은 1960년대에는 이렇게 끊임없이 지도자훈련을 하였고, 각 그룹이나 회원들은 문화활동, 교육활동, 사회활동, 지역사회 봉사활동 등을 전개해 나갔다. 그러나 청년들은 활동과정에서 경제생활 즉 농업문제에 부딪치게 되었다. 농촌사회 활동에서 자본주의 하의 농업 및 농민 문제를 발견했던 것이다.

그 결과 가농청 운동의 초점은 흐려지고 실제로 그룹 안에 지도자급이나 회원들 중에 이농자가 증가하면서 조직이 약화되고 지속성을 잃어갔다. 결국 사회운동이 사회문화 활동 내지 지역사회개발 활동에 머물러서는 농촌청년들의 마음을 붙잡을 수 없었다. 그리고 농업문제가 전체 농민의 문제인 이상 기존 농민들과의 협력 없이 청년들만의 노력으로는 문제를 해결하기 어렵고, 더욱이 단결된 조직의 힘이 없으면 농민문제 해결이 어려웠다. 이러한 상황을 가농청 활동가들은 알게 되었다.

그래서 운동의 방향을 농민의 근본문제를 해결하는 즉 협동하는 것에서 더 나아가 경제적 이익을 옹호하고 그에 상응하는 정치사회적 지위를 향상시키는 활동에 초점을 두고 또한 농민들을 단결시키고 지역 단체들 간에 상호협력하고 공동활동을 수행할 수 있는 일반적인 조직의 힘을 키워나가는 것이 필요하다고 생각하였다[26]. 그후 가농청은 2년여 동안 운동의 변화를 위한 기초작업을 하였다.

(4) 농민운동으로의 전환 준비

1970년 들어 그동안 협업활동, 신용조합운동 등을 통해 자립적인 농민 회생의 길을 모색하던 가농청은 '전남·전북지구 농촌청년훈련

26) 가톨릭농민회 대의원총회 사업보고, 1972년 4월.

회'를 개최하여 농민운동가 양성에 주력하며 농민운동의 새로운 방향을 찾아가려고 하였다. 전국 농촌교회 신자단체의 현황을 조사하고 활동방향을 모색하고 접촉을 확대해 나갔다.

가농청은 5월에서 7월까지 3개월 간 '전국 농촌교회 신자단체 조사'를 실시하였다. 기존 단체들을 가톨릭 행동 단체로 발전하도록 협력하고 유대를 강화하기 위해서 였다. 190개 교회 중에 84개 교회에서 조사에 협조하여 69개 단체를 조사하였다. 조사결과를 보면, 대부분의 단체들이 전교, 심신 향상, 교회 안의 일 협력, 주위의 요구에 응답하는 것에 관심을 가지고 있었고, 구성원들의 공동 관심사를 해결하는 활동을 하지 않고 있었다. 광주교구에서는 나주, 노안, 장흥, 함평, 흑산, 일로, 무안, 진도, 담양, 장성 등에서 천주교회 안에서 활동하는 단체들을 파악하고 조사하였다. 이들 천주교회 안에 청년활동가 단체가 있었던 것이다.

여름(8월 25일~27일)에는 경북 왜관에서 가농청 주최로 '전국가톨릭농민회의'를 개최하였다. 11개 교구에서 전국 농촌 본당 신자대표 52명과 성직자, 관계인들이 모여 "응답하는 교회"라는 주제로 교육과 토론을 벌였다. 이 회의를 통해 참가자들은 농촌문제의 정치, 경제, 사회구조적 관련성을 인식하였으며, '우리 힘으로 민주농민운동을 발전시키기 위해 각자의 환경에서 활동을 전개해 나가고 가톨릭농촌청년회는 지원사업을 하는 중심역할을 다하자'고 결의하였다.

그리고 지역에서도 다양한 활동을 전개하였다. 1970년 1월 12일~17일에는 광주 예수고난회 피정의 집에서 '한국 가톨릭 농촌청년 - 광주대교구 피정 및 훈련회'를 14개 본당에서 40명이 참석하여 개최하였고, 경북지역에서는 구미읍내 농민들이 협력하고 지역발전을 시키기 위해 '구미지역 농촌개발협의회'를 발족시켰다. 전북지역에서는

8월 '전북지구 농전촌청년 기술강습회'를 개최하였다. 이처럼 지역 단위 활동이 이루어지고 더욱이 분회활동도 활발히 이루어지기 시작하였다. 이러한 활동은 농민의 경제적 이익과 정치적 보호를 향한 농민운동의 토대를 만들어 냈다.

1971년 들어서 가농청은 4월 22~23일에 구미에서 전국농민대표 27명이 참가한 '전국농민대표자회의'를 열어 '농민운동의 방향'이라는 주제 아래 '농가소득 증대'를 위해 농자금, 농업기술, 농산물 판매에 관한 연구토론을 벌였으며, 각 사안에 대해 문제점을 분석하고 개선책을 제시하였다. 그리고 국제가톨릭농촌청년회[27] 아시아 책임자(이본 듀봐)가 '국제가톨릭농촌청년운동의 노선'이란 강연을 하고 참가자들이 토론하였다. 대표들은 각기 농촌지역에 돌아가 농민운동을 적극적으로 해 나갈 것을 결의하였다.

그리고 전국본부 단위에서는 4명의 임원이 전국을 4개 지역으로 나누어 각각 분담하고,[28] 담당 지역 안에 있는 지도자들 및 조직들과 유대를 만들어내고 직접 지역에 나가 그들의 활동에 함께 참여하여, 각 지방의 경험을 분석하여 전국 운동의 전략을 세워나가려 하였다.

농민문제에 대한 구조적 인식이 깊어가는 가운데 1971년 8월 25일~27일 가농청 주최로 서울협동교육연구원에서 '선진국 농업생산 과잉과 한국 농업(부제: 교회의 응답)'이라는 농업문제세미나를 개최하였다. 8개 도에서 32명이 참석한 가운데 한국농업의 근본문제를 사회과학적으로 접근하고 그에 따른 농민운동의 질적 전환을 촉구했

---

27) 가톨릭농촌청년회 국제본부는 1970년 당시 회원국 60개국(5대륙)에 80여개의 운동체가 가입되어 있었고, 국제총회를 3년마다(이후 2년마다) 개최해 왔다. 한국의 가톨릭농촌청년회는 이 국제조직과 관련을 맺어 왔다.

28) 이길재 – 전남, 전북, 제주. 한애라 – 충남, 충북. 정연석 – 경남, 경북. 엄영애 – 경기, 강원.

다. 참석자들은 정부 경제정책의 모순에서 생기는 농업문제는 오직 농민들의 단결된 조직의 힘만으로 해결할 수 있다고 결론내렸다. 그에 따라 가농청의 조직과 운영을 강화하자고 결의하고 이를 위해 전국본부에 '조직강화위원회'를 구성하여 추진하기로 하였다.

이에 가농청 전국본부는 11월에 '조직강화위원회'를 소집, 결성하였다. 조직강화위원회는 농민회 운동의 목적을 '농민권익옹호와 사회정의실현'으로 결정하고, 새로운 농민운동으로 방향을 전환하여 농업·농민문제의 근본적 해결을 시도하고자 하였다. 또한 '한국가톨릭농촌청년회'를 '한국가톨릭농민회'로 명칭을 바꾸기로 하고 전국적인 조직개편(회칙 개정과 함께 기존 회원 정비와 신입회원 가입에 의한 조직강화)에 착수하였다.

이처럼 가농청은 농업·농촌·농민에 대한 사회과학적 인식을 다져왔고 기존의 계몽적인 농촌운동에서 벗어나 농민의 권익을 확보해 나가는 농민운동을 펼쳐나가고자 하였다. 물론 각 지역에서도 다양한 활동을 하였으며, 가농청 전국본부에서 지역을 순회하는 활동을 벌여 왔고 다른 기관이나 조직에 가농청을 소개하기도 하였다. 그리고 가농청 국제본부와도 접촉하고 보고서도 작성하여 보냈으며, 지방활동을 강화하고자 하였다.

이러한 활동 이외에도 전국본부 소재지(구미)에서는 교육활동과 생산활동을 해 왔다. 야간학교(호수천사여학원), 협약양계, 협업양돈, 협업농장 등을 시도하였고, 신용협동조합을 결성하려고 끊임없이 노력하였다.

이처럼 가농청은 1970년대 들어서면서 농민의 권익을 실천하는 농민운동으로 나아가고자 하였으며 결국 가톨릭농민회로 변신하게 되었다.

2) 한국가톨릭농민회와 농민운동

(1) 농민운동의 방향정립 및 조직정비(1972~1973)

1972년 4월 5~7일 왜관에서 '한국가톨릭농촌청년회 제3차 대의원대회'가 개최되었다. 여기서 '한국가톨릭농민회(가농)'로 명칭변경이 이루어지고 조직재편과 임원선출이 이루어졌다.

본격적인 농민운동에 나선 가톨릭농민회는 1972년의 사업목표를 '농협의 민주화'로 결의하고 실천에 들어갔다. 농협문제의 중요성을 회원 및 농민들에게 인식시키려고 하였으나 두드러진 성과를 내지 못하였고, 농협민주화운동을 목표로 삼아 '농협문제 전국세미나'를 계획했으나 10·17 유신 쿠데타와 비상계엄령으로 무산되었다.

5월 23일~27일 4박 5일 동안 왜관 피정의 집에서 '왜관 지구 농촌 전교사 훈련회'를 개최하였다. 왜관지구 전교사 27명이 참여하였으며, 전교사들은 훈련회를 통해 농협문제 등 농촌문제를 인식하게 되었고 전교사와 가톨릭농민회의 관계가 밀접해졌다. 농협 문제에 대한 인식제고와 대처방안에 대한 활동은 〈농촌청년〉 지에 실린 농협관련 글들을 가지고 전국에서 지역별로 69개소에서 6월부터 연말까지 연구토론회를 여는 것으로 이루어졌다.

한편 가농은 신용협동조합 운동에 관심을 보였다. 농촌신용협동조합의 문제점을 분석하고 해결책을 모색하기 위해 가농 전국본부는 농촌신용협동조합연합회와 공동으로 8월 16일~19일에 각도 신용협동조합 지도역을 포함한 농촌 신용협동조합 지도자 28명을 대상으로 '농촌신용협동조합 지도자연수회'를 개최하였다. 농촌 신용협동조합과 관련하여 3일간 강의를 듣고 토의하였다. 이러한 연수회를 통해 농촌신용협동조합을 농협민주화의 일환으로 삼고자 하였다. 즉 신용협동조합운동을 통하여 농민의 민주의식 개발과 농민조직을 강화해 나갈 수 있다고 보고, 농민운동과 신용협동조합 운동의 관계를 정립하고자 하였다.

지역별로는 신용조합원, 농촌 청년, 공소지도자, 농민 및 회원 등을 상대로 농민강습회를 개최하여 농업문제를 밝히고 가톨릭농민회를 소개하였으며 지도자 강습회도 열었다.

1973년에 들어 가농은 사업목표를 '농업협동화와 조직의 강화'로 정하고 각종 협동사업과 농민의 협동조직활동을 조직·육성하려고 노력하였다. 구체적으로는 1972년 수해지역인 낙동강유역 수재민 복구사업에 이어 1973년에는 원주교구가 해외지원에 힘입어 남한강 일대의 대홍수에 구호사업을 훨씬 뛰어넘는 마을개발사업을 하기도 하였다.

농민지도자 훈련회 등을 계속 실시하였고 지도자훈련회에 참가한 사람들은 교육을 끝내고 가농에 입회하는 경우가 많았다. 그 외에 '이농근로자 문제 세미나', 초교파적 공동세미나 '한국 농민과 교회의 역할'에 관한 세미나 등도 하였다.

이처럼 교육활동을 전개하면서도 경제활동을 적극적으로 벌여 나갔다. 8월에는 '전국양돈조합연합회'를 창립하였는데, 전국 12개 단위조합이 회원조합으로 가입하여 자발적인 농업생산 협동조직체라고 할 수 있었다. 이외에도 여러 지역에서 정원수 및 묘목 협동사업, 비육우협동사업, 한우협동사업 등 각종 협동사업을 그리고 신용협동조합, 잠업인조합, 양돈조합 등 조직사업을 실시해 나갔다. 그리고 점차 권익실천활동을 벌여나가기 시작하였다.

1973년에는 마을 내지 읍면단위 농민회들이 결성되기 시작했다. 그리고 마을 분회와 읍면단위 농민회를 기반으로 도단위 연합회인 가농 '경기지구연합회'가 1973년 7월 17~18일에 결성되었고, 바로 한 달 뒤인 8월 20~21일에는 가농 '전남지부'가 결성되었다.

그리고 1973년에는 조사연구사업이 시작되어, 전국비료수급실태조사, 농지이용실태조사, 마을종합개발 조사 등을 하였다. 이러한 조사 작업은 그 이후 가농의 본격적인 조사 활동의 출발을 알렸다.

그러나 이 시기에 천주교 주교회의에서는 신자도 아닌 사람들이 가농에 들어와 활동한다고 불평이 많았다. 가농 아빠스 총재가 3년 동안 비신자들이 활동하는 것에 대해 부정적 시선을 지녔다. "이것 어떻게 해야 할 것이냐. 불량한 놈들이 천주교 이름을 뒤집어 쓰고 천주교농민회를 해 가지고 돌아다니면서 정부 불평이나 하고 무엇이 어쩌고 하니." 전국본부에서 주교 중에는 원주교구 지학순 주교와 광주교구 윤공희 주교가 농민운동(가농)에 대해서 우호적이었다. 물론 전체 회의에서는 옳다 그르다 말하지 않고 우물우물 넘어가면서 현지에서는 농민운동을 지지해 주었다.(김문식)

(2) 농업·농민문제의 제기(1974~1976)

1974년 들어 가농은 그동안의 조직확대를 통해 농민운동의 기반을 다진 위에서 토지·쌀·농협문제를 중심으로 농업·농민문제를 본격적으로 제기하기 시작하였다.

가농은 1974년 사업목표를 '농업협동화와 농촌민주화'로 정하고, 그 과제 중 하나로 '농지임차관계 실태조사'를 하였다. 2월에서 8월까지 7개월에 걸쳐 9개 시도 62개군 70개 마을 총 4,554 농가를 대상으로 조사를 하였다. 조사결과[29]에 따르면 농민의 약 30%가 소작을 하고 있었으며 소작인 중에서 약 80%가 생산량의 절반을 소작료로 지불하고 있었다. 3~4월 농사철에는 전국적으로 비료가 부족하여 '비료수급실태'와 농민들의 어려움에 대해 전국 45개 마을을 선정하여 설문조사를 하기도 였다. 조사결과 심각한 비료부족 상태를 보여주었다.

이러한 실태조사를 통하여 가농은 실증자료를 제시하며 농업, 농민 문제를 제기하였고 여론을 조성하고 문제해결의 실마리를 찾으려 노력하였다. 전국의 일반 농민들이 지닌 토지문제, 비료수급 문제를 제기함으로써 운동의 전국화를 이루어 나갈 수 있었으며, 그동안 해오던 농업협동화 활동과 교육·조직·홍보 활동을 계속해 나갔다.

1975년 들어서 가농은 사업목표를 '농민의 절실한 문제에 답하자'로 결정하고 회원들의 다양한 과제실천활동을 계속 촉진하였다. 그리고 적정 미가를 받기 위한 근거자료를 만든다는 생각에서 '쌀생산비조사'를 실시하였다. 제주도를 제외한 전국 8개 도에서 26농가(일반벼 14, 통일벼 12)를 선정하여 조사하였다. 조사결과를 발표하였는데, 정부가 발표한 수매가격과 큰 차이가 났고, 가농은 이 자료를 언론에 홍보하고 11월 20일 '쌀생산비조사 보고 연구대회'를 열어 논의하고 앞으로 계속 농산물 생산비 조사를 추진하기로 하였다.

그리고 조직활동을 강화하여 1975년에 전국적으로 11개의 분회가 결성되었다. 주교단은 춘계총회에서 각 교구별로 가톨릭농민회의 육성에 협력하기로 결의하였고, 9월에는 가톨릭농민회 전국지도신부단이 결성되었다. 이처럼 조직적 체계가 잡혀가기 시작하였다.

---

29) 소작농이 전농가의 29.1%, 소작면적은 전경작면적의 16.4%, 소작료는 79.4%가 생산량의 절반이었다.

나아가 농민운동 주체를 육성한다는 취지 아래 6개도 9개 마을을 선정하여 '연구마을' 사업을 전개하였다. 마을 단위의 지도력과 협동기반 조성, 각종 경제적 협동활동, 권익실천활동을 잘 실천하도록 일정하게 지원하고 실천결과를 공표하게 하는 것이었다. 이러한 활동은 분회활동을 촉진하기 위한 것이었다.

그동안 해오던 지도자훈련회, 지역농민 강습에는 더 많은 농민들이 참여하였고, 가농은 가농교육 이외에 크리스찬 아카데미 등 여러 교육기관에 파견교육을 실시하였다.

그리고 농협이 원래의 목적이나 기능에 맞지 않게 독재 권력의 시녀역할을 하게 됨에 따라 가농은 이를 시정하려는 농협민주화운동에 적극 나섰다.

1976년은 가농 본부가 구미에서 대전으로 옮긴 해다. 그동안 이전을 요청했지만 거부당하다가, 1976년 3월에 가톨릭농민회가 정식단체로 주교회의의 인준을 받고 명실상부하게 전국조직으로 자리잡아가자 구미 보다는 교통도 편리하고 전국적으로 모일 수 있는 대전으로 옮기게 되었다.

전년에 이어 쌀생산비조사를 조사농가 규모를 5배 늘려 계속하였는데, 8개도 111개 농가를 조사하였고 그 결과를 '창립10주년 기념대회'에서 보고하고 추곡수매가 인상을 정부에 건의하였다.

'창립 10주년 기념대회'는 많은 준비 끝에 10월 25일 오후2시 대전 대흥동 천주교회에서 1천여 명이 참석한 가운데 추수감사제, 기념식, 기념잔치 순으로 열렸고, 다음날 쌀생산비조사보고대회로 이어졌다. 기념식에서 농민회원들과 일반 참가농민들은 10주년을 맞아 가농의 활동 방향과 자세를 확고히 내세운 '우리의 다짐' 6개 항을 채택하고 추곡수매가 결정에 대한 대정부 건의문을 채택하였다. 참가 농민들은 농민문제의 해결이 가농의 주요 관심사임을 밝히고 농촌의 민주화와 자주적 협동, 농민의 권익 신장을 실현해 나갈 것을 다짐하였다.

이 창립10주년 기념대회에는 지방에서 회원농민들과 일반농민들 500여 명이 참여하였다.[30] 그리고 이 기념대회는 본격적으로 농민대회 형식을 갖추고 있었다. 그 이후 기도회나 농민대회들은 바로 창립10주년 기념대회의 형식을 소규모로 치르는 것이었다. 그리고 창립기념농민대회에 회원농민들의 권유로 함께 온 비회원 농민들도 있었고, 이들은 이 대회에서 자기 지역의 가농회원들을 알게 되어 이후 교류하게 되었다.

특히 창립 10주년 기념대회에서 했던 행사 형식은 이후 각 지방에서, 교구별로, 본당별로 추수감사제라는 이름으로도 이어졌다. 일종의 풍년감사제였고 이를 통해 농민들은 자신들의 주장을 펼칠 수 있었다.

그리고 농협민주화 활동과 자주적 협동활동도 계속해 나갔다. 농협출자 강요, 비료불량배급 시정(전남 함평 향진회), 추곡수매 강요(전남 구례 구만리), 복권 거부(전북 임실), 공제대출 부정(충남 당진·합덕), 연초등급인상(충북 제원·제천) 등의 문제를 해결해 나갔다. 그리고 신용협동조합육성 등 다양한 경제적 협동활동과 권익실천활동을 펼쳐나갔다. 조직적으로는 전북지구연합회, 강원지구연합회, 충남지구연합회 등 3개 지역연합회가 새로이 결성되어 1973년에 결성된 경기지구연합회와 1974년에 결성된 전남지구연합회를 합해 5개의 연합회가 활동하고 있었다. 그리고 주교단이 가농을 공식단체로 인준하였다. 이처럼 체계적인 조직화가 이루어졌고 분회들도 활발히 결성되었다.

---

30) 농민 494명, 성직자 40명, 주교 4명이 참여하였다.

이러한 조직화를 위해 가농에서는 다양한 자체 교육을 실시하였다. 그리고 농민운동과 관련하여 특기할 만한 것은 가농이 크리스찬아카데미 교육에 회원을 파견하여 교육을 받게 한 것이었다.[31] 사실이 당시에는 거의 모든 농민운동 및 관련단체들이 크리스찬아카데미 교육을 희망하였다.

그리고 각지에 분회들이 결성되면서 이를 기반으로 연합회들이 만들어졌다. 1976년 한 해 동안 전북연합회, 강원연합회(춘천연합회가 분리되면서 원주연합회로 변경), 충남연합회가 창립하였다.

(3) 정책활동 및 권익실천활동(1977~1979)

1977년에 가농은 '현장활동의 강화'와 '조직의 활성화'를 사업목표로 내세웠다. 주요한 과제로는 '쌀생산비 보장'과 '농협민주화'를 택하여 활동을 전개하였다.

가농은 쌀생산비 보장투쟁을 계속해 나갔는데, 8개도 146농가(일반벼 59, 통일벼 87)의 쌀생산비를 조사, 집계, 분석하였다.[32] 정부수매가격이 발표되기 전에 중간집계 발표와 함께 '1977년도 추곡 수매에 대한 건의문'을 관계당국, 국회, 언론기관, 농민단체에 보냈다. 그리고 쌀 생산비 보장 서명운동을 전국적으로 벌여 20,000여 명이 서명하였다. 뒤이어 '쌀생산비조사보고대회'를 11월 21~22일 대전(1,000여 명)에서 개최하여 쌀생산비 보장을 요구하였으며, 이 대회

31) 크리스찬 아카데미는 1974년 후반기부터 1979년 3월까지 농촌운동가 양성을 목적으로 농민교육을 실시하였다. 크리스찬 아카데미 교육에 대해서는 다른 절에서 설명할 것이다.

32) 조사결과 쌀 1가마(80kg) 가격이 통일쌀 39,480원, 일반쌀 41,600원으로 산출되었다. 그러나 정부의 추곡수매가격은 26,000원에 지나지 않아 농민들은 쌀 한가마당 통일쌀 13,840원, 일반쌀 15,600원을 손해보고 팔아야 하는 입장이었다.

는 전국에 흩어져 있는 회원농민들이 모이는 계기가 되었다.

농협민주화 활동은 좀더 본격적으로 진행되었다. 청원, 시정, 거부 운동에서 더 나아가 농협의 제도변혁을 촉구하였다. 2~3월부터 농협민주화활동과 조사에 대한 교육을 실시하고 3~5월에는 조합원 785명에 대한 설문조사를 집계하여 조사보고서를 발행하였다. 이 조사연구를 토대로 8월 16일 대전 가톨릭문화회관에서 180여 명이 모여 '농협문제 세미나'를 개최하여 현 농협의 문제점을 확인하고 농협 육성방안 및 조합원들의 주체적인 참여방법을 모색했다. 세미나에 참석한 농민회원들은 관제농협의 민주화를 위해 임시조치법[33] 철폐와 조합장 직선제를 제기하였다. 그리고 강제출자 거부를 위한 조직적인 활동을 전개해 나갔다. 강제출자 시정이라는 합법적인 활동은 현장조직 기반을 확충하고 농민에게 농민운동에 대한 많은 자신감과 가능성을 심어주는 계기가 되었다. 이런 농협민주화 활동이 확산되고 있는 와중에 1976년 11월 '함평고구마사건'이 발생했고 1978년 5월 초까지 긴 투쟁으로 이어졌다.

1977년 들어서는 1976년에 이어 지구연합회들이 속속 결성되었다. 경북연합회가 1월에 결성되었고, 충북연합회가 7월에 결성되었으며, 춘천연합회가 강원연합회에서 분리·결성되었다. 12월에는 경남연합회가 결성되었다. 이전에 설립된 5개 지구연합회에 4개가 추가되었다. 이처럼 전국적으로 지구(도)별 연합회들이 결성되어 활동하였고 함평고구마투쟁에 각 지구별연합회 임원들이 참여하였다. 그리고 농민회 활동에서 국가와의 충돌로 인해 사건들이 발생하기 시작

---

33) 1961년 군사정권이 농협이 조합임에도 불구하고 조합원들을 배제하고 조합장을 임명하도록 한 임시조치법.

하였다. '함평고구마사건'에 이어 '춘천농민회사건'이 발생하였고, 함평고구마투쟁이 일단락된 뒤에는 '안동감자사건'이 발생하였다.

함평고구마투쟁 막바지에 일어난 춘천농민회사건은 가농 춘천연합회에서 발간하여 배포한 농민회 홍보자료 유인물 내용 중 학원 시위에 관한 소식과 농업정책에 대한 비방이 있다 하여 3명의 간부가 '긴급조치 9호'[34] 위반으로 구속되어 실형을 받은 사건이다.[35]

가톨릭농민회는 이 사건을 가농 조직에 대한 탄압으로 간주하고 전면적 싸움을 전개하였다. 4월 18일 전국지도신부, 춘천교구연합회 지도 신부, 임원들로 긴급대책위원회를 구성하고 이 사건을 가톨릭농민회 뿐만 아니라 농민운동 전반에 대한 의도적 탄압으로 단정하고 구속자 석방을 위한 투쟁에 들어갔다. 이 시기는 함평고구마피해보상투쟁이 2차 기도회를 준비하던 때였고 그래서 기도회와 기도회 이후 단식투쟁에서 이 문제가 계속 제기되었다.

함평고구마투쟁이 보상을 받고 난 뒤인 5월 8일 춘천교구연합회는 춘천 죽림동 천주교회에서 '농민, 근로자들을 위한 기도회'를 500

34) 1975년 5월 13일 발효되었다가 1979년 10월 8일 해제된 것으로, 독재정권이 이 조치를 근거로 '유언비어날조, 유포, 왜곡전파', '집회·시위 또는 신문·방송을 통한 보도금지' 등을 규제하여 1천여 명의 학생, 시민, 종교인, 지식인을 구속했었다.

35) 우선 사건의 경위를 살펴보면, 춘천교구 가톨릭농민회장 유남선과 총무 김문돈이 제작한 1977년 12월 27일자 유인물 가운데 "농민들의 민주화 능력 부족이라는 미명하에 조합장을 국가가 임명하여 조합장은 농민이 아닌 장관, 도지사, 군수에게 충성한다. 농협의 대의원인 총대는 저희들끼리 적당히 임명하여 총대선거권자인 농민은 자기들의 총대가 누구인지도 모른다"는 구절과 학원시위에 관한 소식 내용 일부를 문제 삼아, 경찰은 2월 2일 유남선 회장과 김문돈 총무를 연행하여 수사에 착수했으며 2월 18일에는 전국본부 협동사업부장인 정성헌을 연행하여 사흘간 진술을 받았다. 그 후 유남선 회장은 2차례에 걸쳐 수사를 받았는데 유인물을 통하여 학생데모를 유도하려 했다는 진술을 강요받았다. 유 회장이 3월 20일 연행에서 풀려났을 때는 혹독한 고문으로 인하여 제대로 걷거나 앉을 수도 없는 상태였다. 여기서 일단 사건이 마무리되는 듯싶었으나 경찰은 4월 6일 춘천에서 유남선 회장을, 4월 9일 대전에서 정성헌 부장을 전격적으로 연행하여 긴급조치 9호 위반으로 구속하였다.

여 명의 회원 및 교우들이 참석한 가운데 개최하였다. 여기서 농민회에 대한 경찰당국의 탄압사례를 규탄하고 특히 구속된 유남선 춘천교구연합회 회장과 정성헌 전국본부 협동사업부장의 즉각적인 석방을 촉구했다. 이어 5월 15일 서울 봉천동천주교회, 5월 16일 동대문천주교회에서 기도회를 개최함으로써 교회의 항의운동은 전국적으로 확산되었다(가톨릭농민회 50년사 편찬위원회1, 2017: 145). 전남지역 농민회원들을 비롯하여 전국의 농민회원들이 이러한 기도회(투쟁현장)에 가서 힘을 실어 주었다.

그리고 경북연합회 안에서 활동해 오던 안동지역 분회원들과 활동가들이 이 투쟁과정에서 조직를 강화하여 1978년 12월에 안동연합회를 (분리)결성하였다. 그래서 1978년 말에 전국적으로 10개의 지구연합회가 활동하게 되었다.

이상과 같이 가농은 전국단위에서 토지문제로서 소작, 즉 농지임차, 가격문제로서 쌀생산비, 제도문제로서 관제농협 등을 제기하였다. 이러한 문제를 해결하기 위해서 가농은 농지임차관계 조사, 쌀생산비조사를 실시하고 그 자료를 가지고 생산비 보장 운동을 펼치고 정부와 각종 관련기관에 압력을 가하고 여론조성에 힘썼다. 그리고 농협의 민주화를 제기하면서 농협이 농민들에게 가하는 다양한 부당행위들을 시정해 나갔다. 그 와중에 '함평고구마사건'이 터졌다.

이상과 같은 활동을 전개해 오면서 가농은 조직의 틀을 갖추어 나갔다. 특히 1976년 가농창립 10주년 기념대회를 기점으로 전국적인 조직이 완성되어 갔으며, 본격적인 투쟁 활동에 나서게 되었다. 그리고 바로 이때 함평고구마투쟁이 전개되었고 가농의 투쟁이 처음으로 전국적인 집결투쟁의 양상으로 전개되었다. 가농 전국본부 임원

(회장단, 이사, 감사, 사무국장)들은 지역에서 전개되는 투쟁에 직간접적으로 관련을 맺게 되었다. 가농 전국본부 임원회의, 이사회에 지구별 총무가 참석하여 보고하곤 하였다. 함평고구마투쟁이 전개되던 시기에는 전국본부 임원들이 1977년 계림동성당 기도회와 1978년 북동성당 기도회를 일부 준비하고 참여하였다.

각 지구별연합회는 도단위 범위를 지니고 있었고 강원연합회와 경북연합회는 두 개의 교구연합회 단위를 포괄하고 있었다. 연합회 임원들 가운데 회장들과 총무들은 함평고구마투쟁이 전국적 모습을 띨 때 즉 1, 2차 기도회에 참여하였다. 그리고 2차 기도회 이후 단식투쟁에도 참여하였다.

함평고구마투쟁이 전개되던 1970년대 후반 가농본부와 각연합회별 임원현황을 보면 다음과 같다.

〈표-2〉 1970년대 후반 가농 전국본부 임원명단

담당주교	이동호 아빠스(분도수도원)(1972~1979)
지도신부	이종창(마산교구)(1975~1981)
5대 임원 (1976~1977)	회장 최병욱, 부회장 박재일. 이사 : 김석호, 박필주, 유사혁, 김동혁, 이건우, 정상준, 최경수, 김상범, 천성용, 이병철, 이길재, 오익선, 박재일. 감사 : 전자석, 조용진, 정만호, 천성용, 김문식, 김진성 사무국장 : 이길재
6대 임원 (1978~1979)	회장 최병욱, 부회장 김문식. 이사 : 강태용, 박재일, 권종대, 김문식, 최병욱, 최경수, 서경원, 조한수, 이병철, 유남선, 권종대, 이귀열, 이용호, 오익선. 감사 : 정만호, 김성순, 정병온, 박정신, 이상균 사무국장 : 이길재

〈표-3〉 1970년대 후반 가톨릭농민회 연합회별 임원명단(1976~1979년)

연합회		회장	총무	지도신부	결성 연도
강원	춘천	유남선, 임문혁	김문돈, 배중길, 김동식, 박명근	하화식, 전세권	1977
	원주	김상범, 조한수	김헌일, 김춘배	신현봉, 김종인	1976
경기		이건우, 오익선	황연순, 민경학, 이정찬		1973
충북		류사혁	김상덕	곽동철	1977
충남		최병욱, 천성룡, 이용호	박정신, 박명환, 길경렬	나기순	1976
전북		장상준, 소병기, 이귀열	소병기, 전자석	박창신	1976
전남		권광식, 김정호, 김동혁, 서경원	김동혁, 서경원, 노금노	김성룡, 장홍빈	1974
경북	안동	권종대	정재돈	정호경	1978
	대구	최경수, 조용진	이유린, 여지연	허연구	1977
경남		이병철	송세경	임상엽	1977

가농 전국본부와 각 지구연합회 임원들은 함평고구마투쟁의 두 번에 걸친 기도회에 적극 참여하였고 마지막의 단식투쟁에도 참여하여 함평고구마투쟁을 전국적인 투쟁으로 확대해 나가는데 결정적인 기여를 하였다.

2. 가톨릭농민회 전남연합회의 활동

가톨릭농민회는 1972년 4월 5~7일 왜관 '피정의 집'에서 전국대의원총회를 개최하며 공식출범하게 된다. 회장 이길재는 호남지역 조직책임자로 나서 지역농민을 조직하는데 힘썼다. 전국본부 임원들이 지역별로 나누어 순회하며 조직을 활성화할 때에 이길재가 광주전남지역으로 오곤 하였다. 물론 그 이전에 이미 전남지역에 천주교회 중심으로 가톨릭농촌청년회 활동이 있었다.

1) 전남지역 가톨릭농촌청년회 활동

가톨릭농촌청년회(가농청)가 전남지역에서 활동을 시작한 것은 가톨릭노동청년회(JOC;가노청) 안에 농촌청년부(JAC)가 설치된 1960년대 중반까지 거슬러 올라간다. 전남대 수의학과를 졸업한 이길재가 농촌청년부의 전국대표로 활동하게 되었고, 가노청 활동이 활발하던 광주교구에서도 농촌본당을 중심으로 농촌청년부 활동이 전개되었다. 광주교구에서는 함평본당에 일찍이 청년활동이 이루어졌고, 1965년 4월에 함평본당[36)]에 농촌청년부(JAC)가 남자 6명으로 발족되었다. 전국에서 최초로 지역 조직으로 발족한 것이다. 이후 함평 가톨릭농촌청년회는 「농촌청년부(JAC) 교재」, 「JAC 개요」라는 농촌청년부 소개자료를 발간하여 교육·홍보활동을 벌였다.[37)] 전국 본부의 지역 순회활동은 1965년부터 이루어졌는데, 1965년~1966년에 광주교구 함평농촌청년회에 본부 임원들이 와서 지역활동을 살펴보고 청년운동에 대해 논의하였다.

1966년 10월 17~18일 한국가톨릭농촌청년회 창립총회에 광주교구에서 참여하였는데 함평 사람이 갔을 것으로 보인다. 이후 열린 전국

36) 당시 함평천주교회는 외국인 신부가 주임신부를 맡았는데, 김충호(미카엘) 신부가 1963년 10월부터 1969년 9월까지 보좌신부로 재직하였다. 김충호 신부는 이후 나주천주교회에서 1969년 11월부터 1973년 4월까지 주임신부로 재직하면서 함평과 나주지역 뿐만 아니라 전남지역의 초창기 가톨릭농민회의 발전에 기여하였다(광주전남가농, 2013).

37) 한국가톨릭농촌청년회, "한국 JAC운동보고" 1968, 1쪽.

농촌청년지도자훈련(강습)회(1967년 4월, 1968년 3월, 1968년 10월)에 광주교구에서 계속 참가하였다. 4월 7일~12일 구미 천주교회에서는 열린 '농촌청년지도자강습회'에는 함평에서 최영수가 참여하였다.

1968년의 상황을 보면, 광주교구 안에서는 함평에 농촌청년회가 결성되어 있었고, 담양에도 회원이 있었다. 벌교에는 회원으로 접촉 중인 사람이 있었다(〈농촌청년〉 2호, 1968. 5. 22).

1969년에도 본부 임원이 광주교구를 방문하였다. 이길재 회장이 10월 초에 광주교구 안의 노안과 담양을 방문 시찰하였다. 이회장은 노안본당에서 30여 명의 청년들과 만나, 농촌청년과 사회 환경 문제를 지적하며 특히 과거 농촌청년들의 조직운영과 활동수단의 결함을 반성하고 민주적 운영체제와 우리 자신 및 주위 환경을 변화시킬 활동수단을 강조하였다. 담양도 방문하였는데, 담양청년회는 이미 전국수련회를 수료한 사람들이 활동하고 있어서 운동지도력이 튼튼하다고 보았다.[38] 또한 1966년에서 1968년까지 열린 전국지도자훈련회에 광주교구의 농촌본당 신자들도 참가하였다.[39] 전남지역 청년들은 이후 계속 전국 단위 훈련회와 교육에 참여하였다.

이길재 회장이 방문했을 때 지역민들은 광주에서 농촌청년훈련회를 개최하자고 요청하였다. 1970년 1월 중에 광주 피정센타에서 가농청(JAC)본부와 광주교구 공동으로 주최하기로 하였다. 박주응이 추진을 맡고 열심히 준비하였다. 훈련회를 개최하기 위한 준비로서 일차적으로 광주교구 안에 있는 각 농촌본당의 청년조직현황과 청년들

38) 김성룡 신부가 담양천주교회에 있었다. 농촌청년들과 거위를 키우는 등 다양한 활동을 전개하였다(〈농촌청년〉 9호, 1969. 12. 18).

39) 광주, 대전, 전주, 대구, 청주, 수원 등 6개 교구에서 112명의 본당신자가 참가하였다. 주된 교육내용은 JAC운동의 이론과 방법, 새농사 기술, 지역사회 개발, 생활개선, 공동체의 형성과 실천, 양계·양돈에 관한 기술, 남녀 교제와 결혼준비, 레크레이션 등이었다.

의 상태를 조사하고, 이차적으로는 직접적인 접촉을 시도하였다.(〈농촌청년〉 9호, 1969. 12. 18.).

드디어 1970년 1월 12~17일에는 '한국가톨릭농촌청년회 광주대교구 피정 및 훈련회'가 광주 화정동 피정센터에서 개최되었다. 당시 총재로는 광주대교구 해럴드 주교, 지도신부로는 김성용(담양),[40] 회장으로 박주응(방림동)이 참가하였으며, 강사들도 여러 지역에서 초청하였다. 광주에서는 박용수(광주), 이상래(남동천주교회), 이건재(광주 본당) 등이 강사로 왔다. 본부에서 이길재, 이석진이 참여하였고 신부들도 몇 참여하였다. 또한 전남지역 12개 본당에서 40명이 훈련회에 참석하였다.[41] 훈련회에서 참가자들은 농촌청년의 조직과 운영, 그룹활동의 운영, 지역사회개발론, 협동조합운동론에 대해 진지한 토론과 아울러 농민운동의 새로운 방향을 찾아가려고 노력하였다.

8월 25일~27일 왜관에서 열린 '전국가톨릭농민회의'('응답하는 교회'라는 주제로 강의와 토론을 함)에는 광주전남 지역에서 6명이 참가하였다. 농민운동의 방향을 탐색하는 모임이었는데, 함평에서 노

40) 김성룡 신부는 신학교 학생 때부터 가톨릭노동청년회에 관심을 갖고 있었고 부제반이 되어서는 후배들이 계속 가농청과 관련을 갖도록 하는 일을 하였다. 신부가 되고 나서 가농청 지도신부를 계속 맡았다. 자연히 가농청에서 분리 발전한 가톨릭농촌청년회의 지도신부도 맡았다(5·18기념재단5, 2013: 139).

41) 광주에서 박용수(광주시), 이상래(남동천주교회), 이건재(광주 본당)가 강사로 참여하였고 박도세는 피정기도를 하였다. 외부인 강사로는 이석진(구미), 박희섭(서울), 이한필(서울), 이길재(구미), 성응제(대구), 김영자(전주)가 왔다. 참가회원들을 본당별로 보면, 일로본당(서광웅, 김동호, 김태욱, 신향자, 최정숙, 신애자), 함평본당(조경천·윤태수·장두병–문장공소, 이재갑·박태석–나산공소), 나주본당(안상선, 여운실, 유행열), 영산포본당(이안국–다시공소, 김병순–다시공소 회장), 흑산본당(박영덕–사리공소, 유청자), 화순본당(정낙우, 김군기–전교회장), 곡성본당(김수만), 영광본당(강성덕), 송정천동본당(강대영–서창공소), 송정신동본당(백정기), 보성본당(김정중, 박정중), 벌교본당(유제두–고흥군 지역 공소, 최상열, 이금출, 이복순, 김옥례, 양칠순), 담양본당(오성택, 이기영, 조정현, 이정휴, 국경남).

광숙(함평읍 함평리), 이상섭(해보면 용산리), 신안군 흑산면 진리에서 윤생진, 유청자(여), 이승자(여)가 참여하였고, 광주에서 신용협동조합 연합회 활동을 하던 박주응이 참가하였다. 함평의 노광숙[42]은 '전국가톨릭농민회의'에 참석한 후 응답하는 교회의 요청에 통감하여 함평본당 안에 11월에 '봉사회'를 창립하고 조직활동의 발전을 위해 전력을 다하였다(〈농촌청년〉 14호, 1971. 8. 19.).

1971년 가톨릭농촌청년회 전남지역 활동을 살펴보면, 광주교구 산하 각 본당 및 공소에서 활동하고 있는 가톨릭 농촌지도자들로 이루어진 '가톨릭 농민운동 대표회의'가 발족하였으며, 광주교구 내 농촌본당 대표 10명이 참석하여 회장 백종기, 총무 강대영을 선출하였다. 김성룡 신부가 지도신부를 맡았고 신협운동을 해온 박주응 씨가 지도역을 맡았다. 그리고 대표회의는 4월 13일 광주 가톨릭 센타에서 모임을 갖고 농업기술과 경험을 서로 교환한 뒤 농업기술 습득, 판매 과정의 문제점들을 토론했다(〈농촌청년〉 14호, 1971. 8. 19.).

또한 광주교구 농촌운동 지도역인 박주응[43]은 신협활동을 해왔으며 신용조합지도자강습회 등을 꾸렸다.[44] 박주응은 이미 1969년 12월에 발간한 가톨릭농촌청년회의 소식지인 〈농촌청년〉(9호)에 쓴 '농촌조직의 변화'라는 글에서 새로운 조직형태로서 신용협동조합을 강

---

42) 노광숙은 노금노의 사촌 형으로 노금노를 천은사 교육에 가서 가농회원 및 농민활동가들과 만나도록 하였다.

43) 박주응은 광주에서 YMCA에 관련하는 사람들 사이에서 두드러진 인물이었고, 신용협동조합운동을 주도하고 신용조합 교육을 하였다. 노안성당에 속해 있는 성골롬반 중학교에서 교사로 근무하였으며 노안신협을 만드는데 참여하였다.

44) 박주응씨는 4월 18일부터 5월 8일까지 필리핀 「봐오기(방콕)」시에서 개최된 "아시아 지구 노동조합 및 협동조합 세미나"에 참석하고 5월 15일 무사히 귀국하였다. 귀국하자마자 5월 20일부터 광주교구 신용조합 지도자 강습회를 광주 피정센타에서 주관하였다(〈농촌청년〉 14호, 1971. 8. 19.).

조하였다.[45] 이 당시 농민운동은 농촌 고리채 문제의 심각성을 제기하며 신용협동조합을 통해 해결할 수 있다고 보았다. 따라서 농민교육에서 신용협동조합은 항상 들어가 있었다.

1971년 활동을 보면, 4월 22일~23일 구미에서 열린 전국대표자회의[46]에는 전남에서 김성룡 신부(담양읍), 김동혁, 강대영이 참가하였다. 1971년 8월 25일~27일 서울협동교육연구원에서 '선진국 농업생산 과잉과 한국 농업(부제: 교회의 응답)'이라는 농업문제 세미나에서 한국농업의 근본문제를 사회과학적으로 접근하고 농민운동의 방향을 바꾸기 위해 '조직강화위원회'를 구성하기로 했는데, 이 농업문제 세미나에 전남에서는 박주응(광주시), 정남영(장흥군), 강대영(광산군), 김성용(담양군)이 참여하였다. 전국적으로 17명의 조직강화위원이 선임되었는데, 전남지역에서는 조정현, 이기영, 강대영이 선임되었다. 따라서 광주전남지역에서도 가톨릭청년운동의 방향전환에 대해서 알고 있었다.

또한 1972년 7월 17~19일에는 광주 가톨릭 문화관에서 광주대교구 명도회 주최로 광주교구 내 '농촌 공소지도자 훈련회'가 남녀 50여 명이 참석한 가운데 열렸다. 그 내용을 보면, 교리교육, 신앙생활, 약초재배, 접목법 등 농업기술, 신용조합운동, 가톨릭 농민운동에 관한 교육이 있었고, 훈련회 마지막에 대주교를 비롯하여 강사들과 주최측 및 훈련생들이 동석하여 농촌공소의 문제점을 토론하였다(〈농촌청년〉 20호, 1972. 8. 30.). 이 훈련회를 통해서 전남지역(광주교구)

45) 박주응은 이 글에서 농민들의 자발적인 조직체인 계, 두레, 품앗이, 신용협동조합을 살펴보면서 새로운 조직으로서 신용협동조합을 강조하였다(〈농촌청년〉 9호, 1969. 12. 7~9.).

46) 각 지역에서 22명과 본부 6명이 참가하였다.

천주교회에서 활동하던 농촌지도자들이 서로 만나게 되었다.

가농청은 이처럼 농촌지역 본당 신자들을 대상으로 훈련회와 강습회 등을 하였고 그 내용은 4-H 활동과 유사하였다. 그러나 1970년 이후 점차 전국본부의 방향전환 시도에 발맞추어 전남지역 가농청 활동도 협동운동을 중심으로 농촌변화를 시도하였고 신협운동, 농민권익운동을 강조하게 되었다.

2) 가톨릭농민회 전남연합회의 조직과 활동

(1) 조직과 교육 활동

① 조직

1972년 4월 전국가농이 결성되어 미진한 지역 가농활동을 촉진하고자 하였다. 마을분회와 읍면단위 농민회를 기반으로 1973년 7월에 경기지구연합회를 결성하였고 다른 지역에도 건설하고자 하였다.

전남지역에서는 1972년 7월에 농민강습회를 하였는데 내용은 농업문제에 대한 파악과 가농 소개였다. 가농을 알리기 시작하였지만 가농의 기반인 분회활동은 그다지 진행되지 않았다. 이러한 상황에서 전국가농은 전남지역에 농민회 활동을 확산시키고자 하였고, 1973년 8월초 전국가농 이사회는 가농 전남지부를 결성하여 농민회 지구연합회로 발전과정에서 과도기적 단계로 시험해 보자고 결의하였다. 분회활동이 미진한 상태에서 도단위 조직을 먼저 만들고 이를 기반으로 분회활동을 촉진하고 회원확보를 해나가는 활동을 하려고 생각하였다. 그래서 명칭을 전남지구연합회라고 하지 않고 전남지부라고 하였다. 이러한 전국이사회의 결의에 따라 이루어진 조직강화 사업으로 경기지구연합회에 이어 두 번째로 전남지부가 결성되었던 것이다.

드디어 1973년 8월 20~21일, 광주 계림동천주교회(나상택 신부)에서 전남도내 '지도자 연수회'에 이어 25명의 대표들이 모여 '가톨릭농민회 전남지부'를 결성하였다. '한국가톨릭농민회 전라남도지부 규약'을 보면, 가농 전남지부를 '농민의 자발적 자주적 조직체'라고 규정하고 있다. 목적으로는 전남 안에 가농운동을 '도내 농민들의 자발성'에 의해 효과적으로 발전시키는데 두고 있다. 이처럼 도단위 조직을 먼저 만들어 분회활동을 촉진하고자 했으면서도 자발성을 강조하는 모습을 보였다. 사업으로는 회원교육과 농민교육, 회원 및 회원단체간의 상호협력, 공동활동 강화, 순회협력과 지원, 운동의 선전과 확장 보급, 농촌환경 및 농민문제의 조사연구 등을 제시하였다.[47]

이날 결성식에서는 5인의 지부 운영위원 선출과 운영위원들이 추천한 지부장을 가농 회장(이길재)이 인준하고 사무국장 또한 임명하였다. 지부장에 권광식(광주), 사무국장에 김동혁(영광)이 선출되었고, 운영위원으로는 이기태(영광), 노광숙(함평), 신진호(나주), 마원훈(강진), 권광식(광주)이 참여하게 되었다.

지부장에 선출된 권광식(조선대 경제학과 교수)[48]은 신용협동조합운동을 해왔고 1971년에 가농청 회장 이길재를 만나게 되었다. 그는 희미하게 가농에 대해 알았는데 이길재를 만나면서 가농활동을 전남에 확산시키자고 해서 가농에 관심을 갖게 되었다. 물론 처음에는 주춤거렸고 몇 번 만난 뒤에 가농활동을 하기로 하였다. 이길재는 권광식에게 "이 황무지에서 누군가 깃발을 들고 나를 따르라 하는 사람이 있어야 한다"고 하며 전남지부장을 맡도록 요구하였다. 권광식은

47) 한국가톨릭농민회 전라남도지부 규약.

농민 가운데 할 사람이 없었고, 자신이 교수라는 명함이 있어 조직의 얼굴로서 등장하여 버팀목으로서 역할하려고 생각하였다. "가농 운동에 앞장서기 위해서가 아니라 조직을 살리기 위해서 내 이름을 걸고 희생해서 해볼까 하는 엉거주춤한 상태"였다(권광식).

사무국장에 선출된 김동혁은 가농청 시절부터 전남지부 결성 이전에 여러 농촌관련 교육에 참여했다. 1971년에는 고려대학교 노동문제연구소에서 개최한 협동과정교육(3기) 과정을 다녀왔다. 서경원도 갔었지만 수강생이 다수인 관계로 나중에 확인하고 서로 그 교육에 갔다 온 것을 알게 되었다. 김동혁은 농촌계몽운동을 하면서 영광에서 재건중학교를 건립해서 운영하였다(재건중학교장). 권광식은 거기에 학생들을 데리고 가서 운영하는 것을 보고 헌신하는 교사들에게 감동을 받았다.

운영위원으로는 이기태(영광), 노광숙(함평), 신진호(나주), 마원

48) 권광식은 조선대학교 경제학과 60학번으로 농업경제학을 전공하였다. 당시는 경제학이 전문분과화가 되어있지 않았는데 그는 농업문제에 천착하였다. 고등학교(구례 출신으로 순천고등학교를 다녔다) 때는 씨알청년운동을 하였고 가출하여 김서정 선생이 하던 백운산 농장에 몇 달 가 있었으며, 새마을 운동에 대응하여 '헌마을 운동'을 하기도 하였다. 대학에 들어와서는 덴마크 등 유럽의 농업에 관심을 가지고 농촌운동을 하게 되었다. 서울대 농과대학 동아리인 '농사단'(1961년 설립된 서울농대 안의 동아리 개척농사단, '흙으로 돌아가는 대열'이 동아리의 이념이었다)에서 조선대 1명, 전남대 1명 학생을 멤버로 오라고 해서 함께 농촌지도자 훈련을 하였는데 여기에 가게 되었다. 그 훈련을 계기로 농촌운동에 더욱 관심을 갖게 되었고, 무엇보다도 신용협동조합이 중요하다고 인식하고 대학내 신용협동조합을 한국에서 최초로 만들었다. 군대를 ROTC로 2년 갔다 온 뒤로는 1968년 이후 미국공보원(광주)에서 농촌관련 프린트물을 얻어 읽으며 구례에서 농촌도서운동도 벌였다. 당시 농촌신용협동조합 운동을 강조하던 벨기에 출신 지정환 신부와 함께 전남지역 안에 여러 곳을 다니면서 신용협동조합 강의도 하고 소개도 하였다. 지정환 신부는 신용협동조합운동을 특히 강조하였고 한국에 치즈제조를 소개하여 임실치즈공장을 세웠다. 권광식은 이후 광주에서 양서협동조합을 설립하는데 참여하였고 신용협동조합 전남지부 지부장도 하면서 밀알운동, 신협운동을 한 정구선과 함께 활동하기도 하였다. 그러면서 대학원을 다니고 1969년에 전임강사가 되었다(1967년 병설 전문대 전임강사, 1969년 조선대 경제학과 전임강사, 1977년 조교수). 교수가 된 이후에도 이러한 활동을 계속하였다.

훈(강진), 권광식(광주)이 선출되었는데 지역대표의 의미를 지니고 있었다. 노광숙은 가농청 시절부터 함평본당에 농촌청년조직을 만들어 활동하였으며 전남지역에서 전국가농 결성(1972. 4. 7~9.) 직전에 (무안의 유지훈과 함께) 가농회원이 되었다(1972. 4. 1.). 마원훈은 일찍(1973. 2. 1.) 가농 농민회원이 되었고 강진읍교회 신자로서 농민운동을 해 왔다. 이후 강진지역의 활동가들에게 크리스찬 아카데미 교육을 추천하여 농민운동 활성화에 기여하였다. 이기태, 신진호는 각 지역 본당에서 활동하던 사람으로 생각된다.

그런데 분회들이 결성된 뒤에 그에 근거하여 지부가 만들어졌을 것이라고 생각해 왔지만, 실상 지부가 결성되기 전에 분회는 결성되어 있지 않았다. 전남지역에서 가농회원 현황을 보면, 1972년부터 회원가입이 이루어졌고 전남지부가 결성되기 전에 가입승인된 등록회원은 5명[49]에 불과하였다.

그리고 전남지부 결성식에 참여한 사람들은 전남지부가 결성되고 나서 그 자리에서 가농회원으로 등록하였다. 등록명부에 1973년 10월 13일에 등록된 사람(10월 15일 2명 포함)이 20명[50]이나 되는데 이들 중에 나주 노안 양천리 사람들(5명)이 집단적으로 가입하였고 다른 사람들은 지역이 각자 달랐다. 특이한 것은 광주를 주소로 둔 사람들이 7명이나 되었다. 광주에서 사회활동을 하던 사람들이 왔고 농민회원에 가입했을 가능성이 높다. 서경원이 결성식에 가서 처음 권광식과 김동혁을 만났다고 하는데, 세 사람이 같은 날자에 가입한 것

49) 노광숙, 유지훈, 정의석, 방완식, 마원훈.

50) 광주시(나종재, 김해진, 민진옥, 서경자, 권광식, 정진우, 이형민), 나주(노안 양천리 – 이안범, 이민홍, 정기판, 최사재, 이철헌. 산포 – 신종호, 장명신), 무안(김종중, 추규영〈목포〉), 보성(이기환), 영광(김동혁), 함평(서경원).

으로 되어 있는 것을 보면 전남지부 결성식을 하고 가농회원에 가입했을 것으로 보인다. 그리고 서경원이 전남지부 결성식에 갔을 때 자신은 농사짓던 옷을 입고 갔는데, 모여있던 사람들은 넥타이에 정장차림이어서 자신이 좀 다른 세상에 왔나 싶었다고 한다.

전남지부 결성과 관련하여 곡성 원달분회장과 전국임원으로 활동한 김문식은 농촌 군단위 성당(본당) 대표들이 왔었다고 한다. 지오세, 지아세 등의 활동에 이어 왜관에서부터 가농운동이 시작되었을 때, 이길재가 주도하였는데 처음에는 무슨 뜻인지 모르고 이길재, 서경원이 와보라고 해서 갔다가 그 자리에 가서 영광의 이기태, 나주의 신진호, 권광식 등을 처음 만났다. 회원가입을 하고 지부를 만드는데 참여하고 나서 농촌으로 내려가서 활동을 하자고 다짐하였다.

전남지부가 만들어지고 나서 농민회원 가입이 늘어나고 분회들도 결성되었다. 그리고 분회가입등록서를 보면, 나주의 '양천리 분회'가 전남지부 결성 직후인 1973년 9월 26일에 전남에서 제일 먼저 분회로 결성되었다. 다시 말하면 분회가 먼저 만들어지고 그 위에서 지부가 만들어진 것은 아니었다. 그래서 연합회로 가는 과도적인 것으로서 지부로 조직했던 것 같다.[51)]

한편 1974년 1월 2일 전국본부 상임이사회에서는 가농전국대의원을 기존의 24명(그 중 노안분회 1명)에 44명을 추가 추대하였다. 추

---

51) 그동안 향진회 분회가 1970년 12월 20일 전남에서 제일 먼저 결성되었다고 했는데, 이것은 실은 향진회가 계로서 출발한 시점이었다. 계로 있다가 가농분회로 변신하였는데, 가농분회 등록신청일이 1974년 8월 20일이고, 분회원들의 가입시기는 1974년 3월 12일이었다. 서경원은 1973년 10월 13일 가농회원으로 가입승인되었고, 분회원들(신영호, 신홍주, 이민호)은 1974년 3월 12일 회원으로 가입승인되었다. 분회원들이 회원가입하면서 분회를 결성하였는데 나중에 등록신청한 것으로 보인다. 분회원들이 집단적으로 가입할 때가 대체로 결성일이므로 향진회의 결성일은 1974년 3월 12일이라고 보는 것이 타당할 것 같다.

가 추대된 대의원 가운데 전남에서 추대된 대의원은 노광숙, 김동혁, 이기환, 서경원, 권광식이었다.

전남지부가 결성되자 본격적인 농민운동이 시작되었다. 1973년 10월 13일 나주 노안면에서 양천리분회가 결성되었고 1974년 3월 12일 함평 대동면 금산리에서 향진회 분회가 결성되었다. 이 날짜들은 결성 승인된 날이기 때문에 실질적으로는 그 이전부터 활동해 왔다고 볼 수 있다.

회원(등록회원)들은 급속히 늘어나서 1973년말까지 24명, 1974년 3월 12일까지는 43명에 이르렀다. 1974년 3월 12일에는 한꺼번에 19명이 가입승인되었는데 아마도 전남연합회로 승격하는 정기총회를 하고 집단적으로 농민회에 가입한 것으로 보인다.

가농 전남지부는 1973년 8월 20~21일 설립되어 약 6개월여 만에 농민회의 확장과 기반을 다져 도연합회로 발전하게 되었다. 1974년 3월 8~9일 광주시내 가톨릭 문화관에서 '가농 전남지부 74년도 정기총회'가 권광식 지부장의 사회로 열렸다. 도내 28명의 대의원이 참석한 이 총회는 또한 지부에서 도연합회로 승격하는 창립총회였다. 이때 전남지역농촌지도자훈련회도 함께 하였다.

총회는 73년 사업보고와 평가, 회칙 심의통과, 임원선거, 기념강의(지역개발과 가톨릭 농민회-김병태 교수) 등의 순서로 진행되었다. 한편 이날 회의에서 선출된 임원은 회장 김정호(전남대 교수),[52) 부회장 권광식,[53) 이사 서경원, 김동혁, 이형민,[54) 안동해,[55) 신종호,[56) 그리고 감사 서경자,[57) 신지호[58)였다. 그리고 사무국장(총무)은 회장이 추후 임명하고 유급으로 두어 실무를 관장키로 하였다(〈농촌청년〉 25호, 1974. 4. 31.). 총회에는 전국회장인 이길재가 와서 권광식, 김동혁 등과 조사사업 및 연합회 운영에 대해서 협의하였다. 곧이어 사무국장에 김동혁[59]을 임명하였다. 이처럼 지식인들에 의해 지도되는 체제가 출범하였다. 그러다 보니 농민들과 막걸리 마시며 어울리고 농민운동을 해나가기가 어려웠다.

그리고 서경원은 전남지부 창립 때 함평천주교회 대표로 왔던 노광숙이 활발하게 활동을 하지 않아서(성당 중심으로 활동하고 있었다)[60] 따로 만나서 활동을 하기 어려우면 활동할 사람을 소개해 달라고 해서 조카인 노금노를 소개받았다. 서경원은 이렇게 하여 1974년 4월 노금노를 만나게 되었다.

---

52) 김정호는 서울대학교 철학과를 졸업하고 전남대에서 잠깐 강의하다가 하바드 대학교에 연수를 가려고 했다. 그러다가 다석 유영모 선생(철학자)의 권유로 미국행을 포기하고 좀 쉬는 기간에 동광원에 왔다갔다 하다가, 유영모가 하는 하계, 동계강좌에 참석하게 되었다. 서경원이 추천하여 2대 회장을 했는데 사회문제에 대한 인식이 부족하여 토론장에서 이우재에게 면박을 당하기도 했다. 잠깐 1년도 못 채우고 그만뒀다. 권광식은 아마도 중정에 끌려가서 농민회를 하지 말라는 협박을 받았을 것으로 추정하였다. 부인은 전남대학교 음악과 피아노 전공 교수였다.

53) 권광식은 중정에 끌려가 가농활동을 그만두라는 협박을 받았다. 사무국장 서경원이 통일당 관련 문건을 지니고 이동하다가 검문에 걸려 연행되었고, 가톨릭농민회를 한다고 하여 결국 권광식도 연행되어 가농활동을 중지하고 그 이유를 나가서 이야기하면 가만 안 두겠다는 협박을 받고 아무에게도 말하지 못하고 그만두었다. 그 협박받은 일 자체를 아무에게도 말하지 못하였다(권광식).

54) 광주에 거주하였고 1973년 10월 15일에 가농회원으로 가입하였다. 광주 YMCA 총무.

55) 목포에 거주하였고 1974년 3월 12일에 가농회원으로 가입하였다. 장로. 아들이 안혁.

56) 나주 산포 신도리에서 가농회원으로 활동하였고 1974년 8월 31일 산포농민회를 결성하는데 주도적으로 활동하였으며, 동광원 출신으로 아버지가 한센병이 발병하여 음성나환자촌 호혜원이 있는 신도리에 거주하였다.

57) 광주에 거주하였고 1973년 10월 13일에 가농회원으로 가입하였다.

58) 광주 신용협동조합 지구평의회 활동가로 1974년 3월 12일 가농회원으로 가입하였다.

59) 김동혁은 고려대학교 출신으로 "부잣집 아들인데 몸이 안 좋았어. 당뇨가 있고. 현장 다니는 것을 힘들어했지. 당뇨가 심했는데도 줄담배를 피웠어. 음식도 고급음식만 먹었어"라고 서경원은 기억하였다. 서경원이 크리스찬아카데미 교육에 추천을 하였으나 아카데미 측의 교육승인을 받지 못한 것 같다.

60) 1970년대 중반 이후 함평천주교회 사도회장을 역임하였고 그후 신협을 창립하여 활동하였다.

그러다가 1974년 5월 5일 전남연합회 사무국장이 바뀌게 되었다. 전임자 김동혁이 개인사정[61]으로 사임하고 후임에 서경원이 새로 부임하게 됐다. 아무래도 인텔리들이 지도부에 있다 보니까 농민들을 만나 회원확대를 하기가 어려웠다. 회장과 총무가 독학인 서경원에게 다짜고짜 신임 총무를 하라고 하니 서경원은 "내가 아무것도 모르는데 어떻게 하느냐" 하니까, "바로 그것이다, 아무것도 모르니까 진짜 할 수 있다"고 강요하였다. "농민들과 어울리려면 아무 생각 말고 함께 막걸리를 마실 수 있는 너 같은 사람이 해야 된다"고 강조하였다. 당시에 〈농촌청년〉에 실린 소개를 보면, '서경원은 신앙과 협동단체인 동광원 출신으로 1973년 8월(회원등록은 10월 13일)에 본회에 입회하여 향리 함평에서 충실히 지역활동을 하고 있는 모범적 일꾼'(〈농촌청년〉 26호, 1974. 6. 31.)이었다.

서경원이 총무가 되자 농민들을 만나고 농민회를 확대해 나가는 일이 풀리기 시작했다. 회원(분회) 확대를 위한 노력으로 기존 회원 31명(24)에다가 1974년도에 37(25)명이 새로 가농에 가입하여 회원이 총 68명(59)이 되었다(괄호 안은 등록회원).[62] 분회는 2개가 설립되었는데, 6월 1일에 나주 산포면에 산포분회(분회장 신종호)가 결성되었고, 7월 20일에는 곡성군 죽곡면 원달리에서 원달분회(분회장 김문식)가 결성되었다. 이 두 분회의 분회장은 동광원 출신이었고 서경원과 이심전심 통하는 사이였다. 이 시기에는 결국 1973년 결성된

61) 이 당시 개인사정이나 일신상의 이유라고 할 때에는 사실상 중앙정보부에 끌려가서 갑자기 사라지는 경우였다. 중앙정보부에서 이들을 연행하여 고문과 폭력을 가하며 가농활동을 중단할 것을 강요했다. 그리고 밖에 나가서 말하면 가만두지 않겠다는 협박에 이들은 나와서 중정에 끌려갔던 일에 대해 말할 수 없었다.

62) 등록회원과 실제 가농회원으로 활동한 회원의 수는 차이가 있었다. 실제 활동하던 회원들 중 일부가 등록하였다.

양천리분회, 1974년 결성된 향진회 분회와 함께 4개 분회가 활동하였다.

1975년 들어 기존 분회들과 새로 설립되는 분회들의 활동에 힘입어 전남지역의 가농활동이 활발해지기 시작하였다.

1975년 3월 13~14일에 전남연합회는 총회를 개최하였고 임원을 선출하였다. 다시 회장에 김동혁, 부회장에 김문식, 총무에 서경원(1974년 5월 5일에 이미 임명)이 선출되었다. 총회에서는 1975년 사업목적을 '전남지역 농촌에서 발생되는 문제점을 해결하는데 역점을 둔다'로 정하고 사업목표를 '농민의식화, 농민 협동화, 농민 스스로 문제해결'로 구체화하여, 분회와 지역에 산재해 있는 회원들에게 일상생활에서 일어나는 문제를 계획적이며 구체적으로 각자 실천과제로 선택하여 활동할 것을 요청하였다. 총회에 이길재 본부 상임이사가 참석하였다.

분회를 활성화할 때 가톨릭이 아닌 사람들(특히 개신교도들)이 분회원으로 활동하기 시작하면서, 즉 개신교도들이 가농운동을 하면서 가농회원(비가톨릭) 활동가들과 가톨릭교계의 협력 문제가 수면 위로 떠올랐고, 6월 24일 지방신부 간담회를 가졌다. 지도신부(김성룡 신부)가 공식임명되었고 신교도의 가톨릭과의 관계에 대해 논의하였고 가톨릭 쪽에서 비가톨릭 농민회원을 포용하기로 하였다. 그리고 대외협력과 관련하여 도연합회 이사회 결의에 따라 사무국장만 도단위 협의체에 참여하였다.

가농 전남연합회가 점차 조직적인 틀을 갖추어 나갔고 특히 10월부터 학생운동 출신의 이강[63]이 전남연합회 교육부장의 역할을 맡았다. 이강은 가농 전남연합회 안에서 학생운동의 투쟁경험을 살려 투쟁 계획과 투쟁 방향을 세워나가는 일을 감당하였다. 이렇게 전남연합회가 체계를 갖추어 나가자, 관련 단체들이나 조직에서 유대활동을 요청하게 되었다. 사회복지회 전남지부(소진택 회원)에서는 9월 말 이후 10개 마을 지원사업계획을 가농 전남연합회와 협력하여 추진하였다. 또한 해남군 화산면에 6개교파연합(개신교) '기독교청년연합회'가 가농 전남연합회에 의식개발교육을 요청하여 교육하였다.[64)]

분회들로는 영광의 대마분회(회장 성신용), 구례의 구만리분회(회장 최성호), 함평의 외대화 분회(회장 노금노), 무안 일로의 상조회 분회(회장 유지훈) 등 4개가 설립되어, 전남연합회 산하에 8개의 분회가 활동하게 되었다. 대마분회는 일찍부터 김동혁이 활동하여 결성되었으며, 구만리 분회는 권광식과 서경원이 마을 활동을 활발히 하고 있던 최성호를 만나 가농활동과 조직화를 하도록 촉구하면서 결성되었다. 한편 서경원이 가농청 활동가였던 노광숙(노금노의 사촌형)의 소개로 만난 노금노가 활동하면서 외대화 분회를 결성하였다. 그리고 상조회 분회는 유지훈이 일찍부터 활동하였던 곳으로 성당을 중심으로 활동하였다. 이렇게 분회들이 속속 결성되면서 1975년에 회원이 26명 늘어나 총 등록 농민회원수는 85명이 되었다.

1976년 들어 전남연합회는 가농본부의 활동에 발맞추어 전남지역 농촌에서 발생하는 문제들을 해결하는데 역점을 두고 '절실한 문제에 대답하자'는 사업목표를 세웠다.

1976년 2월 9~11일에 광주 가톨릭센타에서 '1975년도 전남지구

63) 이강은 〈함성〉지 사건, 민청학련 사건 등에 연루되어 옥고를 치렀다.
64) 1975년 9월 10일~12일, 1975년 11월 11일~13일 구미에서 열린 실무자회의에서 서경원의 보고.

제3차 회원총회'가 농민회원 60여 명이 참석한 가운데 열렸다. 이 회원총회에는 분회마다 5명 이상씩 참여하였다. 양곡은행, 쌀생산비조사 교육에 이어 임원을 선출하고 1976년 사업방향에 대해서 논의하였다. 총회에서는 기존 분회의 분회장이 바뀌어 이사 3명을 교체하고 새로 생긴 상조회 분회장 1명을 추가선출하였다.

그리고 전남지구를 광주, 순천, 목포의 3대 생활권으로 나누어 '지역회장'을 두고 활동을 펼쳐 가기로 하였다. 따라서 기존의 이사회는 단순히 분회장 모임으로 되고, 매달 가질 3개 지역회장 모임이 이사회의 기능을 대신하기로 하였다. 회장단으로 회장 김동혁(영광 대마분회)과 부회장 신종호(나주 산포분회)는 유임하였고 총무에 서경원(함평 향진회분회)이 선출(연임)되었다. 이사는 각 지역 분회장으로 이안범(나주 노안 양천리분회), 오동철(함평 향진회분회), 김문식(곡성 원달분회), 최성호(구례 구만리분회), 노금노(함평 외대화분회), 조용진(함평 가덕분회), 유지훈(무안 상조회분회) 7명이었고, 지역회장은 광주지역회장 신종호(나주 산포분회), 순천 지역회장 김문식(곡성 원달분회), 목포지역회장 유지훈(무안 상조회분회)이 담당하였다. 전체 이사회 구성원은 회장, 부회장, 총무, 분회장 7명, 지역회장 1명(2명은 분회장 겸직)으로 합해서 11명이었다(〈농민회 소식〉, 1976. 3. 12.). 그리고 1976년 2월 말까지 가농 전국회원(등록회원)은 98명이었는데 그 가운데 전남연합회의 회원이 22명이었다.[65] 1976년 말까지 전남연합회 소속 농민회원(등록하지 않은 회원 포함)은 97명이 증가하였다.

---

65) 지구별로 나눠보면 충남 30명, 전남 22명, 강원 16명, 경북 14명, 전북 13명, 충북 2명, 경남 1명이었다(〈농민회 소식〉, 1976. 3. 17.).

총회 이후 한 달여 동안 회장과 총무가 지역 분회를 방문하면서 새로이 2개 분회를 조직하였다. 총무(서경원)는 지역장 회의를 개최하여 조직강화책에 대해 논의하였다. 여기서 지역장 1인이 5개 분회를 조직하기로 하였고, 지역장 1인당 활동비를 월 5천원 지불하기로 결정하였다. 물론 지역장에게 일정한 활동비를 지불하는 문제는 본부에서 조정하도록 하기로 하였다.[66] 이렇게 1976년 들어 적극적으로 조직활동을 해 나갔으며, 이러한 조직활동이 고구마투쟁에서 힘을 결집하는 토대가 되었다.

가농 전남연합회는 1976년간 운영회의를 착실히 열어 총회 1회, 이사회 7회(정기이사회 4회, 임시이사회 3회), 지역장 회의 3회, 분회장 회의 2회를 개최하였다. 그리고 가농 대의원총회에서 가농 본부 임원으로 김동혁이 이사로, 김문식이 감사로 선출되었다. 1976년에 개인 입회원이 150명(비등록회원 포함, 등록회원 97명 증가)이었다. 새로 생긴 분회는 무안에서 덕우분회(회장 박성웅), 영화분회(회장 정철수), 곡성에서 섬진강분회(회장 정상조), 신안에서 신일분회(회장 김기상), 보성에서 벌교분회(회장 이기환), 영광에서 남산분회(회장 이원도) 등 6개와 함평에서 가덕분회(회장 조용진), 상록수분회(분회장 임정택), 마량분회(회장 김갑현), 장년분회(회장 장성일), 신기분회(회장 이영실) 등 5개 분회였다. 이처럼 1976년에 농민회원과 분회가 크게 증가하였고 전남연합회 안에 농민회 분회가 19개가 되었다.

그리고 1976년에 다양한 행사를 하였는데, 5월 10일 (1일간) 원달분회에서는 마을(느티나무골)에서 농민회날 행사 및 경로회를 개최

66) 1976년 3월 28~30일 실무자회의에 참석한 서경원의 전남 활동보고.

하였다. 부녀상담 및 농민회 소개, 평가 및 분회활동 상담 등을 진행하였고 85명이 참가하였다. 5월 23일에는 서해 바닷가에서 서해지역 회원 야외간담회를 개최하였는데 7명이 참석하였다. 이런 지역활동이 총집결하는 일이 창립10주년 기념행사에서 벌어졌다.

1976년은 가농 창립 10주년[67]이 되는 해로서 '창립 10주년 기념식'('쌀 생산비조사 보고대회'도 겸함)을 10월 25일~26일에 대전 대흥동천주교회(가톨릭문화회관)에서 가졌다. 대회는 추수감사제 미사, 기념잔치, 기념행사 순서로 진행되었다. 26일에 기념행사는 쌀생산자보고대회를 하고 이어서 조사자료에 대한 활용방안에 대한 논의와 토론을 하였다. 이 대회에는 가농회원 뿐만 아니라 농민운동에 관심을 가진 다양한 사람들이 참여하였다.

전남연합회에서는 정기 이사회 1회, 임시 이사회 2회를 거쳐 행사에 지역 농민회원들과 일반농민들을 동원할 계획을 세웠다. 조직을 최대한 이용하고 분회와 지역책임자(산재회원)가 긴밀한 유대로 생활권에서 동원했다. 임원진이 교회와 인맥을 통하여 지속적인 협력으로 현지방문, 공문, 서신(편지) 등으로 점검(작업일정계획, 예비군 훈련계획 연기 조정)하여 전남지역에서 농민회원과 일반 농민 183명이 다녀왔고 함평지역에서 50명이 다녀왔다(전체 참여농민 494명).

버스 3대를 대절하여 다녀오고 일부는 기차로 다녀왔다. 버스를 대절한 것은 인원도 많았지만 가족적인 분위기에서 경험교환과 활동교환을 하여 참여자들의 의식을 고양시키고자 한 것이었다. 함평지역의 다양한 농민, 농촌 활동가들이 이 때 서로 만났는데, 4-H 활동

67) 한국가톨릭농민회라는 정식명칭은 1972년에 붙였지만, 가농은 1966년 한국가톨릭농촌청년회의 출범을 창립으로 생각하였다.

을 했던 사람들은 함평지역의 가농 농민회원들과 알게 되었다. 그리고 참여한 농민들은 농민의 힘을 느끼게 되었으며 이후 투쟁활동에서 자신감을 가지게 되었다.

특히 전남연합회 원달분회(곡성)에서 연출한 농협강제 출자를 소재로 한 단막극이 공연되었다. 곡성 원달분회는 농악도 하고 이 단막극에서 농협의 비민주적인 요소를 지적하고 농민은 농협의 비정상적인 제도와 운영에 대해서 결코 방관할 수 없으며 시정할 수 있다는 자신감을 활동사례를 통해 보여주었다. 처음으로 농악과 마당극을 시도하였고 농민 문화운동의 가능성을 보여주었다.

그리고 10주년 기념식과 관련하여 특기할만한 것은 12월 7~8일(2일간) 전라남도 여성회관에서 가농 전남연합회가 주최가 되어 '농산물 토산품 바자회'를 열었고, 8개 분회, 농민회원 25명이 물품을 가지고 참여하였다. 바자회에 출품된 품목은 농산품, 토산품 및 농촌 수공예품들이었고, 바자회 참관인은 400여 명에 달했으며 6만5천여 원의 이익금을 남겨 참가경비를 충당하였다. 이 바자회는 TV의 현장 녹화를 비롯하여 전남의 일간지 신문 및 방송국 등 매스컴을 떠들썩하게 했는데, 가농을 내외에 소개하는 좋은 계기가 되었다.

10주년 기념식을 계기로 지역의 농촌활동가들과 농민운동가들이 만나게 되었으며 농민의 힘을 느끼게 되었다. 이러한 흐름은 바로 '고구마사건'이 발생할 수 있는 조건이 되었다.

함평지역에서 고구마문제가 11월 초에 발생한 이후 12월 20일 가농 본부에서 열린 실무자회의에 서경원이 참석하여 처음으로 '함평 고구마 사건'을 거론하였다. 피해조사가 마무리되어 가고 있던 시점에 가농 본부에서 이 사안을 알게 되었다.

1977년 들어 전남연합회는 1월 6일 이사회를 개최하여 76년도 사업결산 평가와 77년도 사업 계획을 확정하였다. 이사회에서는 '농민협동을 통하여 권익실천과 조직력을 강화'하기로 결정하였다. 2월 27일~28일 광주에서 열린 제5차 정기총회에서는 1977년 사업 방향을 '현장에 뿌리 내리고 튼튼히 키우자'로 내세웠다.

1977년에는 함평에서 백연분회(회장 이종남), 무안에서 유월가농회(회장 이현채), 보성에서 노동분회(회장 조계선), 해남에서 갈매기분회(회장 강기봉), 우수영분회(회장 조재남), 연당분회(회장 이후준), 신안에서 성요셉분회(회장 오복수), 신장분회(회장 박공훈), 광주에서 의석지우회(회장 김만용) 등 10개 분회가 새로 결성되었다. 해남의 경우 연합회장과 연합회 총무가 다니면서 천주교회 중심으로 결성한 분회들이었다.

전남지역에 1977년까지 29개의 분회가 결성되었고 그 현황은 〈표-3〉과 같다. 전남지역 각 분회장들은 전남연합회 이사로서 임원을 구성하였고 회의에 참석하여 주요한 사항들을 논의하고 결정하였다. 1975년까지 결성된 8개 분회가 이후에도 활동을 활발히 하였으며, 1977년까지 결성된 29개 분회 가운데 8개가 함평에서 결성되었다. 1976년에 가장 많은 분회들이 결성되었고 특히 함평의 경우 1977년에 6개 분회(백연분회는 1978년 초에 결성됨)가 결성되어 고구마 투쟁에 합류할 수 있었다.

전남지부(연합회) 결성 후 1973~1975년 사이에는 1973년에 양천리 분회, 1974년에 향진회, 산포, 원달 분회, 1975년에 회대화, 상조회, 구만리, 대마 분회가 결성되었고, 이들 분회는 전남지역의 분회들 가운데 활발하고 주도적인 분회들이었다. 그리고 분회수를 보면 1976년과 1977년에 분회가 많이 설립되었다.

<표-4> 전남지역 가톨릭농민회 분회조직 현황(1973~1977)

지역 연도	1973	1974	1975	1976	1977	합계
함평		향진회	외대화	가덕, 상록수, 마량, 장년, 신기	백연	8
무안			상조회	덕우, 영화	유월	4
나주	양천리	산포				2
곡성		원달		섬진강		2
구례			구만리			1
영광			대마	남산	신성	3
보성				벌교	노동	3
신안				신일	성요셉, 신장	2
해남					연당, 우수영, 갈매기	3
광주					의석지우회	1
계	1	3	4	11	10	29

1977년말 전남지역 가농회원 상황을 보면, 등록회원수는 합계 308명이었고 지역별 회원수를 보면 함평 63명, 무안 40명, 곡성 46명, 신안 28명, 광주 27명, 나주 19명(나주시 1명 포함), 해남 18명, 영광 18명, 보성 12명, 구례 10명, 목포 3명(방완식, 추규영, 안동해), 그 외 광산, 고흥, 장흥, 순천, 승주 각각 1명이었다.

그리고 농민회원 등록과 관련하여 살펴보면, 가톨릭농민회 정회원 등록은 마을 분회에 가입한 농민의 명단이 도연합회로 올라가고 연합회에서 이들 회원의 명단을 중앙본부에 제출해서 이를 중앙본부가 최종 승인함으로써 이루어진다. 그 과정이 보통 1년 정도 걸렸다. 따라서 예를 들어 1980년에 등록된 정회원 수는 실제로는 1년 전인 1979년에 분회조직에 가입한 사람들의 수와 산재회원수를 나타내는 것이다.

또한 도연합회는 자신이 보고한 회원수에 의거해서 그 수 만큼의 회비를 중앙본부에 납부해야 했는데 회비 납부율이 별로 높지 않았기 때문에 재정적 부담의 관계로 도 단위에 실제로 가입한 회원의 수보다 중앙에는 적게 올렸다. 따라서 실제 현장분회에 가입한 농민의 수와 중앙에 등록된 정회원의 수 간에는 상당한 차이가 있었다. 즉 정식 등록된 것보다 훨씬 많은 수의 농민들이 현장 분회에 가입해 활동하였다.

② 교육

전남지역의 가농 농민교육은 전남지부가 결성되면서 그리고 그 이후 본격화되었다. 물론 그 이전에도 가농청의 다양한 교육이 있었다.

1973년 8월 21일 전남지부 결성과 동시에 가진 연수회에서는 「농민문제와 농민의 역할」(권광식)이란 주제발표에 이어 참가자들이 '그룹토의'를 하였다. 「농민회소개」(이길재), 「나의 농촌운동 경험」(지정환)을 들은 후 참가자들은 '농촌지도자의 사명과 공동대책'에 대해 토의하였다. 이 연수회에 광주 대교구 대주교대리 신부(장유식)를 비롯하여 7명의 성직자들이 참여하여 관심을 보였다(〈농촌청년〉 23, 1973. 11. 27.). 지역활동으로 두드러진 것은 교육활동이었는데, 1973년 8월에 지방지도자연수회로 '전남지도자세미나'가 개최되었다. 교육내용은 농업문제, 농민운동, 농업협동화, 지도자론, 크리스찬의 사명, 농민회 소개 등이었다. 그리고 광주, 무안, 다시(나주)에서 농민강습을 실시하였다.

1974년에는 연합회 단위로 총 20여회의 각종 교육사업과 홍보사업을 전개하였다(집회교육 2회, 조사연구사업 2회, 보고대회 2회, 파견교육 3회, 분회단위교육 2회, 현지집회 농민회 소개교육 3회, 현지집회 신협교육 8회).

3월 8일에는 '전남지역 농촌지도자 훈련회'를 광주가톨릭센타에서 30여 명의 농민이 참여한 가운데 실시하였다. 교육내용은 농민과 토지문제, 지역사회 개발과 가톨릭농민회, 농촌의 당면과제, 우리의 할 일, 크리스찬의 사명, 농지임차관계 실태조사 방법 등이었다. 참가자는 회원 12명, 비회원 15명이었다.

그리고 전국본부가 연합회들과 협력하여 순회 지도자 연수회를 실시하였는데, 3월 23~24일 전북을 필두로 전남, 영남, 충청, 경기, 강원 등 5개 지구에서 총 100여 명이 참가하였다(〈농촌청년〉 25호, 1974. 4. 30.). 8월 26일~30일에는 '호남지구 지도자훈련회'가 전주가톨릭센터에서 열려 전남북 지역 일선지도자들 총 28명이 참가하였는데 그 가운데 전남 참가자는 12명이었다. 그리고 그 12명 중에서 10명이 농민회원이었다. 훈련회의 내용은 농촌문제의 근본요인, 당면한 농촌문제의 분석, 농촌운동의 방향과 과제, 사회문제와 그리스도인의 사명, 농촌운동의 역사와 교훈, 가톨릭농민회 활동, 활동사례연구, 의식화와 농민교육, 어떻게 활동을 전개할 것인가 등이었다. 이 다양한 주제들과 관련하여 강의도 듣고 분반토론도 하여 참가자들이 각자 마주친 현실문제를 드러내고 경험을 교류하며 해결책을 모색하는 훈련을 하였다(〈농민회 소식〉, 1974. 11. 4.).

한편 전남지역에서는 8월 28일~31일 구례 천은사에서 교육이 있었다. 전남연합회(총무 서경원)가 주관하여 처음으로 외부강사를 불러 강의한 교육이었다. 수강생으로 참여한 사람은 함평사람 6명, 구례사람 5명, 기타지역(영광 등) 2~3명 정도였다. 수강생들은 강의를 듣고 농촌문제에 관한 토론을 하고 협동조합론과 농민의 담세문제에 관한 강의와 토론, 농업문제의 해결방안(이우재)에 관한 강의를 들었다. 이 교육을 통해 수강생들은 농민들이 못 살게 된 것은 농민들의 기술부족 때문이 아니라 농업정책의 잘못이라는 인식을 지니게 되었다. 이 교육은 함평사람들이 만나는 계기가 되었으며, 서경원, 노금노, 임재상, 김양혁이 여기서 만났고 구례의 최성호, 박우갑 등도 여기에 왔다.

파견교육으로는 '농촌지도자 지도력 개발 과정'이 11월 11일~15일(전남연합회 2명 참가)과 12월 7일~11일(4명 참가) 2차례 수원 크리스찬 아카데미에서 실시되었다. 강의 내용은 사회 발전을 위한 중간 집단의 사명, 한국 농촌의 문제 제기, 효율적인 집단 운영, 농촌지도자의 자세, 국제 사회의 변화와 이데올로기, 농업정책과 농촌운동, 농민의 권익옹호에 대한 사례, 전국농민운동의 과제와 방법 등이었다. 파견교육 중 규모가 전국적이어서 거대한 모임이었다. 이처럼 가농에서는 자체 교육도 하였지만 회원들을 크리스찬아카데미 교육에 파견하여 교육을 받게 하였다.

또 다른 파견교육으로 '중견간부 연찬회'가 12월 18일~22일 경북 왜관에서 실시되었다. 내용은 국가사회와 농민문제, 농업경제에 관한 토론, 농민운동과 나, 농민운동의 과제와 방향, 예상되는 문제점과 극복책 토론, 지역단위 활동과제와 방향, 전국단위 활동과제와 극복책. 본회의 문제점과 평가 등을 주제로 강의와 토론으로 짜여졌다. 이 교육에 전남에서 3명이 참가하였다.

1975년 들어서는 3월 8일 연구마을대표 교육(29명. 주재간사, 상임이사 포함)에 전남지역에서 함평 대동면 금산리 과목장 마을(향진회분회)과 구례 광의면 구만리 마을(구만리분회)에서 각각 1사람씩 2사람이 참가하였다.

전남연합회는 3월에는 임원과 회원 접촉자들을 대상으로 의식강화와 농민운동의 활동방향에 대한 기타 교육을 실시하였고, 6월 24일에는 광주대교구 주관으로 교구사제들을 위해 '농촌문제와 선교운동' 세미나를 실시하였다.

9월 28~30일에는 지리산의 구례 '천은사'에서 '지도자훈련회'를 개최하였다. 벼멸구의 습격과 방제소동으로 어려운 시기였지만 24명이 참여하여 훈련을 하였다. 이 훈련회는 농민문제와 농촌운동에 대한 인식제고, 지도력 향상을 목표로 하였고, 농촌활동 경험을 서로 나누면서 새로운 활동방안을 찾아나가려 하였다(〈농민회 소식〉, 1976. 1. 7.).

그리고 2개 지역에서 지역농민강습이 있었는데, 그 교육내용은 농민문제와 농촌운동, 농민회 소개, 신협, 농협민주화, 농민회 조직 등이었다.

1976년 한 해 동안 전남연합회에서는 다양한 교육을 실시하였다(〈표-5〉). 전남연합회의 교육이 가장 활발하게 이루어졌던 해이고 그 내용을 가장 잘 볼 수 있다.

1976년 1년간 전남연합회 산하에서 실시한 교육에는 154회에 걸쳐 833명이 참가하였다.

먼저 접촉교육은 각 분회에서 분회원들이 적게는 2회에서 많게는 21회에 걸쳐 같은 마을에 살거나 다른 마을에 사는 두세 사람을 접촉하여 교육하는 것이다. 전남연합회 안에서 110회에 걸쳐 279명이 접촉교육을 받았다.

〈표-5〉 1976년 가농 전남연합회 교육사업

<table>
<tr><th>번호</th><th colspan="2">교육종류</th><th>참가자수</th><th>횟수</th></tr>
<tr><td>1</td><td colspan="2">접촉교육(현장중심)</td><td>279명</td><td>110회</td></tr>
<tr><td>2</td><td colspan="2">기초교육(사랑방식과 대화중심)</td><td>131명</td><td>15회</td></tr>
<tr><td>3</td><td colspan="2">분회교육(기존분회 중심)</td><td>87명</td><td>8회</td></tr>
<tr><td>4</td><td colspan="2">지역교육(군단위 중심)</td><td>162명</td><td>5회</td></tr>
<tr><td>5</td><td colspan="2">연구마을교육(2개 연구마을)</td><td>34명</td><td>2회</td></tr>
<tr><td>6</td><td colspan="2">지구단위교육(도 단위)</td><td>62명</td><td>1회</td></tr>
<tr><td>7</td><td colspan="2">연수회교육(지구간부 중심으로)</td><td>17명</td><td>2회</td></tr>
<tr><td>8</td><td colspan="2">양곡조합교육(2개 지역)</td><td>79명</td><td>2회</td></tr>
<tr><td rowspan="5">9</td><td rowspan="5">파견교육</td><td>1) 양곡조합교육</td><td>2명</td><td>1회</td></tr>
<tr><td>2) 충북육우개발협회교육</td><td>1명</td><td>1회</td></tr>
<tr><td>3) 산업선교회교육 및 세미나</td><td>1명</td><td>1회</td></tr>
<tr><td>4) 아카데미 교육</td><td>9명</td><td>3회</td></tr>
<tr><td>5) 미야모도 농법 교육</td><td>4명</td><td>3회</td></tr>
<tr><td>합계</td><td colspan="2"></td><td>833명</td><td>154회</td></tr>
</table>

기초교육은 회장, 총무, 이사 등이 마을에 들어가서 적게는 3명, 많게는 12명까지 모아놓고 농촌문제, 현안문제, 농민의 할 일 등에 대해 이야기하고 농민회를 소개하는 것이었다. 교육이라기 보다는 상담에 가까웠다. 연합회 활동보고서에도 상담자라고 기록하고 있다. 마을 안에 연결고리를 만들어 미리 몇 사람 모이게 하여 교육을 하다보니 분회의 설립가능성이 높은 마을들에서 하게 되었다. 어느 정도 준비가 된 곳은 교육 내용 자체를 분회설립과 활동 등에 대해서 하기도 하였다. 15번의 기초교육을 각기 다른 마을에 돌아다니며 하였는데 (함평지역에서 8번) 총 131명이 참여하여 교육당 평균 8.7명이 참가하였다.

분회 단위 교육은 구만리처럼 30명이 모이면 마을회관에서 (이틀 동안) 하였지만 대부분 회장의 집이나 회원의 집에서 4~7명이, 외대

분회나 원달분회 같은 경우는 14~15명이 모여서 한두 시간 동안 이야기하는 방식으로 하였다. 8개 분회에서 교육이 있었고, 연합회장이나 총무, 이사가 상담자로 참여하였고, 주요 내용은 '쌀 생산비 조사는 왜 해야 되나', '농촌문제의 제기', '마을에서 분회의 역할', '우리가 해야 할 일' 등이었다.

그리고 특이하게 전남서부지역 분회 합동교육[68]이 있었다. 4월 3일, 전남 서부지역인 무안과 함평 안에 있는 5개분회[69]가 공동활동으로 회원과 접촉자들을 위한 교육을 열었다. 함평 천주교회 강당에서 열린 이 교육에는 57명이 참석하였고 특히 회원이 아닌 접촉자들에게 가농 활동을 이해시키는 계기가 되었다. 이 교육은 지역단위 분회교육으로서는 처음으로 회원들과 비회원들의 관계, 지역회원과 분회 간에 횡적유대, 분회들(그리고 분회원들) 간의 교류를 확장시키는 계기가 되었다.

지역교육은 마을회관이나 천주교회에서 하였으며 하루 종일 하거나 오후에 시작하면 밤늦게 끝나기도 하였다. 원달, 구만리, 가덕, 함평, 일로 등 5군데서 개최되었으며, 참가인원은 25~27명 선이었다. 함평천주교회에서 4월 3일 열린 교육에는 58명이 모였으며, 연합회 총무가 꾸리고 강사로도 참여하였으나 지역교육에서는 외부 인사를 강사로 초청하였다. 외부인사로는 이우재, 차광흥(농촌진흥원), 전국 부회장 등이 왔다. 교육 내용은 농촌문제를 제기하고 그 해결방안에 대해 토의하였고 농사기술에 대한 교육도 하였으며, 농협민주화에 대해 이야기하고 농민회를 소개하는 것이었다.

---

68) 「농민회소식」(1976. 6). 한국가톨릭농민회.

69) ① 상록수(분회장 임정택) ② 외대화(분회장 노금노) ③ 향진회(분회장 오동철) ④ 가덕(분회장 조용진) 이상 함평, ⑤ 상조회(분회장 유지훈) 무안.

연구마을교육은 이틀에 걸쳐 학교강당(향진회)이나 마을복지관(구만리분회)에서 개최하였다. 전국본부 부회장과 연합회 총무가 강사로 나섰고 참가인원은 향진회 16명, 구만리분회 18명이었다. 교육내용은 연구마을이란?, 농촌 근본문제는 무엇인가?, 공동체의 필요성과 역할, 마을의 변화와 그 대책, 마을에서 회원의 역할은 무엇인가? 등 마을을 중심으로 할 수 있는 일들에 집중되었다.

이처럼 여러 교육이 마을에서 이루어졌다. 각 마을별 농민교육의 자리 마련은 처음에는 주로 기존의 4-H 활동을 통해 알게 된 연결망을 통해 소개를 부탁하는 자청의 차원에서 시작되었으나 점차 각 마을에서 농민 교육가(주로 농민활동가)를 초대하는 방식으로 전환되었다. 이 과정에서 4-H 활동을 했던 청년들을 통한 연결 외에도 신협, 마을금고 교육을 받으면서 알게 된 사람에게 자리 마련을 부탁한다거나 처가집 동네를 찾아간다든지 하는 방식으로 연결고리를 만들어 갔다. 또한 이러한 마을별 농민교육 과정에서 접촉을 통해 농민회원을 모집(충원)하였다.

연합회단위 교육은 2월 9일~11일까지 2박 3일간 광주 피정센타에서 62명이 참가한 가운데 이루어졌다. 강사로는 가농본부 조사부장, 민동기[70] 선생, 가농본부 상임이사가 나섰고, 교육내용은 쌀생산비조사의 목적과 조사방법, 양곡조합, 분회운영 방향에 대한 것이었다. 각 분회 회원들이 연합회 단위교육에 참여하였다.

연수회 교육으로는 중견간부 연수회와 실무자 연수회가 있었다. '중견간부 연수회'는 9월 1일~4일까지 3박 4일 동안 대전 기독교농

70) 1913년생으로 철원농협조합장을 하면서 양곡은행을 설립하고 이후 초대 양곡은행연합회장을 역임하였다. YMCA와 연계하여 1974년에는 전국 13개부락에 양곡은행(양곡조합)을 운영하였다. 그리고 농촌협동과 양곡은행 관련 강의를 전국에 다녔다.

촌개발원에서 이루어졌고 전남연합회에서 11명이 참가하였다. 교육 내용은 농민운동사, 운동은 왜 해야 하나, 운동을 어떻게 전개할 것인가? 등이었고 강사로는 관련 교수들과 가농본부 임원이 나섰다. '실무자 연수회'는 가농 본부에서 있었는데 전남연합회에서 1명(서경원 총무)이 참석하였다.

양곡조합 교육으로는 상조회 분회가 주최하여 나주 일로천주교회에서 19명이 참여한 교육(11. 24 오전 9시~오후 5시까지 1일간)이 있었고, 곡성 원달분회가 주최하여 마을 회관에서 42명[71)]이 참여하여 아침 9시부터 밤 11시까지 한 것이 있었다. 교육내용은 협동조합 기초이론, 양곡조합의 조직과 운영, 수도작 신품종 특성과 병충해 대책, 지역분회의 활동 등이었고, 총무나 회장이 참여하였고 외부 강사(대전농촌개발원 최용규, 농촌진흥원 차광흥)를 초청하여 교육하였다. 무안에서는 상조회 분회를 중심으로 양곡조합을 준비해 왔었는데 이 교육을 실시함으로써 2개의 양곡조합이 발족하게 됐다. 농민회에서 양곡조합을 시작한 것은 처음이었다. 또 교육에서는 농업기술 및 지역 조직의 운영에 대한 특강도 곁들였다.

파견교육도 활발히 진행하였는데, 참가상황을 보면 양곡조합교육(대전) 2명, 충북비육우 개발협회 교육(괴산) 1명, 산업선교회 교육 및 세미나(서울) 1명, 크리스찬 아카데미 교육(수원) 9명, 야마모도 농법 교육(서울) 4명이었다. 특히 크리스찬 아카데미 교육에 9명이나 파견하여 교육을 받도록 하였다.

1977년에도 전남연합회 안에서 여전히 활발한 교육이 이루어졌

71) 〈농민회 소식〉(1976. 11.)에는 35명이었다고 기록하고 있다.

다.

기초교육은 상록수분회, 백연분회, 장년분회, 마량분회(이상 함평), 유월분회, 양천리, 신성리, 영전공소, 예락공소, 우수영공소, 고당공소, 행정리, 금평공소, 우평리, 지원동, 대산리 등에서 총 16회(참가 243명)에 걸쳐 실시되었다.

분회교육은 외대화, 상록수, 신기, 마량(이상 함평), 신성, 반월 분회(2회)에서 총 7회(42명) 실시되었으며, 지역 교육은 구례지구 2회, 영광지구 2회, 함평지구 2회, 보성, 신안, 무안, 해남 지구 각 1회 등 총 10회(242명) 실시되었다. 그리고 가농 전남연합회는 본부 2회(10명), 원주 1회(1명), 크리스찬 아카데미 4회(5명) 등 3개 처에 16명을 파견하여 교육받도록 하였다.

가농 교육은 외부강사들을 초청하여 해왔으나 1970년대 중반 이후 지역안의 농민회원들이 강사로 나서게 되었다. 이 시기 지역 안의 주요 교육 강사로는 서경원, 노금노, 김문식, 최성호, 이기환, 정관수, 정병온, 장영근, 이강, 김규식, 조규선 등이 활동하였다. 이들은 주로 기초교육과 분회교육, 지역교육을 진행하였으며 지역 성공사례 발표도 하였다.

이러한 교육 및 조직활동은 농민문제를 의식하고 농촌문제를 해결해 나가는데서 농민운동의 가능성을 인식하도록 하였다. 이러한 활동은 그 이후의 다양한 운동을 통해서 현장에서 농민회원들 간의 유대를 돈독히 하고 가농에 대한 공신력을 높였을 뿐만 아니라, 농협이나 신협을 축으로 이루어진 협동적 경제활동을 촉진하는데 기여하였다. 무엇보다도 이러한 활동을 통해서 새로운 농민운동 활동가와 협력자들이 생겨나고, 그들 간의 네트워크가 만들어졌다.

(2) 쌀생산비조사(조사연구사업)와 쌀생산비보장운동

가농은 본격적인 운동을 하기 전에 조사연구를 하였다.

그 첫 과제로 1974년에 농지임차관계조사를 실시하였다. 가농본부에서 전국적으로 실시한 '농지임차관계 실태조사'를 전남지역에서도 받아서 실시하였다. 2월 28일에서 7월 10일까지 광주시, 순천시, 나주군, 함평군, 곡성군, 영광군, 장흥군, 담양군, 구례군, 보성군 등 2개 시, 8개 군 11개 지역에서 실시하였다. 조사내용은 임차농가 종류별 구성, 소작농 종류별 구성, 임차농가 호당 평균 임차면적, 소작인과 지주와의 관계, 소작료 형태, 농산물 소작료 납입 상태 등이었다.

조사활동은 농민운동을 좀 더 구체적이며 실질적인 문제로 접근할 수 있는 토대를 만들었고, 회원 확장, 회원 간의 유대를 돈독히 하는 계기가 되었으며 대내외적으로 가톨릭농민회에 대한 공신력을 높였다. 그렇지만 당국의 압력에 대비하여 조사자의 명단을 밝히지 않고 조사하였다.

7월 30일에는 건국대 농업문제연구소에서 '농지임차관계 실태조사 1차 보고대회'를 개최하였다. 전국적으로 10명이 모였으며 전남의 책임자 1명이 참석하여 종합된 조사서를 재확인하는 작업을 하였다. 이어서 9월 18일 대전 기독교 연합봉사회에서 열린 2차 보고대회에는 전남에서 5명이 참석하였다. 완료된 보고서의 내용을 심의 검토하고, 축구경기를 하며 친교를 나누었다.

그리고 전남연합회는 3월 10일에서 4월 10일까지 광주시, 순천시, 장성군, 영광군, 강진군, 함평군, 나주군, 무안군, 장흥군, 곡성군(2개 시, 8개 군)에서 '농촌 협동활동에 관한 조사'를 실시하였다. 농민회 회원들이 각기 거주하는 자기 마을에서 품앗이, 계(契), 신용조합,

농협 등에 관한 조사를 하였다. 이 조사에 대한 집계분석이 끝나 5월 중순「협동적 지역개발 활동에 관한 사회경제적 분석」이라는 보고서를 발행하였다.

이 조사의 목적은 농민들의 ① 지역개발사업 참여활동, ② 협동적 경제활동의 방해요인, ③ 협동적 경제활동 참여동기, ④ 협동적 경제활동의 이해도, ⑤ 협동적 경제활동이 농촌개발에 기여할 수 있는 정도와 그 내용 등을 파악하여 지역개발 경제활동의 효과적 방법과 협동조합의 육성에 필요한 자료를 제공하려는 데 있었다(〈농촌청년〉 26호, 1974. 6. 30~31.). 그래서 농협 또는 신협이 운영되고 있는 농촌지역에서 농민들의 협동적 경제활동(농협, 신협)이 갖고 있는 제요인을 분석하는 것이 조사의 기본 내용이었다. 조사에 따르면 농협은 타의에 의해 설립되었고 신협은 자의에 의해 설립되었기 때문에, 농민의식 면에서나 경제적인 면에서 신협이 민주화의 지향을 지니고 있었다.

1975년 들어서는 1970년대 농민운동의 한 획을 긋는 '쌀생산비조사'가 시작되었다. 이 조사는 그후 몇 년간 계속되었고 쌀생산비보장운동으로 이어졌다. 첫해인 1975년에는 전국 8개도(제주도 제외)에서 26개 농가(일반벼 14, 통일벼 12)를 조사하였는데, 전남연합회에서는 도내 3곳에 3개 농가[72]를 선정하여 조사하였다. 이들은 자신의 마을에서 분회를 만들고 회장으로 활동하는 농민들이었다. 이들 농가는 조사원교육을 받고 각자 농사를 지으면서 농수산부의 생산비조

72) 세 농가는 ① 영광군 영광읍 입석리 2구 내오마을 정병온, 산간지대(통일벼, 일반벼 2종류), ② 나주군 노안면 양천리 이민홍, 평야지대(통일벼), ③ 함평군 대동면 금산리 과목장 신용수, 반산야지대(일반벼)였다.

사 기준에 의거한 지출비 항목에 따라 생산비를 계산해서 조사표를 작성하였다(결과는 10월 28일 발표).

이어 가농은 1976년에는 조사농가수를 5배로 확대하여 쌀생산비 조사를 실시하였다(전국 111농가). 전남지역의 10개 분회와 일부 개인회원(3명) 등 67명이 참여하여 시작하였으나, 쌀생산비조사를 마친 것은 9개 분회와 개인(1명) 합 25명이었다. 전국 단위에서는 이 해부터 '쌀생산비보고대회'를 개최하기 시작하였고 전남의 가농회원들과 조사원들이 대회에 참여하였다. 특히 창립10주년 기념식과 함께 개최된 쌀생산비보고대회에는 전남지역에서 183명의 농민들이 대거 참여하였다. 전남지역에서는 농악팀도 동원하였고 단막극과 농악을 선보이기도 했다.

1977년에는 전남지역에서 26농가(전국 146농가)가 쌀생산비조사를 완료하였다. 쌀 생산비 조사(4월~10월)에 60명이 교육에 참가하여 조사를 시도했지만 26명이 조사를 완료하였다. 그만큼 농사지으면서 생산비조사를 하는 것이 쉽지만은 않았다. 이어서 쌀생산비보장 요구 서명운동에 9개 군에서 2,039명이 참가하였고, 대전에서 열린 '쌀생산비 보고대회(및 추수감사제)'에도 회원들이 참여하였다. 보리 생산비조사도 계획하였으나 날씨가 추워서 보리가 동사하여 조사를 전면 중단하였다.

1978년 가농 본부는 쌀 생산비 조사활동을 계속하여 8개도 190농가(통일벼 142, 일반벼 48)의 조사를 집계 분석하여 발표하였다. '쌀생산비 보장운동'을 더욱 적극적으로 전개하기로 방침을 정하고 '추곡수매에 대한 우리의 주장'을 발표하고, 전국적인 서명운동을 실시하였다.

이에 발맞추어 전남연합회는 2월 28일 지구조사원 교육을 통해서 15개 분회[73]에서 48명과 산재회원 및 비회원 23명의 조사원을 선정, 쌀 생산비 조사를 실시하였다. 조사 점검과 지도는 연합회 총무나 조사담당 실무자가 현지를 방문해서 또는 지역 이사를 통해서 이루어졌다. 조사를 완료한 조사원은 37명이었다. 또한 가농의 전국적인 서명운동에 전남지역 농민회원들과 일반농민들이 참여하였다. 전남지역 서명운동에는 지역사회의 유관 인물들과 농민들의 적극적인 지지가 있었고 무려 8,921명이 서명하였다.

그리고 가농은 1978년 3월~5월까지 8개 도, 46개 군, 75개 단위조합의 조합원 785명을 대상으로 '농협 및 조합원 실태조사'를 실시하였는데, 전남연합회는 2월에서 6월까지 조합원 105명을 대상으로 조사를 실시하였고, 또한 2개 군 12개 마을(약 20일)에서 을류농지세 조사를 실시하였다.

이러한 조사활동과 홍보활동의 결실은 '78년 쌀 생산자대회 및 추수감사제'로 이어졌다. 보다 많은 농민들이 참여하고 농민회를 선전하기 위해 전국단위로 개최하던 대회를 처음으로 전국 4개 지역[74]에서 분산 개최하였는데, 11월 27~28일 광주에서 열린 대회에 호남지역 1,300여 농민들이 참여하여 '농민도 인간이다', '잃어버린 농민의 권리를 찾자',[75] '쌀 생산비를 보장하라'는 주장을 하였다.

---

73) 분회별 조사원수는 향진회 3명, 외대화 3명, 상록수 3명, 마량 3명, 구만리 4명, 원달 2명, 대마 1명, 행정 1명, 유월 5명, 청계 8명, 신장 2명, 성요셉 1명, 장감 3명, 노동 5명, 양천리 1명이었다.

74) 원주(11. 13~14/ 1,200명), 대전(11. 16~17/ 800명), 상주 함창 (11. 21~22/ 1,000명), 광주(11. 27~28/ 1,300명).

이처럼 가농은 조사를 해서 그것을 근거로 운동을 해 나갔다. 가농본부의 교육부장이었던 정연석이 이러한 조사들을 관장하였는데, 그는 서경원에게 고구마 문제가 터지자 피해조사를 하도록 촉구하였다.

(3) 농협민주화 및 농정시정 운동

가농은 1970년대 초반부터 농협민주화를 위한 활동을 전개하였다. 분회들이 조직되고 활동하기 시작하면서 1975년 들어 각 지역에서 관제농협의 반농민적인 행태에 맞서 농협민주화 활동을 벌였다.

1975년 11월 함평 향진회분회에서 맥기비 공급시 농협에서 동시에 '마세트(제초제)'를 강매하는데 반대하여 거부 활동을 하였다. 땅이 박해서 풀이 나지 않는 과목장 마을에 제초제를 강매하자 농민회원들과 마을 사람들이 청와대에 청원하여 해결하였다.

1976년부터는 농협출자강요, 비료불량품배급(함평 향진회분회), 추곡수매강요(구례 구만리분회) 등의 문제에 대한 농민들의 항의가 있었다. 문제제기를 하고 거부하는 차원의 운동이었다. 가농 창립 10주년 행사에서 곡성 원달분회는 농협강제출자를 소대로 한 단막극을 공연하였다.

1977년 들어 전국가농은 각종 교육을 통해 좀더 조직적으로 농협민주화 활동을 펼쳐 나갔다. 전남지역에서도 10개 분회(향진회, 마량, 상록수, 외대화, 신기, 가덕(이상 함평), 구만리, 원달, 유월, 노동분회)에서 가농본부에서 제작배포한 '농협 무엇이 문제인가'라는 팸플

75) '농민도 인간이다', '잃어버린 농민의 권리를 찾자'라는 문구는 함평고구마 투쟁 당시 「단식을 풀면서」에서 제시했던 것이다.

릿 등으로 학습하고, 비료의 조직적 구입, 수매시 출자강요 거부, 비료 조별판매 시정, 농약강매 거부와 반납, 추곡수매대금의 20% 6개월 예금요구 거부, 출자동의서 거부 등 농협의 횡포를 거부하고 시정하는 다양한 활동을 전개하였다. 특히 봄 맥기비와 봄 누에고치 수매시 강제출자를 완전 거부하고 비료를 조직적으로 구입하였다.

농협민주화 운동에서 가장 두드러진 활동으로는 함평고구마투쟁을 들 수 있으며 이 책에서 자세히 다룰 것이다. 1976년 11월 1~2일에 문제제기가 이루어진 이후 1978년 5월 1일까지 이어진 단일 쟁점으로는 길게 이어진 투쟁이었다.

함평고구마투쟁이 막바지에 접어들던 1978년 들어 농협민주화 활동은 더욱 체계적으로 전개되기에 이르렀다. 전남연합회에서는 각종 자료를 공급하였으며, 4월 3일~7일에 농협에 관한 전문교육과정을 개설하여 6개 지역 분회장이 이수하게 되었다. 각 분회(16개)에서는 다양한 활동을 벌였고 특히 전국본부에서 제작한 '농협법규집', '총대선출규정', '운영위원회 규정' 등의 자료로 학습을 실시하여 좀더 구체적으로 농협규정들을 탐색하고 농협의 횡포와 비리를 확인하고 시정해 나갔다.

활동분야별 참가 분회는 조별판매 분야(외대, 향진회), 구판 사업 분야(노동), 비료구입 시 강제출자 거부(마량, 유월, 신기), 공동구입(장년, 양천리), 정관학습(구만리, 덕우, 청계, 상록수, 신성, 행정, 장감리, 신장), 비조합원 출자금 찾기(원달), 비료불량품 배급시정 요구(향진회) 등이었다. 비료공동 구매시에 불필요한 비료를 끼워서 파는 조별판매에 대해 문제제기하고 시정하였으며, 농민회원들이 시장과 연결하여 농협에서 파는 소금 보다 싼 값으로 판매하는 활동을 하기도 하였다. 그리고 5개 분회에서 영농자금 대출시 출자금을 비료와 연관시켜 강제로 징수하는 것을 시정하는 활동을 벌였다. 이렇게 다양한 활동을 하는 과정에서 농협 측의 방해로 인하여 회원들이 경찰 수사과에 출두 조사를 받는 등 고통을 당하기도 하였다.

이처럼 함평고구마투쟁 이전에 그리고 투쟁이 진행되던 도중에 전남지역에서는 분회단위에서 이미 농협의 횡포에 대한 농민들의 다양한 문제제기와 투쟁이 있었지만 일부 시정되는데 머물렀고, 농협 문제는 곪아서 고구마 문제로 폭발하게 되었다.[76)]

농협민주화 활동 이외에도 관청의 다양한 비리와 부정에 대한 농민들의 시정요구와 거부 등이 있었다. 1975년 향진회 분회에서 제초제(마세트) 강제 판매에 대한 거부활동을 했고, 1976년에는 예비군 경비 지출 거부(함평), 구례 구만리 분회의 경지정리 피해보상투쟁,[77)] 갑을류농지세 문제제기, 한국전력 횡포사건 해결(무안) 등의 활동을 해 나갔다. 또한 이러한 실천 활동은 분회에서 전국본부에 이르기까지 철저히 분석, 평가되어 다른 활동에 교훈으로 삼아, 분회의 활성화와 구체적이고 직접적인 경제·사회적 이익을 도모하는데 많은 도움을 주었다.

1977년 들어 가농이 현장활동을 강화해 나가면서 전남지역에서 다양한 사건들이 터져 나왔다. 구체적으로 무안 객토자금 횡령사건, 무안 해제면 사료부정사건, 원달 전기가설공사 노임 부정사건, 구례

76) 이러한 농협민주화운동은 1979년 이후 더욱 활발하게 이루어졌고 1983년부터 가농이 주축이 되어 벌인 '농협민주화를 위한 백만인 서명운동'으로 이어졌으며, 1988년 임시조치법 폐지와 이후 단위농협 조합장선거 실시로 일단락되었다.

77) 구례군 광의면 경지정리 사건은, 금강토건이 경지정리사업을 맡아서 했는데, 원래 자갈이 많이 나오는 지역이기 때문에 3개 도면상 경지정리를 해놓고 보토를 30센치 이상 하도록 돼있었다. 그런데 보토를 안 하고 농민들에게 자갈을 알아서 치우라고 하여 최성호를 중심으로 항의하여 피해보상을 받아냈다.

구만지구 제2경지정리사건, 원달분회 대전 쌀생산비보고대회 참가자 탄압사건, 함평 외대 지붕개량 사건 등이 터져 나왔다. 대부분 가농분회가 결성되어 있던 마을이나 지역에서 일어난 사건들이었다. 가농분회원들이 농협 뿐만 아니라 정부 당국의 횡포에 맞서 활동하면서 밝혀내고 시정해 간 사건들이었다.

(4) 협동활동

가농은 활동의 방향을 농협과 관청의 부정과 비리에 대한 시정과 거부에 초점을 맞추어 왔지만 다른 한편으로는 계속해서 농민들의 협동활동을 촉구해 왔다.

1973년에 전남지역 분회로서는 최초로 나주 노안면 양천리에서 양천리 분회가 9월 26일 결성되었다. 양천리분회는 노안천주교회를 중심으로 활동하였는데 특히 여기서는 김진오 신부가 주선하여 신용협동조합으로부터 100만 원을 연17%로 융자받아서 한우 13두를 사서 키워 파는 사업을 시작하였다(비육우협동사업). 양천리 분회는 정회원 5명, 일반회원 23명으로 구성되어 있는 곳이었는데 천주교신자들이 대부분이어서 신부에 의존하는 경향이 있었다. 또 나주 다시면의 원옥분회도 염소 30두, 한우 7두를 협업화하려고 노력하였다.

나주 산포분회(1974년 설립, 설립 이전에 활동)는 양돈단지를 만들고 양돈조합을 육성하였다. 장명신이 주동하여 돼지 400마리를 키웠으며, 농민들은 밀기울을 공장에서 직접 구입하여 먹이로 줬다. 산포분회가 있던 마을은 최흥종이 설립한 호혜원이 있는 음성 나환자촌이며 가톨릭과 신교가 나뉘어 있는 곳이었다.

무안에서는 1973년 9월 6~7일 무안천주교회에서 '양돈강습회'가 개최되었으며 이어 '무안 양돈조합'이 결성되었다. 이날 강습회에는 무안 농민들을 중심으로 인근 목포, 함평, 다시, 광주 등지에서 30여 명이 참석하여, '양돈의 실제와 조합운영'(한국 양돈조합 연합회 한택용 전무)이란 제목으로 환등기에 의한 경험적 강의를 듣고 토론회를 가졌으며, '조합의 필요성과 운영의 문제점'(이길재 회장 사회)을 연구토론한 후 20명의 조합원으로 조합 창립총회를 개최하였다. 이 조합이 창립하기까지는 무안 천주교회 김홍언 신부의 적극적인 관심과 노력이 있었다. 김신부는 이미 오랜 전부터 이곳 환경여건을 관찰한 후 신자들을 개인접촉하여 발기위원들을 포섭하여, 제주도의 이시돌 목장에서 종돈 7두를 구입해서 종돈장을 만들어 논 후 강습회를 주선하여 조합을 창립하도록 도왔다(〈농촌청년〉 23호, 1973. 11. 28.). 이후 무안 양돈조합에서는 11월 하순에 양돈 순회교육을 하였다.

그리고 가농 전남지부 설립을 계기로 신용조합 전남지구평의회 지도자들이 가농에 가입하여 농촌신용협동조합의 보급 육성을 농민회 활동의 일환으로 삼고 일선조합 지도자들의 교육 및 농촌 조합을 통한 농민의 생산협동조직 활동의 육성에 노력하였다. 이렇게 농민운동과 신용협동조합운동의 유기적인 협력이 이루어졌다. 가농 분회들에서 신용협동조합 활동은 1974년 들어 더욱 구체화되었다. 가농 전남연합회는 1974년 한 해에만 8회에 걸쳐 신용협동조합교육을 진행하였다.

그 외에 김동혁 회원(전남연합회 총무)은 영광에서 재건중학교를 설립·허가받아 120명의 학생을 교육하였다. 가농회원들은 이곳을 방문하여 교육활동의 가능성을 보곤 하였다. 초대 전남지부장인 권광식도 학생들과 이곳을 방문하여 그 운영과 교사들의 활동을 보고 감동하였다고 한다.

1974년 들어 가농은 분회 회원들에게 협동활동을 더욱 장려하였다. 가농은 '농업협동화'를 내걸고 다양한 시도를 하였으나 이러한 경제사업은 그리 순탄하지는 않았다. 이러한 활동을 구체화한 것으로 신용협동사업 및 협동화사업과 분회활동이 있었다. 특히 1974년에 유관단체인 신용협동조합 전남지구평의회와 유대를 강화하면서 전남연합회 안에 6개 분회가 6개의 신용협동조합(목포, 나주2, 함평, 구례)을 창립하였다.

또한 가농본부에서는 농업협동화사업으로 채소, 양돈, 양묘, 양계, 양잠, 한우 및 비육우 등의 작목별 협동조직 사업을 협력·지원하였다. 앞서 말한 나주 노안 양천리분회의 비육우사업, 다시준분회의 양돈사업 외에, 구례 구만리분회의 솔방울공작품(호랑이, 독수리, 학병 등) 제작 활동이 있었다. 또한 곡성 원달분회에서는 연세대 홍사단 학생팀 및 농촌지도소와 공동으로 계획을 세워 교육훈련[78]을 하였다.

그 이외에 향진회 분회에서는 취로사업 자금 남은 것을 마을회의를 통해 영세민의 어려움 때문에 나눠 쓰기로 결정했다(호당 700~800원). 그리고 부재지주인 함평의 사법서사가 경작하는 땅(7~8마지기)에 마을민이 서로 다투어 품팔이하려고 함으로써 마을민에게 불리하게 사태가 전개되자, 마을민이 함께 대처방안을 찾아 나섰다.

---

78) 곡성 원달회관에서 1월 15일~16일 양일간 40여 명이 참가하였으며, 한국 농촌 현실과 현시국(홍사단 담당), 농민의식과 민주화운동(연합회 회장), 가톨릭농민회란 무엇인가(연합회 실무자), 벼 다수확과 비료 사용법(지도소 측), 농약 선택과 사용법(지도소 측) 등을 교육하였다.

1975년에도 이러한 협동활동을 계속해 나갔고 특히 1976년에는 가농 본부에서 시행하는 연구마을 사업에 구례군 광의면 구만리 마을(지도자 최성호)과 함평군 대동면 금산리 과목장 마을(지도자 신용수)이 참여하여 여러 가지 활동을 하였다. 연구마을은 '자율적이며 민주적인 주권재민 의식을 고취시키고 농민의 권익운동을 통해 민주국민의 모범마을을 시범적으로 운영하려는 의도'에서 만들어졌다.

그 활동을 보면, 구만리 분회가 있는 구만리[79] 연구마을은 마을 호수가 92호로 크며 농민회원(최성호, 이봉훈)이 주도하여 마을 내부 문제에서부터 마을 외부문제에 이르기까지 사건들, 문제들을 해결해 나가면서 마을을 완전히 장악하였고, 협동사업으로 소채 조기재배와 공동작업(품앗이)을 하여 소득과 수입을 올렸으며, 청년회관을 건립하였고, '신용협동조합'을 육성하였다. 마을 안에서 유지급이 주도권을 잡고 일사천리로 진행하던 비민주적 회의진행을 완전히 제거하고 민주적으로 이끌어가도록 마을 회의를 개선하였다.

향진회 분회가 있는 과목장 마을은 13호의 작은 마을이었는데 농민회원(오동철, 신용수, 김용주)들을 중심으로 권익실천 활동(강제출자 거부, 비료구입시 파손된 비료인수 거부, 지서 찬조금지출 거부, 고구마피해보상 활동)과 협동사업(비료공동구입, 이발소 경영, 보리타맥시 계약타맥, 품앗이 등)을 펼쳤다.

이처럼 1976년에 전남지역에서는 분회들이 중심이 되어 협동사업을 활발히 전개하였다. 구체적으로는 양곡조합 조직(원달, 상조회), 양돈(외대화), 신용협동조합 육성(양천리, 구만리, 가덕, 산포), 공동탈곡사업(원달, 향진회), 공동이발소(향진회), 가축 중계사업(원달),

---

79) 구만리는 4개 마을로 구성되어 있었다.

(분회기금 조성을 위한) 공동작업(양천리) 등 다양한 활동을 전개하였다.

1977년 들어 가농이 현장활동을 강화하는 방향으로 나갔고 전남지역에서도 다양한 협동사업이 전개되었다. 생산농민들을 중심으로 신용, 구판, 생산과 관련한 협동활동을 벌여 나갔다. 여러 분회(반월, 덕우, 구만리, 원달, 외대, 장연)가 분회단위의 공동작업(공동모내기, 품앗이, 비료공동구입, 보리타맥 등)을 해 나갔다. 이 외에도 분회간 신품종교환 및 우수품종 육성 경험교환, 효소농법 보급 및 효소 판매, 경제작물공동재배(구만리), 압해면 지하수개발 협력 등도 전개해 나갔다. 신용협동 활동으로는 7개 분회(구만리, 양천리, 가덕, 신기, 유월, 산포 노동)가 신용협동조합을 결성하여 활동하였고, 그 외에 마을금고(덕우, 마량), 구판사업(상록수, 구만리, 신성, 마량), 양곡사업(덕우, 마량, 원달, 상조회)을 마을이나 공소 단위의 회원 중심으로 해나갔다. 어떤 분회는 몇 가지 사업을 벌여 나갔던 것을 알 수 있다. 물론 농민회원들은 이러한 활동 외에 친목도모 활동도 하였다.

이러한 협동활동과 경제사업은 1977년 이후에도 이어져 분회의 든든한 기반을 만들어 갔다. 구체적으로는 협동사업으로 신용협동(신협, 양곡조합, 마을금고 등), 구판협동(마을구판장, 공동판매, 공동구매 등), 생산협동(양잠농 협동, 공동재배, 공동탈곡, 공동작업 등)이 실시되었다.

양곡조합 활동은 원달분회에서 자체 자산(쌀 25가마)과 외부지원(50가마, 대전기독교 농촌개발원)으로, 상조회분회에서는 자체 자산(쌀 20가마)과 외부지원(50가마, 천주교 콜롬반 재단)을 받아 조합을 구성하였다. 또한 원달 분회에서는 경운기 2대, 타맥기 1대로 논갈이와 보리 타맥을 분회사업으로 시도하였고 이것은 분회 자립의 기반이 되었다.

신용협동조합 활동은 구만리, 양천리, 가덕, 신기, 유월, 산포, 노동 분회 등 7개 분회에서 실천하였다. 조합원 40명~70명에 자산규모는 50만 원~300만 원으로 마을, 공소, 교회 단위에서 농민회원 중심으로 구성되었다. 마을금고(반월, 외대화)와 구판 사업(상록수, 구만리, 신성, 마량), 양곡사업(덕우, 마량) 등도 하였다. 반월, 덕우, 구만리, 원달, 외대, 장연 분회에서는 분회단위의 공동작업(공동 모내기, 품앗이, 비료 공동구입, 보리타맥 등)을 하였으며, 특히 '비료 공동구입'은 기초적이며 중요한 활동이었다.

그리고 이러한 협동활동 위에서 봉사활동을 활성화해 나갔다. 특히 정치적 탄압이 강화되는 속에서 오히려 농민들의 협동활동은 더 확산되어 갔다. 이러한 협동활동은 다양한 권익실천활동으로 이어졌으며 나아가 봉사활동이나 문화활동으로 이어지기도 했다. 분회 상호간에 신품종교환 및 우수품종육성 경험 교환, 효소농법 보급 및 효소 판매(유기토 100여포 전격 각 지구에 시험용 보급), 경제작물 공동재배(구만리) 등과 같은 경제활동에 더하여, 회원 상호간의 친목 야유회(향진회 등), 외대화분회와 함평 4-H가 공동주최한 노래자랑 및 운동경기 등 문화활동을 추진해 나갔다.

이처럼 함평고구마투쟁 직전과 진행되던 시기에 가농 전남연합회 단위의 농민운동이 확산되고 있었다. 전남연합회 임원들의 활동과 각 지역의 농민분회 분회원들의 활동이 결합되어 농민운동이 확산되고 있었다.

이상으로 전남지역에서 이루어진 가농의 영역별 운동상황을 살펴보았다.

3) 지역별 가농운동 현황

이제 가농 전남지부 결성 이후 함평고구마투쟁이 정점에 달했던 단식투쟁 시기까지 전남지역의 가농 운동상황을 지역별로 살펴보자.(81페이지 〈표-4〉 참조)

(1) 함평지역

함평은 주변 지역에 비해 가톨릭의 교세가 비교적 높았고,[80] 1개의 함평본당과 9개의 공소[81]를 관할하고 있었다. 함평은 전라남도 서부지역의 주요한 천주교 중심지였다(가농광주, 2013. 428~433; 조영욱, 1998: 154). 본당과 공소는 농민들이 서로 모여서 문제를 논의하고 결속할 수 있는 중요한 장이었다. 1976년 11월에 함평 본당에 장홍빈 신부[82]가 주임신부로 부임하였다.

함평지역에서는 함평천주교회를 중심으로 가톨릭농촌청년회 조직도 있었고 전남지부 결성식에서 함평 대표로 운영위원에 선출된 노광숙(1972년 4월 1일 가입)은 가농청 활동을 해왔다. 그는 1970년 가농청에서 주최한 '전국가톨릭농민회의'('응답하는 교회' 주제로 8월

---

80) 1976년 당시 광주전남지역의 인구대비 신자 비율 평균인 2.3%을 훨씬 웃도는 4.0%로서 가톨릭교세가 강한 지역이었다.

81) 나산(1953년 설립), 석정(1935), 기동(1936), 학교(1953), 장년(1956), 문장(1957), 신광(1957), 손불(1957), 재생원(1968).

82) 장홍빈 신부는 1978년~82년까지 가농 전남연합회 제2대 지도신부를 역임하였다. 함평본당에 있었는데 농민운동에 대해 적극적으로 지지하지는 않았다.

25~27일 왜관에서 개최)에 참여하였고 함평본당 안에 청년조직을 만들어 활동하였다.

전남지부 결성 후 분회조직 결성에 나섰는데, 함평에서 분회활동이 처음 시작된 곳은 대동면 금산리로서, 향진회가 1970년 12월에 계로서 창립하여 이어오다가 1974년 3월 12일에 가농분회로 등록하였다.

여기서 잠깐 가농 전남연합회 총무로서 향진회분회의 결성을 주도하고 고구마투쟁의 주역이 된 서경원에 대해 알아보자.

서경원은 동광원에 살다가[83] 19살 때 곡성군 죽곡면 원달 마을에 다시 들어갔다. 목수일을 배우면서 청년활동 하면서 공부하고 있었는데, 동광원 책임자 되는 선배가 연락하여 함평으로 오라고 하였다. 함평에서 학교를 짓고 있고 학교 앞에 문방구를 내려고 하는데 주변 사람들이 서로 하려고 한다고 했다. 그래서 동광원 출신인 서경원에게 와서 하라는 것이었다. 결국 원달 마을에서 산지 10년만인 1968년에 나와 함평에 와서 문방구를 시작하고 농사도 지었다.

함평에 와서 살고 있는데 낯선 사람에게서 엽서가 날아왔다. 고려대학교에서 농민문제(협동교육과정〈농촌지도자반〉) 교육이 있으니 참석하라는 내용이었다. 보낸 사람은 밀알신협 창설자이고 전남에서 4-H 활동(밀알회)의 선구자인 정구선[84]이었다. 광주에 가서 정구선을 만나 어떻게 연락하게 됐느냐 하니까 새마을연수원장 김준(영광 군내면 출신)에게 연락을 받았다고 하였다. 김준은 동광원에서 서경

83) 서경원과 동광원의 관계는 뒤에서 다룬다.

84) 정구선(1939). 전남대 농대를 졸업하였고 대학생농촌활동을 하기 시작한 밀알회 창립 구성원으로 광주에서 밀알신용협동조합(1972)을 창립하여 운영하였다. 나중에 한국 4-H연맹 부총재를 지냈다.

원과 같이 살았던 사람으로, 전남대 조교수 직을 그만두고 동광원에 와서 똥 푸러 다니고 농사짓고 했다. 스승인 유달영의 추천으로 새마을연수원 원장으로 들어갔는데, 농민교육을 받을 사람을 추천하라고 하니까 서경원을 추천한 것이었다.

그렇게 연계되어서 서경원은 1971년 12월 15일 고려대학교 노동문제연구소에서 4박 5일간 하는 제3기 협동교육과정(농촌지도자반) 교육을 받았다.[85] 그 교육에는 가농본부에서 정연석[86]과 마리아 싸일러(한 마리아)가 참석했었다. 반공연맹센터(한남동 호텔 신라 앞)에서 교육받았는데 한국에서 내노라하는 진보적인 농업경제학자들이 대거 강사로 나왔다. 김병태, 이우재, 김낙중, 유인호, 박현채, 주종환, 박근창, 권두영 등 농업농촌 전문가들과 황인준, 이문영, 김윤환 등 노동 전문가들이 총출동하였다. 여기서 서경원은 농민의 실상에 대해서 얘기해 주는 학자들을 보고 놀랐고 감동을 받았다. 4박 5일 동안 마음대로 소리지르며 활기차게 배웠다.

서경원은 이 교육에서 이우재를 알게 되었는데, 이우재가 전국농민단체들을 열거하면서 희망 있는 단체는 가톨릭농민회라고 말하였다. 서경원은 이를 듣고 가톨릭농민회에 관심을 갖게 되었고 무슨 단체인가 탐색하였다. 그러다가 12월 25일 성탄절 밤에 KBS라디오를 듣는데 김수환 추기경이 유신정권을 비판하자 방송이 끊어져 버렸다. 라디오를 아무리 살펴봐도 이상이 없었다. 다음날 구미에 있는 가농본부에 전화를 했더니, 교육국장이던 정연석이 "그럴 수 있지 않냐"고 별일이 아니라는 듯이 대답해서 이상하다 생각하면서 그 뒤로

85) 이 교육과정은 정권이 못 하게 하여 1970년 1기, 1971년 2, 3기를 끝으로 막을 내렸다.
86) 정연석은 덴마크로 농대 유학을 갔다 왔으며, 가농본부에서 교육부장을 맡아 활동하였다. 지식인으로서 이론에 밝았다.

더욱 가농을 탐색하게 되었다. 그 후 이우재는 이론가로서 서경원에게 멘토 역할을 하였고 정연석은 서경원을 가농 쪽으로 끌어당겨 교육을 받게 하고 크리스찬아카데미 교육도 받게 하면서 농민회 활동을 하도록 자극하였다.

이렇게 농민회 활동을 시작한 서경원은 가농전남연합회 총무로서 전남지역 농민운동을 활성화하였고 특히 고구마 투쟁을 주도하였다.

함평지역에서는 1973년부터 가톨릭농민회 주도로 일선지도자 훈련회, 조사원 교육, 중견간부 연찬회, 농민강습, 농촌청년 훈련회 등의 형식으로 지속적으로 지식인집단과 농민집단의 만남의 자리들이 만들어졌다. 그럼에도 처음으로 함평지역의 잠재적 농민운동가들 간의 만남이 이루어진 것은 구례 천은사 교육(1974년 8월 28~31일)이었다. 가톨릭농민회 주도의 교육활동 가운데 하나였는데, 기존의 재건 국민운동이나 마을금고 교육, 새마을 교육과는 달리 기술교육을 행하지 않고 대신에 농민들의 빈곤의 원인이 농민자신의 농업기술이 부족하고 무식한 때문이 아니라 잘못된 농업정책 때문이라는 점을 분명히 하였다(노금노, 1986: 175~182). 이 교육에서 가농총무인 서경원이 전에도 알고는 있었지만 임재상, 김양혁, 노금노 등을 만나게 되었다.

함평지역은 고구마, 양파, 마늘 등 환금작물을 주로 재배하는 지역으로서 농산물 가격파동과 외국농산물 수입에 민감하게 반응하였다. 함평지역 가농분회들은 1970년대 농민운동의 주요활동 과제인 농협민주화 투쟁, 쌀생산비조사와 쌀생산비 보장투쟁을 벌여왔다. 전남지역에서 1977년까지 가장 많은 8개의 분회가 함평에서 결성되었고 다양한 행사에 가장 많은 인원이 동원되었다. 분회로는 향진회

분회(74년 3월 12일, 대동면 금산리 과목장), 외대화분회(75. 12. 24, 함평읍 내교리 외대화), 가덕분회(76. 1. 3, 신광면 가덕리), 상록수 분회(76. 3. 1, 대동면 백호리 백련동), 마량분회(76. 8. 23, 대동면 운교리 마량마을), 장년분회(76. 8. 26, 함평읍 장년리 월선마을), 신기분회(76. 12. 24, 월야면 정산리 신기), 백연분회(77. 1. 6, 함평읍 장년리 백연마을) 등 8개 분회가 결성되어[87] 고구마투쟁에서 함께 하였다. 함평고구마투쟁의 1차 기도회에는 함평농민 120여 명이 참석하였고, 2차 기도회에도 100여 명이 참석하였다. 그러나 단식에는 농사철이어서 대부분 귀가하여 농사일을 하느라 6명만 참석하였다.

함평지역 가농활동은 다음 절에서 좀더 자세하게 살펴볼 것이다.

(2) 무안지역

무안지역의 가톨릭농민회 활동은 일로천주교회(일로면 월암리)에서 시작되었다. 일로 천주교회의 전교회장이던 유지훈은 1970년 가톨릭농민회에서 실시한 농촌청년훈련회(광주 피정센터)에 참가하여 전남지역의 농촌 천주교회의 많은 평신도지도자들과 함께 농촌청년의 조직과 운영, 그룹활동의 운영, 지역사회개발론, 협동조합운동론에 대해 토론하고 아울러 농민운동의 새로운 방향에 대해 학습하였다.

유지훈은 1972년 4월 1일 전남지역에서는 함평의 노광숙과 함께 가장 먼저 가톨릭농민회에 가입하였으며, 4-H 활동을 했던 해제면의 김종중이 1973년 10월 13일에 가입하였다. 이들은 전남지부 결성

87) 대동분회(74. 6. 30, 함평군 대동면)가 결성되었다고 하나, 연합회를 결성하기 위해 만든 가상의 분회인 것 같다. 활동 흔적이 전혀 없다. 함평군 대동면에서 '대동분회'가 설립된 것으로 이사회에서 논의되고 승인되었다고 하나 이것은 실체가 없었다. 아마 연합회 설립 요건을 갖추기 위해 가상의 분회로 만든 것 같다(모영주).

식에 온 것 같다. 김종중은 가농 활동은 특별하게 하지 않았으나, 유지훈은 1975년 12월 26일 일로에서 안석영(부회장), 정해남(총무) 등 정회원 5명으로 '상조회분회'를 창립하였으며, 이 분회에는 창립회원 외에도 강대형, 김동호, 이귀남, 이광주, 안석현(사도회장) 등이 분회원으로 활동하였다. 상조회분회는 일로천주교회를 중심으로 조직되었고 신부가 아일랜드 사람으로 농민회에 협조적이었다. 무안지역에서 가장 활발하게 활동한 분회였다.

상조회분회에 이어 일로면 월암리에 '덕우분회'가 1976년 8월 10일, 정회원 7명으로 결성되었다. 회장 박성웅, 부회장 황금두, 총무 고행남 그리고 김상복, 윤기석, 최성석, 김원규, 박성웅, 김병섭, 박철진, 박일남, 김문옥, 양창주, 도기만, 도선길, 김철수, 박홍세, 윤이석이 활동하였다.

이어서 1976년 11월 20일 일로면 용산리의 '영화분회'가 정회원 6명과 준회원 1명으로 결성되었고, 회장 정철수, 부회장 정덕근, 총무 박양기, 그리고 정해중, 정해인, 정해남, 안석영, 정규천, 정해칠이 활동하였다.

해를 넘겨 1977년 1월 20일에 해제면 유월리의 '유월분회'가 정회원 6명으로 창립하였다. 이 분회에서는 이현채, 박형규, 김대성, 노진태, 배종열, 이부배, 홍성해 등이 활동하였다. 유월분회 창립을 주도한 배종열은 나중에 전남기농과 기독교농민회총연합회(전국기농) 결성을 주도하게 된다.

무안지역에서는 1976년 양파밭을 짓밟은 전기공사에 대해 전남연합회가 개입하여 함께 해결하였다. 1977년에는 유월분회 주체로 모래가 섞인 사료를 현장에서 목격자들이 사실 증거물을 제시하여 회사의 사료조작 부정을 폭로하며 해당회사와 군당국과 투쟁하여 1만 원의 보상을 받았다. 그리고 한 마을에서 객토사업 보조금을 유용한 사건에 연합회가 개입하여 해결하기도 하였다.

분회별로 활동을 보면 1977년에 상조회분회와 덕우분회가 양곡조합 활동을 하였고, 유월분회는 앞서 말한 사료부정사건과 객토자금 횡령 사건을 연합회와 해결하였고 농협 강제출자거부 활동과 조합원 60명으로 신용협동조합을 결성하여 활동하였다.

함평고구마투쟁이 진행되던 시기에 무안천주교회 교육관에서 3~40명이 모인 가운데 3일 동안 농민교육이 있었는데, 이때 함평고구마피해에 대해 논의하고 항의집회를 하기도 하였다(이창균).

함평고구마투쟁의 1차 기도회 때는 무안에서 7명이 왔는데 이현채와 박형규가 주도하여 여러 사람이 참여하였다. 2차 기도회 후의 단식에는 박석면과 이창균, 김수복이 참석하였다. 배종열은 기도회와 단식 막바지에 참여하였다.

(3) 나주지역

나주지역에서는 나주본당과 일로본당(무안에 속해 있지만 나주와 면하고 있음)이 있어 천주교회 중심으로 가농청 활동을 해온 사람들이 있었다. 그리고 농민회도 천주교회 신자들 중심으로 구성하였다. 가농 전남지부를 결성하였을 때(1973년 8월) 나주지역의 운영위원으로 신진호가 선출되었다.

전남지역에서 가장 먼저 1973년 9월 26일 노안면 양천리에서 '양천리(계량)분회'가 정회원 5명과 준회원 17명 합계 22명으로 결성되었다. 마을단위에서 집단적으로 가장 먼저 1973년에 가농에 가입한 이안범(회장), 이민홍(부회장), 정기판(총무), 최사재, 이철헌 등과 이정철, 이재중, 이재곤, 이계수, 김종남, 김성남, 이용현 등이 초창기에 활동하였다. 노안면 양천리는 천주교 교우촌으로서 마을에 있던 노안천주교회는 천주교 광주교구의 주교좌 천주교회였다. 그러다보니 전남지역에서 초창기에 가농분회가 건설된 다른 지역과 다르게 천주교 신앙을 가진 회원들의 공동체로서 분회활동이 전개되었다. 양천리분회는 경제협동활동으로 일찌감치 1974년에 비육우 사업을, 1977년에 신용협동조합 활동을 전개하였다.

양천리 분회가 결성된 뒤 3년 지나 1976년 6월 1일에는 산포면 신도리에 '산포분회'가 결성되었다. 신종호, 장명신, 홍성모는 1973년 10월 13일에 가농에 가입하였고 1974년 6월 1일부터 준분회를 구성해 활동해 오다가 정회원 9명으로 회장 신종호, 총무 임종우, 그리고 장명신, 홍성모, 김영근, 김기종 등이 분회원으로 활동하였다. 신종호와 장명신이 적극적으로 활동하였다.[88] 산포분회가 결성된 곳은 오방 최흥종 선생이 만든 한센병 음성환자촌 호혜원이 있는 곳이다. 신종호의 아버지가 목 부분에 한센병이 나타나 호혜원에 살았으며, 신종호의 어머니는 서경원 아버지가 남원에서 삼일공업사를 할 때 남원교회에서 나와서 이원필을 따랐으며 이들 남원교회에서 나온 개신교 열성파들이 나중에 동광원이란 고아수용소를 만들었다. 신종호는 바로 동광원 창립 멤버로 동광원 생활을 했던 서경원이 잘 알고 있었다. 서경원이 찾아가서 "형님 이러고 있을 때가 아니고 여기가 농촌이니까 농민문제에 대해서 찾고 해결해 갑시다"고 촉구하여 호혜원 안에 산포분회를 만들게 되었다. 신종호는 전남지부 결성식에도 참여하였으며 전남연합회 부회장을 역임하였다. 산포분회가 있던 신도 3구는 34호로 인구는 170명(남83, 녀87)이었다. 마을금고도 있었고

88) 둘다 1973년 10월 13일 농민회에 가입하였다.

조림회를 조직하여 마을앞 낙동강변 하천 약 10정보 되는 땅에 포플러 나무를 심어 소득을 올렸다. 그리고 신협과 구판장을 운영하였다. 1973년 5월 조합원 53명, 자금 41만 원으로 신용협동조합을 운영하기 시작하였고, 자금 100만 원으로 구판장도 운영하여 구판매사업을 하였다. 이후에도 신협을 계속 운영하였다. 1974년 4월에는 조합원 150명, 자금 100만 원으로 축산조합을 운영하기 시작하였으며 장명신이 양돈사업을 주도하였다.

나주지역 농민회원들은 함평고구마투쟁에 적극 참여하지는 않은 것 같다. 함평고구마투쟁의 1차 기도회에 온 사람이 없었고, 2차 기도회나 기도회 후의 단식에도 참여자가 없었다.

(4) 곡성지역

함평 대동면의 향진회 분회에서 활동하던 서경원과 어렸을 때부터 친분관계를 유지해오던 김문식은 서경원의 권유로 가농에 입회하였다(1974년 3월 12일). 김문식[89]은 이미 1970년에 가농청 전국본부 주관으로 광주 피정센타에서 열린 '농촌청년훈련회'에 참가하였고, 그 이후 크리스찬아카데미 단기, 장기 교육을 마쳤다.

김문식은 죽곡면 원달리에서 마을 청년들에게 가농활동을 소개하고 주민들과 함께 1974년 7월 20일 '원달분회'를 조직하였다. 정회원 8명으로 시작하였으나 나중에는 마을 청년들 대부분이 참여할 정도

89) 김문식의 할아버지가 잘 살았으며 면 단위에서 몇째 안에 드는 부자였고, 아버지도 잘 살았다. 아버지는 일제 강점기에 농업전문학교를 졸업하였다. 형님 둘은 공무원을 하였고, 김문식이 운동을 해서 형들이 압박을 많이 받았다. 아들 같은 형사들이 와서 형님들을 괴롭혔다. 김문식은 1958년 군대 갔으며 1960년대 초부터 마을에 살면서 다양한 활동을 하였다. 1970년대 유신반대운동도 하고, 20대 중반을 서경원과 원달 마을에서 함께 지냈다.

였다. 회장 김문식과 박상진, 이수복, 홍영선, 임기연, 복태경, 김용선 등이 초기부터 활동하였으며 1976년에는 원달마을에서 무려 21명이 농민회에 정식 가입하고 분회활동에 참가하였다. 원달리는 1리 신동, 2리 시동, 3리 음지, 4리 양지 등 네 마을로 구성되어 있었고 네 마을 호수를 합하여 114호에 달하였다. 이 중에서 40여 명이 가농회원이 되어 활동했다.[90] 1976년 1월에는 연세대 학생들과 공동으로 의식화 훈련교육을 하였고, 5월에는「농민의 날」행사를 하여 마을 사람들에게 마을잔치를 베풀었다. 가농 창립 10주년 기념식에는 열차의 객차 하나에 가득 찰 정도로 60여 명의 농민들이 기념식에 참여하여 농협강제출자를 소재로 한 마당극을 공연하였다. 행사참가자에 대한 탄압에 맞서고 양곡조합 활동도 하였다. 뿐만 아니라 농협민주화 활동, 협동활동도 전개하고 전기가설공사 노임부정 사건에도 개입하여 보상받았다. 김문식은 다양한 분회 활동을 이끌었으며, 가농감사도 하고 가농이사회에 참석하는 등 본부 임원으로도 활동하였다. 원달 마을의 운동사례는 성공사례로서 회자되었다. 그리고 김문식은 전남연합회 이사회에도 참석하였으며 전국본부 임원으로서 고구마투쟁의 1차기도회와 2차기도회 후의 단식에도 참여하였다.

또한 김문식은 동갑계를 하고 있던 죽곡면 하한리의 정상조에게 가농을 소개하고 함께 활동할 것을 권유하였다. 정상조도 가농이 실시하는 지도자교육과 기초교육 등을 이수하고 동료들과 가농에 입회

---

90) 김문식(분회장), 박상진, 이수복, 홍영선, 임기연, 복태경, 김용선, 신현용, 주장수, 신동열, 오우식, 송길성, 김용식, 임덕제, 오양섭, 신태식, 김정만, 신정식, 신천식, 신현문, 유연수, 이영희, 정옥균, 신정균, 신현출, 신동귀, 신인식, 박성만, 김양근, 이강용, 신동호, 오만식, 장병태, 정복균, 신두식(박상진, 이수복, 홍영선, 임기연, 복태경, 김용선 회원이 1974년 8월 81일 입회하고 이후 분회원이 지속적으로 가입하였다. 이문화, 김공도 등이 1977년 1월 13일 입회하여 총 39명이 되었다).

하여 1976년 10월 29일 '섬진강분회'를 설립하였다. 섬진강분회는 '농민권익 높이기'를 목표로 정하고 정회원 6명으로 출발하였으며, 회장 정상조, 부회장 장종선, 그리고 정남조, 박상열, 박영래, 박병주 등이 회원으로 활동하였다.

(5) 구례지역

구례지역에서는 1974년 3월 12일에 산동면에서 김맹수와 김경일이 가농에 가입하였다. 그러나 이후 활동은 잘 보이지 않는다.[91)]

구례지역에서 가톨릭농민회의 현장조직인 분회 활동이 시작된 곳은 광의면 구만리이다. 당시 구만리에서 최성호는 청년들과 구만리 독서회를 만들어 책도 보고, 옥수수, 쪽파, 호박 모종을 공동으로 생산하여 농민에게 나누어 주는 등 청년활동을 하고 있었다. 1973년 10월, 가농 전남지부 권광식 회장과 서경원 총무가 구만리의 최성호 집을 찾아가 농민운동의 필요성을 설명하고 가농활동을 하도록 권유하였다. 최성호는 그동안 농촌에서 증산만 하면 잘 살 수 있을 것이라고 생각했지 농민의 권리에 대해서는 들어본 적도 없고 권리투쟁에 대해서도 생각해 본적이 없었다. 최성호는 1973년에 가농에 가입하고(1974년 8월 31일에 가입승인되어 등록됨) 가톨릭농민회 교육과 크리스찬아카데미(수원)에서 (나중에 장기교육과정까지) 교육을 받

91) 권광식의 형수가 최성호의 누이였다. 두 사람은 사돈관계여서 서로 오가며 알고 지냈다. 권광식은 대학에 가서 교수가 되었고 최성호는 마을에서 청년활동에 매진하고 있었다. 권광식은 가농 전남지부를 결성하고 나서 자신이 현직교수로서 현장활동을 하기 어려운 상태에서 믿고 현장에서 활동할 수 있는 농민운동 할 사람을 찾는 과정에서 잘 알고 있는 최성호에게 어렵지 않게 농민운동을 하도록 권유할 수 있었다. 이미 어느 정도 이야기가 된 뒤 권광식 회장은 총무 서경원과 함께 최성호를 방문했다. 당시에는 실제 그런 어려운 일을 하자고 권유할 수 있는 상대는 아무래도 잘 아는 사람이어야 했고 사돈 관계라서 자연스럽게 이야기하게 되었다(권광식).

고 준분회를 구성하여 활동하였다. 이어서 1975년 11월 24일에 구만리에서 18명의 분회원으로 분회를 조직하였다. 최성호(분회장), 김주홍, 이남길, 노양원, 노태원, 조희기, 박윤기, 노성원, 최일원, 이봉훈, 조청, 조영식, 조정효, 조영식, 노균원, 이송길, 반윤기 등이 활동하였다. 1974년부터 경지정리 부정과 관련하여 공감소장의 사과를 이끌어 내고 1975년 광의면 지역의 부실한 경지정리사업으로 인한 농민의 피해보상투쟁을 이끌어 내고 1976년에는 2차 경지정리사건(객토거부운동)을 해결하였다. 1974년에는 솔방울공작품 제작을 하였고 1976년에는 농협민주화(비료출자강요 등) 활동도 활발히 전개하였다. 1977년에는 강제출자 완전거부와 신용협동조합 활동, 공동작업 활동을 벌였다. 구만리분회는 경지정리사건을 비롯하여 여러 가지 사안들을 가지고 적극적으로 활동하여 항상 농민교육에서 사례연구 대상으로 등장하였다.

1974년 8월 유산리 박우갑, 대산리 유근성 회원이 가농교육을 받고 돌아와 활동하여, 이후 광의면 유산리 유산분회(77. 준분회/ 78. 12. 21, 분회)와 대산리 대산분회(77. 준분회/ 79. 1. 1. 분회)를 결성하였다. 이들 분회는 1977년부터 준분회로서 활동하였고 나중에 정식분회로 등록하였다. 그래서 정식 분회는 구만리 분회뿐이었지만 워낙 활발하게 활동하고 성공적인 투쟁사례를 만들어 냈다. 최성호는 자신들이 투쟁할 때 투쟁 과제를 잘 선택하여 성공적인 결과를 많이 가져왔다고 말하였다.

최성호는 구만리분회장으로서 전남연합회 이사여서 연합회 이사회에 빠짐없이 참석하였고 고구마투쟁의 경과를 잘 알고 있었다. 함평고구마투쟁 1차 기도회에는 구례에서 최성호를 비롯하여 13명이 참석하였고 2차 기도회에는 더 많이 참석하였으며, 단식투쟁에는 최성호와 박우갑이 참석하였다.

(6) 영광지역

영광지역에서 일찍부터 활동했던 김동혁은 영광천주교회 신자였고 가농청 교육 등에도 다녔고 1971년 고려대학교 노동문제연구소에서 했던 협동과정(농촌지도자반) 3기 교육에도 참여하였다. 가농청이 주최하여 1971년 4월에 구미에서 열린 전국대표자회의에도 참여하였다. 이처럼 김동혁은 전남지부 결성 이전에 여러 가지 교육을 받으며 농민운동에 관심을 지니고 있었다.

전남지부 결성식(1973년 8월)에서 영광지역에서 김동혁과 이기태가 참석하여 김동혁은 사무국장(나중에 총무로 명칭 변경됨)으로 이기태는 운영위원으로 선출되었다. 이기태는 가농 농민회원으로 정식 등록하지는 않았다. 그리고 김동혁(대마읍, 1973년 10월 13일 가입)은 고향에서 재건중학교를 세워 운영하였다. 그런 배경 위에서 1975년 10월 20일 대마읍에 '대마분회'를 설립하였다. 대마분회는 정회원 5명과 준회원 3명, 합 8명으로 결성되었으며 회장 성신용, 총무 이종은, 그리고 김동혁, 이승범, 봉필주가 회원으로, 김우현, 김두원, 김동만 등이 준회원으로 활동하였다. 김동혁은 전남지부 사무국장을 거쳐 함평고구마투쟁 기간(1977년 8월 2일까지) 전남연합회 회장을 지냈다.[92]

대마분회에 이어 1976년 12월 20일 대마면 남산리에서 '남산분회'가 결성되었다. 정회원 5명으로 회장 이원도, 부회장 이용범, 총무

92) 고구마투쟁 기간에 연합회장이었는데, 중간에 회사에 취직하여 회유당한 것으로 보고 연합회 이사회에서 논의 끝에 회장직을 해촉하고 서경원이 회장이 되었다.

이만석, 그리고 이석범, 이용섭, 이문화, 김공도가 회원으로 활동하였다. 1977년 2월 15일에는 염산면 신성리에서 '신성분회'가 결성되었다. 최광섭(분회장), 김연수(부회장), 배준태(총무), 정성수, 한상진, 오세균 등이 회원으로 활동하였다. 신성분회는 1977년에 구판사업을 하였고 분회교육을 하였다. 그리고 1977년에 영광읍 우평리에서 '우평리분회'가 결성되었는데, 이 분회는 양계사육, 공동판매 활동을 벌였다.

영광지역에서는 정병온(영광읍 입석리, 1974년 3월 12일 가입)이 가농에 입회하여 일찍부터 산재회원으로 적극적인 활동을 해왔고, 1975년에는 쌀생산비조사에 참여하였다. 함평고구마투쟁의 1차기도회에는 영광에서 10명이 왔으며, 마지막 단식투쟁에는 정병온이 참여하였다.

(7) 보성지역

보성지역의 농민활동가들이 가톨릭농민회와 연결된 것은 가농의 교육활동을 통해서 였다. 보성·고흥지역에서 맨 처음으로 가농에 가입하여 활동한 이기환(보성군 벌교읍)은 1973년에 벌교천주교회를 다니던 중 가농 전국본부가 주관하는 '농민지도자훈련회'(광주 화정동, 피정센터)에 참가하여 가농에 입회하였다(가입등록된 입회일은 1973년 10월 13일). 이기환은 1973년에 토지반환투쟁을 주도하였고, 김정휘, 왕정석, 전병석, 최승현은 1976년에 신협운동을 하였다. 이러한 활동 위에서 1976년 12월 7일 '벌교분회'가 창립되었다. '농협민주화'를 이기환(회장), 김정휘(부회장), 왕정석(총무), 전병석, 최승현 등 정회원 5명으로 출발하였다. 이기환은 일찍부터 산재회원으로 활동하였고 거대한 체격 때문에 눈에 띄었다. 단식투쟁에도 참여하였고 배고픔을 참지 못해 아우성 친 사람으로 기억되었다.

한편 1975년 민청학련 사건 관련자인 박형선은 학생운동 흐름에서 농민운동에 뜻을 두고 보성에 내려와 농사를 지으며 농민운동을 일구고 있었다.[93] 1976년 말 보성지역에서 적극적으로 활동하던 사람들로는 벌교의 신임식과 이기환이 있었으며 노동면에는 박형선과 조계선이 있었다.

1977년 7월 2일에는 노동면 거석리에서 정회원 7명으로 '노동분회'가 결성되었다. 문경식,[94] 분회장 조계선, 부분회장 김기철, 총무 박형선이 중심이 되고 최동화도 분회원으로 활동하였다. 1977년에 농협민주화(강제출자거부) 운동을 하였고 신용협동조합 활동도 하였다. 문경식은 가농분회 활동을 하다가 1978년 전남기농이 만들어지면서 기독교농민회 쪽에서 활동하게 되었다.

1977년까지 보성지역에서 정식등록한 농민회원은 11명이었다. 1973년 10월 13일 등록한 벌교읍의 이기환, 1976년 12월 29일에 등록한 벌교읍의 김정휘, 왕정석, 전병석, 최승현, 그리고 1977년 9월 22일 등록한 노동면의 김병진, 이강덕, 최동화, 문경식, 박형선, 김기철, 조계선이 있었다.

함평고구마투쟁에서 1차기도회에는 보성에서 6명이 왔고, 2차 기도회 후의 단식투쟁에는 이기환과 문경식, 조계선 그리고 김용준과 신상일이 참가하였다.

---

93) 박형선은 해남의 이강과 함께 학생출신으로 농민운동에 투신하였으며 자신의 고향 보성으로 내려가 농민운동을 하였다.

94) 문경식은 기독교농민회에서 활동하다가 나중에 전농의장까지 하였다.

(8) 신안지역

신안지역에서는 가농청 활동을 했던 사람들이 있었다. 성당 중심으로 신자들이 활동하고 있었고 가농 회장과 총무가 가서 교육하고 분회를 조직하였다. 1976년 11월부터 1977년 2월까지 겨울철에 3개의 분회가 연이어 결성되었다.

1976년 11월 10일에는 압해면 장감리(공소)에서 정회원 6명으로 '신일분회'가 결성되었다. 회장 김기상, 부회장 천두진, 총무 천종채, 그리고 천유록, 김영기, 김인산이 분회원으로 활동하였다.

1977년 2월 20일에는 압해면 중앙에서 정회원 6명으로 '성요셉분회'가 결성되었다. 회장 오복수, 부회장 조시형, 총무 박동철, 그리고 김신문, 조형복, 이민홍, 강성옥, 조행기, 고재삼이 분회원으로 활동하였다.

1977년 2월 23일에는 압해면 신장리(공소)에서 정회원 19명으로 '신장분회'가 결성되었다. 회장 박공훈, 부회장 박만복, 총무 김중선, 그리고 김중광, 박인출, 박해룡, 윤득현, 김명철, 장정기, 정원진, 정해용, 고명식, 박동호, 강동기, 박종신, 조인정 외, 박성환, 김학철, 박길남, 정순범이 분회원으로 활동하였다.

1977년까지 신안지역의 정식등록회원은 27명이었고, 3개 분회가 활동하고 있었다. 계림동 1차 기도회에는 15명이 왔는데, 2차 기도회 후 단식에는 참여자가 없었다.

(9) 해남지역

1977년에 전남연합회 회장과 총무가 해남 북평의 영전공소, 문내의 예락공소와 고당공소, 우수영의 우수영공소에 가서 기초교육을 실시하였다. 그러면서 해당 지역 공소를 중심으로 분회를 결성하게 하였다.

1977년 2월 3일에는 북평면 영전리 영전공소에서 정회원 7명으로 '갈매기분회'를 결성하였다. 18살에서 40살까지의 회원으로 구성되었고, 회장 강기봉, 부회장 최운식, 총무 이학희, 그리고 최경오, 최영옥, 강종철, 김옥채 등이 분회원으로 활동하였다.

이틀 뒤인 2월 5일에는 문내면 선두리 우수영(우수영공소)에서 정회원 6명으로 '우수영분회'를 결성하였다. 20살에서 40살까지의 회원으로 구성되었고, 회장 조재남, 부회장 김윤석, 총무 박종석, 이성은, 김전환, 김상길, 조재남, 김윤석, 박종석이 분회원으로 활동하였다.

다시 이틀 뒤인 2월 7일에는 황산면 연당리(연당공소)에서 정회원 5명으로 '연당분회'를 결성하였다. 23살에서 28살까지 젊은이들로 구성되었고, 회장 이후준, 부회장 이용근, 총무 김철재, 그리고 윤영보, 이용수가 분회원으로 활동하였다.

이렇게 공소 중심으로 분회를 결성하였지만 광주에서 멀고 연합회에서 조직적으로 관리하지 못하여 그다지 뚜렷한 활동을 보이지 못했다.

해남지역에서 함평고구마투쟁에 참여한 것은 가농회원들이라기보다는(회원이기도 한 사람이 있었다) 주로 기독교농민회 쪽 사람들이었다. 함평고구마투쟁 1차 기도회에는 해남에서 2명이 참석하였지만, 2차 기도회에는 더 많은 사람들이 참석하였고 단식투쟁에는 8명이 참석하였고 기독교농민회 쪽 사람들이었다.

(10) 광주지역

광주지역의 특징은 분회가 만들어지기 전에 등록회원이 많았다.

특히 가농 전남지부 설립 이후부터 1974년 8월까지 즉 초창기에는 광주시에 거주하는 사람들 15명(전체 59명 중에서)이 가농 농민회원으로 가입하였다. 특히 전남지부 결성식 직후와 전남연합회 출범 직후에 가입한 농민회원 중에 광주 출신이 유독 많았다. 전남지부 결성과 전남연합회 출범 당시 광주 출신들이 많이 왔다는 것이며, 이들은 분회에 소속되지 않고 산재회원으로 활동하였다.

광주지역에서 분회로는 1977년 4월 13일 광주시 지원동에서 정회원 13명, 준회원 2명 합 15명으로 '의석지우회' 분회가 결성되었다. 회장 김만용, 부회장 황금생, 총무 박영오, 간사 오동철, 그리고 백영심, 이기행, 한영수, 최만근, 김병태, 황춘성, 민농선, 남경일, 민명기 등이 분회원으로 활동하였다(정식등록회원은 12명이었다). 의석지우회 분회원들은 고구마투쟁 2차 기도회에 참석하였고 단식장에 응원차 방문하기도 하였다.

가농회원은 대체로 분회에 소속되어 활동했으나 분회가 없는 곳에서는 산재회원으로 활동하였다. 1977년 9월까지 등록된 전남지역 가농회원수는 308명인데, 그 가운데 산재회원은 광주시에서 15명, 목포시 3명(방완식, 추규영, 안동해), 광산 1명(선종심), 고흥 1명(정의석), 장흥 1명(김제두), 승주 1명(이외길)이었다. 산재회원들은 광주와 목포 그리고 나주 세 도시에서 가입한 사람들이 많았고 이들은 초창기 지부결성이나 연합회 창립 직후에 대부분 가입하였다. 농촌지역에서 산재해 활동한 사람들은 그 지역에서 차후 농민운동 발전에 기여하였다.

지역별로 보면 분회 한두 군데가 활발하게 활동하면 그 지역의 가농운동이 활발한 것으로 보였다. 그런데 함평지역은 일찌감치 분회가

8개나 결성되었고 대체로 활발히 활동하였다. 그리고 1977년까지 전남지역의 가농운동에서, 나주 노안면 양천리(계량)분회(1973년), 함평 대동면 금산리의 향진회분회(1974년), 곡성 죽곡면의 원달분회(1974년), 함평 함평읍의 외대화분회(1975), 구례 광의면의 구만리분회(1975)는 전국적으로도 가장 활발하게 활동하는 현장조직으로 꼽혔다.

3. 함평지역 가농분회 활동

전국적으로 그리고 전남지역에서 가농운동이 가장 활발했던 지역은 함평이었다. 전남지역에서 가톨릭농민회 현장조직인 분회활동이 처음 시작된 곳은 대동면 금산리로서 70년 12월에 향진회라는 계로 출발하여 1974년 3월 12일에 가농분회로 등록하였다. 이후 가톨릭농민회(전국본부와 연합회)의 교육과 활동가들의 조직활동으로 여러 마을에 가농분회가 창립되었다. 이후 함평고구마투쟁이 전개되기 전까지 함평지역에는 총 8개의 분회가 결성되어 활동하였고, 고구마투쟁에 함께 하였다.

함평은 주변 지역에 비해 가톨릭의 교세가 비교적 높았고, 농촌공소가 많이 분포되어 있었다.

1973년 8월에 결성된 가농 전남지부가 1974년 3월 가농 전남연합회로 조직이 개편되면서 서경원이 사무국장으로 취임하였다. 서경원은 교회, 동광원, 친지 등의 인맥을 통해 농민회 조직에 적극적으로 나서면서 함평지역에서 가농교육의 이수자들이 다른 지역에 비해 빨리 나왔다. 서경원은 크리스찬아카데미 교육도 1기로 받고 이후 추천하면서 운동이 활성화될 수 있도록 하였다. 이처럼 함평지역에 가농이 조직되어 가는 과정에서 이 지역 농민들이 외부지식인들과 연계를 맺게된 데에는 서경원의 역할이 매우 컸다(조영욱, 1998: 54).

그러나 1976년 11월 함평천주교회에 장홍빈 신부[95)]가 부임하였는데, 가톨릭농민회의 활동에 호의적이지 않아 서경원 등의 가농 활동을 통제하려고 하였다.

가농은 1972년 4월 6~7일 한국가톨릭농촌청년회가 제3차 전국대의원총회에서 '한국가톨릭농민회'로 조직개편하면서 출발하였다. 그리고 경기연합회의 창립에 이어 1973년 8월 20~21일 광주 계림동 천주교회에서 '가톨릭농민회 전남지부'[96)]가 결성되었는데, 약 6개월 뒤 1974년 3월 9일에 가농 전남연합회[97)]로 승격되었다. 가농 전남연합회가 결성되고 서경원이 사무국장으로 일하면서 전남 지역 뿐만 아니라 함평 각지에 분회가 본격적으로 결성되기 시작하였다. 함평지역에는 1974년부터 1976년 고구마투쟁 발발 이전까지, 향진회 분회(대동면 금산리, 1974. 3. 12.), 외대화분회(함평읍 내교리, 1975. 12. 24.), 가덕분회(신광면 가덕리, 1976. 1. 3.), 상록수 분회(대동면 백호리 백련동, 1976. 3. 1.), 마량분회(대동면 운교리, 1976. 8. 23.), 장년분회(함평읍 장년리, 1976. 8. 26.) 등 6개 분회가 결성되어 있었다. 투쟁 발발 직후에 신기분회(월야면 정산리, 1976. 12. 24.)와 백연분회(함평읍 장년리, 1977. 1. 6.)가 결성되어, 함평지역에 8개 분회가 마을단위에 결성되었고 몇몇 마을에 산재회원이 흩어져 있었다.

---

95) 가농 전남연합회 초대 지도신부는 김성룡 신부였고, 장홍빈 신부는 1978년~82년까지 역임하였다.

96) 회장 권광식(조선대학교 경제학과 교수), 총무 김동혁.

97) 회장 김동혁(영광군 대마읍 대마중학교, 1973년 가농 입회자), 부회장 권광식, 총무 서경원.

분회별로 다양한 활동을 전개하였는데, 분회들이 함께 한 활동도 있었다. 1976년 4월 3일에는 함평 천주교회에서 '전남서부지역 분회 합동교육'이 실시되었다. 함평군과 무안군에 있는 5개 분회 58명의 회원이 참여하여 회원과 접촉자들을 위한 교육을 받았다.[98] 6월 18일에는 가농창립 10주년 기념대회를 대전 본부에서 '쌀생산비조사 보고대회'라는 이름으로 개최하였는데, 함평지역의 회원들과 농민들(70명)이 대거 참여하였다.

1976년 10월에는 함평지역에서 강제출자거부운동이 집단적으로 이루어졌다. 이미 10월 이전에 함평지역에는 8개의 가농분회가 설립되어 있었다. 그중 6개 분회가 있는 마을주민들이 읍면별로 연합해서 강제출자 거부운동을 하였다. 함평읍에서는 외대화마을(외대화분회), 월선마을(장년분회), 백연마을(백연분회)이 함께 하고, 대동면에서는 과목장마을(향진회분회), 백련동(상록수분회), 마량마을(마량분회)이 함께 하였다(이미 결성되어 있던 가덕분회는 신광면에 속해 있었다). 그리고 여기에 분회에 속하지 않은 개별 농민들이 참여하였다.

구체적으로 살펴보면, 함평읍의 세 마을 사람들이 강제출자 사건으로 항의하러 10월 3일 함평읍농협에 몰려가니까 함평읍농협은 강제출자를 받지 않겠다고 순순히 나왔다. 농민들의 기세에 눌린 함평농협은 농민들의 강제출자 중지 요구를 그대로 받아들였다. 그 다음 10월 8일에 대동면의 세 마을(분회) 사람들이 대동농협(단위농협)에 몰려갔다. 대동농협은 농민들이 온다는 정보를 듣고 조합문을 닫

98) 외대화(분회장 노금노), 향진회(분회장 오동철), 가덕(분회장 조용진) 분회가 참여하였다.

고 조합직원들이 사라져버렸다. 그러자 농민들은 오전 9시부터 오후 5시까지 조합 앞에 앉아서 "우리는 비료를 끊으러 왔는디 우째 농협이 비료를 안 파냐? 이거 법을 위반한 거 아니냐? 농민들 비료갖다 못해갖고 농사 못지믄 느그들이 책임질래?"라며 항의농성을 하였다. 이렇게 항의해도 직원들이 하나도 없으니 아무 소용이 없었다. 그래서 비료창고를 지키는 사람한테 가서 비료를 출고하라고 하다가 서로 치고박고 하였다. 이 사건으로 지원 나갔던 노금노는 긴급조치 위반으로 입건되어 함평경찰서에서 3시간 조사를 받고 풀려났다. 그러고 그 이튿날 다시 또 대동농협으로 몰려갔다. 전날 일로 경찰이 농협에 "야 이 새끼들아 뭣을 어뜨케 했는데, 요새 집단행동을 허게 허냐"라고 압박을 가한 뒤라, 농민들이 몰려가니까 대동농협 직원들이 와서 잘못했다 사과하고 비료출고증을 끊어줬다.

이 일로 가톨릭농민회가 함평에서 알려지게 되었다. 가톨릭 농민회가 여러 마을에서 생겼다는데 도대체 뭐냐? 가톨릭농민회 해도 되는 거냐? 하며 지역주민들과 특히 경찰 쪽에서 관심을 갖게 되었다. 물론 여론이 한 편에선 반정부운동단체다, 반정부세력이다 라고 했지만, 농민들은 이런 집단적인 활동을 함으로써 자신들의 역량을 끌어올리고 있었다.

함평고구마투쟁 직전까지 함평군 가톨릭농민회 회원들의 동향을 입회자명단에서 확인해 보면(가톨릭농민회 광주연합회·우리농촌살리기운동 광주본부·천주교광주교구 농민사목, 2013: 577~582), 가농 회원은 분회별로 대동면 금산리(6명), 함평읍 외대화(7명), 신광면 가덕리(8명), 대동면 백호리(7명), 대동면 운교리(6명), 함평읍 장년리 월선(7명), 월야면 정산리(8명), 함평읍 장년리 백연(6명)이었고, 함평읍 함평리, 해보면 금덕리, 함평읍 백연리, 나사면 용두리(각 1명씩)에 분산되어 총 62명이었다.[99] 이들 분회와 분회원들이 고구마 피해조사에서부터 다양한 보상투쟁활동에 적극적으로 참여하였다. 특히 외대화마을 농민들은 1976년 3월에 농협강제출자거부운동을 경험하여, 투쟁을 전개해 나갈 수 있는 자신감을 지니고 있었다.

〈표-6〉 함평지역 가톨릭농민회 분회 현황

	분회이름	결성장소(마을)	결성년도	등록 회원수	피해조사 여부
1	향진회분회	대동면 금산리 과목장	1974. 03. 12.	6명	O
2	외대화분회	함평읍 내교리 외대화	1975. 12. 24.	7명	X
3	가덕분회	신광면 가덕리 가리	1976. 01. 03.	8명	O
4	상록수분회	대동면 백호리 백련동	1976. 03. 01.	7명	O
5	마량분회	대동면 운교리 마량	1976. 08. 23.	6명	X
6	장년분회	함평읍 장년리 월선	1976. 08. 26.	7명	O
7	신기분회	월야면 정산리 신기	1976. 12. 24.	8명	O
8	백연분회	함평읍 장년리 백연	1977. 01. 06.	6명	O

분회는 한 마을에 농민회원 5명 이상으로 결성할 수 있도록 하였다. 그런데 유신치하 독재정권의 정보사찰 속에서 가농회원이 된다는 것은 엄청난 위험을 자초할 수도 있는 일이었다. 그럼에도 선진적으로 활동한 농민운동가들이 여러 가지 연결망을 통해 분회들을 만들어 갔다. 이 당시에 이렇게 많은 분회가 한 지역 안에 결집해 있던 곳이 함평 외에는 없었다.

함평고구마투쟁 이전에 또는 진행 중에 함평지역에 가농분회로는

99) 가농 정회원 등록은 마을 분회에 가입한 농민의 명단이 도연합회에 올라가고 연합회에서 이들 회원의 명단을 가농본부에 제출하면 가농본부가 최종 승인하여 이루어졌다. 이 과정은 보통 1년 정도 걸렸다. 그래서 1977년까지 등록된 회원을 보상투쟁이 일어나기 전의 회원으로 파악하였다.

〈표-6〉에서 보는 바와 같이 향진회분회(대동면 금산리 과목장), 외대화분회(함평읍 내교리 외대화), 가덕분회(신광면 가덕리 가리), 상록수분회(대동면 백호리 백련동), 마량분회(대동면 운교리 마량), 장년분회(함평읍 장년리 월선), 신기분회(월야면 정산리 신기), 백연분회(함평읍 장년리 백연) 등 8개의 분회가 활동하였다. 1974년과 1975년에 각각 하나의 분회가 만들어졌고 1976년에 약 1년 안에 6개의 분회가 만들어졌다.

그러면 함평지역 안에 생긴 8개 분회의 활동을 분회별로 살펴보자.[100)]

(1) 향진회 분회

대동면 금산리 과목장 마을에 있는 향진회 분회는 1970년에 '가난과 영세성을 탈피하고자 함과 동시 마을민의 협조심 앙양과 상호두터운 유대를 갖고저' 조직된 계(향진회)였는데, 나중에 가농의 분회로 등록하였다. 공식적으로는 1974년 3월 12일 창립한 것[101)]으로 추정된다. 분회원은 1975년에 6명(등록회원 신용수, 서경원, 신영호, 신홍주, 이민호, 이남기)으로 출발하였고 이후 김용주, 최명준, 오동철, 조병순 등이 분회원으로 등록하고 활동하였다. 전남에서 최초로 결

100) 대동분회 건. 전남연합회 1974년 활동보고서에 '대동분회'라고 대동면에서 1974년 '6월 20일 분회로 설립인정 신청을 하였고(회장 신용수)' 6월 30일 창립하였으며 분회원은 신용수 외 5명이었다는 기록이 나온다. '(가덕)신협을 조직하여 현지마을민과 유대를 가지고 민주화와 협동운동을 전개하였으며, 마을 내에 고질적인 봉건적 요소를 타파하는데 최선을 다하고 있으나 적은 힘으로 큰 힘을 저지하려는 격이어서 임원들이 고충을 겪었다.'는 설명도 있다. 가덕신협은 신광면에 있는 것이어서, 사실을 확인해 보니 아마도 연합회를 구성하기 위해서 무늬만 분회를 구성하여 승인받은 것 같다(모영주 증언). 회원들이 향진회와 겹치고 특별히 다른 활동을 하지 않은 것으로 보인다. 그래서 함평의 농민분회 설명에서 제외하였다.

101) 주 51 참조.

성된 분회였다고 알려졌지만, 분회등록을 할 때 계로서 출발한 날을 분회결성의 날로 적어놓았던 것이다. 1974년 3월 한국가톨릭농민회 전남연합회가 조직·개편되면서 서경원은 연합회 총무(사무국장 명칭을 서경원이 주장하여 총무로 바꿨다)로 취임하였다. 과목장 마을에서 1킬로미터 떨어진 곳에 가덕교회가 있었고 서경원은 교회를 다녔다. 신용수 회장은 서경원 총무와 마찬가지로 동광원 출신이었고[102] 서경원과 동광원 정신으로 같이 계를 조직하여 활동하다가 가농 분회로 가입하게 되어 함께 분회원이 되었다.

향진회가 있던 과목장 마을 안에 동광원이 있었으며 과목장 마을은 녹파 마을이라고도 하였다. 그 지역에 부호가 살았는데 그 사람의 호가 녹파여서 마을이름이 붙여졌다. 그가 땅을 동광원에 기증했고 그 부호가 살던 집에 고아들을 모아서 동광원을 운영하게 되었다. 마을 사람들은 대부분 동광원과 관련이 있었다. 대부분 마을 사람들(7~8호)은 주일에 동광원에 가서 예배를 보았다. 신용수의 어머니가 동광원 안에서 살다가 돌아가셨고, 신영호는 구례 다른 마을에서 이사왔는데 마을의 신 장로(과목장 마을에 있었다)와 친척으로 부호가 살던 그 집에 들어가 살았다. 대부분의 마을 사람들이 동광원을 통해 마을에 정착하였다.

서경원의 아버지는 원달에서 밭 1천여평에 집을 짓고 부인과 딸과 함께 살았다. 그러나 실제로 서경원의 아버지는 여러 동광원 분원들을 순회하며 살아서 집에 없었고, 서경원의 어머니는 여동생(오동철의 어머니)도 혼자여서 같이 원달에서 살았다. 서경원 가족은 땅이

---

102) 서경원과 동갑인 신용수의 형이 남원에 있는 기독교 수도모임인 향록원이라는데 있었다.

넓은 함평 동광원으로 이사왔고 이모도 아들(오동철)과 같이 와서 한 집에 살았다. 오동철은 곧 서경원의 이종 동생으로 서경원을 많이 도왔다.

금산리에는 동광원이 있던 녹파 마을 외에, 감산마을과 금구마을이 있었다. 서경원, 신용수, 신영호, 오동철은 녹파마을 사람이었고, 이민호는 감산 마을 사람이었다. 이남기, 조병순도 녹파마을 사람이 아니었다. 다시 말해 향진회는 실은 과목장 한 마을 사람들만이 아니라 금산리 3개 마을에 사는 회원들로 구성되어 있었다. 과목장 마을은 13호로 작은 마을이었고 인구가 71명(남30, 여41)이었다. 13호 가운데 8호가 1천평 미만의 소규모 농사를 지었다. 1975년에는 그나마 1호가 줄었다.

향진회분회는 1975부터 본격적인 활동을 하였다. 1975년 1년 동안 분회 회의를 8번 개최하였는데, 비료와 관련하여 3번, 조합과 관련하여 3번 회의를 개최하였다. 연말에는 분회 총회를 개회하기까지 하였다. 분회원들은 7회에 걸쳐 학습활동을 하였고, 여러 가지 파견교육에 다녀왔다.[103] 서경원 회장은 연합회 이사회에 7회 참석하였다. 이처럼 회의를 자주 한 것은 농협의 부정과 강요에 대해 대처하고 관청의 여타 강요에 대응하기 위한 것이었다. 그리고 마을 단위에서 분회원들은 파견교육을 많이 갔다 왔다.

1975년 마을에서 벌어진 사건으로는 마세트(제초제) 사건이 있었다. 과목장은 땅이 박해서 풀이 안 나는데 제초제를 쓰라고 강요하였다. 풀도 안 나는 데다 제초제를 뿌려놓으면 어떡하란 말인가. 동네

103) 벼생산비조사 교육(1명), 크리스찬아카데미 교육, 연구마을 교육(2명), 지도자훈련회 교육(1명), 농문회(농촌문화연구회) 교육(3명), 농촌지도소(유신벼) 교육(1명).

어른들이 궁시렁 대서 서경원 집으로 오시라고 해서 "공동으로 대처합시다" 하고 제안하였다. 모여서 논의하고 제초제를 사지 않기로 결의하고 이장에게 통보하고, 청와대로 진정서를 보냈다. 보름 있으니까 누가 오토바이를 타고 찾아와 그런 걸 보내려면 우리한테 얘기를 하고 보내야지 왜 그랬나고 다그쳤다. "당신들한테 몇 번 얘기했는지 알아, 우리 동네 풀이 있는가 봐라"고 하며 나무랐다. 마세트 구입 건은 즉각 취소되었다. 그러자 동네 사람들이 힘을 얻었다. '우리가 움직이니까 되는구나, 뭉치니까 되는구나' 하는 것을 알게 되었다.

당시 활동을 살펴보면, 강제출자 문제를 마을 사람 모두 협동단결해 해결해 나갔고 특정 비료 강제와 할당배제에 대해 항의하였다. 또한 출자금 되찾기를 시도하였고 석회비료를 공동구입하였다. 이렇게 분회 활동이 농협과 관련된 것이 대부분이었다. 전국본부 단위에서 실시한 쌀생산비조사에는 마을 농민회원 신용수가 반산야지대 일반벼 조사대상으로 조사에 임했다.

비료판매시 출자강요에 대한 항의를 벌인 것도 마을에서 한 커다란 활동이었다. 이 마을은 붉은 황토 진흙논 밭 가장자리에 12호 농가가 모여 살았다. 논을 갖고 있는 농가는 6호, 나머지는 밭에다 일년의 생계를 맡겨놓고 있었으며 그나마 1농가는 소작을 하면서 근근히 생계를 이어가고 있는 영세농이었다. 이중 조합원은 4호이고 비조합원 8호인데, 비조합원 8호 가운데 7호는 조합에서 직접 비료를 타고 1호는 조합원과 함께 비료를 타서 썼다. 그런데 1975년에 네 번 비료를 타는데 조합에서는 비료 탈(살) 때마다 전 마을민(조합원, 비조합원 가리지 않고)에게 출자금이라는 명목으로 단보당 200~400원씩을 매번 떼어 왔다.

이러한 사실을 바로잡고 자진 출자하는 풍토를 조성하고자 회원들은 마을 총회에서 농협 정관과 기타 출자에 관한 자료를 살펴보고 강제 출자의 부당성을 주장하면서 강제 출자 거부운동을 할 것을 제의했다. 그러나 마을 사람들은 "힘없는 게 농민인데 어떻게 농협과 대항하려고 하는가. 그러다가 앞으로 비료도 살 수 없게 될지 어떻게 아느냐?"하며 망설였다.

회원들은 여기에 물러서지 않고 민주농협 육성을 위한 조합원의 자세를 마을민에게 심어주기 위해 3회에 걸쳐 전 마을민을 상대로 학습회를 개최하였고 개인 설득을 계속했다. 회원 4명이 주도하여 학습회를 가졌으며 특히 3월 8일 맥기비(보리를 심을 땅에 넣을 거름)가 나왔을 때는 마을 총회를 열고 '농협정관', '농협과 조합원'이란 자료를 읽으며 농협과 농협법에 대해 배웠다. 이렇게 해서 자신 없어하는 마을민들에게 자신감을 불어 넣어줄 수 있었고, 강제 출자는 할 수 없음을 연명날인하여 공문화해서 농협에 통고했다.

더욱이 회원들은 다함께 마을 뿐만 아니라 금산리 전체를 돌며 '농협정관', '농협과 조합원'이란 자료를 나누어주고 농협법을 알려 주었으며 함께 뭉치면 성공한다고 하면서 설득하였다. 또한 야간학습회를 열어 다른 마을 사람들까지 설득에 나섰지만, 이장이 말리거나 협조하지 않아서 다른 마을을 움직일 수는 없었다. 그러나 농민회원들은 마을 유지와 이장, 총대, 협동장, 이사, 개발위원을 비롯하여 면직원, 심지어는 군직원까지 만나 설득하였다.

한편 마을민들의 이러한 움직임에 대해 이장이 반대하고 나서서 마을민들을 회유하기 시작했다. 회원들은 총대, 이장을 방문하여 농협에 대해서 설명하고 출자조성 방법에 대해서 차근차근 이야기하면서 "농민이 권리를 찾고자 노력하는데 협조는 못할망정 방해를 해서 되겠는가" 하며 설득하였다.

이렇게 해서 마을 안의 의견을 일단 통일시킨 뒤 마을민들을 대표하여 3명이 농협에 비료를 타러 갔다. 농협측의 태도는 여전히 출자를 안 하면 비료를 안 준다는 식이었다. 마을민들은 농협 정관대로만 집행하라고 요구했으며 면에 가서는 비료수급계획이 차질을 빚은 것에 대해서 항의하였다. 농협과 면은 서로 책임을 전가하다가 한바탕 소동을 벌였다. 농협은 (강제)출자하는 농민에게는 서류에 대해서 트집을 잡지 않고 비료를 주고, 출자하지 않는 사람에게는 개인명세서가 잘못 되었다느니 뭐가 안 되어서 비료 줄 수 없다느니 하며 트집을 잡고 비료를 주지 않았다. 비료를 타지 못한 마을민들 중에는 농민회 회원들 때문에 보리농사 망치게 됐다고 불평하는 농민들도 있었다.

이러한 상황에서 회원들은 어떠한 결말을 내야겠다고 결심하고 다시 농협을 찾아가 보리농사에 비료가 급하여 3월 17일 비료를 사러 올테니 비료부터 달라, 그리고 난 다음에 서류정리를 해도 충분치 않느냐고 요구하면서 "비료 못 사서 생기는 보리 피해를 당신네들이 보상하겠느냐"고 강력히 항의했다. 3월 17일 약속한 대로 비료를 타러 갔는데 농협측도 이러한 마을민들의 항의에 대해서 반대하지 못하고 비료를 아무 잡부금 없이 출고해 주었다.[104)]

출자금 강제징수 거부 활동은 3월 초순의 이러한 맥추비 출하시 강제징수에 대해서 뿐만 아니라 6월 16일의 수도용비료 출하시, 7월 중순부터 전작비료 출하시에도 이루어졌다. 더욱이 금산리의 3개 마을(감산, 금구, 녹파=과목장)에서 함께 움직였다.

3월에는 6명이 참가한 가운데 분회교육을 실시하였다. 상담자로 연합회총무(서경원)와 이사가 참여하였으며, 상담내용은 사회 속에

104) 가농, 『활동사례집』 1집, 1978, 25~26; 〈농민회 소식〉, 1976. 3., 38~39.

서 그리스도인의 자세, 농민회 회원은 비회원과 무엇이 달라야 되나 같은 것이었다.

1976년에 향진회분회는 가농본부에서 지역의 마을을 선정하여 활동하도록 촉구하는 연구마을 사업(고추작목반 준비완료)을 하였으며, 농협 출자금 되찾기를 연구하고 있었다. 그리고 회원중심으로 11명이 '토지구입위원회'를 조직하였는데, 자금은 1명당 벼 2섬씩 하여 20섬으로 출발하였다. 다른 활동으로는 마을 앞길 붕괴 보수 작업을 분회원들이 공동으로 하였다. 또한 분회원들은 조쌀 2되(호당)씩 갹출하여 공동으로 음식을 준비하여 마을 사람들과 친목을 다지는 모임을 가졌다.

그리고 연구마을사업 내용보고에는 당시의 활동이 담겨 있다. 구체적으로 보면, 향진회 분회는 농민회원들(오동철, 신용수, 김용주) 중심으로 활동하였다. 먼저 4월 20일~21일(2일간)에 학교강당에서 16명이 참가한 가운데 강사로 전국본부 부회장과 연합회 총무가 와서 연구마을에 대한 교육을 진행하였다. 교육내용은 연구마을이란?, 농촌 근본문제는 무엇인가?, 공동체의 필요성과 역할, 마을의 변화와 그 대책, 마을에서 회원의 역할은 무엇인가? 등이었다. 이후 분회에서는 다양한 마을활동을 펼쳐 나갔다.

마을호수가 12호로 작았지만, 강제 출자 거부, 비료구입시 파손된 비료인수 거부(비료불량품 배급 시정을 요구하여 관철시켰다), 지서 찬조금 지출 거부, 고구마 가격 보상받기 등 권익실천 활동을 하였다. 협동사업으로는 비료공동구입, 이발소(공동이발소) 경영, 보리타맥시 계약타맥, 품앗이, 공동탈곡작업 등을 하였다. 연말에는 8개 분회가 참가한 바자회에 참가하였다. 가농본부가 하는 쌀생산비조사에는 회원 3명이 참여하였으며 1978년에도 계속하였다. 이처럼 향진회

분회는 함평고구마투쟁이 발발하기 전에 활발한 마을운동을 벌였다.

고구마투쟁이 발발한 이후에도 농협민주화 활동은 계속되었다. 1977년에는 강제출자 완전거부하고 비료를 조직적으로 구입하였다(봄맥기비, 여름수도작).[105] 그리고 회원 상호간에 친목을 도모하는 야유회를 가졌다. 1978년에는 농민에게 불리한 비료 조별판매 시정 활동으로 마을회의에서 질소질 비료 구입을 결의하고 11명의 농민이 참여하여 구입하였다.

(2) 외대화분회

가농청 활동을 하고 전남지부 결성에 함평대표로 왔던 노광숙은 성당 신부로부터 교육생 의뢰를 받고 사촌동생인 노금노를 구례 천은사 교육에 추천하였다. 노금노는 그동안 4-H, 마을금고, 새마을운동 등을 해오면서 평소에도 교육이라면 기를 쓰고 다녔기 때문에 그냥 별다른 생각 없이 사촌형의 말만 믿고 날짜와 장소를 확인한 후 1974년 8월 28일~31일 교육에 참가하였다. 기존의 교육과 같으려니 했는데, 그는 이 교육에서 잘못된 농업정책 때문에 농민이 가난하다는 인식을 얻게 되었고 가농을 알게 되었다. 노금노는 그 때 이름은 나중에 알게 되었지만 이우재로부터 톡톡히 창피를 당하면서 충격을 받았다. 그리고 함평에서 간 서경원과 임재상을 알게 되었다.

1년 정도 지나 가을에 서경원이 노금노를 찾아왔다.[106] 서경원은 노광숙에게 농민운동 할만한 사람을 소개해 달라고 하여 노금노를 소개받은 것이었다. 이렇게 서경원과 노금노는 만나 많은 이야기를 나

105) 특정비료를 강제하고 할당을 배제하는 농협에 대항하여 공동구입함으로써 대처하였다.

106) 서경원과 노금노가 서로 만난 시점을 다르게 말하였다.

누었고, 노금노는 서경원의 추천을 받아 11월에 크리스찬아카데미 교육(4박 5일)을 받게 되었다. 교육내용은 농민문제에 대하여 함께 토론하는 방식으로 진행되었다. 노금노는 이 교육을 받으며 가슴을 활짝 열며 '내 목숨 다할 때까지 낙오되지 않고 열심히 농민운동을 하겠다'고 다짐하였다.

외대화 마을에서는 1968년에 저수지공사 임금체불 사건이 나서 15명이 모여 논의하고 대표 3명이 군청에 가서 항의하여 체불임금을 받아냈다. 1972년에는 이장의 비료횡령사건이 있었고 결국 청와대에 진정하는 일까지 있었다. 이런 사건들에 노금노는 발 벗고 나섰다.

이후 노금노는 마을의 빈농에 속하는 사람들과 농민운동을 해 나가자고 하면서 1975년 12월 5일 분회를 창립하였다.[107] 회원들은 22살에서 35살까지의 젊은이들로 구성되었는데, 회장 노금노, 부회장 김재선, 총무 정병오, 그리고 김재남, 한재열, 최정오, 모영주 등 9명의 분회원으로 출발하였고(등록회원 7명 – 노금노, 김재선, 정병오, 김재남, 한재열, 최정오, 모영주), 이후 박시영, 최갑진, 김이남, 강영인, 김삼봉, 노해숙, 최정원, 박성구, 서종남, 전영원 등이 분회원으로 활동하였다. 출발할 때 함께 했던 9명 중에 천주교신자는 없었다. 노금노는 천주교회에 막 나가기 시작하고 있었다.

1976년부터 본격적인 활동에 들어간 외대화분회는 3월 1일 오후 3~4시에는 마을에서 15명이 참석한 가운데 분회교육을 실시하였다. 상담자로 연합회 회장, 총무, 이사가 참여하였고, 상담내용은 쌀생산비 조사 의의와 목적, 분회는 마을에서 무슨 일을 해야 하나, 마을 내 문제가 무엇인가? 분회운영 방안 등이었다. 이후 외대화분회는

107) 공식적으로 함평읍 내교리 외대화 분회는 1975년 12월 24일에 창립이 승인되었다.

함평 안에서도 아주 활발하게 활동한 분회로 노금노와 모영주가 주도하였다.

3월에 외대화분회는 강제출자 강요에 대한 선제적 대응으로 농협에 500원씩 자발적으로 출자하기로 하였다. 비료를 살 때는 몇 배 더 출자금을 강요받았지만 미리 출자금을 일정액(최소금액) 이상 출자하면 나중에 비료를 살 때 출자금을 강요할 수 없었다. 이것을 이용하여 농민회에서는 최소금액을 출자하면서 출자강요를 비켜갈 수 있었다.

9월 30일에는 마을의 공동 방죽을 이장이 독점한 것에 대해 외대화분회 회원 8명의 명의로 항의하며 마을주민들에게 편지를 보냈다. 마을의 주 작목인 양파재배는 물이 많이 필요한데 공동방죽의 물을 이장이 거의 다 써버려서 진작 농사철에 걱정이 되어 농민회 월례 회의에서 안건으로 채택하여 토론하고 마을민 전체를 위해 그리고 마을민 다수의 의견을 대변하고자 문제를 제기하였다. 이외에도 1976년에 외대화분회는 출자강요를 거부하는 활동을 하였고 양돈 사업을 벌였으며, 가농본부가 하는 쌀생산비조사에는 회원 2명이 참여하였다.

외대화분회는 1977년에는 더욱 다양한 활동을 하였다. 농협민주화 활동으로 강제출자 완전거부 및 비료 구입을 조직적으로 하였고(봄맥기비, 여름수도작), 마을금고를 만들어 조합원 40명, 자산 40만원으로 1개리 단위의 회원중심으로 운영하였다. 공동작업(공동모내기, 품앗이, 비료 공동구입, 보리타맥 등)도 하였으며, 함평 4-H와 공동주최로 노래자랑 및 운동경기를 가졌다. 그리고 연합회의 교육사업인 분회교육을 회원을 대상으로 실시하였다.

12월에는 이른바 '지붕개량 사건'이 발생하였다. 12월 초순경 새마을 사업 일환인 지붕개량사업이 부진하다는 이유로 군청 직원 2명과 읍사무소 직원 6명이 갈고리를 들고 외대화 마을에 와서 마을 농가

중 5호에 집단으로 달려들어 초가지붕을 파헤친 사건이며, 그중 3호에는 가족이 부재중이었다. 항의하는 한 농가(노금노)에게는 보상을 하고 미온적인 다른 농가들에게는 입막음 정도로 마무리하려고 하였다. 항의한 농가가 보상 내용을 알리자 피해농가들은 모임을 갖고 호소문을 작성하고 지붕개량 자금 소요내역서를 작성하여 서명날인하고 가농 전남연합회 이사회에 안건으로 제출했다. 연합회 임원과 피해 농가들은 현지에서 회합을 갖고 항의하여 피해를 보상받고 사과를 받아냈다.[108)]

이 투쟁을 하고 성과를 내면서 외대화 농민들은 농민운동에 대한 자신감을 갖게 되었다. 특히 이 시기는 함평고구마투쟁이 갑작스러운 기도회 중단으로 침체기에 접어들어 있었던 때였다. 지붕개량 사건과 관련하여 운동을 하면서 농민들은 일부 침체 분위기에서 벗어날 수 있었다.

외대화분회는 1978년 전반기에도 여전히 활발한 활동을 벌였다. 쌀생산비조사에 회원 3명이 조사원으로 참여하였고 조별판매 반대 활동을 벌였으며, 1977년 10월부터 이어진 양파공동생산 사업도 하고 있었다. 내용은 분회원들이 15반보의 땅에 자금 207만 원을 들여 생산자금의 저리융자와 부채상환을 해 나가려는 것인데, 외부자금 의존과 작황흉작으로 차질을 빚을 위험을 안고 있었다. 그리고 1970년에 설치한 마을금고는 1978년 1월에 사고로 인해 해산하고 말았다.

외대화분회는 함평 지역에서 가장 강경한 입장을 취하는 회원들이 주도하고 있었다. 그래서 함평고구마투쟁에서 피해마을이 아닌데

108) 한국가톨릭농민회, 『지역활동사례집』, '현장에 뿌리를 깊이 내리고 튼튼히 키우자', 1978. 2., 27쪽.(광주 가농운동40년사, 20~23에서 재인용).

도(고구마농사가 적었다) 회원들은 고구마투쟁에 적극적으로 참여하였다. 함평고구마투쟁 후반부에 노금노가 총무였고 모영주가 노금노와 밀접하게 움직이면서 투쟁에 적극 참여하였다. 단식투쟁에는 노금노, 모영주, 정병오가 참여하였다. 외대화분회원들은 전남연합회와 전국 본부에서 투쟁을 주도해 가던 상황에서도 함평 현지에서 각 분회들의 활동을 촉진하고자 노력하였다.

(3) 가덕분회

서경원은 1968년에 함평에 와서 정착하고 주일에 가덕교회엘 나가곤 하였다. 서경원은 가덕교회 중심으로 청년활동을 어떻게 사회문제와 접목시킬 수 있는가 생각하면서 몇 사람하고 (목사에게 말하면 옳다고는 하는데 기도하자 이런 식이지 움직이지 않았다, 기장교회 목사인데도) 협동조합에 관한 강연자로 지정환 신부를 가덕교회에 모셔와 강의하기도 하였다. 가덕교회는 서경원의 집에서 1킬로 정도 떨어져 있고 고개 하나 넘으면 닿을 수 있었다. 가덕교회는 가덕 마을사람들과 소명(처명)동 마을 교인들이 다니는 기장 계통의 일반적인 교회였다. 부근에 동광원이 있었고 동광원 식구들도 일요일 예배를 인도할 사람이 없으면 가덕교회에 가서 예배를 보았다.

동광원에서 살던 것처럼 전혀 꾸미지 않고 가덕교회에 예배 보러 다니고 행동하던 서경원은 교회에 나오던 여성과 1971년에 결혼하였다. 결혼 후 가덕교회를 계속 다니며 서경원은 가덕교회 청년들과 활동적이고 일을 잘 했던 처, 주일학교 교사들 중심으로 하여 함평의 기장교회 청년들과 교류를 하였고, 함평서부기독교장로회 청년회 부회장을 하기도 하였다. 개신교 사람들임에도 가덕교회 사람들은 장로를 포함하여 천주교 농민세미나 할 때나 교육에 와서 듣곤 하였다.

서경원은 결혼한 뒤 부인과도 같이 교회 사람들과 처갓집 쪽 사람들을 모이게 해서 사랑방 형식으로 사회문제를 이야기하였다. 그러면 거기서 동화되는 사람들이 나타났다. 예를 들어 비료 출고시 농민들에게 비료를 운반하도록 하는 것에 대해 문제제기를 하면서, 농협 정관에는 농협에서 농민들의 경운기에 실어주기로 돼 있다고 알려주면, 그런 것이 있느냐고 다들 깜짝 놀랬다. 그 때 "생각을 바꿔야 한다. 농협직원은 우리의 심부름꾼이다. 우리 조합원이 주인이다. 생각을 바꿔야 한다"라고 이야기하였다. 그러자 마을사람들은 나중에 농협에 가서 "어이 비료 갖고 와, 정관대로 해"라고 말할 수 있게 되었다. 자기 이름도 쓸 줄 모르는 사람들이 공부를 해서 정관 가지고 와라 읽어봐라 하면서 항의하여 비료를 실어 주도록 하였다.

다른 이야기를 하면 빨갱이라고 하던 시절 처갓집을 통해 친인척들을 만나 비료관계, 소사료관계 등을 설명하고 가격문제 등을 동네에서 협동으로 해결하자, 공동으로 해야 힘이 들지 않는다며 사랑방 교육을 해나갔다.

이러한 활동 위에서 가덕교회 신자들 중심으로 '가덕분회'가 신광면 가덕리 가리 마을에서 1976년 1월 3일에 '농민권익 실천, 신협육성'을 목표로 내세우며 창립되었다. 20살에서 37살까지의 8명의 정회원으로 시작하였다. 회장 조용진, 부회장 양남진, 총무 김영창, 그리고 마종갑, 최복식, 박기권, 조용범, 최정복이 분회원으로 활동하였다.

가덕마을은 마을의 가구수는 70호로서 호당 경지면적 평균 2,000평 정도였다. 교통은 국도가 마을 중앙을 지나고 있으며 도청소재지인 광주를 가려면 차를 두 번 타야 하고 목포는 직통으로 갈 수 있었다. 지역적으로는 도시와 생활권이 연결되지 않았고 평야지가 아닌

중산간 지역으로서 다양한 성씨가 모여 사는 마을로서 단합성이 부족하며, 주민들의 생활의욕은 강하나 특색 있는 생산품이 별로 없는 상황이라 생산과 소득이 부족하여 생활 정도는 빈촌으로서 주요 농산물은 벼, 보리, 양파, 콩 등이었다.

1976년 분회설립 초창기에는 농민회 활동과 필요성을 주민들에게 열심히 홍보하였다. 3월 11일 오전 10시에 분회장 집에서 연합회 총무와 이사가 상담자로 와서 '분회교육'을 하였다. 상담내용은 쌀생산비 조사 필요성, 분회가 마을에서 역할은 무엇인가?, 월례회는 왜 필요한가? 등이었다. 쌀생산비 조사에 마을회원 3명이 참여하였고 조사를 끝마쳤다. 3월 21일 오후 7시 반~10시에는 가덕 마을에서 27명이 참가한 가운데 '지역교육'이 있었다. 연합회 총무(서경원)가 강사로 와서 농촌문제 제기, 그리스도인의 사회적 역할, 농촌문제 해결방안 등에 대해 설명하고 토의하고, 농민회를 소개하였다.

이렇게 교육을 하고 농민회원들이 자리를 잡아가자 가덕분회는 본격적인 활동을 전개하였다. 연초에 면에서 예비군경비라는 명목으로 호당 700원씩 거두려고 하였다. 신광면 전체로는 100만 원 가량 되는 큰 돈이었다. 그런데 이 경비가 뚜렷한 목적도 없고 이웃 면에서는 단 10원도 낸 적이 없었다. 이를 알아채고 마을 사람들과 농민회원들이 반발하였으나 반장이나 이장은 면에서 내라는 것이니 어쩔 수 없다고 맞섰다. 농민회원들은 일의 내막을 알아보고 조심스럽게 해결방법을 모색하였고 한편으로는 건의하기도 하였다. 이미 낸 사람은 할 수 없지만 내지 않은 사람들은 내지 말자고 의견을 모았다. 마을 사람들의 이러한 움직임을 눈치 챈 면 당국은 거두었던 경비를 다시 돌려주겠다고 연락해 왔다. 이를 통해 마을사람들과 농민회원들은 예비군경비 갹출이 부조리하다는 것을 확인하게 되었다(〈농민회 소식〉, 1976. 3. 37.).

가덕분회 회원들은 가농운동의 활동내용을 행동으로 보여주고자 생활이 어려운 이웃을 돕는데 공동노력을 하고 분회원들의 협동으로 얻은 수익으로 현금지원도 하였다. 극빈 가정에 초상이 나면 상여비를 부담하고 분회가 주도하여 초상을 치루어 주기도 했다. 또한 농협의 강제출자를 거부하는데 앞장서고 공동작업을 통해 마을민과 유대를 강화하였다. 신용조합 육성 활동도 벌여 다음 해(1977년)에 신용조합을 설립하였다.

가덕분회는 당시 여러 분회에서 하던 출자강요에 대한 거부활동도 하였다. 1975년에 가리 마을 사람들은 조합과의 거래에서 비료구입 시 15만 여원의 출자금을 강제징수 당했다. 이러한 일들을 다시금 반복하지 않기 위해서 회원들은 1976년 1월 정기총회에서 마을민 권익보장에 관한 문제를 다루면서 강제출자거부운동을 전개하기로 의결하고 분회원들이 중심이 되어 세부 방안을 모색하여 마을 총회에 거부운동 계획을 보고하였다. 회원들의 보고를 접한 마을민들은 "그렇게만 될 수 있다면 오죽이나 좋겠느냐마는 1973년에도 맥추비 부정사례로 인해 마을민이 연서로 청와대 및 관계 요로에 진정을 하고 지역 여론을 조성하였지만 문제는 해결하지 못하고 오히려 관의 미움만 받게 되지 않았느냐, 그런데 또다시 그런 운동을 전개한다면 용두사미격이 될 것만 같다"고 반응하였다. 그러나 농민회원들은 "해결할 수 있는 각오가 있다면 끝까지 해봐라, 우리도 뒤에서 밀어주겠다"며 격려하였다.

마을 정기총회에서 농협 강제출자 징수를 거부할 것을 결의하자 회원들은 본격적으로 운동을 시작했다. 먼저 회원 전원이 농협 관계 자료를 수집해서 2차례에 걸쳐 학습회를 했다. 한편으로는 마을민들의 참여의식을 고취시키기 위해 7차례에 걸쳐 마을회의를 소집하여 농협에 관한 교육을 실시했다. 마을 안에서의 이러한 활동과 함께 분회원들은 마을사람들의 의사를 구두로 설명하고 공문으로 만들어 조합장에게 강제출자는 할 수 없으며 자진출자를 하겠다는 마을사람들의 의사를 전했다. 비료출고를 해주지 않자 회원들은 마을사람들과 함께 농협을 찾아가 담판을 지었다. 비료와 출자금을 연관시키지 말 것이며 즉각 마을에 할당된 비료를 출고하라고 요구했다. 이에 맞서 조합 측에서는 출자금을 최소한 (조합원 1인당) 1좌 이상 하여야만 비료를 출고할 수 있다고 버티었다. 농민들은 "법대로 하자, 현행 협동조합법이나 단위조합 정관에 출자와 비료를 연관시킨 조항이 어디 있으며 단위조합이 누구의 것이며 주인이 누구인데 농민들의 의견을 말살하려고 하느냐?"고 하면서, "오늘 이러한 처사는 증산을 저해하는 요인이 아니고 무엇이냐? 이 책임을 당신네들이 지겠느냐?"고 강경하게 맞서 폭력사태가 곧 일어나려고 하자 임직원들은 태도를 바꿔 비료를 아무 조건 없이 내주었다.

이러한 투쟁을 하면서 출자금 문제에 대처하는 방안으로 회원들은 조합원 1인당 1년 2기분으로 나누어 최소한 1좌 이상을 자진 출자할 것을 마을 총회에 건의하고 회원들은 자진하여 출자를 했다. 이렇게 자진출자를 하는 것이 강제출자 당하는 것보다 적은 금액을 [출자]할 수 있었다.[109] 이러한 활동으로 마을민 전체가 6만여 원의 출자강요를 해결하였고, 앞으로 수도작, 맥추비에서도 강제로 출자를 징수당할 위험을 덜 수 있었다.[110]

109) 그래서 학교면 월산리 화산마을의 임재상 같은 경우 강제출자에 대응하여 소액 자진출자를 주변 사람들에게 권유하여 이 문제를 풀어나갔다.

110) 가농, 『활동사례집』 1집, 1978, 28~32.

이처럼 가덕분회 농민회원들은 마을사람들로 하여금 문제를 직시하고 해결해 나가도록 촉구하면서 조직적인 활동을 함께 도모해 나갔다. 물론 마을 안에서는 이러한 움직임에 대해 미온적이거나 거스르려는 흐름과 사람들이 있었다. 그래서 사실은 마을 사람들을 단결해 내는 작업이 가장 힘들었다.

가덕분회는 이러한 활동 외에 협동활동도 활발하게 전개하였다. 1977년에는 조합원 55명, 자산 90만원으로 신용협동조합을 설립하고 2개리의 회원 중심으로 운영하였다. 1978년에도 자산 140만 원으로 신협을 계속 운영하고 있었다. 그리고 70여 만 원을 들여 마을 구판장을 개점하였다. 분회가 주도적 역할을 하지 못하고 있었지만, 농민회 때문에 관계당국이 마을 구판장 개점을 허가해 주지 않는다는 불평을 듣고 있었다.

(4) 상록수 분회

상록수분회가 있는 백련동 마을은 외대화 마을 노금노 회원의 처가가 있는 마을이었다. 이 당시는 모르는 사람에게 농민회를 권유할 수 없었고, 따라서 교회를 통해서나 친인척을 통해서 농민회 활동을 하자고 이야기할 수 있었다. 노금노는 인척관계를 통해 임정택에게 농민회를 하도록 하였고 처형인 임정택이 주도하여 분회를 준비하였다.

이렇게 해서 상록수 분회는 대동면 백호리 백련동에서 1976년 3월 1일 창립되었다. 마을에서 3월 1일 오후 8시반부터 10명이 참석한 가운데 기초교육을 실시하였다. 연합회 회장(김동혁)과 총무(서경원)가 상담자로 참석하여 대화식으로 농촌문제를 제기하고, 농협의 조합원은 의무와 권한이 이루어지고 있는가?에 대해 설명하고 농민회를 소개하며 '우리가 해야 할 일'에 대해 설명하였다. 교육이 끝나고

22~40살의 젊은이들 정회원 6명으로 분회를 결성하였다. 회장 임정택, 부회장 김일두, 총무 김정빈, 그리고 임순선, 전도현, 조연수가 분회원으로 활동하였다.

1977년에 상록수 분회는 농협민주화운동으로 강제출자 완전거부 및 비료구입을 조직적으로 하였고(봄맥기비, 여름수도작), 구판사업에 70호가 참여하였다. 그리고 자산 10만 원에 연간이익 20만 원으로 단위 마을 중심으로 공동유대하는 신협활동을 하였다. 교육활동으로는 기초교육과 분회교육을 실시하였다.

1978년에도 회원 3명이 쌀생산비조사에 참여하였으며, 농협에 대해 알아가기 위해 가농본부에서 배포한 농협정관에 대해 학습하였다. 구판사업을 하고 있었지만 자산운영에 있어 공동출자가 아닌 개인사업화 되어가고 있었다. 그리고 분회는 공동작업을 통해 3만5천 원의 분회 자체 기금을 조성하여 회원에게 대부하였다.

분회장이었던 임정택은 함평피해보상대책위원회 위원장을 맡아 활동하였고 함평고구마투쟁 2차 기도회 후의 단식투쟁에도 후반부에 참여하였고 피해농민 대표로 보상금을 전달받았다.

(5) 마량분회

대동면 운교리 마량 마을에서는 1976년 4월 5일 오후 9시~11시까지 12명이 참석한 가운데 기초교육이 있었다. 상담자로 연합회 총무, 이사 외 1명이 참석하여 마을농민들과 상담하였다. 상담내용은 농민은 왜 가난한가, 사회적인 면에서 농민의 입장, 농촌문제 토의, 우리가 해야 할 일, 농민회 소개 등이었다. 보통 이렇게 교육을 하고 분회를 조직하는데 마량분회는 조금 지나 1976년 8월 23일에 결성되었다. '농촌부흥운동'을 목표로 내걸고 정회원 5명에 준회원 3명, 기타

4명, 합계 12명의 회원으로 구성되었으며, 나이는 20살에서 40살까지에 걸쳐있었다. 회장 김갑현, 부회장 노갑춘, 총무 김용관, 김갑수, 조순구가 정회원으로, 그리고 김용기, 노진갑, 김영천, 노진천 등이 회원으로 활동하였다.

1977년에 강제출자를 완전히 거부하고 비료구입을 조직적으로 하는 등 농협민주화활동에 참여하였다(봄맥기비, 여름수도작). 그리고 추곡수매 시 무조건 가마당 200원씩을 출자금으로 떼는 것(강제출자)을 회원과 마을주민이 현장에서 항의하여 2개 마을에서 즉시 철회시켰다.

마을주민 30호가 참여하여 구판사업을 시작하였는데 분회원들이 주도하였다. 자산 10만 원에 연간이익 50만 원으로 주민들과 분회원이 함께 운영하였다. 또한 쌀생산비조사의 정밀성을 기하기 위한 교육과 농협 설문지 조사에 대한 중간 점검을 하였다(〈농민회 소식〉, 1977. 5~6). 이어 양곡조합(준조합)에도 농민회원 7명이 참여하였으며, 연간 출자량은 쌀1가마로 10여석을 운용하고 있었다. 그리고 연합회 주관으로 마을 기초교육과 분회교육을 분회원 대상으로 실시하였다.

1978년에는 쌀생산비조사에 4명의 회원이 참여했고, 비료구입 시 강제출자 거부활동을 벌였다. 1~3월에는 350미터의 농로를 확장하는 사업을 하였는데, 분회가 주축이 되어 했으며 노동력은 연인원 210명을 동원하여 노면확장 작업을 완료하였으나 자금부족으로 교량가설을 하지 못하였다. 이어서 양파생산농가에 자금(125만 원)을 저리 융자하고 공동생산기반을 조성하는 활동을 하였다. 구판사업도 이어갔으며 회원들이 공동출자하여 25만 원의 분회 자체자금을 만들어 회원에게 대부하였다. 그리고 효소시험재배도 벼와 양파에 시도하였다. 효소 사용 전과 후를 비교하면서 효과를 측정하였다.

1978년 3월 마랑마을의 현황을 보면, 총38호에 농가 35호, 비농가 3호였고, 인구는 246명이었다. 마을의 조직을 보면 농민회에서 하는 신협(21농가, 김갑현, 기금 2,500원), 4-H(15명, 노진근, 기금 13,000원), 청년회(20농가, 조연형, 기금 19,000원), 부녀회(41농가, 김옥예, 기금 16,000)가 있었다. 4-H와 청년회는 공동작업을 하였고 부녀회에서는 구매사업을 하였다. 농민회원이 늘어나서 이 때 성원은 무려 27명[111]에 달했다. 농가 35호 가운데 27명이 농민회원이었다. 매월 1일 학습회를 개최하였고 필요할 때는 긴급대책회의도 하였다. 사실 마을 사람들이 대부분 농민운동에 참여하였다는 것이다. 마을에서 활동을 주도했던 김갑현이 나중에 함평협의회 회장을 하였다. 더욱이 여성들도 운동에 적극적으로 참여하였고 마을에서 '송죽부녀회'를 구성하여 활동하였다. 함평고구마투쟁에 분회원들이 적극 참여하였고 두 번의 기도회에 다수 참석하였다.

(6) 장년분회

함평읍 장년리 월선마을에서는 1976년 4월 11일 오후 2~3시에 농민 7명이 참석한 가운데 마을 기초교육이 있었다. 이사(노금노) 1명 외 2명이 상담자로 와서 분회설립 점검, 마을단위협동활동·농민단체활동 협의 등을 하였다. 4월 16일에는 오후 9시부터 12시까지 장년공소에서 12명이 참석한 가운데 마을기초교육이 있었다. 총무(서경원)와 이사가 상담자로 왔고, 상담 내용은 농촌문제 분석(현장 중심으로), 오늘의 교회가 나갈 길, 농민회 소개, 우리가 해야 할 일 등에 관한 것이었다.

111) 조곤형, 노갑춘, 조연형, 조순구, 김갑현, 조일형, 김영훈, 노진홍, 김인규, 채이라, 채사라, 홍순창, 정정주, 김용기, 이천재, 원순덕, 노만철, 조관형, 조덕형, 김용희, 노원숙, 조일윤, 김경수, 조은형, 노진수, 김동현, 김영호 등.

이러한 교육을 거치고 나서 1976년 8월 26일 장년분회가 결성되었다. 분회원은 정회원 5명, 준회원 2명, 기타 3명 합 10명이었고, 나이는 25살에서 35살에 걸쳐있었다. 회장 장성일, 부회장 안문환, 총무 이종수, 그리고 김양혁, 김상옥이 정회원으로, 이인옥, 모봉수, 김두복 등이 나중에 회원이 되어 활동하였다. 백련동 마을과는 같이 장연리에 속해 있었고 장연리에는 장연공소가 있었다. 김양혁은 함평고구마피해보상대책위원회 대표 5인 가운데 한 사람이었고 순천농전을 나와 집에 잠시 머물고 있었다. 그는 함평고구마 투쟁이 끝난 뒤에 도로공사에 취업하였다. 물론 그 전에 취업준비를 하고 임시취업하여 기도회 등의 고구마투쟁에 적극 참여하지는 않았다.

장년분회는 1977년부터 본격적인 활동을 전개하였는데, 공동모내기, 품앗이, 비료공동구입, 보리타맥 등에서 공동작업을 하였고, 마을에서 기초교육을 실시하였다. 1978년에는 쌀생산비조사에 3명이 참여하였고, 공동구입활동을 펼쳤다. 3월 6일에는 6명이 참가한 가운데 연합회 총무가 와서 분회교육을 실시하였다. 교육 내용은 78년 사업방향, 강제출자 거부 등이었다.

고구마투쟁이 끝나고 5월 25일에는 장연공소에서 기초교육을 하였는데, 52명이 참석하였고 연합회장, 지도신부, 총무가 와서 가농회를 소개하고 고구마사건의 경과를 설명하였다. 이 교육을 하고 보상금을 공소에 맡겨 분배하도록 하였다. 그리고 7천원의 분회 자체 자금을 공동작업을 통해 조성하여 회원들에게 저리융자하였다.

(7) 신기분회

신기분회가 있던 신기마을에는 백용선이라는 분이 농민회가 결성되기 이전에 마을민들을 교육하고 신협활동도 하면서 농민운동으로의 길을 마련하였다. 그는 문장공소에 있는 백용수 신부의 형이었는데, 문장공소 신도회장으로서 많은 사람들을 이끌며 운동해 왔다. 그리고 신기분회가 있던 월야면 정산리는 함평읍에서 북쪽으로 떨어져 있고 오히려 광주에 가까워 생활권이 광주였다. 따라서 서경원이나 노금노의 개입이 쉽지 않은 곳이었지만, 자체적으로 운동을 해 왔기 때문에 쉽게 연결되었다.

고구마투쟁이 시작되면서 서경원이 마을을 방문하여 가농분회를 결성하고 가농에 가입하여 활동하자고 촉구하였다. 그렇게 해서 월야면 정산리 신기마을에서 1976년 12월 24일에 '신기분회'가 결성되었다. 그날 마을에서 12명이 참가한 가운데 마을 기초교육을 하였다. 상담자로 노금노 이사와 서경원 총무가 참석하여 농민문제를 토의하고 농민회에 대해 소개하였으며, 교육 후 분회를 결성하였다. 이처럼 신기분회는 함평고구마투쟁이 시작되면서 서경원이 농민회 분회를 결성하여 활동하자고 제안하여 분회를 결성하고 본격적으로 농민운동을 하게 되었다. 33살에서 50살까지의 회원으로 구성된 신기분회는 정회원 10명으로, 회장 이영실, 부회장 유재일, 총무 장두병, 고문 유강식 외에 백용선, 김성민, 이행하, 조성태, 장종태 등이 분회원으로 참가하였다. 장두병은 1970년 1월 광주에서 열린 가농청 광주대교구 훈련회에도 참석한 바 있었다.

"고구마 사건으로부터 분회가 시작되는데, 문제는 우리 문장공소하고는 거리가 먼 데 계신 서경원 회장이 신기마을에 오셔서 동네사람을 모아놓고 함평고구마사건에 대해 얘기를 했어요. 이거는 어떻게든 농협에서 책임을 져야 한다. 분회를 만들어라. 마을 단위에서 분회가 만들어졌습니다. 공소가 개입하게 되면서 백용선 씨라는 분이 적극 참여해서 공소(신기)분회가 생기게 되었습니다. 제(장두병)

가 공소분회장은 아니었지만 거의 활동을 많이 하게 되었습니다. 제가 납치도 여러 번 당해 봤는데 공소에서 경찰서나 군청에 압력을 줘서 제가 바로 나올 수 있도록 하기도 했습니다."(장두병)[112]

1977년에는 농협민주화 활동으로 강제출자 거부를 실천하여 비료구입을 조직적으로 하였다(봄맥기비, 여름수도작). 그리고 조합원 70명, 자산 300만 원으로 신용협동조합을 결성하여 문장공소 단위 안에 있는 5개리(신기, 백토, 소성, 가장, 공소 마을)의 회원 중심으로 활동하였다. 또한 연합회의 교육사업인 분회교육을 회원을 대상으로 실시하였다.

"근데 신기마을에서는 전 마을농민이 농민운동에 나서 군, 면, 농협에 마음대로 다니다보니까 다른 동네 사람들도 나서게 되고, 그래서 저녁에 다른 동네를 찾아다니면서 농민운동 교육을 했어요."(장두병) 이처럼 마을 사람들 대부분이 활동하면서 신기마을은 함평고구마투쟁에도 적극적으로 참여하였고 행사에도 가장 많은 사람들이 참여하였다. 그래서 경찰에서 가장 주시하는 분회가 되었다.

1978년 들어서도 신기마을은 여전히 활발히 활동하였다. 비료구입시 강제출자 거부활동을 벌였고, 신협활동을 잘 해 나갔다. 농민회원이 신협의 중추적 역할을 하였으며 신협은 공소단위에서 지역단위로 확산되고 있었고 실무자 1인을 고용하기까지 하였다.

(8) 백연분회

'백연분회'는 함평읍 장년리 백연마을에서 1977년 1월 6일, 21~30살의 젊은이들로 정회원 8명, 준회원 3명 합해서 11명으로 결성되었

112) 장두병 증언(광주가농, 2013: 556.)

다. 분회의 목적을 '주민우대 자치활동과 협동심 고취'로 내걸고, 회장 이종남, 부회장 박명섭, 총무 임현섭, 그리고 이삼행, 김영균, 이국행, 임명섭, 김갑인 등이 분회원으로 활동하였다.

백연분회는 1977년에 연합회의 교육사업인 기초교육을 분회 회원을 대상으로 실시하였다. 장년분회가 있던 월선 마을과 같은 장년리에 속해 있는 마을이었으며 또한 마찬가지로 장년공소가 있었다. 그러나 활동이 미비하여 1978년 정회원 분회 자격정지를 당하였다.[113)]

이렇게 분회가 조직되고 보통 농민회원들은 분회에 속하여 활동하였지만 분회에 속하지 않고 개별적으로 산재해 활동하는 농민회원들도 있었다. 이들은 나중에 분회를 결성해 나가기도 하였다. 예를 들면 함평읍 함평리의 노광숙(1972. 04. 01.), 해보면 금덕리의 백용선(1976. 12. 29.), 나산면 용두리의 김병천(1977. 03. 27.) 등이다. 노광숙은 일찍이 농민회원이 되었고 노금노에게 농민교육을 받게 하고 농민운동가들을 만나게 하여 농민운동의 길로 나서게 하였다. 백용선은 나중에는 해보면 신기마을에서 활동하였다. 백용수 신부의 형으로 가농회원 이전에 신협활동 등을 주도하였고 나중에 신기마을의 주민들을 운동에 나서도록 촉진하였다.

그리고 농민회원과 관련하여 함평군 지역에서 회원등록이 1977년 9월 22일까지 있었고 그 다음에는 없다가 1979년 1월 1일에 다시 이루어졌다. 그리고 가농 전체에서는 1977년 9월 22일까지 있었고 그 다음 등록이 1978년 7월 28일, 즉 10개월간 없다가 1979년 1월 1일

113) 1978년에 분회 자격정지를 받았고, 1983년에는 분회원 8명 중에서 이농 4명, 침체 3명으로 박명섭 1명만이 산재회원으로 활동하였다.

이후 이루어졌다. 보통 회원이 되고 나서 본부에 입회원서를 내고 회원등록이 되는데 1년 정도가 걸렸다고 한다.

그런데 여기서 미등록 회원들이 있었다. 마을 단위에서는 농민회원으로 같이 활동하였지만 등록회원이 되지 않은 사람들이 있었다. 그리고 독재권력의 삼엄한 탄압 속에서 회원등록을 꺼리는 분위기도 있었다. 그 외에도 종교적인 이유 등으로 회원등록을 늦게 하기도 하였다. 그리고 4-H 회원 활동의 경력이 있는 사람들 중에 상당수는 농민회원이 되지 않고 함께 활동하기도 하였다. 이처럼 등록회원 외에 함께 활동하던 농민회원들이 있었다.

이상으로 함평지역 가농 분회활동에 대해 알아보았다.

이러한 활동에 근거하여 자본수탈에 대항하는 농민운동이 서서히 움트기 시작했다. 특히 함평보다 고구마를 더 많이 심었던 해남, 무안 등지에서는 농민운동 조직의 세가 약해 고구마 피해보상에 대해 아무런 요구도 하지 못할 때 가농분회들이 활발한 활동력을 갖추고 있었던 함평은 조직적인 저항으로 맞설 수 있었다.

당시 고구마생산량은 무안지역에 더 많았다. 서경원은 대책위 결성 당시의 모임에 오라고 한 배종열에게 무안에서 싸움을 해보라고 권하였다. 서경원과 배종열의 말을 들어보자.

"사실 그 당시 전남에서 고구마를 제일 많이 생산한 곳은 무안이었어요. 기독교농민회를 이끌어 오셨던 배종열 장로를 기독교농민회가 생기기 전부터 제가 이 운동에 참여하자고 해서 1976년 11월 17일에 함평의 한 식당(청하식당)에서 한 18명 정도가 모였습니다. 그래서 제가 배종열 장로한테 '고구마 주산지인 무안에서 먼저 터뜨리십시오' 하고 당부를 했죠. 그랬는데 그분이 그 당시만 해도 무서워서

못했어요."(서경원)(2013, 가농광주2: 316)

"사실은 고구마가 크게 문제가 발생한 지역은 무안지역이거든요. 그런데 그때는 제가 농민운동을 막 시작했으니까 무안에 조직이 거의 없으니까 그걸 파헤치면 나 혼자 파헤칠만한 것이 못되고, 함평은 무안에 비하면 고구마 사건 자체가 새발의 핀데, 거기에 운동가들이 집요하게 그런 농협의 비리라든지, 그리고 그때 고구마 농가들이 피해가 엄청 났어요, 그것들을 시정해야 되겠다는 뜨거운 열정이… 서경원 회장은 나보다 무안에서 열심히 했으면 쓸 것인데라고 했지만, 어떻게 생각하면 내가 잘 했으면 쓸 것인데, 그때를 돌아보면 내가 아무리 잘 할라 했어도, 그래도 지금도 운동의 구성원들도 보면 조직력이 뒷받침되지 않고 혼자 하는 것은 운동이 아니다, 혼자 뭣을 할 수 있느냐, 혼자 하는 것은 운동이 아니다, 그것은 뭐 자위하는 것인데."(배종열, 5·18기념재단, 2009: 112)

당시 농민이 아니면서 농민(농업) 문제에 많은 관심을 가지고 있던 지식인들이 가톨릭농민회의 조직기반을 바탕으로 삼아 농민들과의 접촉을 시작했다. 이 때는 지식인출신의 강사[114]가 일부 농민들을 모아 놓고 농협문제, 농업정책문제, 농민조직화의 필요성 등을 강의하는 방식이었다. 그러나 1970년대 후반에 들어서면서 가톨릭농민회 교육은 농민이 농민을 상대로 비판적 교육을 행하는 수준에 이르고 있었다. 함평지역에서도 연합회 총무(서경원)와 이사(노금노)가 주로 교육을 담당하였다.

또한 가농은 가입 기준을 가톨릭 신자들로만 제한하지 않고 종교

114) 이때 강사로 참여한 이들은 권광식, 이형민, 이길재, 정구선, 조비오(신부) 등이었다.

에 관계없이 농민들을 회원으로 받아들이는 종교적으로 개방적인 충원 구조를 지니고 있었다. 실제로 1970년대 당시 가톨릭농민회원 중 상당수는 비신자 농민이었다. 신자가 아니더라도 미사나 기도회에 자유롭게 출입(참여)하는 것이 가능했다.

더욱이 함평고구마투쟁에 참여한 사람들은 가농 농민회원에 한정되지 않았다. 다양한 흐름에 있던 사람들이 투쟁에 참여하거나 지원·지지하였다. 또한 가농 농민회원들도 단일한 특성이나 정체성을 가진 것은 아니었다.

4. 크리스찬아카데미 교육이수자들

크리스찬아카데미 농민교육은 1970년대 농민운동가를 산출하는 핵심교육이었다.

크리스찬아카데미 교육이 있기 전에 고려대학교 노동문제연구소에서 실시한 농촌지도자 교육이 있었다. 노동문제연구소는 노동조합운동을 발전시키기 위해서 1967년부터 노동조합 지도자들과 각 기업체 노무관리 담당자를 대상으로 하는 노동교육과정을 개설하고 운영해 왔다. 몇 년 하다가 1970년에 농촌 협동조합운동의 발전을 위하여 '협동교육과정 농촌지도자반'을 개설하여 1기 교육을 실시하였다. 1971년 들어 2기, 3기 협동교육과정을 3박 4일 간의 단기교육으로 실시하였다. 이 교육은 정권의 압박으로 3기 교육을 끝으로 중단하게 되었다.

협동교육과정(농촌지도자반)의 교육대상은 '농촌관계 단체의 간부나 회원 또는 기타 농촌운동에 뜻을 가진 사람'으로 하였다. 2기의 교육내용을 보면 첫날은 농업 일반과 한국농업에 대한 강의를 들었다.

둘째날은 좀더 구체적인 농업전개과정에 대해 강의를 들었다. 그리고 농업정책세미나에서 농지제도, 양정의 문제, 재정, 금융 등의 문제에 대해 강의를 들었다. 이어서 한국 농촌은 왜 빈곤한가에 대해 배석토론을 하였다. 셋째날은 정책과제(유인호), 농협(김병태), 농촌사회개발(문병집)에 대해 강의를 듣고 농촌운동 세미나를 하였다. 이어서 농촌운동에 대한 강의를 듣고 농촌운동의 방향과 전망에 대한 배석토론을 하였다. 마지막 날에는 농촌의 발전과 농촌지도자의 임무라는 강의를 듣고 수료식을 하였다. 이처럼 농업농촌에 관해 총망라한 강의를 듣고 토론하는 과정이었다.

1971년 12월 12일~12월 15일간 3박 4일 동안 제3기 협동교육(농촌지도자반)이 열렸고, 강사나 강의내용은 2기와 비슷하였다. 참가자 40명 중에 전남지역에서는 서경원, 김동혁, 손시철(강진), 신진호(나주), 안청수, 이준태(광주), 차광흥(장성) 등 7명이 참석하였으며, 서경원과 김동혁은 나중에 같이 참여한 것을 알았다. 서경원은 이 교육에서 이우재를 통해 가톨릭농민회를 알게 되었고 가농에서 함께 참석한 정연석도 알게 되어 가농에 가입하게 되었다. 그리고 정연석의 추천으로 크리스찬 아카데미 교육을 받게 되었다.

고려대 노동문제연구소의 협동과정교육(농촌지도자반)은 짧게 하였지만 한국의 진보적인 농업관련 학자들이 총동원되어 강의를 하며 훈련하였으며 농업정책과 농민운동에 대해서 강조하였다. 이 협동교육과정에서 더 발전한 교육방식이 크리스찬 아카데미 교육이었다.[115)]

1) 크리스찬아카데미 교육

크리스찬 아카데미 운동은 독일 교회를 중심으로 제2차 세계대전

후 독일의 재건과 경제부흥에 기여하면서 공업화·도시화·양극화의 폐해를 줄여 나가자는 취지에서 시작되어 전 세계로 퍼져 나간 선교운동이었다. 1959년 한국기독교사회문제연구소(소장 강원룡)가 설립되었는데, 이 연구소는 1965년에 독일 아카데미의 원조를 받아 '크리스찬 아카데미 사회교육원'(이하 크리스찬 아카데미)으로 확대개편되었다(이상록, 2019: 68).

크리스찬 아카데미는 1960년대 중후반부터 '대화 모임'을 통해 한국의 근대화와 개발 정책이 낳는 부작용과 역기능을 비판적으로 검토하는 활동을 전개했다. 1970년부터는 근대화로 인해 발생한 '양극화'를 산업화가 낳은 '비인간화'의 핵심 요인으로 강조하고 이를 극복하는 '인간화'를 아카데미의 목표로 설정하였다. 양극화 해소의 방안을 '중간집단 육성'에서 찾으려 하였으며, 그 일환으로 1974년부터 중간집단 교육을 아카데미 프로그램으로 실시하기 시작했다. '중간집단'을 양극화 아래 신음하는 노동자, 농민, 여성 등 억압받는 민중과 노동조합, 농촌운동단체, 여성단체 등으로 규정하였고, 노동자·농민·여성·교회·청년학생 등 5개 분야의 지도자들을 의식화시키고 운동으로 나서도록 하기 위해 과감한 프로그램을 구성하였다(이상록, 2019: 64~110).

그 일환으로 1974년 후반기부터 1979년 3월까지 농촌운동가 양성을 목적으로 농민교육을 실시하였다. 정식명칭은 '농촌지도자 지도력 개발과정'이었다. 크리스찬 아카데미는 수유리에 있는 아카데미하우

115) 물론 대학생들이나 연구자들을 중심으로 한 농업문제연구회 등 지식인 그룹들은 있었지만 현장 농민들을 상대로 하여 교육하지는 않았다. 또한 가농에서도 다양한 농민교육(지도자훈련회, 지도자강습회 등)을 하였는데, 협동과정교육과 크리스찬아카데미 교육처럼 체계적이지는 않았다.

스에서 대화모임이나 기타 사회문제에 대한 학술토론 등을 했지만, 중간집단교육은 수원에 있는 아카데미 교육원인 '내일을 위한 집'에서 실시했다(이우재, 1991 : 307).

크리스찬 아카데미 농민교육은 농업·농민 문제에 대한 사회구조적·사회과학적 인식을 통해 문제해결을 위한 강한 의지를 갖도록 의식화시키고, 의식화된 농민지도자들이 조직을 형성하여 자신이 살고 있는 마을에서부터 전국적인 규모에서 농민운동을 전개해 나가도록 하였다.

교육은 1, 2, 3차에 걸쳐 이루어졌는데, 1차 교육은 4박 5일 기간으로 하여 주로 현대사회에서 경제적·정치적·사회적·문화적 양극화 현상을 극복하고 민주사회로 나아가려면 각종 압력집단이 압력과 화해의 기능을 올바로 수행함으로써 가능하다는 기본 이념으로, 농민이 주체적이며 민주적인 농촌사회를 달성하도록 하려는 교육을 하였다.

농업문제의 구조적 인식, 농민문제의 구체적 해결방법, 이에 따른 사례연구, 교육생들의 실천과제 선정 그리고 그러한 과제의 실천방법과 계획수립을 의식화 교육의 내용으로 하고, 이 교육과정에서 개인의식, 사회의식, 역사의식을 철저히 깨우침으로써 운동가로서의 자기의지를 굳히게 하는 교육이었다.

1차교육은 1974년 11월 11~15일 1기 교육을 시작으로 첫해에 2번 하였고 1975년에는 3번 하였으며 1976년부터 1978년 사이에는 매년 5번의 교육을 하였다. 기수마다 20여 명에서 30여 명이 넘은 교육생이 참가하였고 활동가들이 교육에 함께 참여하기도 하였다.

이러한 1차교육을 마친 후 6개월이 지나면 다시 실제 경험한 사례를 가지고 운동의 경험교환과 방법연구 및 실천에 필요한 이론과 실기를 교육받는 2차교육(평가회)이 있었다. 2차 교육은 평가회로 진행되었고 3~4기 정도 하면 교육생 중에서 활동실적이 우수한 사람들을 대상으로 2박 3일간 진행되었다. 합숙평가회라고도 하였으며 1년에 한번 씩 하였고 4차 평가회는 지역별 평가회로 하였다. 2차 평가회의 내용을 보면 1차교육 후의 각자 활동소개, 주요활동 사례발표 및 평가토의, 지역별 대화, 개인별 지역별 활동계획의 수립, 농민운동사 강의 등이 주요 내용이었다. 다른 평가회도 내용은 비슷하였다. 평가회(2차교육)는 1차교육과 장기전문교육과정의 중간점검의 기능을 지녔다. 2차평가회에는 200여 명 이상이 참석하여 1차교육생 중에 1/4 정도에 달하였다. 1979년 6차 평가회는 교육하던 중 크리스찬 아카데미 사건이 터져서 중단하게 되었다.

3차교육은 1, 2차 교육을 마친 사람 중에서 선별하여 농민운동지도자로서 갖추어야 할 사회과학 기본이론의 체계적인 습득과 농촌운동의 구체적인 실천방법의 수련을 요하는 핵심 농민운동 지도자 양성코스였다. 교육과정 참여자를 엄선하였으며 교육 실시 전에 4개월 간 예습을 지도하였고 그중 일부가 농업관련 서적들을 읽고 전문 학자들의 강의를 듣는 방식으로 이루어졌다. 3차교육은 1977년부터 매년 1회 19박 20일 간에 걸쳐 실시하였고 참여자는 20~25명 수준이었다.

그리고 크리스찬 아카데미 쪽에서는 중간에 후속교육이라고 해서 1976년 7월 27~28일의 경우 1, 2차교육 이수자 20명을 모아서 교육하기도 하였으며, 장기전문과정 이수자모임도 개최하였다.

크리스찬 아카데미는 1974년 하반기부터 1979년 3월까지 (1차교육 기준으로) 23기에 걸쳐 800여 명에 가까운 농민교육생을 배출하였으며 여기에는 가톨릭농민회원도 상당수 포함되었다. 농민교육 프로그램 참여자들은 서로를 '동지'라고 부르며 대안적인 농업관련 교육에 참여하였다. 교육 후반기에는 마을개발교육, 농촌신협교육, 농촌여성교육도 실시하였다. 가농은 자체 교육을 하였지만, 가농회원을 크리스찬 아카데미에 파견하여 교육을 받게 하기도 하였다.

크리스찬 아카데미 농민교육은 초기(1, 2기)에는 기존 농민단체에 교육생 추천을 의뢰했지만 3기 교육생부터는 거의 기존 교육 이수생들의 추천에 의해서 참가자들을 받았다. 특히 3기 교육이 시작되기 전인 1975년 2월에는 크리스찬 아카데미의 간사들이 강원 경기, 충청남북, 호남, 영남권으로 나누어 각 지역을 약 10일간 직접 현지 출장 방문함으로써(호남은 이우재) 1, 2기 교육생의 현장 활동 점검과 3, 4기 수강생 선정을 하였다. 특히 초기부터 가톨릭농민회원을 매개로 한 교육생 선발이 중점적으로 이루어졌다고 볼 수 있다.

이러한 추천망을 통해 농촌청년활동가들은 크리스찬 아카데미 이수자 연결망을 만들어 갔고, 이것이 나중에 농민운동이 지역에 뿌리내리는 데 중요한 요소가 되었다(장상환, 2001: 3~5). 농촌사회 간사들은 예를 들어 1978년 15개 군에서 교육 이수자 모임을 조직하고 정기적으로 모임을 가졌다(이상록, 1979: 64~110).

2) 전남지역 크리스찬아카데미 교육이수자들

전남지역 크리스찬아카데미 1차교육 이수자들을 총괄한 것이 〈표-7〉이다.[116)]

116) 크리스찬아카데미 교육이수자 현황은 대화아카데미(크리스찬아카데미 후신)에서 보관하고 있는 자료에서 전남지역 참가자들의 상황을 확인하여 정리하였다. 자료를 제공해 주신 대화아카데미 관계자들 그리고 황한식 선생님께 감사드린다.

〈표-7〉 크리스찬아카데미 1차교육 이수자 현황(전남)

기수 / 날짜	해남	함평	강진	구례	보성	무안	광주	기타	합계
1기 (1974) 11. 11 ~15		서경원	마원훈				임종길	김문식 (곡성)	4 /29
2기 11. 25 ~29		오동철	임상호 이형희				채용기 박석빈	신동열 (곡성) 이수봉 (곡성) 신종호 (나주)	8 /36
3기 (1975) 3. 22 ~26			조병환				최봉익	박승철 (나주)	3 /36
4기 4. 15 ~19	최우열 김영래	임재상					김명수 정호성 김병구	정동수 (화순) 김익곤 (담양)	8 /33
5기 11. 25 ~29		노금노 오춘환	김순진 박양환 송영식 윤홍성 장영근 차원길 최동주	이봉훈		임경국		신현용 (곡성) 장우주 (담양)	13 /41
6기 (1976) 3. 4 ~8	김남근 민병진		김재봉 박병택 윤만식	최성호	신임식				7 /29
7기 4. 5 ~9	양유승 정광식 정광훈 홍영표	김철희 이석현 임정택 정병오		정영기			이강 (해남)		10 /36

기수 / 날짜	해남	함평	강진	구례	보성	무안	광주	기타	합계
8기 9. 1 ~5	윤기현 임경석 전영희 조일환	나기섭 황의권	김승홍 윤관현 홍인표	김주홍			조봉훈		11 /35
9기 11. 2 ~6	민경채 민병일 이종기 황연자				이기환	배종열			6 /26
10기 12. 14 ~18	박명옥 윤계선 이광교	박광수 임선호	김종완 이봉규 진성조	노양원 유근성	박형선 윤기영 조계선	박상문 정덕근			15 /50
11기 (1977) 2. 21 ~25	임종철 최재옥	노갑춘	정동의		문경식	김홍재			6 /27
12기 3. 14 ~18	백순안 윤주열 장정일		박대선	이성수 장석문 허동식	서원태	유재선		김용성 (영암) 안정순 (고흥) 조연술 (승주) 김인원 (광산) 박은주 (광산)	14 /31
13기 4. 25 ~29	이점기	김동련 김병문 김수원 박성재 윤수병	김창수 홍종대		김기천 이강덕	김춘길 백만 원	김재선 박형중	이정성 (장흥)	15 /32
14기 9. 12 ~16			박종환 송영우 위환	박우갑 유근성	최동화	박석면 이남범 장재국	나상기		10 /28
15기 12. 6 ~10	김옥수 임안택	김갑현 지성철	김규식 김정순 최종석	류근열		손옥자 정찬록 최병상	맹인석		12 /38

기수 / 날짜	해남	함평	강진	구례	보성	무안	광주	기타	합계
16기 (1978) 2. 21 ~5					김병호 박형진	김선명 윤진석			4/38
17기 3. 13 ~17	양동술	모영주	문동섭	이성환	김양평 임병근 임병점			정병온 (영광) 신필하 (영광) 이경순 (영광) 맹용일 (신안) 조공현 (영암) 유영순 (승주)	13 /41
18기 4. 24 ~28	김옥채 이광이 이관주		김창식 송하율 주정부			김영남 김진원 안동해 윤선우		류자연 (영암) 신영규 (영광) 황현순 (여천)	13 /37
19기 9. 2~7		장귀숙	김대훤	김성기 이대기 이종수 임중열 조준현 허갑조	임면규	김경열 박성웅 진중기		신광배 (영광) 신광호 (영광) 신종운 (영광) 신진욱 (영광) 신휘봉 (영광) 조복수 (광양)	18 /57

기수 날짜	해남	함평	강진	구례	보성	무안	광주	기타	합계
20기 12. 4~9	김정천	김영보 박헌수 윤종형 이성자 장성일 정판무						김기상 (신안) 이상욱 (나주)	9/35
21기 (1979) 1. 15 ~20	오찬영 이경백 이종호 정동일		박경수 정종범	허경순				김오석 (나주) 이갑석 (나주) 이산하 (신안) 이진익 (신안)	11 /45
22기 2. 24 ~3. 1	강기봉 양주승 최병길	윤종범	차장남 함주혁	김진호	신백균			정두성 (영광) 홍봉기 (나주) 김충기 (완도) 이형태 (신안)	12 /36
23기 3. 5 ~10	이영춘	이재춘		노성원	송재성 전계옥			박정규 (나주) 이교재 (나주) 장동술 (나주)	8/21
합계	40	31	39	22	19	23	13	43	230/ 791

– 기타 : 영광 10, 나주 9, 곡성 4, 신안 5, 영암 3, 광산 2, 승주 2, 그리고 화순, 담양, 장흥, 완도, 광양, 고흥, 여천 각 1명. 합계란은 전남지역 이수자수/전국 이수자수임.

크리스찬아카데미 1차 교육을 이수한 사람들 중에서 전남지역 참가자 수는 전국적으로 볼 때 중반 이전까지는 약 40%에 달하였지만 후반기로 가면서 비중이 좀 낮아졌다. 전국적으로 800여 명[117] 가운데 전남지역 참가자는 230명으로 29%에 달한다.

크리스찬아카데미 교육이수자는 전남의 거의 모든 시군에 걸쳐 있었지만, 해남(40명), 강진(39명)이 가장 많고 그 다음 함평(31명), 무안(23명), 구례(22명), 보성(19명) 순이었다. 전남지역의 총 230명 가운데 이들 6개 군에서 온 사람들이 174명으로 76%에 달한다. 이처럼 교육이수자들이 몇몇 군에 집중되어 있었다.

4기 교육까지는 농업관련 기관과 단체에 추천의뢰를 하다 보니까 농민문화연구회나 전남농민회를 통해 광주에서 교육에 참가한 사람들이 많았다. 5기부터는 이수자들이 추천하는 방식으로 갔는데 해남에서는 최우열, 함평에서는 서경원, 노금노, 강진에서는 장영근, 조병환, 구례에서는 최성호, 무안에서는 배종열, 박상문, 보성에서는 이기환, 조계선 등이 주요 추천자가 되어 다수의 농민을 교육에 추천하였다.

함평고구마투쟁이 시작되던 즈음(10기)까지 교육이수자수는 전남지역 전체로는 85명이었고[118], 함평고구마투쟁이 끝나가던 시점(18기)까지 전남지역 교육이수생은 172명에 달했다. 함평고구마투쟁과 크리스찬아카데미교육이 시기상 겹쳐 있었다.

---

117) 이 통계에서는 791명으로 파악되었는데 수치가 정확한 것은 아니다. 교육에 아카데미 활동가들도 포함되어 있었을 뿐만 아니라 지역에서 사례발표를 하기 위해 참석한 농민들도 있었다.

118) 강진 20명, 해남 19명, 함평 11명 그리고 구례 6명, 보성 5명, 무안 4명, 광주 9명, 곡성 4명, 나주 2명, 담양 2명, 화순 1명이었다.

전남지역에서 크리스찬아카데미 2차교육 이수자들에 대해 알아보자.

〈표-8〉 크리스찬아카데미 2차교육(평가회) 이수자 현황(전남)

차수 / 날짜	해남	함평	강진	구례	보성	무안	광주	기타	합계
1차 (1975) 9. 2 ~4		서경원 임재상	마원훈				박석빈	김문식 (곡성) 김익곤 (담양) 신종호 (나주)	7 /36
2차 (1976) 9. 20 ~22	김남근 정광훈 홍영표		김재봉 박양환 장영근	최성호			김병구		8 /36
3차 (1977) 8. 29 ~31	민병진 윤기현 황연자 박명옥 이광교 백순안 장정일 윤주열 이점기		진성조 정동의 김창수 홍종대	허동식	조계선	배종열 박상문 김홍재	박형중 (장흥)	김인원 (광산) 박은주 (광산) 조연술 (승주)	22 /72
5차 (1978) 8. 28 ~30	민병일 이점기 양동술 이관주	김갑현 지성철	문동섭				김재선		8 /36
6차 (1979) 3. 12 ~13		윤종형	박대선 김대훤	이종수	이기환	진중기		이상욱 (나주)	7 /26
합계	16(1)*	5	11	3	2	4	4	7	51 /206

* 이점기는 두 번 참가. * 기타는 나주와 광산이 2명, 승주, 담양, 곡성이 각각 1명이다.

2차교육은 평가회라는 이름으로 1차교육을 받은 사람들 가운데 농민운동 사례를 발표하고 함께 논의하는 교육으로 2박 3일의 일정으로 이루어졌다. 강사의 강의를 듣기도 하였지만 농민들의 사례발표와 논의를 통해 농민운동을 어떻게 해나갈 것인지에 대해 배우는 과정이었다. 1975년부터 매년 한번 씩 8월 말이나 9월에 개최하였다. 4차 평가회는 지역평가회로 하였는데 광주전남지역에서는 하지 않았다. 그리고 마지막 6차 평가회는 도중에 '아카데미 사건'으로 다 마치지 못하고 중단하였다.

전남지역에서 2차교육(평가회)에 참석한 사람은 총 51명으로 전국 참가자 206명의 25%에 달하였다. 각 지역별로 보면 해남과 강진에서 2차교육(평가회)에 참석한 사람들이 많았고 함평은 5명이 참가하였다. 해남지역에서는 기독교농민회 조직 직전에 많은 사람이 2차교육 3차평가회에 9명이 참여하였고 강진에서는 꾸준히 참석하였다.

2차교육에서 참여농민들은 지역에서 농민운동을 하면서 겪는 이야기나 성공사례를 발표하고, 서로 논의하고 평가하였다. 그러다 보니 지역에서 활발하게 활동하는 농민들이 참여하였다. 해남에서는 정광훈, 홍영표, 윤기현, 양동술 등이 참가하였고, 강진에서는 마원훈, 장영근 등이 참여하였고, 구례에서는 최성호가, 보성에서는 조계선과 이기환이, 무안에서는 배종열, 김홍재가 그리고 곡성에서 김문식, 나주에서 신종호 등이 참석하였다. 이들은 자신들의 지역에서 활발히 농민운동을 하였고 다른 사람들은 추천하기도 하였다.

3차 교육은 1, 2차 교육을 통해 지역에서 활발하게 활동하는 농민운동가들을 색출하여 사회과학이론을 체계적으로 학습하도록 하고, 크리스찬 아카데미 본부에서 장상환 등 강사가 현지에 가서 학습을 지도하였다. 그렇게 학습한 농민들이 모여서 19박 20일(3주)간 숙식하면서 전문가들의 강의를 들었다(이임하, 2005: 538~539). 핵심 농민운동가를 만들어내는 과정이었다.

〈표-9〉 크리스찬아카데미 3차 장기전문과정 이수자 현황(전남)

차수 / 날짜	해남	함평	강진	구례	보성	무안	기타	합계/전체
1차 (1977) 1. 25 ~2. 14	정광훈 정광식 최우열 홍영표	노금노	장영근 박양환	최성호	신임식			9/20
2차 (1978) 1. 12 ~2. 1	윤기현				조계선	배종열 김홍재	김문식 (곡성)	5/20
3차 (1979) 1. 31~ 2. 20		서경원 김갑현	송하율 최종석 김규식	유근성 박우갑			정병온 (영광)	8/25
합계	5	3	5	3	2	2	2	22/65

3차 교육(장기교육과정)을 이수한 사람은 전국 65명 가운데 전남 지역 농민들이 22명(34%)이었다. 이들은 각 지역에서 뿐만 아니라 전남 지역에서 나아가 전국적으로 가장 활동적인 농민운동가들이었다.

해남에서는 정광훈, 정광식, 최우열, 홍영표, 윤기현이 장기교육과정을 이수하였다. 최우열은 해남YMCA총무로서 농민운동 관련 교육활동을 하였고 홍영표는 해남YMCA농민회에서 활동하였으며 정광훈, 정광식, 윤기현은 이후 기독교농민회 활동, 나아가 전농활동을 활발히 하였다.

함평에서는 노금노, 서경원, 김갑현(마량분회장)이 장기교육과정을 이수하였으며, 이들은 함평지역 농민운동의 핵심 활동가들이었다. 강진에서는 장영근, 박양환, 송하율, 최종석, 김규식이 장기교육과정을 이수하였고, 이들은 강진에서 농문회를 만들어 활동하였고, 특히 장영근이 그 활동의 중심에 있었다. 구례에서는 최성호, 유근성, 박우갑이 장기교육과정을 이수하였고 구례에서 분회를 이끌며 활동하였고, 특히 최성호는 이후 전남가농과 전국가농에서도 주요한 역할을 담당하였다. 보성에서는 벌교읍에서 활동하던 신임식과 노동면에서 활동하던 조계선이 장기교육과정을 이수하였다. 특히 조계선은 많은 사람을 크리스찬아카데미 교육을 받도록 추천하였다. 그리고 무안지역의 중심 활동가인 배종열과 김홍재, 곡성 원달분회장이며 전국가농에서도 활동한 김문식, 그리고 영광에서 활동한 정병온이 장기교육과정을 이수하였다.

가농분회 활동이나 기농활동이 활발한 지역에서는 크리스찬아카데미 교육이수자들이 대체로 가농회원이나 기농회원으로 활동하였고 이수자들의 독자적인 조직을 만들지는 않았다.

해남의 경우 크리스찬아카데미 교육이수자들이 해남Y농이나 기농에서 활동하게 되어 따로 모임을 만들지는 않았다.[119)]

그에 비해 강진의 경우 크리스찬아카데미 교육이수자들이 많았고 가농이나 기농 활동이 활발하지 않은 관계로 크리스찬아카데미 교육이수자들 네트워크가 모임으로 발전하였다. 예를 들어 강진지역은 1977년말까지 크리스찬아카데미 이수자들이 26명에 달하였고 대부분이 강진읍교회 신도들로 개신교도들이었다. 이들은 1976년경 아카

119) 해남지역 농민운동에 대해서는 181~186쪽에 있는 Y농민회와 기독교농민회 참조.

데미교육이수자 모임으로서 '강진농문회'를 결성하여 활동했으며 함평고구마투쟁에도 결합하였다. 1차 기도회에는 장영근이 왔고 2차 기도회에는 13명 정도 와서 그중 7명이 단식투쟁에 참가하였다.

크리스찬아카데미 교육이수자들은 추천을 통해 교육에 참여하게 되다 보니 추천네트워크가 생기고 각 지역에 집중적으로 추천하는 사람들이 생기게 되었다. 전남에서는 해남의 최우열, 정광훈, 홍영표, 윤기현, 함평의 서경원, 임재상, 노금노, 강진의 마원훈, 조병환, 장영근, 구례의 최성호, 보성의 이기환, 조계선, 무안의 배종열, 박종문 그리고 전남농민회의 김병구 등이 주요 추천자 집단을 이루고 있었다. 특히 서경원은 전남지역 전체에 걸쳐 여러 사람을 추천하였다.[120] 이들을 축으로 각 지역별 추천자 네트워크가 이루어졌고 함평고구마투쟁 같은 투쟁현장에는 서로 연계하여 참석하였다. 그리고 이들은 활동하는 조직과 방향이 다르더라도 농민운동에 대한 의지와 지향을 공통적으로 지니고 있었다.

3) 함평지역 크리스찬아카데미 교육이수자 네트워크

함평지역에는 고구마투쟁 직전까지 크리스찬 아카데미교육 이수자가 11명 있었는데, 이중 5명이 가농회원으로 초기에 함평지역에서 조직작업을 주도하였다. 아카데미교육 이수자 상황을 보면, 1974년 서경원이 가농본부의 교육국장 정연석의 추천으로 제일 먼저 교육(1기)을 받았고, 1975년에 4명,[121] 1976년에 8명,[122] 1977년에 8명[123]

120) 나주의 신종호, 강진의 차원길, 구례의 이봉훈, 최성호, 무안의 장덕근 등을 추천하였다.

이 교육을 받았다. 크리스찬 아카데미 교육은 함평고구마투쟁과 시기적으로 겹쳤다. 초기에는 외부연결망을 가진 소수의 농민들 위주로 교육을 받다가 나중에는 이들의 추천으로 지역사회 농민들이 교육을 받게 되었다(조영욱, 1998: 58). 함평고구마투쟁 종결 시기까지 크리스찬 아카데미 교육을 받은 사람은 1977년까지 받은 21명과 1978년 초에 받은 모영주를 합해서 22명이었다. 그후 9명이 더 받아 함평지역에서 총 31명이 크리스찬아카데미 교육을 이수하였다. 이수자 상황을 보면 〈표-10〉와 같다.

〈표-10〉 함평지역 크리스찬아카데미 교육 이수자와 운동상황

<table>
<tr><th>교육
기수</th><th>시기</th><th>이수자</th><th>이수
인원</th><th>함평 농민운동 상황</th></tr>
<tr><td>1</td><td>1974. 11. 11~15.</td><td>서경원</td><td>1</td><td>1974. 3. 12. 향진회분회 결성
1974. 5. 전남연합회 회장 김동혁, 총무 서경원
1974. 8. 28. ~31. 구례 천은사교육(서경원, 임재상, 노금노, 김양혁 참가)</td></tr>
<tr><td>2</td><td>1975. 01. 07~11.</td><td>오동철</td><td>1</td><td rowspan="3">1975. 12. 24. 외대화분회 결성</td></tr>
<tr><td>4</td><td>1975. 04. 15~19.</td><td>임재상</td><td>1</td></tr>
<tr><td>5</td><td>1975. 11. 25~29.</td><td>노금노
오춘환</td><td>2</td></tr>
<tr><td>7</td><td>1976. 04. 05~09.</td><td>김철희
이석현
임정택
정병오</td><td>4</td><td>1976. 1. 3. 가덕분회 결성, 3. 1. 상록수분회 결성, 8. 23. 마량분회 결성, 8. 26. 장년분회 결성
1976. 10. 6개 마을 농민들 농협강제출자거부운동</td></tr>
<tr><td>8</td><td>1976. 09. 01~05.</td><td>나기섭
황의권</td><td>2</td><td>1976. 10. 대전 가농10주년기념대회 참가(함평지역 70명)</td></tr>
</table>

121) 오동철, 임재상, 노금노, 오춘환.
122) 김철희, 이석현, 임정택, 정병오, 나기섭, 황의권, 박광수, 임선호.
123) 노갑춘, 김동련, 김병문, 김수원, 박성재, 윤수병, 김갑현, 지성철.

교육 기수	시기	이수자	이수 인원	함평 농민운동 상황
10	1976. 12. 14~18.	박광수 임선호 장성일	2	1976. 11. ~12. 고구마 피해 조사 1976. 12. 24. 신기분회 결성
11	1977. 02. 21~25.	노갑춘	1	1977. 1. 6. 백연분회 결성. 1977. 4. 22.「함평고구마문제 해결을 위한 농민의 기도회」(광주 계림동 천주교회)
13	1977. 04. 25~29.	김동련 김병문 김수원 박성재 윤수병	5	
15	1977. 12. 06~10.	김갑현 지성철	2	
17	1978. 03. 13~17.	모영주	1	1978. 2. 전남연합회 회장 서경원, 총무 노금노 1978. 4. 24.「함평고구마문제 해결을 위한 농민의 기도회」(광주 북동 천주교회)
19	1978. 09. 02~07.	장귀숙	1	
20	1978. 12. 04~09.	김영보 박헌수 윤종형 이성자 장성일 정관무	6	1978. 09. 쌀생산비 보장 서명운동 (함평지역 1,847명 서명) 1978. 10. 16. 쌀생산자 대회 및 농민운동탄압규탄대회(광주 계림동 천주교회, 함평지역 131명 참가)
22	1979. 02. 24~03. 01.	윤종범	1	
23	1979. 03. 05~10.	이재춘	1	

– 조영욱(1998: 63)에 있는 〈표-9〉를 수정보완함.

함평지역에는 가농청 활동을 해온 노광숙이 있었다. 1973년 가농 전남지부 결성식에 함평 대표로 왔었고 서경원이 알게 되었다. 이후 노광숙은 사촌 동생인 노금노를 서경원에게 소개하였다. 1974년 여름 마침 구례 천은사에 교육이 있었는데 노광숙이 노금노에게 거기를 가보라고 권했다. 천은사에는 여러 계통의 농민운동가들이 모였었는

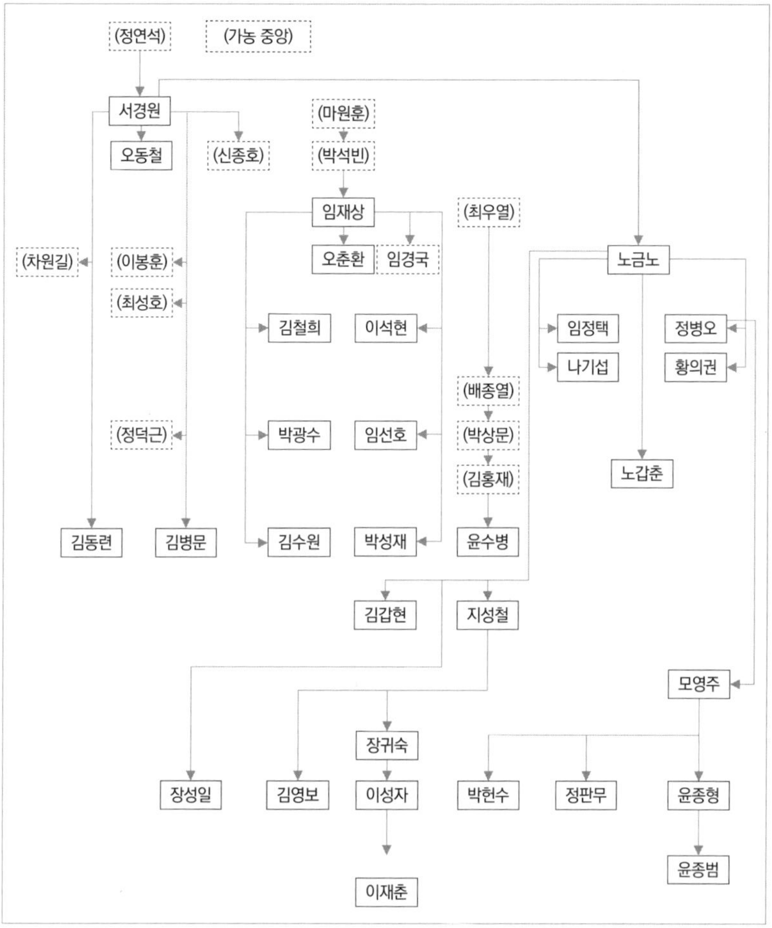

〈그림 1〉 함평지역 크리스찬아카데미 교육이수자 추천망. 조영욱(64)에서 인용, 보완.
점선 안은 함평 이외 지역 이수자들.

데, 그 모임을 계기로 가톨릭농민회라는 단체를 알게 된 노금노는 거기서 알게 된 서경원의 추천으로 1975년 11월 크리스찬 아카데미 교육(5기)을 받은 이후 여러 사람에게 아카데미 교육을 추천하였다.

함평에서는 서경원을 포함한 1차교육 교육생들(노금노, 임재상, 모영주 등)이 지역 농민들을 추천하는데 중추적인 역할을 수행했다.

그리고 아카데미 교육 이수자를 매개로 추천하게 되면서 아카데미 교육 이수자 네트워크가 발달할 수 있었다. 이렇게 시작된 함평지역 내 크리스찬 아카데미 교육에는 가농회원만이 아니라 농촌운동에 관심을 갖고 있던 다양한 사람들이 참가하였다. 아카데미 교육은 함평지역 내 농민들(31명 참가)에게 본격적으로 비판적 이념이 전파되고 농민운동이 활발히 이루어지는 계기가 되었다.

1976년 11월 고구마 피해 문제가 발생하기 전에 이미 함평지역에는 8개 분회에 걸쳐 가톨릭농민회 분회가 결성되었고 아카데미 교육 이수자(1~8기)도 11명이나 있었다. 고구마피해조사가 시작된 이후부터 고구마투쟁이 보상을 받고 일단락되던 시점(10~17기) 사이에도 11명이 크리스찬아카데미 교육을 받았다. 이처럼 함평지역에서 크리스찬아카데미 교육 참가(1974. 11. ~1979. 3.)가 '고구마 투쟁'(1976. 11. ~1978. 4.)에 앞서 시작되었고 고구마투쟁과 시기상 겹쳐 있어서 서로 영향을 주고받았다(조영욱, 1998: 65)

먼저 교육을 이수한 사람들이 다음 교육이수생을 추천하는 구조였고, 그러다 보니 이수자들의 추천망이 생기게 되었다. 그러면 함평지역 크리스찬아카데미 교육이수자의 추천망을 살펴보자.

〈그림 1〉에서 볼 수 있듯이 함평지역에서 지역 외부 인사의 추천을 통해 교육을 이수할 수 있었던 사람은 1기 서경원(가톨릭농민회), 4기 임재상(농촌문화연구회), 13기 윤수병(교회) 세 명뿐이었고 나머지 28명은 모두 같은 함평 거주 농민의 추천을 받아 아카데미 교육에 참가하였다.

서경원은 전국가농 교육국장이었던 정연석의 추천을 받아 교육을 이수하였고, 임재상은 농민문화연구회의 박석빈을 통해 추천받아 교육을 이수하였다. 외부 연결망을 통해 교육을 추천받았던 서경원과 임재상은 각각 활발하게 함평 농민들을 추천하였다. 특히 서경원은 함평에 국한하지 않고 전남 안에서 함평 이외의 여러 지역 사람들을 추천하였으며, 그중 일부가 교육에 참여하고 다시 주위 사람들을 추천하였다(특히 구례의 최성호). 그리고 서경원이 추천한 노금노가 후속 추천활동을 적극적으로 하였다. 〈그림 1〉에서 함평지역 안에서 교육이수 후 추천한 농민의 수를 놓고 보면 서경원(4), 임재상(7), 노금노(8), 모영주(3), 정병오(1), 지성철(1), 장귀숙(1), 이성자(1), 윤종형(1)로 나타나는데 특히 노금노와 그의 추천을 받아 교육을 이수한 농민들이 후속 교육생 추천에 매우 적극적이었다(조영욱, 1998: 65).

실제 추천된 사람들은 교육이수자 보다 훨씬 많았다. 일단 추천을 하면 아카데미 측에서 참가할 수 있는 사람으로 선정, 확정하여 통보하면 참가하였다. 그런데 교통편도 만만치 않았고 농사철과 겹치는 등 다양한 이유로 참석하지 못하는 농민들이 많았다.

일단 1차교육을 이수한 사람들 가운데 서경원과 노금노(모영주)가 추천한 사람들은 대부분 가농회원으로 활동하였던 반면 임재상이 추천한 사람들은 4-H활동을 했고 농민문화연구회 활동을 하였다. 임재상이 추천한 사람들은 교육을 이수하고 고구마피해조사과정에 참여하였고 일부는 1차 기도회까지 다녀왔다.

기수별 추천망(〈그림 1〉)을 추천자를 중심으로 도식화하면 추천망지도(〈그림 2〉)를 뚜렷하게 볼 수 있다.

함평 지역내 31명의 아카데미 교육 이수농민들을 각각의 추천망을 통해 분류해 보면(〈그림 2〉), 크게 3개(모영주를 따로 셀 경우 4개) 정도의 군집으로 나눌 수 있다.

서경원은 전남지역 전역에 걸쳐 교육생을 추천하였고 함평지역 안에서 추천하여 이수한 사람 수는 4명에 지나지 않으나, 그 중에 활동

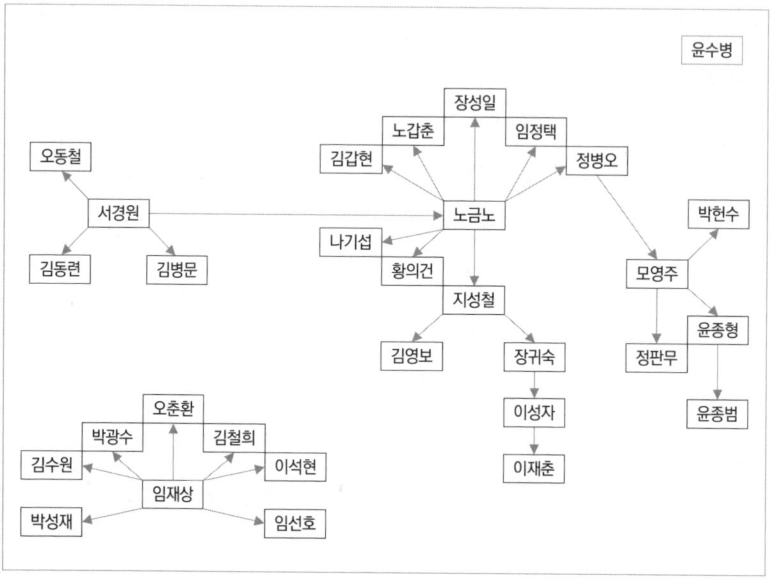

〈그림 2〉 함평지역출신 아카데미 교육이수자 추천망 지도. 조영욱(66)에서 인용.

력이 강한 노금노를 아카데미 교육에 연결시킴으로써 함평지역에 아카데미교육 이수자가 늘어나게 하였다.

임재상과 노금노는 각각 직접 7명, 8명을 추천함으로써 활발한 움직임을 보인 관계로 임재상을 추천인으로 한 집단과 노금노를 추천인으로 한 집단이 양대 군집을 형성하였다. 그러나 이 두 군집은 그 형태에서는 상당한 차이를 보였다. 임재상의 추천을 받아 교육에 참가한 사람은 이후에 아무도 추천 활동을 하지 않은 반면에 노금노의 추천을 받고 교육을 이수한 사람들은 후속 추천 활동을 매우 활발히 하였다. 그 결과 노금노를 중심으로 한 군집은 간접적으로 연결된 농민층을 포함하면 17명에 이르러 함평지역 내 아카데미 교육 이수생 가운데 압도적 다수를 점하게 되었다. 임재상 군집은 7명이지만 아무도 후속 추천활동을 하지 않아서 지역내 운동확대 과정에서 영향력이 훨씬 제한적이었다.

비교적 고학력에 상대적으로 형편이 나은 집단인 임재상 군집에 비해 비교적 저학력에 가난한 농민들이 중심이 된 노금노 군집이 아카데미 교육 추천활동에 보다 적극적이었다. 임재상 군집은 주로 4-H활동과 농촌문화연구회와 이장, 새마을지도자 경험 등을 통해 묶여 있는 집단이었던 반면, 노금노 군집은 가톨릭농민회를 중심으로 묶여 있는 집단이었다. 농촌문화연구회와 가톨릭농민회 조직이 각각 한 군집 위주로 독점적으로 구성되었던 것에 비해 4-H 조직은 세 집단 모두 절반 이상 성원이 활동 경험을 가지고 있어서, 4-H가 농촌사회에서 가장 기초적인 연결망이었음을 알 수 있다. 실은 4-H 활동의 연령제한이 24살까지였고 농촌 안에 조직 경험을 할 수 있는 유일한 통로였기 때문에 청소년들 가운데 활발한 사람들은 4-H 활동을 하게 되었다. 그리고 학생시절이나 젊었을 때에 활동하였고 그 이후로는 농촌문화연구회나 가톨릭농민회로 나뉘어졌다.

4-H 도연합회장을 한 임재상 군집이 상대적으로 지역사회 외부의 연결망이 컸고, 서경원 군집과 노금노 군집이 같은 정도의 연결망을 가지고 있었으며, 교회(및 동광원수도회)를 포함한 연결망은 서경원 군집이 크게 나타났다. 임재상과 노금노 군집은 거의 다 비신자였고, 노금노 군집은 다른 군집에 비해 교육 경력이 적었다.

아카데미 교육을 받은 농민(584명)을 대상으로 한 분석을 보면, 참가 농민 가운데 상당수가 기독교·가톨릭 신자였다. 그러나 함평지역 이수자들은 서경원 등 소수를 제외하고는 비종교인이 대부분이었다. 서경원 군집은 주로 기독교 신자 중심이며 비신자이며 빈소농층이 다수인 노금노 군집과 연결되었다. 노금노 군집은 주로 가톨릭농민회와 4-H조직을 중심으로 묶여 있었다. 임재상 군집은 다른 군집에 비해 학력이 높고 경제적 사정이 더 나은 편이며 4-H나 농촌문화연구회에 묶여 있었다. 노금노 군집에서만 운동 전파가 활발하게 일어났는데 학력이나 영농 규모면에서 거의 동질적인 빈소농 집단이었다(조영욱, 1998: 66~72).

함평지역에서 2차교육에 참가한 사람은 서경원, 임재상, 김갑현, 지성철, 윤종형 5명이었다(노금노는 사례발표를 하러 갔다). 그리고 3차 장기교육과정을 이수한 사람은 1기 교육(1977년)에 노금노, 3기 교육(1979년)에 서경원, 김갑현이었다. 평가회와 장기교육에 참여한 사람들은 이 지역에서 핵심적인 활동가들이었다.

5. 4-H 활동과 농촌문화연구회

1) 4-H 조직과 활동

농촌지역에 널리 결성되어 있던 4-H 조직[124)]은 클럽(구락부) 형식으로 활동적인 청년들이 많이 참여하는 느슨한 조직이었다. 4-H 구락부의 지도이념과 목적은 1) 농업과 농촌생활에 흥미를 갖고 의욕과 보람을 느끼게 하고, 2) 협동하고 규범을 준수하는 시민정신을 양성하며, 3) 낡고 그릇된 관념을 버리고 근면하고 진취적인 정신을 함양하는 것이었다(최재율, 1978: 126~127).

4-H 조직은 농촌지도소의 지침이 전달되는 관변조직이기도 했지

124) '4-H'는 지성(head)·덕성(heart)·근로(hand)·건강(health)의 뜻을 지닌 영어 네 단어의 머리글자를 나타낸다.

만, 참여자들이 농촌이나 마을 일에 관심을 갖고 있는 사람들이 있었고, 그들 가운데 일부가 나중에 농민운동 이념을 받아들이기도 하였다.

4-H는 읍면연합회, 시군연합회, 도연합회, 전국연합회의 조직체계를 갖추고 있었고, 4-H 구락부(클럽)의 부원 연령 자격은 만 13살에서 24살로 규정하고 있었다. 4-H 구락부는 미국에서 생겨났는데, 한국에 처음 소개된 것은 1927년 YMCA를 통해서였다. 8.15 이후에 다시 시작하여, 한국전쟁 발발 직전에 이미 1,900개의 4-H 구락부가 조직되어 있었고 회원수는 5만여 명에 이르렀다(최재율, 1978: 125). 1960년대 이후에도 계속 조직되어 왔으며 새마을운동이 시작되면서 4-H 구락부를 새마을 4-H 구락부로 개칭해 나갔다. 1975년에는 전국적으로 3만 5천여 개에 이르렀다(최재율, 1978: 105).

1975년 전남도내 4-H 조직현황은 46,448개로 회원은 남자 64,959명, 여자 38,250명, 합계 10만 3,209명이었고 지도자수는 1만 735명으로 남자 7,591명, 여자 3,179명이었다. 그러나 부원의 80% 이상이 학생으로 이루어져 있었고 학생부원과 일반 재촌부원 간의 갈등이 생기는 경우가 많았다. 그럼에도 4-H 구락부 회원의 학력은 초중학교 졸업이 75%이상을 차지하고 있었다.

전남지역의 상황을 보면, 1975년 4-H 구락부는 3천여 개에 달하였고, 구락부당 회원은 10~19명이 72.1%를 차지하고 있었다. 그리고 이미 이 시기에 부원수가 감소하는 구락부 수가 증가하는 구락부보다 많았다. 남녀혼성 구락부가 대부분이었고 여성의 비율은 남성(100)에 비해 60~70%였다. 물론 남성과 여성 단성 구락부도 있었고 여성들이 더 많은 구락부도 있었으며, 보통 마을마다 하나씩 있었다(최재율, 1978: 132~139).

당시 농촌에 조직(단체)이라고는 4-H 조직밖에 없었다. 농촌에서 활동적인 젊은이들은 대부분 이 조직에 들어가 활동하였다. 이 조직에서 활발히 활동하던 사람들이 농민회와 연대하든가 나중에 농민회에 들어가서 활동하기도 하였다. 4-H 조직에는 여성들이 참여하였으며, 모든 4-H 조직에는 남녀 1명씩 부회장을 두었다. 여성들이 조직이 안 된 곳에서는 남자들 조직에 부회장 1명을 여성으로 시켰다. 학교면 월산리 화산 마을에서도 남녀비율이 비슷했다.

4-H부원의 활동은 농촌지도소의 지도를 받으며 농산물 생산에 관한 영농일지를 작성하면서 가을에 품평회를 하는 것이 기본적인 것이었다. 농촌지도소 직원들이 직접 나와서 지도하여 수확철에 경진대회나 품평회를 개최하였다. 개인과제와 마을(단체)과제가 있었는데, 개인과제로는 다수확 과제(쌀, 고구마 등은 최고 수확량, 가장 큰 것 생산), 비육우과제(소 최대 무게) 등이 있었고, 마을(단체)과제로는 우물청소, 마을새마을사업 마을안길 정비, 빈터 꽃길조성(꽃길가꾸기 경연대회) 등을 하였다. 정부는 경진대회를 통해 우수과제들을 시상하는 방식으로 농촌청년들을 활성화시켰다. 학교면 화산 마을의 경우 마을의 공터에 밤나무를 심어 좋은 종묘로 접목하여 키워 마을 사람들에게 나눠줘서 심게 하는 일을 하였고, 20~30명 단위로 마을 할머니의 영농작업을 봉사활동으로 해주기도 하였다. 물론 100원 받을 것은 50원쯤 받아 기금을 마련하기도 하였고 회원 집이나 원호대상가족을 봉사하는 활동도 하였다(임재상).

농촌청년들은 4-H 활동을 통해 회의를 진행하는 방법을 배우고 마을을 넘어선 활동을 할 수 있는 기회를 갖게 되었다. 4-H가 농촌지도소의 영향 아래에 있었음은 사실이나 다른 한편으로 4-H 활동자들 가운데 일부는 농촌에 대한 열의, 마을 문제에 대한 관심이 있는, 의무감과 봉사정신을 가진 젊은이들이었다. 물론 당시 4-H조직에 속해 있는 젊은이들이 농정에 대한 체계적이고 비판적인 인식을 가진 것은 아니어서 이 자체를 농민운동 조직으로 볼 수는 없지만 그들이 원래 가지고 있던 농촌에 대한 봉사정신이나 마을 일에 대한 관심은 나중에 운동이념을 받아들일 수 있는 사전적인 조건이었다(조영욱, 1998: 77).

그리고 4-H 활동을 했던 사람들 중에 농민회원이 아닌 사람들도 가농활동, 가농분회활동 등에 참여하지는 않았지만 하계수련회나 연찬회 등에는 초청을 받아서 갔다. 가농 총회나 연합회 회의에는 농민회원들만 갔지만, 구례 천은사 등에서 열린 수련회(1974년 8월 28~31일) 같은 행사를 하면 주최측이 비회원 농민들에게도 초청장을 보냈다. 농민회 사람들이 마을에 와서 접촉하고 홍보하기도 하였다. 함평에서는 모영주 등이 자전거 타고 다니면서 행사를 홍보하고, 당시는 전화는 별로 사용하지 않고 서면편지로 전달하였다(임재상). 모영주는 농민회 활동을 확산시키기 위해 의도적으로 4-H 조직에 접근하여 활동하였고 그 결과 4-H 활동을 하던 사람들이 일부 농민회원이 되기도 하였다. 하지만 4-H활동을 했던 농민들 중에 농민회원이 되지 않은 채 농민운동에 참여한 사람들은 농민운동이 격렬해지자 취업을 하거나 농민운동에서 멀어져 갔다.

함평지역에서는 임재상이 함평군연합회장을 거쳐 1974년 전남도연합회장을 했으며 본인을 포함해 8명(오춘환, 김철희, 라기섭, 이석현, 엄선호, 박성재, 김수원)을 크리스찬아카데미 교육에 추천하였다. 이어서 오춘환(학교면, 1974), 김철희(해보면, 1975), 라기섭(1976), 윤종형(학교면, 1977)이 함평군연합회장을 했으며, 당시 함평군연합회장을 한 사람들은 모두 크리스찬아카데미 교육을 받았고

라기섭과 윤종형은 가농 농민회원으로도 활동하였다. 피해농가 조사에 참여했던 이석현은 함평읍회장을 하였고 이후 가농운동에는 참여하지 않았으며, 임선호는 4-H 활동만 하였다.

2) 농촌문화연구회

농촌문화연구회는 1954년에 조직된 자칭 '순수한 민간농민운동기관'이었으며, 농촌경제·농촌사회·전통문화에 관한 연구와 조사, 영농기술지도 및 실습지도, 마을독서운동의 전개(농민잡지, 농민문고, 농사기술 지도서의 출판 및 보급), 마을 및 지역의 경제적 자립활동지원 등의 계몽운동 활동을 해왔다. 1959년에 건국대학교 교사를 빌려 본격적인 교육을 시작하였으며, 1961년에 사회단체로 등록하였고, 본부 중심으로 시작하여[125] 1965년에 강원, 충청, 경상, 전북, 전남 등 5개 도지회를 결성하였다. 1969년 안양에 농장과 농민교육원을 마련한 이후 교육연수(농촌지도자연수교육), 기술지도 실습을 하였다. 그리고 1969년부터 〈농촌문화〉라는 월간잡지를 발간하였다.[126] 1975년에는 재단법인으로 설립인가를 받았으며, 1977년에는 직장새마을교육원을 개원하였다. 농촌지도자연합회나 농업기술자연합회 등의 조직에는 독농가들로 나이가 든 사람들이 많았지만, 농촌문화연구회에는 4-H를 거친 젊은 사람들이 주축을 이루었다.

농촌문화연구회 전남지회는 광주 금남로 3가(별세계다방 5층)에 사무실을 마련하고 간사(김병구, 박석빈)까지 두었다. 지역의 농민들

125) 건국대학교 재단감사인 김일주 회장이 주도하였다.

126) 이 잡지는 1980년 8월 구테타세력의 언론통폐합으로 통권 131호를 마지막으로 발간하고 폐간되었다.

이 주기적으로 안양교육관에 가서 교육을 받았다. 몇몇 시에는 지회까지 결성을 했었지만, 함평에서는 임재상이 지회를 혼자서 하면서 현판을 한번 걸었었다. "교육은 대부분 의식교육인데 다들 협동하고 그런 것들이었어요. 교육은 지도자반, 지도자 양성교육이었죠. 무학자들이 접근하기는 힘들었어요. 숙식을 하면서 교육을 했는데, 군대식으로 모여서 점호도 하고 구보도 했어요. 그래서 그런데 갔다오면 정신이 들었죠."(임재상).

그리고 당시 〈농촌문화〉는 거의 유일한 농촌관련 잡지였고, 회원들 일부는 모여서 그 잡지에 나온 글들을 보며 공부하기도 하였다. 그러다보니 독서모임과 자연스럽게 연결되었다. 또 농촌문화연구회에서는 마을문고 활동도 촉진하였다.

4-H 활동한 사람들은 나이가 들어가면서 대체로 농촌문화연구회 소속이 되었고 함평지역에서도 상황은 비슷했지만, 교육을 받는 것 외에 현지에서 특별한 활동은 없었다. 그래도 4-H 활동을 했던 사람들은 농촌문제에 관심을 갖고 협동에 초점을 맞춘 농민운동을 해나가려고 생각하였다.

1970년대 들어 농촌문화연구회 전남지부에서는 국민의식운동을 벌이고 전남농민회를 만들어 활동하였으며 신협운동도 전개하였다. 각 군에 흩어져서 활동하던 4-H 출신자들(시, 읍면 연합회장들)을 전남 단위에서 모아서 활동하였던 것이다. 이에 대해서는 전남농민회 항에서 설명하겠다.

6. 다른 농민회들

1) Y농민회

YMCA는 농촌사업에서 총무나 담당간사가 주도적인 역할을 하였지만 직접 해당 사업을 해갈 농민들을 조직화할 필요가 있었다. 이 농민들은 다양한 교육을 받고 조직활동에 대한 훈련을 받았고, 농민운동이 활성화되자 농민운동에 적극 결합해 나갔다. 전남지역에서 1978년까지 활동했던 YMCA농민회는 해남에서만 나타났다.

해남YMCA는 농촌사업만을 위해서 1972년에 '해남YMCA 농촌개발위원회'를 설치하였다. 신협과는 별도로 만들어진 농촌개발위원회가 농민들을 조직적으로 결속시키는 작업을 하였다. 농촌개발위원회는 지역 안에 면 단위 대표인사들로 구성된 군단위조직으로 수적으로 제한을 두고 있었다. 농촌개발위원회는 YMCA 외곽조직으로서 농민들의 협의체 조직이었으며 Y의 농촌사업을 좀더 적극적으로 전개하고 농민운동에도 점차 개입하게 되었다. 그런 의미에서 농민회의 전신이라고 할 수 있다.

1977년 하반기에 들어오면 해남YMCA에서는 '농민의 대화'라고 하여 농업관련 인사들을 불러 토론하는 모임을 진행하였고 신협조직을 근간으로 하여 농민교육을 하는 '농민대학'을 개최하였다. 크리스찬 아카데미 교육을 다녀온 최우열[127] 총무와 홍영표 농촌개발위원장이 주도하여 1977년과 1978년에 1박 2일이나 3박 4일씩 농업문제, 신협조직, 농민운동 관련 교육 프로그램을 진행하였다. 이것은

127) 해남지역에서 1975년 1월 9일 처음으로 가농에 가입하였다.

크리스찬아카데미의 교육을 지역에서 실천한 것이었다. 이처럼 해남 YMCA 농촌개발위원회는 1970년대 후반 엄혹한 독재정치 시기에 농민들을 농민운동으로 나아가게 하는 교육을 실시하고 있었다.

그리고 크리스찬아카데미 교육이수자들을 중심으로 전도사, 기독청년들 30여 명이 모여 '농촌문제연구회'를 조직하였다. 1976년 말까지 매월 한번씩 모임을 갖고 필요한 과제를 만들며 모일 때마다 한 과제를 중점적으로 다루곤 하였다. YMCA의 힘을 입어 농촌문제연구회에서 특정 마을을 선택하여 양곡조합을 조직하기도 하였다(황연자).

이 시기 해남YMCA의 지역활동은 신협조직 활동과 각종 권익옹호 활동으로 전개되었다. 그런데 Y연맹의 농촌사업의 일환으로 전개된 해남YMCA 농촌개발위원회의 활동에 대해 내부 비판이 일면서 기존 Y의 틀에 대한 불만이 있는 농촌개발위원회위원의 일부가 기독교농민회를 창립하려고 하였다. 1977년부터 결성하려고 노력하다가 결국 1978년 9월 26일 북일면 신월교회에서 해남기독교농민회가 창립되었으며 농촌개발연구회의 중심회원 일부가 기독교농민회로 가게 되었다.[128]

이로 말미암아 해남Y 농촌개발위원회에서 농민운동 지향을 강하게 갖고 있던 농민들은 대부분 '해남기독교농민회'를 결성하면서 빠져 나갔고, 상대적으로 농민운동 지향이 강하지 않은 농민들이 남게 되었고, 이들은 해남Y 농촌개발위원회를 해체하고 1979년 2월 8일 '해남YMCA 농민회'를 창립하여 활동하였다(윤수종, 2015: 224~228).

128) 정광훈, 윤기현, 정광식 등이 해남기독교농민회의 중심인물이었다.

해남Y농민회라고 하면 농촌개발위원회의 활동까지 포괄하여 말하였다. Y농 사람들은 1차 계림동 기도회에 연결되어 다녀왔다. Y농에서 활동하던 사람들 중에 기독교농민회 활동을 시작한 사람들이 다수 함평고구마투쟁 2차기도회와 단식투쟁에 참여하였다.

2) 기독교농민회

1970년대 중반 이후 기독교농민들을 조직하려는 움직임은 농촌교회의 평신도와 청년세력 일부가 지역단위 농민운동에 자발적으로 참여하면서 시작되었다. 당시는 크리스찬아카데미 농민교육을 통해 농업·농민문제에 대한 사회과학적 인식과 농민대중의 주체적 참여에 의한 농민운동을 통해서 농민문제를 해결할 수 있다는 인식이 생겨나기 시작한 때이기도 하다. 농민교육을 받은 농촌청년들이 가톨릭농민회에 참여하거나 지역단위에서 자발적으로 농민소모임을 조직하여 활동하기 시작하였다. 그리고 한국기독청년협의회(EYC)[129] 농촌분과위원회와 연계하여 활동하는 기장(기독교장로회), 예장(예수교장로회), 감리교[130] 농촌청년들이 지역에서 농촌청년활동을 하면서 기독교농민들의 느슨한 모임들이 나타나기 시작하였다.

이후 전체 농민운동의 발전을 도모하기 위해서는 가톨릭농민들 보

129) 한국기독청년협의회(Ecumenical Youth Council in Korea, EYC)는 1976년에 결성된 초교파적 기독청년운동조직으로, 민주화 운동과 평화통일 운동에 앞장섰으며 특히 민중과 함께 하는 실천적 삶을 지향하였다.

130) 기독교 분파로 기장은 한신대학교 출신 목사들과 그들이 활동하는 교회들로 이루어져 있으며 진보적인 입장을 견지해 왔다. 예장은 총신대, 고신대, 각종 신학대 출신자들로 이루어져 있으며 여러 분파가 있다. 기장에 비해 보수적인 입장을 견지하는 것으로 평가되고 있다. 감리교는 자유주의교단으로 감리교목사들이 농민운동에 참여하기도 하였다.

다 수적으로 더 많은 기독교농민들을 포괄하는 조직화가 필요하다는 주장이 제기되었다. 이에 1977년 농민운동의 역량강화 및 농민운동세력의 양적 확산 방안에 대한 논의가 시작되었다. 즉 보다 많은 농민대중의 양적 확보를 통하여 농민운동의 저변을 확장해야 할 필요성이 제기되었다. 동시에 민중 신학의 현장실천을 매개하고자 했던 기독교민주운동세력의 지원을 받아 농촌교회 평신도와 농촌교회 청년, 그리고 일반농민대중을 농민운동세력으로 조직하여 전체 농민운동 발전에 기여할 수 있겠다는 인식이 있었다.

해남지역의 경우 해남YMCA가 농민교육과 협동조직 활성화에 힘쓰고 있었고, 기독교 지향을 갖는 농민들이 해남Y와 연계하여 활동하였다. 예를 들어 윤기현의 경우 1977년초 옥천교회 청년연합회 회장을 맡아 의식화작업을 하고 있었다. 농협 문제 등에 관해 몇 사람과 만나 출자안하기 운동에 대해 이야기하다가, 농협과의 관계에서 영농자금을 쓰지 않고 비료를 외상이 아니라 현금으로 사면 문제가 없는데, 현금이 없어서 생긴 문제라고 보았다. 이에 해남Y를 통해 45명이 신협을 조직하여 한 달에 한번 모임을 갖고 의논하면서 활동하였다.

이러한 활동과 의식화 위에서 전남의 무안, 해남, 강진, 보성 등지에서 농민운동에 선진적으로 참여하고 있던 농촌교회 평신도와 청년활동가가 모여 기독교농민의 조직화에 대해 논의하고 준비하기 시작하였다. 1977년 12월 서울 선교교육원에서 기독교농민회 조직체의 필요성과 의의에 관한 세미나가 개최되었다. 이 회의는 전남지역 기독교농민운동의 주도세력들이 전체 기독교민주운동세력과의 연대와 지지를 확보하기 위해 마련하였다. 민중신학자, 기독자교수, 기독교인권운동세력, 기독청년, 농민운동에 관심을 갖고 있는 농촌교회 목회자들이 함께 하였으며, 전체 기독교민주운동세력과 함께 기독교농민운동의 필요성과 의의를 공동으로 인식하고 지원과 지지를 획득하고자 하였다.

1978년 2월에는 한국기독청년협의회 농촌분과위원회의 지원으로 농촌청년교육을 선교교육원에서 실시하였고, 이 교육과정에서 기독교농민회의 필요성과 조직화의 당위성을 교육하면서 농촌청년들의 인식을 심화시켰다. 교육을 마치면서 '전남기독교농촌청년회 준비위원회'를 결성하고 전남지역에서부터 기독교농민회 조직준비를 시작하였다.[131] 준비과정에서 청년층에 국한하지 말고 전 계층의 농민이 참여하도록 하는 것이 바람직하다는 인식을 함께 하고, 청년조직보다 농민조직을 만들기로 결정하였다.

이렇게 출발한 '전남기독교농민회(이하 전남기농)'는 1978년 3월 8~9일 해남 자일면 신월교회에서 무안·해남·강진·보성·영암 등지의 농민 46명이 참석한 가운데 농민교육[132]을 받고 창립대회를 통해 결성되었다. 그러나 임원 선출과 사업·예산안 심의는 경찰의 방해로 하지 못하고 지역 대표에게 위임했다. 이후 지역 대표들은 3월 9일에 광주의 동국여관에서 전남기독교농민회 발족모임을 갖고, 임원과 상

---

131) 1977년 당시 EYC(한국기독청년협의회) 회장은 서경석이었고, 농촌부 간사 김기영, 김의기(농촌분과 위원회 간사, 5·18 진상을 보고 와서 기독교회관 8층에서 뛰어내림), 나상기 등이 활동하고 있었다. 당시 서울 종로5가 기독교회관에 기독교장로회 사무실이 있었고 여기에 EYC가 있었다. 그리고 서대문에 선교교육원(서남동이 있었음)에서 개신교출신 농민운동가들, 농촌 청년들을 교육시켰다. 여기서 교육받으면서 최우열(해남읍교회, 해남YMCA총무), 조병환(강진교회), 정만호(충북 청원 덕촌교회), 배종렬 등을 비롯하여 EYC 활동가들이 함께 기독교농민회를 만들어 갈 것에 대해 논의하였다. 논의 및 검토 결과 전남은 먼저 출발할 수 있겠다고 의견을 모았고, 전남기독교농촌청년회나 기독교농민회로 조직해 나갈 수 있을 것으로 예상하였다.

132) 강사로는 이우재, 심상봉, 서경원, 배종렬이 참석하였다. 심상봉은 임실제일교회 목사로, 임실에서 지정환 신부와 신협활동을 하였고 나중에 임실치즈마을을 만들었다. 신협활동을 강조하며 협동을 지향하는 농민운동에 대해 강의하였다.

임위원회를 구성하였으며 사업계획 등을 확정지었다.[133] 이렇게 결성된 전남기농은 교육을 통해 마을과 군 단위의 조직활동을 본격적으로 전개했다. 그 결과 1978년에 '무안지역협의회', 1979년에 '해남지역협의회'를 비롯해 16개의 지회를 조직했다. 또한 전남기농 활동가들은 전국단위 기독교농민회 조직의 결성에도 기여하였다(윤수종, 2018: 229~234).

이처럼 전남기농은 함평고구마투쟁이 2차 기도회와 단식에 들어가기 한 달 보름 정도 전에 결성되었고 창립 후 함평고구마투쟁과의 결합을 첫 사업으로 택하여 1978년 4월 함평고구마 투쟁과정(기도회와 단식투쟁 등)에 20여 명의 회원이 참가하였다.[134]

3) 전남농민회

4-H 활동을 하던 청년들이 농촌문화연구회에 모여서 활동하게 되었다. 전남 4-H연합회장을 지낸 김병구는 농촌문화연구회 전남지회 간사를 하면서 국민의식운동을 전개하였다. 국민의식운동을 전개하면서 신협운동의 일환으로 삼애신협을 결성하였다. 그리고 신협운동을 해 나가기 위한 공동유대로서 '전남농민회'를 만들어 1974년 사회단체 등록을 하고 활동하게 되었다.

4-H활동을 했던 사람들로 지역에서 농촌문화연구회 소속으로 활동하던 사람들이 시군에 흩어져 있있고 전남지역 발전을 위해서 뭔가

133) 초대 임원으로 회장은 배종렬(무안), 부회장은 문경식(보성)과 황연자(해남), 총무 정광훈(해남), 서기 김정순(강진) 등이 되었으며, 상임위원들은 서기를 뺀 전체 임원과 정광식(해남), 윤기현(해남), 박상문(무안), 손옥자(무안) 등이었다.

134) 해남기독교농민회가 결성되기 전이어서 Y농민회원이라고 보아야 할 것 같다.

해보자는 뜻을 모아 전남농민회를 결성했던 것이다. 농민들이 의식이 깨어나서 잘 살아보고 뭔가 변화를 가져와야 하고 그러기 위해서는 농민 스스로 변해야 된다는 생각으로 새로운 개혁을 지향하였다. 그러나 민주화나 투쟁적인 권익운동을 생각하지는 않았다.

전남농민회는 농촌문화연구회에 속한 사람들이 주도하였고 거의 모든 직책을 맡았다. 전남농민회 안에는 지역별로 활동하는 사람들도 있었고, 특용작물을 약초 중심으로 재배하는 사람들은 '목련회'라는 조직을 만들어서 활동하기도 하였다.[135] 회원들은 담배대 문양이 들어간 뱃지를 만들어 달고 다녔다.

전남농민회는 주요 활동으로 농민행사를 하였다. 전라남도 '전국농민의 날 행사'를 1974년에는 학생회관에서 그다음 해에는 가톨릭회관에서 두 번 개최하였다. 인간은 흙에서 나와서 흙에서 살고 흙으로 돌아간다는 의미에서 '농민의 날'을 11월 11일 11시[136]로 정해 행사를 치뤘다. 전라남도 농촌진흥원장과 농촌 원로 선배 김서정 선생(백운산 농장) 등 농민 선배들을 모시고 행사를 했다.[137] 가톨릭 회관에서의 두 번째 행사에서는 농촌문화연구회 회장(김일주)의 특강도 들었다. 행사를 하였다. 이 때 전북에서 임수진(농촌문화연구회 전북 사무총장)도 왔고 목련회 활동을 하던 이진종(농촌문화연구회 교육부장)도 왔었다.

그리고 전남농민회는 〈농민회보〉라는 신문을 발행하였다. 일반 신문 크기로 전남일보 윤전기에서 돌려서 만들었다. 일반 시사내용

135) 당시 약초재배를 장려하였고 농문회 안양교육관에서 약초재배에 관한 교육도 하였다.
136) 흙 토(土)자를 풀면 11이 되는데, 세 번 써서 11월 11일 11시로 날짜와 시간을 정했다.
137) 지금도 농협에서 '농민을 날' 그 날짜 그대로 하고 있다.

뿐만 아니라 농민들이 관심을 가질 만한 내용들을 실었었다. 그 당시 사회단체에서 일반 신문 크기로 회보를 만들어내는 일은 드물었다. 부정기적으로 1년에 한 번 정도 또는 두세 번 내서 모두 5호까지 냈다.

그리고 매주 '토요강좌'를 농민회관이 있는 금남로 4가 우성빌딩 4층에서 계속했다. 참석자들은 다양하였고, 회원들이 특히 전남지역 농촌에서 많이 올라왔다. 주제는 다양했다. 시사 문제도 다루고 농촌 문제도 다루고 사회문제도 다루고 일반 교양교육도 하였다. 저명한 인사들을 초청해서 먼저 강의를 듣고 토론을 하였다. 주로 농민의 발전 방향에 대해서 논의하였고, 1974년에 시작해서 1977년까지 지속하였다.

회원은 400명 이상 되었고 회원들은 회비를 내고 참여하였다. 시작하면서 회장 김병구(1977년부터 김용성), 부회장 김용성, 사무국장(총무) 김재선이 일했고 여러 부서를 두었다. 전남농민회 여성회도 두었다. 임재상은 교육부장 이름으로 활동하였다. 그리고 농문회를 매개로 전남대학교와 조선대학교 4-H 클럽과 연계를 맺었고 전남대에 있던 농문회와 연계된 '한농회' 서클은 학내 시위에 적극 개입하였다. 그리고 일부 성원들이 전남농민회 활동도 하고 크리스찬아카데미 교육도 받았다.

전남농민회 성원들은 가농활동과 직접적인 관련을 맺지는 않은 것 같다. 그러나 크리스찬 아카데미 교육을 이수한 사람들이 있었다. 1974년 11월에 시작한 크리스찬 아카데미 1차 교육이 1, 2기 이루어진 뒤, 농촌교육을 주도하던 이우재가 3, 4기 교육대상자 선정을 위해 출장와서 2월 25일 전남농민회 간부들과 협의하고 교육대상자를 추천받았다. 농촌문화연구회 김일주 회장 추천으로 임종길이 1

기(1974년 11월 11~15일) 교육을 이수하였으며, 강진의 마원훈의 추천[138]으로 김병구에 이어 농촌문화연구회 간사를 맡은 박석빈이 2기(1975년 11월 17~11일) 교육을 이수하였다. 현지출장에서 참여추천을 받은 김병구 회장과 김익곤 회원, 그리고 박석빈의 추천을 받은 김명수(전남대 농경제학과 학생)가 4기(1975년 4월 15일~19일) 교육을 이수하였고, 김명수의 추천으로 조봉훈(전남대 농학과 학생)이 8기(1976년 9월 1~5일) 교육을, 또한 김명수의 추천으로 김인원이 그리고 김병구의 추천으로 김용성이 12기(1977년 3월 14~18일) 그리고 김재선이 13기(1977년 4월 25~29일) 교육을 이수하였다. 그리고 박석빈, 김익곤, 김병구, 김인원, 김재선은 2차교육인 평가회에도 참석하였다. 이처럼 전남농민회 회원들도 크리스찬 아카데미 교육에 적극적으로 참여하였고 학생운동권과도 관련을 맺었다.

전남농민회는 교육활동에 초점을 맞추었고 회원들도 권익투쟁을 지향하는 농민운동 보다는 농민의 의식개선을 위한 활동에 집중하였다. 그러다 보니 전남농민회 회원들은 대체로 함평고구마투쟁과는 개인적으로 관련을 맺었고 계림동 1차 기도회에 개별적으로 온 것 같다.

138) 실제 추천은 전북 진안의 임수진과 생약조합의 이진종이 하였는데 지도자연합회장이었던 마원훈의 이름으로 추천서를 냈던 것 같다(박석빈).

7. 신용협동조합운동

1) 한국의 신용협동조합운동

신용협동조합은 뜻을 같이 하는 사람들이 공동으로 자본을 모아 신용도가 낮은 조합원에게 대출을 해주고 담보를 요구하는 대신 지속적인 관리감독을 통해 사업을 성공시키고 이후 원금과 이자를 회수하는 방식으로 경영하는 조합이다. 고리대가 성행하던 시절 신용협동조합을 이용하는 사람들은 낮은 신용도에도 불구하고 대출을 받아 사용하고 빚을 갚아 빈곤에서 탈출할 수 있었다.

한국 신협운동은 1960년 부산 메리놀병원에서 설립된 '성가신협'과 서울에서 설립된 '가톨릭중앙신협'으로부터 시작되었다. 1964년에는 전국 50여개 단위신협을 중심으로 '신협연합회'가 설립되어 신협운동이 확산되는 계기가 되었다. 그리고 신협운동은 초창기부터 천주교회의 전폭적 지지와 지원으로 성장했다. 1965년에는 총 115개 신협 중 천주교회 신협이 53개(46.9%)로 거의 절반 수준이었다.

이후 한국 신협은 1965년 세계신협협의회 가입, 1972년 신협법 제정을 계기로 단순한 출자금의 조성을 통한 대출업무에서 탈피하여 예·적금을 취급하게 되고 업무 범위가 공제(보험)사업으로 확대되었다. 그리고 신협법 제정 이후 신협운동은 개신교회, 절, 각종 단체, 직장, 지역으로 지속적으로 확대되었다(손석조, 2019: 136~149).[139] 물론 신협법에서 일정한 인가조건을 정하여 인가함으로써 그간 농촌

139) 그래도 1981년 말 기준 총 997개 신협 중 천주교회 신협은 전체의 약 25%인 250여개에 달했다.

에서 이루어지던 소규모 신협들이 제도권 밖으로 밀려나거나 해체되었다. 반면 1975년부터는 기업, 학교, 지역 단위의 신협들이 널리 결성되었다.

2) 광주·전남지역 신용협동조합 운동[140)]

광주·전남의 신협운동은 1962년 4월 27일 제중병원 중심으로 '제중신협'의 창립과 함께 시작됐다. 이어서 1963년 11월 27일 목포 산정동천주교회 신자를 공동유대로 '십자신협'이 결성되었다. 1965년에는 함평천주교회에서 '함평신협'이 조직됐고 1966년 '장성신협'과 '계림신협' 등을 필두로 천주교조합이, 기독교 교회 신자를 중심으로 담양 '복민회신협'이 각각 설립됐다. 이처럼 광주전남지역에서도 초창기 신협은 가톨릭 중심으로 이루어졌다.

1968년 4월 28일에 개최된 한국 신협연합회 제4차 정기총회에서는 교도원으로 활동하던 박종목을 호남 지역 이사로 선출했다. 이에 따라 박종목이 1968년 8월과 9월에 장성군을 필두로 광산군, 나주군, 함평군 일대 천주교와 개신교 20여 개 교회를 방문해 신협을 전파하며 전남에 신협운동을 확산하는 계기를 마련했다. 광주대교구는 1966년 12월 1일 신부모임에서 신협 설립을 협의하고 주교좌 천주교회인 북동천주교회에서 '북동성심신협'을 설립하였고, 이후 신협은 장성, 담양, 함평, 계림, 흑산도 등으로 확산 보급되었다. 한편 1968년 12월 8일 나주군 노안면 양천리[141)]에 소재한 성골롬반중학교[142)] 교사

140) 신협중앙회, 『신협운동 60년사』, 2020.
141) 양천리에서 가톨릭농민회 분회가 1973년 10월 13일 전남지역에서 가장 먼저 결성되었다.

박주응이 노안천주교회 지도자들과 중학교 교직원, 인근 주민들과 설립한 '해성신협'은 전남 최초의 농촌신협이었다. 이후 광주대교구의 사목 방침으로 신협조직을 권장함에 따라 신협운동이 활발히 전개돼 천주교회 중심의 농촌신협이 다수 출현했다(강승희, 2010: 153).

물론 신협운동의 중심은 도시였다. 1970년 '신협 전남지구평의회'가 출범하여 교육을 하고 신협운동을 활성화하면서 전남지역에 있는 천주교회들에서 신협이 창립됐다. 또한 대한 YMCA연맹이 사업을 통해 1970년부터 광주·전남 지역에 신협을 확산시키는데 크게 기여했다. 1971년 광주 YMCA 신협이 조직되었고 이것이 계기가 되어 1972년부터 여러 신협이 설립되었다.

1972년 신협법 제정에 따라 신협운동은 확고한 법적 보장을 받게 되었다. 하지만 인가조건을 충족시키는 신협들만 제도적으로 유지할 수 있도록 법제화 되었다. 전남지구평의회도 인가조합 중심으로 재창립하였으며 1976년에 이르러 중요 사업계획으로 미인가 신협의 적극적인 활성화와 신규 조직 창립에 주력했다. 그리고 임종길이 신협 조직사가 되어서 활동하였다.

1970년대 초반에 도시에서 신협운동을 했던 (물론 농촌에서도 했던) 사람들이 가톨릭농민회 전남지부 결성식과 전남연합회 창립할 때 왔을 것으로 추정된다. 전남지부 결성식에서 전남지부장이 된 권광식은 신협운동을 활발히 했던 사람이었고, 연합회 출범 직후 가농회원이 되었다. 그리고 출범식에 왔던 것으로 추정되는 사람 중에 신용협동조합 지구평의회에서 온 신지호가 있었다.

이러한 도시신협 설립과 더불어 1970년대 중반 들어 YMCA연맹

142) 나주 노안본당에 속해 있는 학교였다.

의 농촌사업이 본격적으로 전개되면서 농촌신협들이 결성되기 시작하였다. 특히 YMCA 농촌사업은 농촌의 신용협동조합, 곡물협동조합을 확산시키는데 기여하였다. 이미 일제강점기에도 다른 지역에 비해 두드러졌던 전남지역 YMCA 농촌사업은 1950~60년대에는 명맥만 유지하다가 1970년대 들어 재개되기 시작하였다. YMCA연맹은 1974년을 기점으로 농촌사업을 전개하기로 하였고, 그 주요내용은 농민조직사업(신용협동조합, 양곡은행, 축산협동반)과 농민지도자 교육이었다.

신용협동조합과 유사한 조직이 바로 곡물협동조합(양곡은행)이었는데, 이것은 쌀값이 비싼 춘궁기에 대여했다가 쌀값이 가장 싼 늦가을에 반납케 함으로써 농민들의 경제생활을 도울 수 있게 하는 제도였다. 농민 자체적으로 운영하였는데 YMCA가 양곡을 무상대여해 주고 영세한 농민들에게 자립기반을 마련해 준다는 것이 목표였다. 현물 대신 현금으로 하는 것이 신용협동조합이었다. 농촌의 협동화를 지향하는 방안으로 농촌의 고리채를 해소하면서 농민들의 영농을 활성화하는 방안으로 신용협동조합이 제시되었던 것이다.

광주YMCA는 이것을 실현하기 위해 농촌 지도자들을 대상으로 신협관련 공개강좌를 열며 신협조직을 촉구하였다. 또 광주시 농촌교육원에서 도내 각 교회 교역자 및 평신도 지도자들을 대상으로 신협교육을 실시하였다. 그 결과 1972년부터 1976년 4월까지 화순, 보성, 승주, 구례, 광주, 나주, 신안, 함평, 여천 등에 신용협동조합(9개)이 설립되었다.

그리고 지역YMCA를 중심으로 농촌사업이 전개되면서 농촌신협들이 결성되었다. 해남YMCA는 1976년에 7개의 신협을 만들었으며, 순천, 여수 등 YMCA가 있는 지역에서도 신협이 만들어졌다(광주 YMCA 역사편찬위원회, 2010). 1977년 들어서도 신협은 계속 결성되었고, 1979년 순천YMCA는 기존에 있던 학구신협와 산동신협에 더하여, 승주군 안에 3곳과 보성에 1곳 등 신협을 새로 조직하고 교육을 하였으며,[143] 광주YMCA가 담당하던 농촌사업 대상 신협들(학구, 첨산, 산동, 득량)을 넘겨받아 관리하기 시작하였다. YMCA 농촌사업이 시작되기 전부터 해남지역에는 크리스찬 아카데미 농민교육을 받은 사람들이 있었는데,[144] 최우열 총무는 이들과 접촉하여 해남YMCA의 농촌사업을 벌여 나갔고 신용협동조합과 양곡조합을 설립해 나가도록 촉진하여, 1979년까지 해남지역에는 신협 17개와 양곡조합 1개가 만들어졌다. 해남Y에서는 이러한 기반 위에서 해남Y농촌개발회(나중에 해남Y농어농민회로 바뀜)가 만들어져 다양한 교육과 활동(농민대학)을 펼쳤다(윤수종, 2015: 224~228). 이러한 활동을 했던 사람들 가운데 일부가 1978년에 전남기농을 결성하는데 참여하였고 해남기독교농민회를 결성하는데 참여하였다.

한편 1958년 전남대학교 농과대학생을 중심으로 출발한 말알회는 1971년 설립한 '광주밀알신협'을 필두로 1975년 이후 지방 밀알회에서 신협을 추진하여 보성, 순천, 완도에 신협을 조직했다.

그리고 다수의 가톨릭농민회 분회들도 결성된 후 신협운동을 펼쳐 나가기도 하였다. 농민운동 쪽에서 이렇게 신협을 결성하고 농민들을 조직해 나가자 관에서는 마을금고를 내세워 신협을 압박하고 마을금고로 바꾸라고 강요하기도 하였다(최성호).

이렇게 다양한 흐름에서 신협조직화를 시도하여, 광주·전남 지역

143) 승주지역 동운(서면 동산리), 보남(낙안면 이곡리), 송죽(별량면 송기리) 3곳과 보성 득량(득량면 득량교회) 1곳이었다.

144) 정광훈, 홍영표 등.

은 1979년 12월 기준 인가조합수 74개에 인가 조합원 3만 9,096명이었으며, 총자산은 76억 원을 넘어섰다. 농촌신협들이 많이 포함된 미인가 조합들도 총자산 8억 1,000만 원을 보유하고 있었다. 특히 농촌본당이 있는 나주, 함평 등지에서 신협이 교인들 중심으로 결성되어 활동하였다.

3) 함평지역 신용협동조합 운동

함평지역에서는 본당이 있던 함평천주교회에서 일찍부터 청년모임과 가톨릭농촌청년회 활동이 있었고 1965년에 '함평신협'이 결성되었다. 1971년에는 광주에서의 강습회 이후 함평 문장천주교회(공소)에서 '문장신협'이 결성되었다. 문장 공소에 가까운 정산리에서는 가톨릭농민회 분회가 결성되기 전에 이렇게 신협이 조직되고 천주교회 사도회장 중심으로 운영되었다. 그 기반 위에서 결성된 가농 신기분회는 함평읍 중심의 가농분회들에서 멀리 떨어져 있었음에도 불구하고 활성화되었고, 신기마을 주민들 대부분이 운동에 적극 나섰다.

가농분회들은 결성된 뒤에 신협을 조직하기도 하였다. 함평 안에 있던 분회 중에는 가덕분회, 신기분회, 상록수분회, 마량분회가 결성 이후 신용협동조합 사업을 하였으며 마량분회는 양곡협동조합(양곡은행) 활동도 하였다. 외대화 마을에서는 유사한 것으로 마을금고를 설립하고 운영하였다. 분회들이 하는 신협들은 대개 마을신협으로서 인가받은 규모의 것이 아니었다. 물론 그 중에는 잘 운영해서 인가신협으로 성장하는 경우도 있었다. 신기마을에서 운영되던 신협은 상근자까지 두고 운영하다가 나중에 다른 신협과 통합하여 인가신협이 되었고 지금도 운영되고 있다.

8. 수도공동체 동광원

1) 수도공동체 동광원

'동광원'은 '근본적으로 예수를 닮아가려는 삶을 추구'한 한국 최초의 개신교 수도공동체였다. 동광원은 본래 1950년 광주에 세워진 고아원의 이름이었다. 이 고아원을 맨발의 성자라 불린 이현필(엄두섭, 1977)과 그의 제자들이 맡아 운영하였다. 동광원의 시작은 일제시대부터 기존 교회에서 벗어나 기도하는 삶을 중요하게 여기며 살았던 이세종의 교리에 따르는 흐름에 있었다. 이를 대변하는 이현필이 남원 서리내에서 소년소녀 14명과 함께 성경공부를 하면서 교육공동체로 발족한 것이었다.

일제의 신사참배를 피해 산속에서 기도와 교육을 하던 이현필과 함께 하던 사람들이 8.15 이후 하산하자, 광주에서 한센병자를 돌보아온 최흥종 목사가 그를 YMCA에서 일하도록 하면서 거기에 거처를 마련하고 모였다.

여순사건 이후 1949년초 방 두 칸 달린 집을 구입해 고아 8명을 살피도록 하면서 동광원이 시작되었다. 고아들이 넘치자 지역 인사들이 뜻을 모아 동광원이라는 이름의 고아원을 설립하고 이현필과 그의 제자들에게 그 운영을 맡겨 고아들을 수용하였다. 한국전쟁이 나자 고아들이 폭증하였고 정부와 외국원조단체의 지원으로 600여 명 이상을 수용하였고, 그 때 동광원이라는 이름이 붙여졌다. 누구든지 와서보고 감탄할 정도로 운영하였다. '고기를 안 먹는다. 구호물자 옷을 될 수 있으면 안 입는다. 신문을 안 본다. 라디오를 안 듣는다. 성서 이외에는 일체 금지한다. 병원엘 안 간다. 독신으로 산다'는 계율 때문에 구호물자 나온 것을 규정과는 다르게 처리하였다. 고기는 다른 데로 보냈고 옷은 어차피 입혀야 되니까 쓰고. 그러나 가장 정직하게 운영하여 시나 도에서 감사를 나와서는 동광원은 감사할 필요가 없다고 하였다. 원장이 떨어진 옷을 입고 고무신을 신고 다녔을 정도였다.

그런데 정부(전남도)는 1954년 8월 의약품치료거부와 채식주의로 인해 동광원이 이단시비에 몰리자 동광원에 대한 지원과 보조를 철회하고 고아들을 전남 일원의 고아원으로 분산수용하였다. 그러나 분산수용되었던 고아들 중에서 30여 명이 동광원으로 다시 돌아왔다.

'동광원 사람들'은 순결, 청빈, 순명을 원칙으로 삼고 노동을 통해 자립했으며 고기도 먹지 않고 치료도 받지 않고 성경공부와 구제활동 및 기도생활에 전념하였다. 동광원과 관련자들은 예수처럼 청빈하게 살면서 걸식탁발까지 하였으며 빈곤층과 약자들에 관심을 가져 사회적 실천을 강조하였다. 그리고 전쟁후 사회선교도 확장하여 전국에 10여개의 분원이 세워졌다. 무등산 쪽에 공동체를 이루고 살던 사람들이 있었는데 남반, 여반 따로 분리해서 살았다. 여성들도 일하였으며 숫자는 남성들 보다 많았다. 이들 중 일부는 남동성당에 와서 미사를 드리곤 하였고 나중에 가톨릭이 되었고 그후 소화장애원 활동을 하였다.[145)]

동광원 사람들은 고아원 활동에 이어 일작운동(매일 밥을 지을 때 자기 몫에서 한 숟가락 씩 떠서 모으는 운동), 빈민의 공동생활과 노동을 내용으로 하는 협동조합운동, 제중원에서 결핵환자 돌봄, 호혜

---

145) 현재 광주광역시 남구 봉선동에서 '소화자매원'이란 사회복지법인으로 운영되고 있다.

원(음성한센병 환자촌) 봉사, 장애인 등의 공동체인 귀일원 운영 등에 나섰다.

다시 말하자면 동광원은 예수를 잘 믿기 위해 모인 초대교회적 성격을 지닌 수도공동체라고 할 수 있겠다. 또한 공동체 내부에만 머무는 것이 아니라 자신들도 거지처럼 살면서 사회의 약자들을 적극적으로 돌보는 활동을 하였다(김원석, 2015: 47~59). 한국에서 처음 생긴 수도 공동체 흐름이었다. 동광원 사람들은 코뮨적인 사상을 지니고 있었다(이우재).

2) 서경원과 동광원

일제시기에 이미 이세종(이원필의 스승) 선생, 이원필 선생 제자들이 원달 마을에 왔다갔다 했다. 이원필(맨발의 성자) 선생이 이불 짊어지고 와서 서경원의 집에서 며칠간 머물기도 하였다. 이처럼 동광원 어른들이 남원 산속에 여러 번 왔으며, 화순, 광주, 여러 군데서 서경원 집에 와서 기숙하고 토론하고 신앙강좌를 하곤 했다.

일제 강점기에 서경원의 아버지(서재선)는 남원읍에서 다른 두 사람과 함께 목공사업을 하였다. 공장 이름이 삼일(三一)공업사였는데 일본인들이 이름을 가지고 문제 삼자 성경에 나오는 삼위일체(성부와 성자와 성모)에 근거한 이름이라고 반박했고, 게다가 나(예수) 이외의 다른 신을 섬기면 안 된다는 생각에서 신사참배를 거부하였다. 실은 남원교회에서 나온, 예수처럼 살려는 기독교열성파들이 목공소에서 모여서 기도하곤 하였다. 미운털이 박힌 서경원의 아버지는 일제 경찰의 폭력을 겪고[146] 1년도 안 돼서 사업을 접고 산에서 살 수 있는 연장만 만들어서 밤에 여수행 열차를 타고 순천과 구례 사이에 있는

역에서 내려 산으로 들어가 곡성군 죽곡면 원달리에, 태안사라는 절이 있는데 그 절 반대쪽 석곡 쪽으로 가는 산 속에 들어가서 성경 보고 연구하고 일하는 삶을 택하였다. 서경원의 아버지가 바가지를 잘 만드니까 어머니가 그것을 마을에 이고 다니며 팔아서 연명하였다. 서경원은 9살에 그 산속에서 해방을 맞이하였다.

서경원의 아버지가 목공기술을 갖고 있어서 동네에 내려와 상도 고치고 문도 고치고 하였다. 그 때 서경원의 아버지가 김문식(가농 곡성 원달분회 회장)의 아버지(원달에서 유지였고 힘깨나 쓰는 분이었다)의 요청으로 한달여 김문식의 집에 머물면서 갖가지 도구와 장비들을 만들었다. 이 때 김문식의 아버지를 전도하여 담배도 끊고 술도 끊게 하였고, 나중에 교회(모임)를 설립하도록 하기도 하였다.

아들 김문식은 서경원과 동갑으로 친구가 되어 10년을 지냈으며, 서경원이 함평에 와서 있다가 가톨릭농민회 전남지부 결성 후 원달에 가서 김문식에게 농민운동을 시작하자고 하여 원달도 이름을 향진회(向進會)라고 지어 활동하기 시작하였다. 흔히 원달분회라고 하였지만 향진회라는 이름을 계속 썼다.

'동광원'이 생기기 전부터 기독교 열성파들, 신사참배를 거부했던 사람들, 더 이상 교회를 기존 방식으로 운영해서는 안 된다고 생각하는 사람들의 모임이 남원, 화순, 곡성, 보성, 함평, 진도 등지에 있었고, 화순으로 모이기도 했다. 각지에 기부받거나 마련한 땅들이 있었다. 함평에도 기부받은 땅이 있었고 거기에 모여살았다.[147] 서경원은

146) 서경원이 5살 때 정복 입은 순사가 목공소 앞을 지나가다가 아버지를 나오라고 하더니 빰을 세게 때렸다. 목수일을 하니까 귀에 연필을 꽂고 있었는데, 귀싸대기를 맞아 연필이 멀리 떨어져 나갔고, 그 광경을 보던 서경원은 옷에 오줌을 싸버리고 말았다.
147) 이제는 거주하는 사람이 적어졌고 남원에서 온 여성 몇 명이 살고 있다.

11살부터 동광원에 살았다. 서경원은 자신의 이력에 제도권 학력은 없지만 무학이라고 했다가 나중에는 독학이라고 표기하였는데, 아버지가 산속에서 틈만 나면 성경을 펴놓고 한문 섞인 성경을 읽게 하였다. 화순 도암면에 2년 살다가 다시 곡성에 와서 산속에 살던 그 모습 그대로 살던 서경원의 아버지는 원달 마을에 김문식 아버지 중심으로 교회를 세웠으며, 교인이 4~50명 정도 됐다.

1951년 금산리에 있는 녹파마을(땅을 기증한 사람의 호가 녹파임)에는 그곳에 살던 부유한 사람이 기증한 5정보 되는 땅과 주택에 함평 동광원(수도원)이 있었고 나중에 서경원의 집도 그 땅에 있었다. 그 때 와서 몇 개월 살다가 진도로 가서 살다가 다시 와서 광주 동광원에서 살다가 했다. 동광원에 살 때는 밤낮으로 교육을 받았다. 최흥종 선생님 밑에서 성경공부를 배우기도 하였는데, 그 분은 양림동 YMCA 농장(양영원)(정인세가 Y총무로 있으면서 이 농장을 동광원에서 사용하도록 하였다)에서 동광원식구들과 같이 살았다. 곡성에서도 김문식의 아버지가 동광원 식구들을 데려다 산 속에서 살기도 했다. 곡성, 함평, 진도, 남원, 보성 등에 동광원 모임이 있었고 동광원 분원이라고 했다. 동광원 사람들은 술, 담배, 남녀관계도 금지하고, 자기 재산을 갖지 않고, 프란체스코의 삼대 계명(정결, 순명, 무소유)을 지키며 살았다.

그러다보니 서경원은 제도권 학교를 안 다녔다. 그렇지만 동광원에서 영어, 사회, 신학, 윤리도덕을 배웠다. 동광원에서는 교육을 많이 했다. 낮에는 일하고 비가 오거나 틈만 나면 공부하였는데, 가르치는 사람은 정인세 원장, 최흥종 선생, 서울의 유영모 선생 등이었다. 풀무원 창립자 원경선도 와서 신학 강좌를 하였다.

김문식의 아버지는 오랫동안 동광원 감사를 하였고 동네에서도 한국전쟁 직후 10여 년 동안 '양등원'이라고 만들어 20~30명의 고아들이 원달에 살면서 농사짓게 하였다. 그리고 광주 양림동 YMCA 농장 안에 있던 '양영원'에 어린이들을 수용하였다가 여러 곳으로 분산시켜 살게 하였다. 김문식도 가 있었는데 배고픈 기억만 남았다.

동광원 사람들은 자신의 신앙을 드러내지 않으면서 매우 청빈하게 살았다. 물론 동광원 정신처럼 자신도 거지처럼 살면서 거지를, 한센병환자를 돌보려고 하였다. 즉 사회적 약자에 대한 관심이 많았고 실천하였다. 주변 사람들은 동광원 출신자들을 특별히 이상하게 보지 않았다. 오히려 봉사정신이 투철한 사람들로 인식하였다.

여하튼 전남지역의 가농 분회조직에서 동광원 출신자들이 많이 관련하게 되었다. 서경원이 먼저 주도하여 동광원 출신자들에게 다가가 가농운동을 권유하였다. 자신이 살던 금산리 향진회 분회에서는 분회장 신영수가 동광원 출신이었다. 과목장 마을 사람들은 대부분 동광원과 관련되어 있었다. 동광원은 넓은 땅을 경작하였고 기증받은 대주택에서 예배를 드리곤 하였다. 그리고 나중에 곡성 죽곡면 원달분회의 분회장이 된 김문식의 아버지가 동광원 수도공동체를 만들 정도였고, 김문식은 서경원과 10여 년을 같은 마을에서 살았다. 또 다른 예는 나주 산포분회의 신종호가 동광원 출신이었다. 서경원은 자신보다 나이가 많은 신종호를 찾아가 가농운동을 하자고 권유하였다. 신종호는 전남연합회 부회장을 하면서 농민회 활동에 적극적이었고, 나주군 산포면 호혜원이 있는 마을에서 산포분회를 조직하였다. 그 외에도 2대 전남연합회장을 잠깐 하였던 김정호도 동광원에 와서 함께 일하고 살았던 적이 있었고, 서경원이 추천하여 회장을 하게 되었다. 그리고 새마을지도자연수원장이며 서경원을 고대 노동문제연구소에서 개최한 협동과정반 교육에 연결시킨 김준도 동광원 출신이었다.

물론 동광원사람들은 가농(농민운동)활동에 조직적으로 결합한 것은 아니었다. 주로 서경원이 동광원 출신자들을 개별적으로 접촉하여 농민운동을 하도록 촉구하였다.

9. 학생운동과 재야운동

1970년대 학생운동은 유신체제에 대한 저항의 양상을 띠었다. 1972년 10월 17일 구테타를 통해 성립한 유신체제는 독재체제를 굳히려는 시도였다. 이후 유신철폐운동이 학생운동의 주요 흐름이 되었고, 1974년 4월 이른바 '민청학련'(전국민주청년학생총연맹) 사건이 운동을 발전시키는 계기가 되었다.

전남지역의 경우 민청학련 이전에 이른바 〈함성〉, 〈고발〉 지 사건이 있었다. 1972년 12월 9일 밤 광주시내에 뿌린 유인물 〈함성〉은 유신체제를 정면으로 공격하고 반대한 최초의 함성이었다. 주도자는 이강과 김남주였는데 이강은 1975년부터 농민운동에 나서게 된다. 이들은 다음 해 3월 〈고발〉지를 배포하려다 미수에 그쳤다.

유신체제에 대한 저항은 1973년 후반부터 본격화하여 1974년 초 서울대, 경북대, 전남대 학생들이 주모하여 '전국민주청년학생총연맹'(민청학련)을 조직하였는데, 전남지역에서 전남대의 윤한봉과 김상윤 등이 활동하였다. 학생들은 시위를 계획하였으나 사전에 체포되었고, 4월 전국적으로 체제에 저항하는 사람들, 특히 학생들을 긴급조치를 발동하여 전국적으로 1천여 명을 연행하여 조사하고 250여 명을 구속하는 이른 바 '민청학련'사건이 있었다. 학생들 180명이 구속기소되었다. 전남대에서는 윤한봉, 이강, 김정길, 김상윤, 최철, 박형선 등 18명이 구속기소되었다.

그러나 구속자들은 1975년 2월 15일 모두 형집행정지로 석방되었으나 복학이 되지 않고 있었다. 결국 이들은 직업운동가의 길로 나섰으며, 이강, 박형선이 (그리고 학생이었던 조봉훈 등이) 농민운동에 참여하였다. 민청학련 세대들은 '전남민주회복구속자협의회'를 결성하여 활동하였다. 회원들은 '구협'이라고 불렀으며, 흔히 '민구협'이라고도 했다. 윤한봉이 초대 회장을 했고, 그는 '구협'을 통해 함평고구마투쟁 단식장에 물품을 공급하고 다양한 지원활동을 하였다. 더욱이 민청학련 관련으로 구속되었던 사람들 중에서 광주 출신들이 광주로 내려와 함께 하였다. 그리고 전남대 교육지표 사건[148](1978년 7월) 이후 전남대와 조선대에서 지지시위가 있었고 관련자들이 구속되었는데 그 중 조선대에서 박형중이 농민운동에 관여하였다.

그리고 전남지역에는 기독교운동에서 다른 지역과는 다른 특이한 점이 나타났다. 앞서 설명한 동광원수도회 흐름에 접속되어 있는 것이기도 한데, 무교회주의적인 흐름을 형성하면서 기독교공동체 생활을 하던 흐름이 있었다. 동광원의 정신적 원류인 이세종이 화순 천태산 도암면에서 기독교공동체 생활을 하였는데 여기서 많은 제자들이 나왔다. 한국전쟁 때 피난민과 문둥병 환자들을 보살폈던 강순명 목사, 맨발의 성자라 불린 이현필 선생, 그리고 이세종 밑에서 수도생활을 하다가 평양신학대학을 나온(거기서 함석헌을 만남) 백영흠 목사 등이 있었다. 특히 백영흠 목사는 학생들을 교육하였고 양림교회

148) 1978년 6월 27일 전남대학교 교수 11명은 군사독재정권의 비민주적인 교육현실을 비판하고 교육자의 올바른 자세 확립을 다짐하는 '우리의 교육지표'라는 성명서를 발표하였다. 한 사람만 구속되었으나 모두가 해직되었다.

에서 사역하며 학생운동 활동가들을 길러냈다.

그리고 YMCA, YWCA 활동도 활발하였고 오방 최흥종 목사나 조아라 장로 같은 사람들이 있었다. 이들은 기존 교회의 계통(기장이나 예장)에 얽매이지 않고 사회 문제를 제기하고 적극적으로 해결하려고 하였다. 이러한 흐름 속에서 함평고구마투쟁 시기에 교회들에서 고구마투쟁 지지 기도회를 열고 교회가 시위의 기점이 되기도 하였다.

기장 쪽에서는 강신석 목사 등이 '농민선교위원회'(배종열 총무)를 만들어 활동하였고 '전남노회(목사와 장로로 구성된 조직)'는 목포를 축으로 하여 농민교육과 농사교육을 하였다. 유신체제에 대해 비판하는 강신석, 조홍래, 윤기석, 이한철 4명의 목사들이 구속되고, 이들의 재판과정에서 학생들과 신도들이 비판적 의식을 키워가게 되었다.

기독교계를 중심으로 한 이러한 재야운동은 함평고구마투쟁을 뒤에서 지지하는 힘을 만들어냈고, 관련 목사들과 신도들은 1,2차 기도회에 참석하여 힘을 실어줬다. 또한 단식투쟁 때에는 단식투쟁장 밖에서 기도회를 주도하는 등 함평고구마투쟁에 협력하였다.

가톨릭교회와 신부들도 반독재민주화운동에 나섰으며, 이들 가운데 일부 신부들은 정의구현사제단을 결성해서 활동하기도 하였다. 특히 지학순 주교가 구속되면서부터 천주교회에서는 기도회 형식의 항의운동을 하기 시작하였다. 함평고구마투쟁에도 신부들이 대거 참여하였다.

10. 소결

1970년대 전반기에 함평지역 안에 농민운동의 전파는 활동가들이 마을별로 찾아다니며 가톨릭농민회 소개, 농민운동의 필요성, 농업문제의 본질, 농산물 가격과 농민문제, 농협문제 등에 대한 사랑방교육을 행하고 가입자를 받는 방식으로 주로 이루어졌다. 이런 마을단위 교육은 4-H 활동에서도 있었으나 이후 교육을 수행하는 과정에서 그 내용과 형식의 결정은 가톨릭농민회 교육과 크리스챤 아카데미 교육의 영향을 많이 받았다. 그리고 초기에 마을단위에서 교육을 소집하는 방식은 '교육한다고 나오라'는 식으로 한 것이 아니고 '말좀 들어보고 술 한잔 하자'는 식으로 알음알음 이야기를 시작하였다. 마을별로 분회가 결성되고 교육이 거듭된 이후에야 비로소 정식으로 '교육'이라는 이름을 갖춰 사람들을 모으고 행사를 진행했다(노금노)(조영욱, 1998: 76).

종래의 기술교육 활동이나 4-H 활동을 하면서 알게 된 연줄을 통해 소개를 부탁하는 자청의 차원에서 교육활동을 시작했으나, 얼마간의 시간이 지나 농민회의 성과가 알려진 뒤에는 각 마을에서 교육가를 초대하는 방식으로 전환되었다. 물론 4-H 활동을 통한 연줄 외에도 마을금고 교육 이수를 통해 서로 알게 된 사람의 동네나 처가집 동네를 찾아 간다든지 하는 방식의 지인 혈연 인척의 연줄도 활용되었다(노금노). 실제로 서경원과 노금노는 처가가 있는 마을에서 분회를 만드는데 적극 참여·개입하였다.

함평지역을 포함해 1970년대에 전국적으로 농촌사회에 대단히 많은 관변조직들이 있었지만, 농민들이 다수의 관제조직에 의해 동원과 통제의 대상으로 물샐틈없이 조직되어 있지는 않았다. 1960년대 이래 정부의 행정적 재정적 지원을 받으며 조직되었던 비자생적 조직 집단들은 유사한 사회조직들의 중복으로 인해 여러 가지 부작용을 낳다가 1977년 8월 부녀자들의 집단은 새마을 부녀회로, 청장년의 집단들은 새마을 영농회로, 4-H구락부는 새마을 청소년회로 조직 통폐합되었다(조영욱, 1998: 78). 물론 마을에서 새마을 부녀회나 새마을 청년회, 새마을 문고 등의 조직은 이농 등의 이유로 인해 실제로는 유명무실한 경우가 많았다.

하지만 어떠한 관제조직에도 참여하지 않으면서 고립적으로 지내던 개인이 농민운동에 뛰어드는 경우는 드물었다. 노금노만 하더라도 1973년 봄 마을금고 회계, 50여 호를 대표하는 수반장, 새마을사업 추진위원, 단위조합 산하 우리마을 협동회장 등의 직책을 맡고 있었다. 더군다나 마을금고나 4-H같은 경우에는 마을주민들에 대한 봉사정신과 농업발전에 대한 적극성을 지닌 사람들이 참여하는 경우가 많았으므로 오히려 미래의 운동가들이 서로 안면을 익히는 자리이기도 했다(조영욱, 1998: 79).

1976년 11월 농협측이 수매약속을 이행하지 않아 고구마피해가 함평 전역에서 발생할 당시, 함평지역 전체의 운동세력은 가톨릭농민회, 크리스찬 아카데미교육 이수자 네트워크, 4-H 회원 및 농촌문화연구회원 등을 합해 100여 명 가량 되었다. 그리고 당시 함평지역 농민운동의 현황을 보면 1개 읍, 4개 면의 8개 마을에 가농분회가 결성되어 있었고 어느 정도 조직역량을 갖추고 있었으며, 집단투쟁 경험도 갖고 있었다.[149] 그리고 한두 사람씩 활동하고 있는 마을들도 8개

149) 함평군은 1읍, 8개 면과 400여 개의 마을(자연마을)로 구성되어 있으며, 상공업을 제외하면 농가는 1만 2천여 호였다.

정도 되었다(노금노, 1986: 248).

그러나 함평고구마투쟁은 함평 안에서만 일어난 것이 아니었다. 전개과정에서 전국적인 사안으로 되었을 뿐만 아니라 전국적인 동원이 이루어진 투쟁이었다. 즉 함평고구마투쟁의 운동배경을 함평지역에서 좀더 넓혀 보자면, 전국가농과 전남연합회의 활동, 그리고 다른 농민회들, 신협운동 흐름, 동광원 수도회 흐름, 학생운동과 재야운동 등 다양한 흐름의 잠재적 촉진요소들을 추적할 수 있겠다.

이 장에서 분석한 다양한 운동흐름과 전국, 전남, 함평, 마을 단위의 운동들이 고구마투쟁에 직간접적으로 영향을 미쳤을 것이라고 생각한다. 어떤 하나의 요소가 주동 요인이라고 하기 보다는 다양한 요소들이 결합하여 '함평고구마사건'을 발발시키고 피해보상투쟁을 지속시키고 승리하도록 했다고 볼 수 있다.

3장 피해보상대책위원회 결성과 활동

3장 피해보상대책위원회 결성과 활동

1976년 10월 25일 가농은 대전에서 '창립10주년 기념 농민대회'를 하였다. 전남지역에서 183명이 참여했는데 그 중에서 함평지역에서 70여 명이 참석하였다. 그처럼 함평지역 농민들은 농민대회에 대거 참여하여 농민의 권익을 지키자고 외치며 쌀생산비를 보장하라고 정부에 요구하였다.

이러한 벅차오르는 감정을 느끼고 돌아온 농민들의 분위기와는 반대로, 10월말 11월초에 접어들어 함평에서 고구마가 썩어 농민들이 분노하기 시작했다. 농협이 수매를 약속해 놓고 제대로 수매해 가지 않자 농민들은 행동을 취하기 시작했다. 이렇게 해서 벌어진 함평고구마피해보상투쟁은 1976년 11월 피해보상대책위원회가 꾸려진 이후 1978년 4월 단식농성을 통해 보상금을 받아낼 때까지 햇수로는 3년, 반 1년 6개월 동안 전개되었다.

당시는 유신독재가 국민의 자유와 인권을 전면 부정하면서 극단적으로 억압하던 시기였다. 유신독재 체제의 경찰은 농민들의 피해와 억울함을 무조건 외면한 채 '사상이 불순하다'며 오히려 함평군농협을 일방적으로 옹호하고 농민들을 핍박했다. 이에 분노한 농민들은 감연히 일어서지 않을 수 없었다.

1. 피해보상대책위원회 결성과 피해조사활동

피해농민들 가운데 가톨릭농민회원 4명(서경원, 노금노, 임정택, 김양혁)[150]과 4-H활동을 했던 임재상이 읍내에서 만나 고구마 문제에 대해 논의한 것이 함평고구마피해보상투쟁의 시초가 되었다.

서경원은 1971년 말 고려대 노동문제연구소에서 협동교육과정(농촌지도자반) 교육을 받은 후 가농과 연결되어 가농 조직국장 정연석의 추천으로 크리스찬아카데미 교육을 1기로 받고 마을에서는 계로 유지하던 향진회를 가농 농민분회로 전환시키고 전남연합회 총무로 활동하고 있었다.

노금노는 사촌형 노광숙의 소개로 서경원을 만나 농민운동을 하게 되었고 크리스찬 아카데미 교육을 받고 외대화분회를 결성해 냈다. 그리고 노금노는 처형인 임정택을 통해 백련동 마을에 상록수 분회를 막 결성했다.

당시 임재상은 4-H 활동을 하고 군복무중(보안대)이었다.

김양혁[151]은 대학(순천농전)을 졸업하고 부모의 농사를 도우면서 양봉업을 하고 있었다. 특히 농협과 관련하여 월선 마을에서 마을사

150) 서경원(1973년 10월 13일 가입), 노금노(1975년 12월 30일 가입), 임정택(1976년 5월 30일 가입), 김양혁(1976년 10월 1일 가입)은 가농회원이며, 앞의 세 사람은 크리스찬 아카데미 교육도 이수하였다. 이들은 가농활동을 주도하였을 뿐만 아니라 함평지역 안에 있는 농민들에게 크리스찬아카데미 교육을 추천하여 이수하도록 하였다. 임재상은 고등학생 때부터 4-H 활동을 하였으며 농촌문화연구회 소속으로 크리스찬아카데미 교육을 이수하고 여러 사람을 이수하도록 추천하였다.

람들이 고약한 일을 겪은 적이 있었다. 마을 사람들이 이장에게 도장을 맡기고 썼는데 이장이 개별농민들 이름으로 농협에서 융자를 받아 쓰고 야반도주하였다. 게다가 농협이 연체 복리 이자를 부과하여 마을사람들이 큰 어려움을 겪었던 피해 경험이 있어서 농협에 대한 부정적 인식이 있었다. 이미 대학 졸업반 때 광주에서 함평 오는 버스에서 우연히 서경원을 만나 (김양혁이 사는 월선마을은 과목장 마을에 가까웠다) 농사 얘기를 하며 울분을 토하다 가농 조직에 대해 알게 되었다. 그는 서경원이 천은사에서 농민 교육한다(1974년 8월)는데 가보자 해서 가게 되었다. 둘이 가다가 천은사 가는 도중에 버스에서 노금노를 만나 셋이 들어갔다. 그리고 그 교육에 온 임재상도 만나게 되었다.

서경원은 천은사 교육에서 만난 김양혁, 임재상과 고구마 문제를 논의하다가 함평군 농민대표자 모임을 소집하기로 결정하였다.

임재상의 말을 들어보자.

"어렵게 고구마를 신한제분에 가서 수매하고 길에 나섰는데 서경원 씨가 총무할 때인데 여기저기 일 보러 다니다가 광주서 막차로 버스터미널에서 내려온 거예요. 가톨릭 농민회 총무니까 광주에 가면 며칠씩 있으면서 교육도 하고 그랬나봐요. 터미널 부근에서 서경원 씨를 만났어요. 평소에 알고 지내고 있으니까. '이게 어찌된 일인지 고구마를 아침에 내렸는데 인제서 수매하고 나오네요' 라고 하소연하니, 서경원 씨도 '그래? 나도 지금 집에서 고구마 캤는데 못 낸다고

151) 김양혁은 가농회원이며 순천농전을 졸업하고 잠시 집에 와 있다가 고구마투쟁에 결합하였고 아버지가 함평읍 장년리 월선마을에서 장년공소 공소회장으로 농민운동에 호의적이었다. 물론 부모는 농업에 정착하는 것을 반대하여 취직하라고 압박을 가하였다.

해서 내려오는 길이여. 오늘 저녁에 내려와 가지고 내일 고구마를 내려고 왔어.'라고 했어요.

서경원 씨는 농사를 많이 지었어요. 개간 밭을 농사를 지었는데, 개간하면 농사가 안되니까 한쪽 땅에 고구마를 주로 해요. 광주 안 가고 함평에 남아 있었는지 2~3일 후에 또 만났는데, '아이 임회장 우리 고구마는 아침에 가서 본께 국도 23호선에 내놨는데, 포장이 안 되있응께 한줄로 해놨단 말이여. 차가 움직이고 가다보면 깨진 게 있어요. 안 싸놓은 놈이 차가 깔아 놓은 게 몇 개 있어.' 고구마포대가 한 70~80개 있었어요, 100개 미만이었을거요. 직접 가보니까 그 중에 도로가 포장이 안 된 신작로에서 차가 깔아 버려서 고구마가 깨진 게 있다는거예요. 그놈을 내려는데 포장을 바꿔야 한다고 해서 못 냈다는거예요.

문제가 있다고 느꼈죠. 거기서 고구마 문제를 서경원 씨하고 같이 얘기하게 되었죠. 결국 서경원 씨가 고구마를 못 냈어요. 어떻게 내보려고 해도 안 되고 농협에도 왔다갔다 한 것 같은데.[152] 서경원 씨가 제안을 했어요. '이거 함평 고구마가 문제가 있다. 조사를 해 보자'고."(임재상)

서경원과 임재상이 고구마 문제를 조사해 보자고 한 뒤 서경원은 11월 17일 가톨릭 농민회원인 김양혁, 노금노, 임정택을 오라고 해서 5명이 모이게 되었다. 바로 이 5인모임이 함평고구마 부패문제를 사건화하고 투쟁으로 만들어간 출발점이 되었다.

11월 17일 이들 5명 중에 서경원과 노금노가 회의장소를 교섭하기 위해서 함평천주교회 신부를 찾아갔지만 거절당하였다. 그러자 임재

152) 나중에 농협에서 고시가격대로 썩은 것까지 수매해 갔다.

상에게 회의장소 얘기를 하니까 자신이 근무하는 곳에 가깝게 있고 점심을 먹으러 다니는 식당(1층)에 있는 2층에서 논의할 수 있겠다고 생각해서 제안하여[153] 함평극장 앞에 있는 청하식당으로 결정하고 논의한 끝에 고구마 피해를 조사하기로 하였다. 김양혁이 작성해 온 문안을 같이 고쳐서 편지 내용을 완성하여 인쇄하기로 하였다. 그때 당시는 등사판을 밀어야 하는데 직접 할 수 없어서 임재상과 같은 화산 마을에 사는 그의 아재(15년 정도 위)가 함평교육청 앞에서 하는 '한글사'라는 프린트사에 등사를 맡기게 되었다. 100장을 해달라고 갖다 맡겼다.

안내장을 찾아다가 11월 18일 분회장, 마을 대표, 지역 대표 30여 명에게 발송했다. '농민의 피와 땀이 범벅이 된 고구마가 노변에서 눈비를 맞고 굴러 밟히는 것은 곧 농민이 짓밟히는 것과 다름이 없다'[154]고 하면서, 농협이 17% 인상하여 수매하겠다고 약속하고는 이제 와서 수매를 하지 않으려고 하니 23일에 모여서 타개책을 의논하자고 제안하였다. 그리고 농협과 고구마를 거래하는 수매관련 내용물과 내역(거래장, 현재 고구마 출하량, 수금한 금액 및 미수금, 현재 출하량에 대한 전표 등)을 가져오고 주민들의 여론(그리고 현지에서 일어난 사건)을 조사해 오도록 하였다.

153) "내가 방위근무차 전화를 받아야 하니까. 멀리 못가. 그래 가지고 근무지에서 가까운 군청 앞에 있는 청하식당에서 만나자고 했지요. 내 근무지에서 30m 거리밖에 안 되고 근무지에 오가며 전화를 받을 수 있어서 거기로 정하자고 했지요."(임재상)

154) 이 문구는 김양혁이 초안을 작성해 온 것으로 그 이후 선언문이나 결의문 등에서 자주 인용되었다.

안내장

농민의 피와 땀이 범벅된 고구마가 노변에서 눈비를 맞고 굴러 밟히는 것은 곧 농민이 짓밟히는 것과 다름없습니다. 그럼에도 농협은 17.4% 인상하여 수매하겠다고 약속하고는 사실은 수매를 간접적으로 꺼리는 실정입니다. 우리는 이 문제를 한 자리에 모여서 대책을 의논코자하니 아래 요령으로 조사하여 한 자리에 모입시다.

조사해 오실 사항

1. 농협과 고구마를 거래하는 수매계약서를 가지고 오실 것.

2. 주민들의 여론과 현지에서 고구마 때문에 일어난 사건들을 조사해 오실 것.

일시 : 1976년 11월 23일 오전 10시

장소 : 함평극장 앞 청하식당

1976. 11. 17.

그런데 당시에 인쇄소에서 프린트를 하면 그중 한 장을 경찰서 정보과에 의무적으로 보내는 것을 몰랐다. 안내장이 경찰에게 신속히 전달된 뒤 정보과에서 그 문서를 보고 회의하고 가톨릭농민회에서 농민들을 선동하고 조사한다더라 하면서, 김양혁이 초안을 잡아온 '고구마가 짓밟히고 있는 것은 농민이 짓밟히고 있는 것과 같다'는 문구가 문제가 된다는 것이었다. 그러나 직접 농민회원들을 공격하지 못하고 군수와 논의하여 가농 형제간이나 가족이 공무원이 있는가를 확인하여 압박을 가하였다. 예를 들어 장연리 월선분회장이고 조사원인 장성일은 동생(장성대)이 군청에 근무하였는데 동생에게 압력을 넣어 조사하지 못하게 하려고 하였다(임재상).

경찰이 대책위원 중의 한 사람의 집을 찾아와 대공분실에 넘기겠다는 등 협박을 하기도 했다. 경찰의 개입은 여기서부터 시작되었다. 이러한 과정에서도 농민들은 고구마를 팔려고 노력하였으나 팔 수 없었고 고구마는 자꾸만 썩어갔다(대책위, 1978b: 1).

11월 23일 청하식당(함평군청 앞에 있는 짜장면 집) 2층에서 10개 마을에서 온 17명의 피해농민들이 짬뽕을 먹고 서경원의 사회로 회의를 시작하였다. 각자 소개하고 각 마을에서 고구마 문제의 심각성을 열거하였다. 피해농민들은 현지 상황을 구체적으로 설명하였다. 이를 나열해 보면 다음과 같다.

> ① 각 지역에서 고시가격이 문제가 아니고 상인들을 통해 15관들이 1포에 800~900원, 심한 데는 200~300원씩 거래한다.
>
> ② 농협수매는 일부 빽 있는 사람만 고시가격을 받고 출하한 셈이다.
>
> ③ 더 이상 농협을 기대할 수가 없어 상인들에게 팔려고 하면 수매전용 포대를 비우고 일반 포대로 바꿔야 한다.
>
> ④ 감량이 과거에 비해 엄청나게 많다(백련동은 100 가마당 평균 30가마, 월야면에서도 감량이 많았다).
>
> ⑤ 운송비 부담이 농협에서 부담한다고 했고 과거에는 신한제분에서 가미당 15원씩을 부담했는데 자부담으로 하고 있다.
>
> ⑥ 대기료 부담까지 한다. 4톤 250개 싣는데 4,500원 정도 하였다(실제 백련동의 경우).
>
> ⑦ 지정수매인 밑에 몇 명씩 건달들이 있어서 말도 함부로 못하고 돈도 받지 못하고 처분만 바라고 있는 실정이다.

⑧ 깡다구 있는 사람들은 신한제분에 가서 책상 한번만 치면 몇 차씩 배당을 받아 몇 십만 원씩 벌었다고도 한다.

⑨ 도지부와 농협이 7월부터 매스컴, 회의를 통해 선전하길래 믿고 있다가 이 꼴을 당한다.

⑩ 도지부장이 함평까지 와서 사업방침으로 밝혔다.

⑪ 수매인들이 6~700원씩 사서 고시가격을 받아먹는다(수매 전표를 보았다).

⑫ 차라리 농협을 믿지 않고 상인들이 사정할 때 팔아야 하는 건데 그랬다.

⑬ 주민들이 농협을 찾아가 물으면 계획에 차질이 있다며, 신한제분 핑계를 댄다.

⑭ 누가 그냥 가져가기라도 했으면 쓰겠다.

이러한 현지상황을 자세히 듣고 이어서 고구마 수매와 관련된 문제점들을 짚으며 원인분석을 하기도 하였다. 피해농민들은 원인을 다음과 같이 정리하였다.

① 농협의 수매가 너무 늦게 시작되었다(예년에 비해 20일 정도 늦게 시작되었고 추위는 예년에 비해 10일 정도 빨리 왔다).

② 7월부터 농협수매 전용포대인 PD포대를 생산농가에 배포하고 각종 매스컴을 동원하여 선전하였기 때문에 농민들은 농협을 철석같이 믿었고, 별도의 출하계획이나 저장대책을 세우지 않았기 때문에 피해가 더욱 심했다.

③ 각 리 단위 수매원을 농협이 잘못 선정했다(대부분 건달, 유지, 상인들).

④ 농협이 10월 말까지도 계속 수매한다고 하면서 거리에다 내놓기만 하라고 해 놓고는 계획차질을 사전에 알려 주지 않았다. 때문에 고구마가 일시에 홍수출하됨으로써 상인들 농간에 모두 당할 수밖에 없었다.

⑤ 농협이 고구마 판매를 독점하려다 신한제분에게 둘렸다.

⑥ 농협의 수매계획의 무계획성과 생산농가들의 의견 무시(생산량 파악 주먹구구식).

⑦ 신한제분과 농협 사이의 계약내용이 문제가 있으며 농협이 들러리 섰다.

⑧ 신한제분의 공장가동율이 예전에 비해 1/3밖에 안 되었다.

이러한 분석을 하고 참석자들은 토론에 들어갔다. 토론에서는 남은 고구마를 싣고 도지부로 가서 담판을 짓자, 또 일단 농협에 찾아가 군조합장을 면담하고 태도를 결정하자 라는 의견이 나왔다.

토론 끝에 결론을 내렸다. 모든 책임은 농협에 있다고 하면서 회의 참석자 17명으로 '피해보상대책위원회'를 구성하고 피해내용을 즉, 생산량, 수매계획량, 실수매량, 부패량, 감량, 수매처, 수매금액, 고시가격 대비 피해액, 총손실금 등을 서식으로 11월말까지 조사하기로 하였다. 그리고 17명의 대책위원 가운데 상임대책위원 5명[155)]을 선출하고 군조합 방문과 투쟁추진방향에 관하여 이들에게 위임하여 대책을 세우도록 하였다.

상임대책위원으로 선임된 5명은 별도의 모임을 갖고, 임정택이 위원장, 김양혁이 조사집계, 노금노가 교육조직, 임재상이 홍보, 서경

155) 처음 모인 5명이 선출되었다.

원이 도단위와 전국 단위의 대외교섭을 맡기로 역할을 분담했다. 그리고 일단 지금이라도 고구마를 사가도록 농협에 가서 항의를 하자고 해서, 일차로 군조합에 들러 조합장 면담을 요청했으나 부재중이어서 판매계장인 안종현을 만나 "왜 고구마 수매에 차질을 빚고 있느냐? 썩으면 누가 책임질 것이냐?"하고 따지니 "아직도 고구마가 남아 있느냐? 마을을 알려 달라"라고 해서 대략 알려 주었다. 대책위원들은 판매계장이 즉석에서 각 해당 단위조합에 전화로 전량 수매할 것을 연락하는 것을 보고 오후 5시경 돌아와 기다리고 있었다.

그러나 아무런 소식이 없었다. 24일 각 현지에서 단위조합에 찾아가 수매전용 포대를 달라고 요구하였더니, "뭣하러 달라고 하느냐"고 하여 서로 옥신각신 하였다. 농민들이 고구마를 실어갈 것을 요구하자 군농협 탓을 하면서 책임질 수 없다고 하였다. 임정택에게는 밤에 단협직원과 지정수매원이 찾아와 군조합에 찾아간 것을 트집잡아 단협에서 책임을 못 진다고 하며 "이제부터 고구마는 당신이 알아서 해라"라고 폭언을 하고 간 뒤 새벽 1시에 다시 나타나 수매원을 시켜 현금 6만을 주면서 조용히 해달라고 사정을 하다가 거절하니까 행패를 부리고 갔다(노금노, 1986: 254).

이렇게 농민들이 울분을 참지 못해 농협에 찾아가 거칠게 항의하기 시작하자, 결국 25일부터 경찰이 개입하게 되고 농민들에게 탄압이 가해졌다. 고구마 피해조사를 하는 농민들이 경찰에 연행되었다. 경고 후 활동이 계속되면 긴급조치 위반으로 교도소에 보내겠다는 공갈·협박이 계속되었다. 26일 대책위(서경원)는 피해조사계획을 농협도지부에 공식적으로 알리고 며칠 뒤 (29일) 지역의 유력인사들(축협회장, 공화당 인사)에게 사건의 진상(지정인 횡포, 운송비 부담, 도지부장 수매 약속)을 알리고 협력을 요청하였으나 함평천주교회 신부만이 긍정적인 반응을 보였다.

월야면 신기마을의 경우 농민들이 항의하자 단위조합이 광주에서 상인들을 불러왔고 농민들은 농협을 믿고 헐값에 외상으로 팔아넘겼는데, 한 달이 지나도 외상대금을 받지 못했다. 농민들이 농협에 가서 따지면 농협 측에서는 상인들에게 가보라고 하여 광주까지 찾아갔으나 상인들은 오히려 농협에 가서 받으라고 하여 판매대금보다 교통비가 더 많이 나오기도 하였다. 그래서 11월 29일 대책위원들이 다시 오후 3시경 군농협을 찾아가 상무 대리 차연수를 만났는데, 오전부터 대책위원들을 찾아 돌아다녔다며 "조사자료를 달라, 내가 해결하겠다"고 하여 완료되는 대로 알려주겠다고 하였다. 그래서 외상 수매대금, 지정인 횡포, 남아있는 고구마 처리 등의 문제를 제기했더니, 외상은 없고 고구마는 실어 갈 것이며 지정인 비위는 밝혀지는 대로 고발하겠다고 하였다. 그리고 차대리는 솔직하게 "함평 생산량을 농협에서 독점하며 고시 가격을 받을 수 있고 몇 개 회사와 계약도 했으나 생산량이 많고 선수금을 주지 않기 때문에 차질이 생겼다. 잘 하려다 그렇게 된 것이다"라고 말하였다.

농협은 이 즈음부터 지역을 돌아다니면서 길거리에서 썩어가는 쌓여 있는 고구마를 차에 실어 어디론가 실어나르기 시작했다. 이 때 농협은 상인과 개인(중간수매원)을 끌어들여 대금은 농협에서 책임진다고 하면서 농민들을 설득하여 고구마를 실어가도록 하고는 그 대금을 갚지 못하여 미루어서 더욱 농민들의 분노를 샀다. 물론 서경원과 또 다른 대책위원의 고구마를 (썩은 것까지) 실어가고 고시가격대로 지불하여[156] 다른 피해농민들의 더 큰 분노를 자아냈다.

한편 고구마 생산농가의 피해조사에 나선 대책위원들과 가농회원들은 경찰의 탄압과 농협의 방해를 받았다. 11월 30일까지 완료하기로 했지만 12월 1일까지 전혀 조사를 하지 못하였다. 그리고 중간상인들의 농간은 계속되고 있었다.

대책위 홍보위원을 맡았던 임재상은 당시를 이렇게 떠올렸다. "농협이 10월까지도 계속 수매한다고 해서 거리에 고구마를 내놓았으나 수매가 되지 않아 상당량이 썩었어요. 농민들이 농협수매를 기대하기 어렵자 중간상인들에게 팔려고 하면 상인들은 이미 담아놓은 농협 전용수매포대를 비우라고 요구했죠. 일반포대로 바꿀 경우 4백 30포대이던 것이 썩은 것을 추리고 나면 70포대나 줄어드는 경우도 있었죠." 당시 방위병으로서 보안대 파견근무를 했던 임재상은 그 신분을 이용하여, 중간상인들이 농민들에게 고구마를 포당 800원 이하에 사들여 농협에 농민 이름으로 넘기고 1,317원을 받는 장면을 사진으로 찍어 알리는 등 대외홍보에 주력했다.

농민회 분회가 있는 마을을 중심으로 외대화 마을의 정병오, 모영주, 강영인 등 다섯 사람과 상임대책위원 중 3명이 조사독려반을 3개조, 즉 교육, 선전, 연락반을 편성하여 20일 동안 마을에 다니면서 농민들에게 누구를 위해 고구마를 생산했는가, 왜 고구마는 헐값에 방매되며 썩고 있는가, 왜 피해조사를 해야 하며 누구를 위해 하는 것인가에 대해 설명하며 조사에 응해줄 것을 촉구하고 피해조사를 하였다. 함평읍(월선마을, 장년마을)과 월야면(신기마을)의 경우 김양혁이 오동철(그리고 그의 친구)와 함께 팀을 이뤄 같이 조사를 지원하였다. 마을에 분회가 있어서 마을분회장이 중심이 되어 조사하였고

156) 대책위원 가운데 한 사람인 서경원에게는 "당신 것 얼마 있소."하고 묻길래 "50가마 있다"고 하니 "준비하고 있으시오. 내일 차를 보내겠습니다."하고 말했다. 그리고 서경원의 것은 썩은 고구마까지(51가마 중 12가마는 완전 부패) 전량 수매해 갔다(대책위, 1978b: 12). 아마도 회유하려 했던 것 같다.

이를 지원하였다.

조사가 늦어져 12월 초부터 조사활동에 들어갔다. 조사를 할 때에는 고구마사건의 모든 것을 대책위에 위임한다는 동의서와 위임장을 받았다. 맨 처음 조사한 곳은 임정택 분회장이 있는 대동면 백호리 80여 호의 마을이었다. 고구마를 먼저 실어가게 하려고 다투던 농민들과 피해농가들에게 밤에 하는 대책회의에 나오도록 알렸다. 밤 8시에 임정택의 집 큰방과 마루에 50여 명의 남녀주민들이 꽉 찼고, 그들에게 고구마피해와 보상운동에 동참하겠다는 확인을 희망하는 농가들에게서 받고 조사표를 작성하였다. 그 다음 날에는 신기마을에 들어가 이처럼 하여 조사하였다. 이처럼 대책위원들과 몇몇 가농분회원들은 농가별 피해상황 등을 조사하고 농민들을 만나 보상투쟁을 독려했다. 대책위에서는 각 농가별 피해내용을, 즉 생산량, 수매계획량, 실 수매량, 부패량, 감량, 수매처, 수매금액, 피해액 등을 서식에 따라 작성하였다.

"어떻게 이 조사를 하게 되었는가는 제(노금노)가 교육을 담당했기 때문에 예를 들어서 말씀을 드린다면, 대동면 백호리 백련동이라는 마을에 일단 임정택씨를 중심으로 한 이분들에게 연락을 해서 몇월 몇일 날 밤에 우리 고구마 피해농가들이 모여서 얘기를 좀 해봅시다 라고 하면 임정택씨가 마을에 사람들을 모읍니다. 그러믄 제가 가서 왜 고구마가 이렇게 썩고 헐값에 팔려나가고, 농민의 피와 땀이 뒤범벅이 되는가 하는 이유에 대해서 설명을 합니다. 이것은 분명히 농협이 공시가격으로 1,317원씩에 수매를 해가기로 약속을 해놓고 수매를 하지 않아서 문제가 발생한 것이다. 그니까 이 문제에 대한 책임은 소위 농협에 있는 것이고, 농협은 이에 대한 당연한 보상을 하지 않으면 안 된다. 그리고 그 보상의 과학적 근거를 위해서 이러이러한 요령에 의해서 조사를 하니까 여러분들이 이 조사에 응해주십쇼, 이렇게 하면은 거의 100% 거기 모인 사람은 다 찬성을 해요. 조사에 응하겠다고, 그리고 또 내일은 저 마을로. 이렇게 다니면서 교육을 하고 그 다음에 조사를 했습니다…. 근데 오늘 내가 백련동 마을에 가서 조사의 필요성을 그렇게 역설하고 조사에 응하기로 약속을 하고 나오면, 그 이튿날 바로 함평경찰서가 그 마을에 갑니다. '어젯밤 모임에 참석한 사람들이 누구누구야? 전부 오라고 해!' 경찰서에서 담당자가 나와서 뭐 조사한다는데 안 나갈 사람 누가 있습니까? 나가서 보면 당신들 어디 감옥소 갈거여, 뭐헐거여, 뭐 그런 쓸 데 없는 짓을 하느냐, 고구마 뭐 피해를 봤니, 농협에 책임이 있니, 정부에 책임이 있니, 그 따위 소리 허냐고 하면서 확인서를 받았습니다."(노금노)

"우리는 밤마다 생산농가에 가서 피해현황에 대해 상담과 조사를 했어요. 그런데 이튿날 농협 직원들이 파견되어 그것을 무효화시키는 거야. 어떻게 하냐면, '본인이 생산한 고구마는 영농 형편상 상인에게 판매하였으므로 농협 등 기타 기관에 대해 하등의 책임이 없음을 확인합니다'라는 〈확인서〉에 도장을 받아 갔어요."(노금노)

"그때는 유신독재 치하였기 때문에 나이 드신 분들은 관과 싸운다는 것에 대해 엄청난 피해의식을 갖고 있었어요. 농협 직원들이 나오면 아이고 이거 큰일났구나 하면서 그 확인서에 도장을 찍어주는 거예요."(노금노) "농협 직원들이 농가에 개별적으로 들어가서 '본인의 뜻대로 상인에게 팔았다고 해라'면서 서명까지 싹 받았어. 거기다 도장 찍은 사람들이 난 취소할란다 하니까, 농민운동 하던 사람들이 힘 싹 빠질 거 아니요. 그때 그런 상태였어요."(김갑현)

11월 말에는 경찰까지 개입하여 농민 대책위원들을 연행해다가

"때가 어느 때인데 반정부활동을 하느냐", "활동을 계속하면 긴급조치 위반으로 집어넣겠다"는 협박을 했고, 마을 단위 교육에 참가하는 농민들에게도 겁을 주었다. 경찰은 대책위를 소집하기 위해 작성한 가농 공문의 일부 표현을 문제삼아 관련자를 대공분실에 넘기겠다고 위협하는가 하면, 피해보상운동을 하는 가농 회원들의 집을 직접 찾아다니며 협박을 하기도 했다. "경찰들이 우리 집까지 총을 들고 찾아왔당께, 위협한다고. 몇 사람 패기도 하고. 그 정도였어요. 나 같은 사람은 워낙 완강하게 나오니까 가농 탈퇴하라는 말은 못해도, 처음 시작하는 사람들은 겁이 많이 났지"(김갑현).

피해조사를 하고 나면 그 다음날 경찰과 농협직원들이 그 마을에 들어가서 농민들을 위협하며 확인증을 받아 갔다. 심지어 농민들에게 확인서 내용을 보여주지도 않고 "잠깐 도장 좀 빌리자", "아무것도 아니다"며 도장을 찍어가기도 했다. 또한 농협직원, 읍면공무원, 경찰들이 마을을 들락거리면서 농민들의 동태를 살피며 "대책위원회 조사에 응하지 말라"고 회유하였다. 또한 읍면직원들이 농민회 활동이 활발한 마을을 돌아다니며 "함평가톨릭농민회 활동자금이 용공단체에서 지급되고 있다는 소문이 나돌고 있다"고 헛소문을 퍼뜨려 농민들을 겁주기도 했다. 더욱이 농민들의 약점을 악용하여 "산에서 나무 한 가지 베어다 땔 줄 아느냐," "집안에 막걸리 한 사발이라도 발견되면 가만두지 않겠다,"[157] "고구마 사건으로 경비를 들여 목포법원까지 꼭 갈 것이냐," "그렇게 간다고 재판에서 이길 줄 아느냐"라고 위협하며 농민회와 대책위원회 투쟁대열에서 이탈하도록 강요했다. 뿐만 아니라 농민회를 "사상이 이상한 단체"라고 하며 협박했다. 이

157) 당시는 집에서 술을 빚는 것을 금지하였고 위반시 처벌하였다.

같은 회유와 협박이 가해지자 농민들은 하나 둘 피해조사농가 대열에서 이탈하였다.[158)]

대동면의 경우 단위조합 직원이 확인증 용지를 마을에 가지고 와서 도장 찍어달라는 것을 마을 청년들이 회수하고 응하지 않았으며, 함평읍 장년리 월선마을의 경우 단위조합 직원이 이장을 앞세우고 도장을 받아갔다. 뿐만 아니라 이러한 과정에서 농협 직원(수매원)들은 대책위원들에게 은근히 협박을 가하기도 했다. 대동면 백호리의 임정택(林正澤, 28)은 수차례 농협수매인으로부터 "너는 무고죄로 들어갈 것이다"는 위협을 받았고, 같은 마을에 사는 조연수(曺連洙, 28)의 경우 수매원 밑에서 일하는 상인이 조씨의 동생을 통해 "너의 형을 무고죄로 넘기겠다"고 말했다. 이에 대해 함평군 농협의 차연수 상무는 "개중에 농담 비슷하게 그런 말을 한 사람이 있을지도 모르나 협박이라고 까지야 할 수 있겠느냐"고 말했다(조영호, 1984: 177~178).

이렇게 확인증을 받아간 것은 문제의 해결이 아니라 오히려 문제의 악화를 가져온 결정적인 계기가 되었다. "잘못했으면 사과문 하나라도 보내야 할 것 아니냐. 잘못을 추궁하는 사람에게 압력을 가하고 잘못을 인정하면서도 자기들이 빠져나갈 구멍이나 찾기에 급급하니 우리가 어떻게 납득을 할 수가 있단 말이냐"고 노금노(29, 함평읍 내교리)가 분개한 것도 이같은 농협의 자세를 겨냥하고 있었다. 이와 함께 농협이 무리를 해가면서까지 한 대책위원(서경원)의 썩은 고구마를 고시가격대로 사들인 것은 결국 '이 고구마 수매사건에 관련된

158) 2009년 6월 2일, 서경원 증언. 2009년 8월 19일, 노금노 증언.(김영택, 2011: 19~20)

농협의 흑막'을 의심케 하기에 충분했다.

결국 농협이 종래의 관료적인 타성에서 벗어나지 못한 채 농민의 저항이 있어도 이를 적당히 얼버무리면 된다는 식의 사고방식을 가지고 있었기 때문에 문제를 더욱 어렵고 복잡하게 만들고 말았다. 이러한 농협의 자세에 대해 "우리를 옛날처럼 항상 앉아서 당하기만 하는 농민으로 생각해서는 큰 잘못"이라고 전제한 서경원은 "농협은 농민을 위하여 있고 농민에 의하여 운영되는 조합이어야 한다. 우리는 주인 자리에서 내쫓긴 채 뒷전에 물러앉아 있을 수만은 없다. 주인자리를 되찾아야 한다. 농협의 진정한 주인이 누구라는 것을 주인의 행세를 함으로써 보여주어야 한다"고 강변하였다(조영호, 1984: 185).

이렇게 조사하고 다닐 때 조사하지 말라고 하면서 회유가 들어왔다. 조사원에게 너희 것은 다 수매해 줄테니까 조사를 중단하라고 하였다. 마을 사람들하고 같이 싸웠는데, 그렇게 우선 수매하려면 우리 마을 것 다 가져가라고 했다. 그 때는 거의 다 못 쓰게 됐었다(김양혁).

피해조사 과정에서 대책위원들이 가장 힘들었던 순간을 서경원은 이렇게 회상한다. "물리적인 탄압도 탄압이지만 군청직원들, 면직원들 심지어는 관변단체들까지 총동원돼 우리를 불순 세력화시키고 동네 어른들을 한 사람씩 불러 협박하는 것이 너무나 힘들었어요. 견디다 못해 명단에서 빼달라는 사람들까지 있었죠."

당시 조사집계를 담당한 김양혁의 경우 경찰이 아버지를 찾아가서 "아들이 저런 행동을, 빨갱이 같은 행동을 하니까 당신이 조치를 하쇼, 아니면 구속될 것이요, 이렇게 부모님들로 하여금 조사활동에 참여하는 사람들을 못하게 하도록 하라고 하였습니다. … 장년리 백련동에 사는 박명숙씨 같은 경우는 그 분 아버지가 공무원이었어요. 결국은 그 아버님께서 '당분간 너 밖에 있다 오라' 해서, 서울로 귀향 아닌 귀향살이를 가기도 했습니다."(김양혁)

그리고 노금노는 이 때 긴급조치 9호 위반으로 함평경찰서에 연행이 되어가 조사를 받았다. 잡아간 이유는 순진한 농민들을 선전, 선동하고 다닌다는 것이었다. 농협이 고구마를 수매하겠다는 약속을 한 적도 없는데, 농협이 고구마 수매하겠다고 약속했다고 사기쳤으니까 피해보상하라고 한다는 것은 사실을 왜곡하는 것이고, 농민들을 선동했다는 것이었다. "그러는 동안 정보과에서 공산당이라며 조사한다고 연행해 갔어요. 짚차로 와서 함평읍에 있는 경찰서로 실어가서는 몇 마디 물어보고 내보내면, 거기서 고향이 7. 5km니 밤중에 걸어오면서 감정이 북받치곤 했죠."(김양혁)

그러한 방해 책동에도 대책위원들은 다시 마을로 들어가서 두려움에 떠는 농민들을 격려하고 조사활동의 정당성에 대해 설득했다. 대책위원들은 두려움을 극복한 농민들로부터 '몇 월 며칠, 농협과 경찰들이 찾아와 작성해 간 확인서는 강압적인 방식에 의해서 받아간 것이기에 앞으로 고구마 피해보상운동 과정에서 아무런 증거가 될 수 없음을 해명합니다'라는 내용의 〈해명서〉를 받아냈다.

농민분회가 결성되어 있던 마을에서 조사는 이렇게 경찰과 농협의 탄압과 압박에 시달렸다. 그런데 의외로 4-H활동 경력이 있던 임재상과 이석현이 조사한 화산 마을과 월봉 마을에서는 그러한 탄압과 압박이 없었다. 조사가 이루어진 뒤에야 조사 사실을 알았던 것 같다. 그리고 마을 내부에 주도적 인물이 농협수매인이며 마을을 장악하고 있었던 석정마을의 경우에는 모영주가 그 마을에서 살았던 친구를 통해 마을 내부 인물을 소개받아서 조사하기도 하였다.

그리고 임재상은 근무중이던 보안대에서 필요로 한다고 하면서 신한제분 앞 주유소 2층 옥상에 올라가는 난간에서 카메라로 사진을 찍었다. 임재상은 대책위 홍보위원을 맡아서 활동하였는데, 이처럼 신한제분 철문 앞에 화물차 있는 모습, 고구마 실려있는 모습, 수매원들이 농간 부리는 모습 등을 찍어 노금노에게 건네서 홍보에 활용하였다.

조사과정에서 여러 가지 현황이 드러났다. 백련동 마을의 경우 상인이 가지고 들어온 차를 보고 내 고구마를 먼저 실어가지 않으면 못 간다며, 서로 자기의 고구마를 싣기 위해 차 밑에 누워 다투는 일이 있었다. 그리고 1백포 가운데 30포가 감량되고, 대기료 및 운임을 17,000원이나 냈다. 월야면 정산리 신기마을에서는 420포대에서 70포대가 감량되었다. 농협은 농민들의 심상치 않은 분위기를 보고 생산물이 현지에서 썩고 있으므로 농가의 눈에 보이지 않아야 한다면서 광주 개인 상인을 끌어들여 책임을 진다고 실어가게 해놓고 대금을 받을 길이 없어 농민들에게 광주 상인에게 가보라, 상인은 농협에서 받아라 하며 옥신각신하였다. 피해농민들은 조사확인을 하는 대책위원들과 조사원을 보고 농협직원으로 오인하여 갖은 욕설을 퍼부은 일도 있었다.

이때까지도 노변 이곳저곳에는 고구마가 부패하여 보는 이로 하여금 울분을 토하게 했다. 지정 수매인들이 계산하지 않은 외상대금은 농협에서 해결하지 않으면 고발하겠다고 엄포를 놓으니 대금은 거의 해결되었으나 수매 지정인 대부분이 마을 유지나 건달들이었기에 회원들과 치고받는 사례도 있었다. 마을에서는 조사에 협조하는 파와 비협조하는 파 사이의 암투가 심했고, 조합 직원 및 수매인과의 씨족관계·경제적 관계로 얽혀 있는 사람들이 있었다.

농협에서는 무마책으로 서경원의 고구마를 전량 고시가격으로 수매하였다. 더욱이 "그 사람들의 결정적인 실수가 정보과 사람들이 중간에 껴들어서 내 것하고 다른 한 사람 것을 가져갔어요. 1,350원인가 얼마를 주었어요. 그러니까 회원들이 누구는 해주고 누구는 안 해주냐고 했죠. 그게 결정적인 계기가 된 것이죠."(서경원, 대담, 318) 대책 위원 중의 한 사람인 서경원(41·대동면 금산리)의 경우 가을에 캔 고구마 51포대가 농협에서 수매해 가지 않아 12월까지도 야산에 쌓인 채 눈·비를 맞아 썩어가고 있었다. 그러던 어느 날 관할도 다른 함평읍 단위조합에서 양모(梁某)라는 직원이 트럭에 농협전용포대를 싣고 나와 고구마를 모두 실어갔다. 며칠 뒤 양씨는 51가마 중 12가마가 썩었더라면서 "고구마 51포대 값을 다 달라는 말이냐, 당신이나 나나 손해가 없도록 하자"고 사정했다. 서경원이 "처음에 수매하겠다고 했었으니 약속대로 해 달라"고 말하자 결국 썩은 고구마값까지 고시가격대로 계산해서 내놓았다.

이에 대해 농협 측에서는 "담당 직원이 농민과의 약속을 지키지 않은데 대해 그 책임을 물어 전부 자비로 변상하게 했던 것"이라고 해명하였다. 그러나 서경원은 "이것은 농협이 스스로 자기들의 잘못을 인정한 것으로 볼 수 있다. 그런데도 그 잘못으로 인한 전농가의 피해를 보상해 줄 생각은 않고 앞장서서 일하는 나의 피해만 보상해주면 될 것으로 생각하는 것은 커다란 계산착오"라고 주장하였다(조영호, 1984: 176).

이렇게 회유하면서 다른 한편으로 행정력을 동원하여 대책위의 활동을 계속 점검하였고, 주민들에게는 공공연히 사후보복, 총화저해 등을 언급하며 협박하였다. 경찰은 마을에 돌아다니며 무슨 조사, 무슨 연락 등을 이유로 분위기를 고구마와 연관시켰다. 또 교회를 통해 신자, 비신자 운운하며 교회의 이미지를 흐리게 하는 이들도 있었다.

이런 여러 가지 직·간접적인 압력으로 인해 조사에 어려움이 있었으며 몇몇 농민회원들은 흔들리기 시작하였다. 의식이 있는 회원들마저도 활동이 자연 위축되었다.

“그해 11월 말까지 각 마을별로 조사를 완료키로 했는데, 이런 사정 때문에 12월 31일에야 함평군 전체 7,300세대의 고구마 생산농가 중 9개 마을 160농가만 조사에 응했어요. 그런 방해 책동이 없었더라면 더 많은 농가가 피해조사에 응했을 거예요. 활동가들은 숫자상 적고 군농협 임직원과 경찰, 행정 직원들은 천 명이 넘었으니까. 어쨌든 조사 결과 160농가 손해액이 총 309만 원으로 나왔고 그것을 토대로 해서 추정해 보니 전라남북도를 합쳐서 고구마 농가의 손해액이 24억원 정도였죠.”(노금노)[159]

2. 피해조사 현황

조사표를 취합해서 계산 정리하는 것은 김양혁이 맡았다. 계산 산식을 만들고 표를 만들고 집계하였다. 조사 당시 처음에는 600~700농가에서 790여만 원의 피해액이 조사집계되었다. 그러나 경찰과 농협의 압박에 빠지고 끝까지 가겠다고 한 사람들만 집계되어, 집계 마무리할 때 179농가가 조사에 응했지만 나중에 또 빠지고 조사가 미비한 것을 제외하고 최종적으로 160농가가 집계되었고, 피해액은 309만 원이 되었다(김양혁).

---

159) 첫 번째 승전고를 울리다, 함평 고구마 투쟁, 〈한국농정신문〉, 최용탁 소설가, 2016. 01. 24.

어렵게 마무리한 피해조사는 다음과 같았다. 수치 등이 좀 흔들리지만 원자료를 가능하면 그대로 제시하겠다. 이 자료는 최종집계 직전의 자료라서 160농가 보다는 좀더 많은 농가가 집계대상이 되었다.

〈표-11〉 함평지역 고구마피해조사 상황

번호	마을	피해 조사 농가	수매량 (포대)	부패량 (포대)	감량 (포대)	수매계통		손실금
						농협	상인	
1	과목장	6	307		13	52	255	2,250
2	가리	16	175				175	92,690
3	백련동	26	1,720	12	332	810	910	730,174
4	월선	30	1,014	22	58	247	767	466,222
5	신기	23	726	117	78	142	584	597,822
6	백연	20	687	52	37	43	644	348,387
7	월봉	24	2,230			1,545	685	114,025
8	화산	13	442	20	7	442		35,564
9	성곡	5	1,110	20	119	303	807	405,366
계	총액	163	8,411	243	644	3,584 (42.61%)	4,827 (57.38%)	2,792,500

– 1읍 4개면 9마을 160농가, 1976년 12월 30일 현재

부패량 피해 총액 320,031원(243×1,317원)

손실액 2,792,500원

피해 총액 3,112,531(2,792,500+320,031)원

농가당 피해액 3,112,531÷160=19,453원

함평군 총 피해액 1억 4천 만 원(총 생산농가 7,169호×19,453원)

현재 표에 있는 상황은 최종집계 바로 전의 것이다. 일단 이 표에 따라 설명해 보겠다.

피해액을 보면 부패 피해액은 32만여원에 불과하고 손실액(감량

등)이 279만 원으로 대부분을 차지하고 있다. 농가당 피해액이 1만 9,500원 정도였지만 함평군 전체 피해액을 추산해보면 1억 4천여만 원에 달하였다.

마을별로 보면, 대동면 금산리 과목장(향진회분회) 6농가, 신광면 가덕리 가리마을(가덕분회) 16농가, 대동면 백호리 백련동(상록수분회) 26농가, 함평읍 장년리 월선(장년분회) 30농가, 백련(백연분회) 20농가, 월야면 정산리 신기(신기분회) 23농가, 함평읍 장교리 월봉 24농가, 학교면 월산리 화산 13농가(5호), 성곡 5농가이다. 그런데 화산마을의 경우 13농가가 조사되었지만 실제 피해농가는 5호였다. 다른 마을들에서는 피해농가만 조사하였다. 마을별 피해농가수는 5농가에서 30농가까지 분포되어 있다.

농민회가 있던 8개 마을 가운데 함평읍 내교리 외대화마을(양파가 주작물이었다)과 대동면 운교리 마량마을은 수매를 할만큼 고구마 농사를 짓지 않아서 피해농가조사에서 빠지고 6개 마을이 조사되었다. 농민회 분회가 있는 마을에서는 분회장이 주도하여 조사를 하였다. 농민회가 없던 화산마을과 월봉마을은 4-H 활동을 했던 농민(임재상과 이석현)이 주도하여 조사하였고, 성곡마을은 농민회원(모영주)이 친구가 연결해준 마을 내 인물을 통해 조사하였다. 조사마을별로 특징을 살펴보자.

〈표-12〉 ① 대동면 금산리 과목장 마을(향진회분회)

번호	성명	수매량	부패량	감량	포당 수매 금액	수매 계통	수매량× 고시 가격	현재 수매 금액	손실금	미수금
1	김정수	40		100		상인	52,680			52,680
2	신용수	28		70		상인	36,870			36,870

번호	성명	수매량	부패량	감량	포당 수매 금액	수매 계통	수매량× 고시 가격	현재 수매 금액	손실금	미수금
3	이성범	53		132		상인	69,801			69,801
4	김양만	120		300		상인	158,040			158,040
5	김호길	14		35		상인	18,438			18,438
6	서경원	37				농협	48,729	48,729		
7	정충모	15		100	1,370	신한 조기 출하	20,550	18,300	2,250	
계		307		737		총 미수 금액 335,835				
						현재 총 수매금액 67,029 손실금 2,250				

※ 불량은 15관 씩 포대로 기재. 총 손실금액 2,250원 (총피해액 338,085원)

과목장 마을은 서경원이 활동하던 마을이다. 동광원에 함께 있었던 신용수가 마을에 있던 가농분회인 향진회 분회장이었고 이 마을과 가덕마을 등은 오동철과 김양혁 그리고 김광현(오동철의 친구)이 셋이 조를 짜서 조사를 하였다. 고구마 부패 문제가 불거지고 문제제기하고 피해보상대책위가 꾸려지자 대책위 활동의 주역인 서경원의 고구마는 농협에서 부패한 것까지 수매해 갔다. 신한제분에 조기출하한 사람 이외에 5명의 고구마도 상인을 통해 수매해 갔지만 농협에서는 대금을 지불하지 않았다. 한 사람은 신한제분에 조기출하하였다. 손실금과 미수금을 합치면 총피해액은 33만 8천여원이었다.

피해조사대상 가운데 김정수, 신용수, 김양만, 김호길, 서경원은 과목장(녹파)마을 사람들이고 이성범과 정충모는 과목장 사람이 아니고 같은 금산리에 있는 금구마을이나 감산마을 사람이었다. 피해조사가 과목장 마을만이 아니라 이웃마을 사람들까지 이루어졌다(밭이 과목장 마을에 있었을 수도 있다). 그리고 김양만은 양만씨 어머니라고 불렸는데, 동광원 대표였다. 동광원의 땅이 많아서 동광원의 농사 대표인 김영만은 수매량과 피해액이 많았다.

〈표-13〉 ② 신광면 가덕리 가리 마을

번호	성명	수매량	부패량	감량	포당 수매 금액	수매 계통	수매량 × 고시 가격	현재 수매 금액	손실금	미수금
1	임무열	9		70	880	상인	11,853	7,920	3,933	
2	양남진	9		70	880	상인	11,853	7,920	3,933	
3	김재술	25		70	880	상인	32,920	22,000	32,920	
4	정숙자	40		70	880	상인	52,680	35,200	17,480	
5	김경수	5		70	880	상인	6,585	4,400	2,185	
6	서영차	14			1,050	상인	18,438	14,700	3,738	
7	박귀하	16		70	880	상인	21,072	14,080	6,992	
8	서성길	20			1,050	상인	26,340	21,000	5,340	
9	김일학	9		70	880	상인	11,853	9,920	3,933	
10	박정환	6		70	880	상인	7,902	5,280	2,622	
11	윤영예	6		70	880	상인	7,902	5,280	2,622	
12	박용곤	16		70	880	상인	21,072	14,080	6,992	
계	총액	175						총 손실금 92,690		

※ 불량은 15관 씩 포대로 기재 총 손실금 92,690

※※ 감량은 포당 %임.

가덕1리 가리마을은 서경원 처갓집이 있는 마을이었고, 동네에 가덕교회가 있었다. 농민회 가덕분회가 있었고 양남진이 분회장을 오래 하였다. 이 마을에서는 양남진과 박정환이 농민회 활동을 활발히 하였다. 임무열, 양남진, 김재술, 서영차 등은 가덕교회를 다녔고 양남진은 장로가 되었다. 이 마을에서는 피해농가 12호가 조사되었고 감량이 많았다. 상인들이 수매하였고 대부분 포대당 880원이었다. 총피해액은 9만 3천여 원이었다. 함평고구마투쟁이 끝나고 보상금을 전달하러 갔을 때 마을 사람들이 보상금 받기를 기피하여 사라지고 없었다.

〈표-14〉 ③ 대동면 백호리 백련동 마을(상록수분회)

번호	성명	수매량	부패량	감량	포당 수매 금액	수매 계통	수매량 × 고시 가격	현재 수매 금액	손실금	미수금
1	조정현	107	12	80	1,000	조합	140,919	100,000	40,919	
2	이광옥	48		2	8~500 40~850	조합 상인	63,216	37,350	25,866	
3	이재원	40		3	850	조합	52,680	31,450	21,230	
4	김해환	18	12		850	상인	39 ,510	10,200	29,310	
5	임전수	95		1	1,000	조합	125,115	94,000	31,115	
6	김동만	97		2	900	조합	127,749	85,500	42,249	
7	전귀춘	64		7	1,000	조합	84,288	54,000	30,288	
8	배남동	64		16	1,000	조합	84,288	48,000	36,288	
9	임대재	120		10	850	상인	158,040	93,500	64,540	
10	임태옥	89			1,000	상인	117,213	88,900	28,213	
11	임오순	45			850	상인	59,265	38,250	21,015	
12	임종태	72		1	20~800 850	조합	94,824	59,350	35,474	
13	임래권	30			850	상인	39,510	25,500	17,010	
14	전도현	30		8	1,000	조합	39,510	22,000	17,510	
15	김정빈	79		23	1,000	조합	104,043	56,000	48,043	
16	김재완	130		28	900	상인	171,210	91,800	79,410	
17	박재관	32			900	상인	42,144	28,800	13,344	
18	박남열	55			850	상인	72,435	46,250	25,685	
19	황의권	50			1,000	농협	65,850	50,000	15,850	
20	노수완	36		1	850	상인	47,412	29,250	17,662	
21	김채석	34		2	850	상인	44,778	26,400	18,378	
22	황의선	27		2	1,000	농협	35,559	25,000	10,559	
23	임공근	53		3	800	상인	69,801	40,000	29,801	
24	임천동	85		2	800	농협	111,945	65,600	46,345	

번호	성명	수매량	부패량	감량	포당 수매 금액	수매 계통	수매량 × 고시 가격	현재 수매 금액	손실금	미수금
25	임정택	70		2	1,100	상인	92,190	74,800	17,390	
26	김일두	150		14	1,150	상인	197,550	154,400	43,150	
A		998	12	78			총 손실금	489,070		
B		722		54			총 손실금	241,104		

※ 불량은 15관 씩 포대로 기재. 총 손실금액 730,174원

백호리 백련동 마을은 70여 호에 달하였고 노금노 처가가 있던 마을이다. 가농 상록수분회가 있었고 분회장인 임정택이 주도하여 조사하였다. 가농 등록회원(임정택, 김일두, 김정빈, 전도현, 조연수, 임순선, 이종수)이 7명이었으며 노금노의 처형인 임정택이 활발히 활동하였다. 가농회원 중에서는 4명이 피해농가로 조사되었다.

이 마을에서는 26농가의 피해조사가 이루어졌다. 부패량보다는 감량이 많았다. 수매가격은 1,000원 미만으로 고시가격보다 낮았다. 상인과 농협을 통해 수매가 이루어졌고, 총 손실금이 73만여 원에 달하였다(이 당시 농가호당 연소득이 100만 원을 조금 넘었다.)

〈표-15〉 ④ 함평읍 장년리 월선 마을(장년분회)

번호	성명	수매량	부패량	감량	포당 수매 금액	수매 계통	수매량 × 고시 가격	현재 수매 금액	손실금	미수금
1	모육원	30		1	21~820 9~765	상인	39,510	98,400	16,120	
2	김동북	34		4	800	지정인	44,778	24,000	20,778	
3	임봉식	50	5	11	700	지정인	59,265	27,300	31,965	
4	김상열	25		4	850	상인	32,920	17,850	15,070	
5	김동춘	53		2	1,317	지정인	69,801	17,167	2,634	

번호	성명	수매량	부패량	감량	포당 수매 금액	수매 계통	수매량 × 고시 가격	현재 수매 금액	손실금	미수금
6	이영남	31			1,000	상인 지정 수매	40,827	31,000	9,827	
7	임종식	110	13	23	800	상인	161,991	98,400	83,591	
8	안문환	45		2	21~1,317 24~850	지정인	59,265	46,357	12,928	
9	김연호	20		3	850	상인	26,340	14,450	11,890	
10	장성일	16			820	상인	21,072	13,120	7,952	
11	정종복	11			1,000	상인	14,487	11,000	3,487	
12	김도근	30			1,100	상인	39,510	33,000	6,510	
13	김양복	11			760	상인	14,487	8,360	6,127	
14	장대우	104			950	상인	136,968	98,800	38,168	
15	이남섭	120	2		820	상인	160,673	98,400	62,273	
16	김복기	50		5	750	상인	65,850	34,200	31,650	
17	김인혁	20			800	지정인	26,340	16,000	10,340	
18	김동용	7			1,000	상인	9,219	7,000	2,219	
19	김수복	3			1,310		3,951	3,930	21	
20	이남기	49			40~1,310 500	상인	64,533	56,900	7,633	
21	김승현				1,310	지정인				
22	김봉순	7			820	상인	9,219	5,740	3,479	
23	김해윤				820					
24	편종범									
25	이두범	45			1,000	지정인	59,265	45,000	14,265	
26	이상숙	59			23~650 1,000	지정, 상인	77,703	50,950	26,753	
27	김상옥	19	2	3	950	상인	27,657	15,200	12,457	
28	박덕현	30			950	상인	39,510	28,500	11,010	
29	이용행	20			820	상인	26,340	16,400	9,940	
30	김정웅	15			850	상인	19,755	12,750	7,005	
A	1~15	690	20	50	총 손실금액			329,450		

번호	성명	수매량	부패량	감량	포당 수매 금액	수매 계통	수매량 × 고시 가격	현재 수매 금액	손실금	미수금
B	16~30	324	2	8			총 손실금액 136,772			

※ 불량은 15관 씩 포대로 기재. 총 손실금액 466,222원

월선마을은 가구수가 35호 정도 되었고 마을이 있는 장연리에는 장연공소가 있었고 가농 장년분회가 있었으며, 이영남, 안문환, 장성일 등이 농민회원으로 활발히 활동하였다. 이영남은 이장이면서 농민회 활동을 하였다. 장성일이 분회장을 맡아 주도하여 30호를 조사하였다. 장성일의 동생 장성대는 신광면에 근무하였데 장성일이 조사에 나섰다는 이유로 압박을 받았다. 가농등록회원(장성일, 김양혁, 김상옥, 안문환, 이인옥, 모봉수, 김두복)은 7명이었다. 그 중 장성일과 안문환, 김양혁(아버지 김동춘), 이인옥(아버지 이남기), 모봉수(아버지 모육원)가 피해조사농가였다.

조사대상자들 중에는 이웃마을(구주포, 40여호)에 사는 사람도 포함되었다. 김동복, 김봉순, 김연호 등은 구주포 사람이었으며, 백련동 사람도 포함되었다. 아마도 월선마을에 농지가 있고 고구마를 생산한 농가들이었을 것 같다. 월선마을의 일부 주민은 손불면 궁산리에 있는 궁산교회(1.5km 거리)에 다니기도 하였다.

월선 마을은 피해조사 농가가 가장 많았으며, 총 손실금액이 46만 6천여 원에 이르렀다.

〈표-16〉 ⑤ 월야면 정산리 신기 마을(신기분회)

번호	성명	수매량	부패량	감량	포당 수매 금액	수매 계통	수매량 × 고시 가격	현재 수매 금액	손실금	미수금
1	장종원	80	20		450	상인	131,700	36,000	95,700	
2	조성태	71	14	8	41~450 30~800	상인	111,945	37,450	74,495	
3	장두병	49		4	1,000	상인	64,533	4,500	19,533	17,000
4	김성원	29	3	3	800	농협	40,827	20,800	20,027	19,200
5	유제일	28		4	1,000	상인	36,876	24,000	12,876	
6	이영실	51		7	1,000	상인	67,167	41,000	26,167	5,000
7	이행아	11	9		800	농협	26,340	8,800	17,540	
8	장태병	28	6	4	1,000	상인	44,778	24,000	20,778	3,000
9	박천수	22		3	1,000	상인	28,973	19,000	9,973	
10	진체언	11	15	1		농협	34,242	7,300	26,942	
11	유수근	13	3		800	농협	21,072	10,400	10,672	
12	진태섭	15	1	4	7~600 8~200	상인	21,072	4,200	16,852	
13	이삼용	17	5	3	2~800 13~1,000	농협 상인	28,973	16,200	12,770	
14	장종태	60			400	상인	79,020	24,000	55,020	
15	장대석	13	10		600	농협	17,121	7,800	7,321	
16	김종열	5	11		450	농협	21,072	2,250	18,822	
17	김길수	55	10	8	47~800 8~450	농협 농협 (미수)	85,605	37,000	48,605	
18	유강식	9		2	1,000	상인	11,853	7,000	11,153	
19	정승현	24	10	4	1,000	상인	44,778	20,000	24,778	
20	고인순	28		9	1,000	상인	36,876	19,000	17,876	
21	이종남	18		4	1,000	상인	23,706	14,000	9,706	
22	장진섭	84		10	1,000	상인	110,626	74,000	36,628	
23	정석근	5			600	농협	6,585	3,000	3,585	

번호	성명	수매량	부패량	감량	포당 수매 금액	수매 계통	수매량 × 고시 가격	현재 수매 금액	손실금	미수금
계	총액1	498	86	41	1~15번				426,669	44,200
계	총액2	228	31	37	16~23번				171,153	

※ 불량은 15관 씩 포대로 기재. 총손실금액 597,822원

월야면 정산4리 신기마을은 80호에 달하는 큰 마을이었고 문장공소가 있는 곳이었다. 농민회 분회(신기분회)가 있었고 이장(장종태)을 중심으로 신협활동을 활발히 하였다. 여러 사람이 농민회 활동을 활발히 하였고 진태섭의 아버지인 진명남이 신협운동을 포함하여 농민운동을 활발히 하였다. 광주와 가깝고 교통조건이 좋아 광주권이었다. 나중에 대전 등에 행사에 갈 때는 차를 대절해 가기도 하였다. 그럴 정도로 마을 사람들 대부분이 농민운동에 대해 적극적이었다. 가농등록회원(이영실, 유재일, 장두병, 김성민, 이행아, 조성태, 장종태, 유강식)은 분회가 출발할 때 8명이었다.

이 마을에서는 수매량이 많았으며, 23호가 피해조사 되었고, 감량보다 부패량이 많았다. 신기마을은 함평읍에서 북쪽으로 멀리 있는 마을이어서 배차도 늦고 신한재분으로 싣고 가기에도 더 어려워 부패량이 늘어난 것으로 보인다. 미수금까지 있었고 총 손실금액은 약 60만 원에 이르렀다.

〈표-17〉 ⑥ 함평읍 장년리 백연 마을(백연분회)

번호	성명	수매량	부패량	감량	포당 수매 금액	수매 계통	수매량 × 고시 가격	현재 수매 금액	손실금	미수금
1	이국행	17	3	2	1,000	상인	26,340	15,000	11,340	
2	이갑행	12	2	1	1,000	상인	114,579	55,900	?	
3	이삼행	48	10	5	850	상인	76,386	36,550	39,836	
4	김흥용	34	3	3	850	상인	48,729	26,350	22,374	
5	박내오	25	3	2	850	상인	36,876	19,550	17,326	
6	박수복	25	3	2	850	상인	36,876	19,550	17,326	
7	김기혁	4	0	0	800	상인	5,268	3,200	2,068	
8	박내칠	70	2	7	850	상인	94,824	57,800	37,024	
9	김상호	48	2	10	920	상인	65,850	34,960	30,890	
10	이재필	6	0	0	850	상인	7,902	5,100	2,802	
11	이송행	21			850	상인	27,657	17,850	9,807	
12	임연성	43		2	850	상인	56,631	34,850	21,781	
13	이재신	24		1	1,000	상인	31,608	23,000	8,608	
14	김몽득	80	7		850	상인	114,579	68,000	46,579	
15	이천행	75	4		850	상인	104,043	63,750	40,293	
16	김갑채	7			800	상인	9,219	5,600	3,619	
17	김기준	28	3		930	상인	40,827	26,000	14,787	
18	김동옥	8		1	850	상인	10,536	5,950	4,586	
19	이종수	43			1,300	단위 조합	57,948	55,900	2,048	
20	김병식	15		1	850	상인	19,755	11,900	7,855	
계	1~15	586	49	35	A 총 손실금액		315,492			
	16~20	101	3	2	B 총 손실금액		32,895			

※ 불량은 15관 씩 포대로 기재. 총 손실금액 348,387원

백연마을은 인근에 장년공소가 있었고 가농분회도 있었다. 분회장은 이종남이었고 농민회원인 박내오, 김기혁이 주도해서 피해조사를 하였다. 김기혁은 공소회장이기도 했다. 20호가 피해조사되었고 피해액은 35만 원에 가까웠다.

〈표-18〉 ⑦ 함평읍 장교리 월봉 마을

번호	성명	수매량	부패량	감량	포당 수매 금액	수매 계통	수매량 × 고시 가격	현재 수매 금액	손실금	미수금
1	노석봉	80		11		신한	118,530	112,230	14,497	118,530
2	노기봉	58		15		신한	76,386			76,386
3	주봉수	80		8		신한	105,360			105,360
4	김태섭	90		3	1,290	신한	118,530	112,000	6,300	
5	박동근	140		15		신한	184,380			184,380
6	김금식	170		20		신한	223,890			223,890
7	김남철	50		5		신한	65,850			65,850
8	이천석	220		20		보해	289,740			289,740
9	김근식	35				신한	46,095			46,095
10	박삼량	54		5	1,250	신한	71,118	63,210	7,908	
11	장정환	35			1,150	보해	46,095	40,250	5,845	
12	유노정	18		2		신한	23,706			23,706
13	박장근	175		15		신한	230,475			230,475
14	김규식	20		3		신한	26,340			26,340
15	이종우	70		4	1,310	신한	92,190			92,190
16	노기연	110		12	1,100	보해	144,870	107,800	37,070	
17	이문종	95		12	1,310	신한	125,115	107,800	37,070	
18	이복순	70		3	1,390	보해	92,190	120,520	4,595	
19	이상래	150		3	1,200	보해	197,550	86,430	5,670	
20	정삼순	110		13		신한	144,870	164,400	32,150	
21	지길홍	100		10		보해	131,700			144,870
22	이양우	120		11		신한	158,040			131,700
23	박연수	45		3		신한	59,265			59,265
24	이석현	125		35		신한	164,625			164,625
계	총액1	1,305		126			1,485,942		34,540	
계	총액2	925		100			658,500		79,485	

※ 불량은 15관씩 포대로 기재. 총 손실금액 114,025원

월봉마을은 마을 가구수가 70호에 이르는 큰 마을이었다. 가농분회는 없었고 마을에 농민회원도 없었다. 4-H 함평읍회장 출신의 이석현[160]이 비농민회원이면서도 활발히 활동하였다. 고구마문제와 관련해서는 임재상이 가자고 하여 청하식당 모임에 가게 되었다. 그 모임에는 4-H 활동을 했던 사람이 4~5명 참여했다. 해보면의 임정현, 오춘환 등도 갔는데, 그 모임에서 이런저런 이야기를 하다가 당면한 현안문제를 이야기하자고 해서 이석현이 "함평 고구마 다 썩고 있는데 뭐 그런 것은 신경도 안 쓰고 엄한 짓거리만 하냐?"고 했다. 그리고 거기서 여러 사람이 고구마부패 문제를 제기하면서 피해조사 자료를 만드는데 함께 하게 되었다.

이석현은 치밀한 피해조사를 해서 자료를 만들어 대책위에 넘겼다. 조사할 때 경찰의 탄압이나 농협의 압박은 없었다. 몰랐을 것으로 추정된다.

피해를 입은 사람들만 이석현 혼자서 조사하였다. 즉 60kg짜리(15관들이) 포대에 넣어 밭둑에 야적해 놓았는데 신한제분이 가져가

160) 이석현은 학생4-H 활동을 하였고 함평농고를 졸업하고 군대(방위 1년 근무)를 마친 뒤 6년 동안 벼와 과수 농사를 지었다. 다른 일을 하려고 했지만 여의치 않아서 농사를 지으며 4-H 활동에 이어 농촌문화연구회 활동을 하였다. 4-H 활동은 24살까지 제한되어 대개 4-H 활동을 한 사람들은 이어서 농촌문화연구회 활동을 하였다. 농촌문화연구회에서는 교육 이외에 별 활동이 없었다. 개인적으로 한미재단 장학회 모임에서 활동하였다. 한미재단은 농업발전에 대해서 3공화국 때 농촌에 많은 혜택을 준 기관이었다. 이석현은 농촌문제 등에 관심을 지니고 여러 가지 교육을 받았다. 그는 농고 4-H 활동부터 시작하여 4-H 활동을 하고 읍회장을 하였다(1971). 그러면서 4-H 활동을 하고 도연합회장까지 한 임재상을 알게 되었고 임재상과 함께 대전에서 열린 가농행사에 다녀오기도 했다. 그리고 거기서 함평쪽 가농회원들과 만났다.
그는 다양한 농민교육을 다녔고 〈대화〉지에 10회 이상 기고하였고 〈농민문화〉지도 읽었다. 크리스찬아카데미 교육도 임정택, 정병오, 김철희 등과 함께 이수하였다(7기). 이석현은 1978년(8.28~30)에 열린 크리스찬 아카데미 제5차 평가회(2차교육)에 참석하기도 하였다.

지 않아서 부패한 경우에만 조사하였다. 수매계통과 관련하여 신한제분과 보해양조 두 회사가 이 마을의 수매와 관련이 있었다. 신한제분은 함평읍에 있었고 사람들이 고구마공장이라고 불렀다. 신한제분은 마당에 커다란 시멘트 구조물을 만들어 놓고 거기에 고구마를 넣어 발효시켜서 주정을 하였다. 보해양조는 나주 영산포에 있었다.

마을 사람들도 그 이후 농민운동, 고구마투쟁에 참여하지 않았다. 피해조사 이후 이석현은 공무원이 되려고 노력하였고 함평읍에 서류를 내고 기다리게 되면서 농민운동 관련으로 피해를 입을까 염려하여 그 이후 농민회 쪽과 관계를 끊게 되었다. 그는 공무원 시험에 응시한 뒤 발령이 늦어져 사령장을 받지 못하고 있다가 공직(군청, 면, 읍사무소)에 1978년 9월에 들어가게 되었는데 이후 피해조사를 했다는 것이 알려지고 수사기관에서 일거수일투족을 미행하고 감시하였다. 일정 시간이 지난 후에는 농민운동을 막으러 단체로 나가면 따라나가서 소극적으로 임했다.

대책위가 고구마 투쟁이 마무리되면서 이 마을에 보상금을 전달하러 갔을 때 피해농가들이 피해보상을 받는 것이 두려워하여 피했다.

〈표-19〉 ⑧ 학교면 월산리 화산 마을

번호	성명	수매량	부패량	감량	포당 수매 금액	수매 계통	수매량 × 고시 가격	현재 수매 금액	손실금	미수금
1	임재상	40	4	1	1,317	농협	57,948	51,363	6,585	
2	임형조	40			1,317	농협	52,680			
3	최영안	50			1,317	농협	65,850			
4	노성근	35			1,317	농협	46,095			
5	김동균	25	2	2	1,317	농협	35,559	30,291	5,218	
6	임노철	39	4	1	1,317	농협	56,631	50,046	6,585	

번호	성명	수매량	부패량	감량	포당 수매 금액	수매 계통	수매량 × 고시 가격	현재 수매 금액	손실금	미수금
7	임기남	30			1,317	농협	39,510			
8	임기종	40	5	3	1,317	농협	59,265	48,729	10,536	
9	문하식	25			1,317	농협	32,920			
10	유순예	28			1,317	농협	36,876			
11	노진갑	30			1,317	농협	39,510			
12	임기홍	25	5		1,317	농협	39,510	32,920	6,590	
13	임기완	35			1,317	농협	46,095			
총액		442	20	7	총 손실 금액 35,564원					

※ 불량은 15관 씩 포대로 기재. 총 손실금액 35,564원

학교면 월산리 화산마을에서는 임재상이 4-H활동을 활발히 해왔던 터라 쉽게 조사를 하였다. 조사농가 13농가 중에서 피해가 있었던 농가는 5농가였다. 다른 마을은 피해농가만 조사하였는데 이 마을에서는 농협에 수매한 모든 농가를 조사하였고 감량이 나온 피해였다. 이 마을은 고구마 재배량이 많지 않은데다가 계속 생고구마를 수매했었다. 신한제분과 가까운 거리에 있어서 배차도 빨리 되고 직접 싣고 가서 일부 넘기기도 하여 피해가 적었다.

〈표-20〉 ⑨ 함평읍 석성리 성곡 마을

번호	성명	수매량	부패량	감량	포당 수매 금액	수매 계통	수매량 × 고시 가격	현재 수매 금액	손실금	미수금
1	김복영	420	15	70	200~900 220~1,100	농협 일반 상인	572,895	336,900	235,995	
2	배인석	227		23	1,100	상인	316,080	238,700	77,380	

번호	성명	수매량	부패량	감량	포당 수매 금액	수매 계통	수매량 × 고시 가격	현재 수매 금액	손실금	미수금
3	임태봉	183		2	1,300	신한 제분 (농협)	267,351	248,300	19,051	
4	진종한	160		8	1,100	상인	210,720	167,200	43,520	
5	박병술	120	5	16	1,300	신한 제분 (농협)	164,620	135,200	29,420	
계	총액	1,110	20	119	총 손실 금액 405,366					

※ 불량은 15관 씩 포대로 기재. 총손실금액 405,366

함평읍 석성리 성곡마을은 공소가 없는 마을로, 돌머리해수욕장에 인접해 있다. 농민회원도 없었다. 이 마을에는 농협수매원을 하던 김모가 이 지역과 마을에서 절대적인 권력을 지니고 있었다. 이 사람이 나타나면 조사 자체를 할 수 없었다. 그는 나중에 조합장까지 하였다. 가농회원도 없었는데 모영주의 친구(성곡마을 사람이었던 김인우)가 읍내에 살아 알게 되었고, 그를 통해 김모를 적대시하고 있던 박병술을 연결고리로 하여 조사하였다. 박병술은 나중에 농민운동을 하였다.

마을의 5농가가 피해조사되었다. 수매량이 많았고, 부패량에 비해 감량이 많았다. 수매는 농협을 통해 신한제분으로 가져가거나 상인이 하였는데, 수매량이 많았던 1번 농가는 농협과 일반상인을 통해서 수매하였으며 피해액이 다른 사람에 비해 많았다. 총손실금은 40만원을 조금 넘었다. 보상과정에서 영농규모가 큰 1번 농가가 많은 액수의 보상을 받자 적게 보상받은 사람들이 불평하였다.

이상의 마을별 피해조사 자료는 고구마투쟁 과정에서 사실 공개되지 않았고 피해농가수와 총피해금액만을 밝힌 채 투쟁해 나갔고 투쟁이 끝나갈 즈음 특히 보상금을 분배할 때 피해상황의 구체적인 내용이 알려지게 되었다.

애초에는 많은 농가를 조사하기로 했는데 탄압이 들어오니까 이름 빼달라거나 지우고 안 하겠다고 하였다.[161] 결국 1읍, 4개 면, 9개 마을 179농가(끝까지 피해액이 산출된 농가는 160농가[162])의 피해조사를 완료하여, 12월 말에 '조사보고서'를 만들어 관계요로에 보냈다. 이에 따르면 농협이 고시가격대로 수매를 하지 않음으로써 초래된 손실금이 약 280만 원, 수매시기가 늦어 부패함으로써 생긴 손해가 223포대(29만 원 상당)가 되어 조사대상 농가 160가구의 직접적인 총피해액은 309만 원에 달했다. 이는 호당 평균 약 1만 9,300원의 피해액이었다. 당시 1년간 농가소득이 100만 원을 조금 넘는 상태였다.

12월 20일 대책위원들은 조사를 끝내고 조사결과를 토대로 조사단의 의사를 결정짓기 위해 다음해(1977년) 1월 11일 함평 천주교회에서 해당 마을 대표자회의를 소집하기로 하였다.

161) 조사집계를 맡았던 김양혁은 600~700농가에서 피해액 790여만 원이었다고 하였다.
162) 더욱이 160 농가 중에서 화산마을의 피해농가로 조사집계에 들어간 8농가는 피해를 입지 않은 농가들이었다.

3. 사건에서 투쟁으로

1) 피해조사 보고와 사건화

가농본부는 고구마 문제를 12월 20일에 인지하게 되었다. 가농 본부에서는 창립 이후 '상임이사회'가 열려왔는데 본부의 회장단(4명)으로 구성되었다. 그런데 1974년 중반부터 각 연합회의 주재간사(실무자)와 함께 회의를 하기 시작하였다. 물론 본부 성원만 모여서 이사회를 열기도 하였으나 점차 '상임이사 및 주재간사(실무자) 회의', '이사 실무자 회의'라는 명칭으로 각지구연합회에서 올라온 4명의 실무자(총무)들과 함께 이사회를 열면서 각 지역의 활동을 보고받곤 하였다. 전남지구에서는 서경원이 1974년 6월 4~5일 상임이사 및 주재간사 회의부터 이후 (이사) 실무자회의에 빠지지 않고 참석하였다. 전남연합회의 분회활동에 대해 보고하고 지역 현황에 대해서 설명하곤 하였다. 그러다 12월 20일 참여한 실무자회의에서 함평고구마 문제를 거론하였다. 하지만 그런 일이 있다고 인지한 정도였지, 별다른 토론은 없었다.

1977년 1월 6일 열린 전남연합회 이사회는 지난 한 해 동안의 사업결산 평가와 당해년도의 사업을 계획 확정하였다. 이날 이사회에서는 조직강화와 확대, 과제이수에 대한 방안들을 구체적으로 제시하였다. 고구마사건에 대해서 특별히 언급하지는 않았다(〈농민회 소식〉, 1977. 1.).

고구마부패 문제를 본격적으로 제기한 것은 피해조사 자료를 가지고 모임을 갖기 시작하면서부터였다. 가농 전남연합회가 주도하여 피해조사자료를 가지고 1977년 1월 11일 '중간보고'와 '대책회의'를 함평 천주교회에서 가졌다. 오전 10시에 만나기로 하였지만 참석자들이 교통사정 때문에 늦어져 오후 2시 반에야 서경원 총무의 사회로 회의가 진행되었다. 이 자리에서 피해농가 대표와 농민회 임원 등 10명[163]이 참석하였다. 대책위는 1개 읍, 4개 면, 9개 마을 179농가(최종집계 160농가)를 대상으로 피해액을 산출했고, 농민들과 함평천주교회 앞마당에 모여 농성하며 산출된 피해액을 발표하고 농협 측에 전달했고, 참석자들은 피해농민들의 입장과 투쟁의지를 담은 결의문을 발표하였다.

결의문

一. 본 고구마 사건에 대한 확답을 요구한다.

一. 조사서(고구마 생산농가 피해 조사서)에 기록된 피해 전액을 조속히 보상하라.

一. 우리는 불필요한 대면을 원하지 않으며 서류상의 해답을 요구한다.

一. 본 고구마 사건에 대한 확답이 1977년 1월 18일까지 없을 때는 우리 임의대로 행동을 취하겠다.

一. 우리는 그리스도의 계명에 따라 피해입은 농민의 대변인 입장에서 이 사건이 해결되지 않을 때 국민총화는 어렵다고 보며 따라서 우리 농민회의 힘으로라도 국민총화에 총 매진할 것을 다짐한다.

163) 분회별로 외대화, 향진회, 신기 각 2명, 장년, 백연, 상록수 각 1명, 그리고 월산마을 1명.

1977년 1월 11일

함평고구마대책위원회

이 같은 결의는 그 동안 각 농가피해조사에서 밝혀진 피해액을 과학적인 투쟁근거로 제시하는 한편 회유와 이간질에 말려들지 않도록 농민들의 재결속을 다짐하는 것이었다. 뿐만 아니라 농협 및 경찰의 회유와 억압을 거부하고 끝까지 투쟁하겠다는 결연한 의지의 표출이었다.

채택한 결의문에서 대책위원들은 피해보상에 대한 확답과 서류상의 해답, 그리고 나아가 피해 전액 보상을 요구하였으며, 만약 1월 18일까지 확답이 없으면 행동을 취하겠다고 농협을 압박하였다. 또한 가농 전국대의원 총회 및 전남연합회 회원총회에 고구마 피해보상 문제를 정식안건으로 보고하고 접수하였다.

2) 농협의 책임회피와 경찰의 협박

유신독재 정권은 결의문 내용을 문제 삼아 긴급조치 9호 위반으로 규정해 농민들을 연행·탄압했다. 대책회의와 결의문 채택을 문제 삼아 경찰은 압력을 가했고 두 번에 걸쳐 가농회원들을 소환했다. 한편 경찰은 각 지서를 통해 가농회원 현황조사를 했다. 다른 한편 경찰이 마을에 와서 고구마 생산농민들에게 조사에 참여하지 말도록 여러 가지 방법으로 압력을 넣었다. 그러다 보니 피해조사를 예상보다 늦은 12월 말에나 끝낼 수 있었다.

한편 농협은 1월 11일 단위조합 직원들(그리고 이들은 지정수매원들과 깡패들을 앞세우고 다녔다)로 하여금 각 피해농가들을 찾아다니며 '본인이 생산한 생고구마는 본인의 영농형편상 상인에게 판매하였으며 대금은 ○월 ○일 전액 수령하였으므로 농협 기타 관계기관에 대해서는 하등의 이의가 없음을 확인함'이라는 내용의 〈확인증〉을 받아 갔다. 이는 농협이 책임을 회피하려는 수단이었다. 도장을 받아가는 과정을 보면, 단위조합 직원들이 이장이나 마을유지들을 앞세워 확인증 내용도 보이지 않고 도장을 잠깐 달라고 하여 날인을 하는가 하면, 각종 협박까지 해가며 도장을 받아 갔다. 어떤 마을에서는 농협직원이 확인서를 받다가 마을청년들에게 들켜 회수를 당하기도 했다. 뿐만 아니라 농협직원들은 조사에 응한 농민이나 가족들에게 협박을 일삼았다(대책위, 1978b: 14).

경찰도 농민들을 협박하였다. 대책위를 소집하기 위해 작성한 가농 공문의 일부 표현을 문제삼아 관련자를 대공분실에 넘기겠다고 위협하는가 하면, 피해보상운동을 하는 가농 회원들의 집을 직접 찾아다니며 협박을 하기도 했다. "경찰들이 우리 집까지 총을 들고 찾아왔당께, 위협한다고. 몇 사람 패기도 하고. 그 정도였어요. 나 같은 사람은 워낙 완강하게 나오니까 가농 탈퇴하라는 말은 못해도, 처음 시작하는 사람들은 겁이 많이 나지."[164]

이즈음 함평경찰서 정보과 직원이 대책위원들을 감시하였고 경찰서에 이 사건을 담당하는 전담반이 편성되었다. 경찰들 뿐만 아니라 군청직원, 면직원, 심지어 관변단체들까지 총동원되어 색깔론을 펴며 대책위원들을 불순세력으로 몰아가면서, 동네 어른들을 한 사람씩 불러서 회유하고 협박했다(서경원, 2003: 218).

164) '함평 고구마 부정수매사건 김갑현 전 가톨릭농민회 함평군협의회장', 〈월간 참여사회〉, 2003년 5월.

11일 회의를 마치고 총무 서경원은 농협 차대리와 정보과 형사들과 신경전을 벌였으며, 상록수분회와 장년분회에서는 단협직원들이 재조사를 한다며 엄포를 놓고 다녀 신경전을 벌였다.

1월 13일 대책위원들은 결의문 내용을 가지고 경찰과 신경전을 벌였다. 결의문 내용이 긴급조치 위반이라고 운운하였고, 지역 내에서 해결하기 위해 경찰 주선으로 차 대리를 면담하였다. 차대리는 잘 하려다 안 됐기 때문에 선의에서 나온 것이니 피해보상 책임은 없다고 하였다. 서 총무 건만 해도 50가마를 대구까지 가서 11가마 값밖에 못 받았는데, 이는 결과적으로 조합원의 손해라고 하였다.

오후 상록수, 장년리 분회보고에 의하면 12일부터 단협 직원들이 마을에 다니면서 농협에 출하한 농가를 조사한다는 명목으로 신경전을 벌이고 있고 때문에 주민들의 사기저하가 우려된다고 하였다.

3) 투쟁으로

이러한 상황에서 대책위원들은 결의문을 선포한 후 마을유지들을 앞세운 농협 및 경찰의 회유와 무마책으로 인해 이완된 농민들의 결속의지를 다지기 위해 즉각 마을을 방문하여 주민들의 사기를 높이고 농협이 피해조사농가를 대상으로 하는 짓을 정확히 파악하기 위해 노력하였다.

1월 14일에는 성곡마을에 농협직원 4명이 와서 피해조사 대상자를 중심으로 〈확인증〉을 받아갔는데, 당사자들은 확인증의 내용을 알지 못하고 있었다. 그리고 이장의 소작을 부치던 사람을 조사에 응했다는 조건으로 소작지를 환수하였다(앞으로 조합을 통한 혜택은 알아서 하라고 하였다). 상록수 분회에서는 때마침 이장을 시켜 확인증을 받아 오라고 해서 이장이 확인증을 받으러 다니는 것을 목격하고 확인증 내용을 입수하였다. 이에 대책위는 문제가 심각하다고 판단하고 23명을 동원하여 확인증 내용을 공개하였다.

대책위원들은 14일에 이러한 농협과 경찰의 회유 무마책에 의해 약화된 농민들의 의식을 다지기 위해, 3개조를 짜서 각 마을을 돌며 대책위원회의 활동 목적을 알리고 '왜 농민들이 이렇게 당하기만 해야 하는가' 하며 의식을 적극 일깨우고 다녔다. 이에 대해 농협은 물론 경찰은 '사상이 의심스러운 행동'이라며 대책위원들을 더욱 겁주며 위협했다. 한편 대책위원들은 각 농가로부터 농협이 받아간 확인증이 본인의 의사에 관계 없이 작성한 것이며 그것이 농민들의 권리주장에 불리한 증거가 될 수 없다는 내용의 '해명서'를 받았다.

1월 15일에 대책위원들은 종합적인 대책을 수립하기 위해 조사 대상 9개 마을을 방문하여 상황을 판단하고자 하였다. 성곡, 장년, 백연, 월봉(장교리) 4개 마을이 직간접적으로 확인증을 써준 사실을 파악하였다. 이들 마을들은 지도자가 약한 마을이었다. 또한 조사 대상 농가 선정과정에서 신중을 기하지 못했음이 드러났다. 공무원, 마을 유지, 친척관계 등에 대한 파악이 부족하여 대책위에서 감당할 수 없는 이탈이 생기게 되었다. 그러나 대책위는 일단 떨어져 나가는 사람은 어쩔 수 없고 계속 활동하면서 사태의 흐름을 유리하게 전개하는 방향으로 나가자고 하면서, 만약에 대비하여 확실한 증거 확보를 위해서 '해명서'를 받고 PD 포대 보관량을 철저히 파악하기로 하였다. 그리고 지역자체 능력으로 감당하기 어려우니 연합회와 연결하여 일을 처리해 나가기로 하였다.

대책위가 1월 14일과 15일 이틀 동안 각 마을을 돌며 대책위원회의 활동목적을 홍보하면서 압박했음에도 농협은 아무런 대응방안을 내놓지 않고 있었다. 결의문에서 지적한 1월 18일까지의 회신기한조차 무시해 버렸다.

이렇게 밀고 당기는 가운데 문제해결의 기미는 전혀 보이지 않았다. 농민들이 대답을 달라고 제시한 시한인 1월 18일이 지나갔다. 물론 그 안에 함평경찰서의 주선으로 농협과 피해농민대표가 한 차례 자리를 같이 하여 협의했으나, 농협 측은 해결할 수 없다고 하고 경찰 측은 농민 측의 양보를 종용할 뿐이었다. 여전히 농협과 경찰은 농민들을 압박하기만 하였다.

경찰은 오히려 서경원 농민회 총무와 일부 회원들에 대해 "사상이 불순한 사람", "북괴에 동조하는 의심스러운 사람들"이라고 협박했고 가톨릭농민회와 대책위원회 투쟁을 "공산당식"이라며 "빨갱이"로 몰아붙이는가 하면 나중에는 "서경원은 간첩"이라는 소문까지 공공연하게 퍼뜨렸다.[165]

1월 19일 농협의 반응이 없자, 가농은 대전 본부에서 긴급 이사회를 열었다. 이사회에서는 조합의 무반응으로 사태의 흐름이 불리하게 작용하며, 장기전, 내부분열의 기미가 있다고 보았다. 그래서 피해 농가가 확고한 신념을 갖도록 노력하고 전국지도신부를 통해 해당 본당의 신부를 대책위 입장에 서게 하자고 하였다.

이러한 압박에 대응하여 대책위에서는 23명으로 기동반을 구성하여 3개조로 나누어 힘이 약한 마을들에 나가 투쟁을 독려하였다. 이때 피해보상을 주장하는 농민들은 각기 해당 단위농협에서 하루 이틀씩 농성을 벌였다.

165) 2009년 6월 2일, 서경원 증언(김영택, 2011: 20).

4장 가톨릭농민회 전남연합회의 주도와 전선의 확대

4장 가톨릭농민회 전남연합회의 주도와 전선의 확대

1. 가톨릭농민회 전남연합회의 주도

1) 가농 전남연합회의 확대 활동

가농 전남연합회는 1977년 1월 31일 오후 2시 광주 가톨릭센터에서 가농본부, 대책위원회와 함께 합동회의를 갖고, 2월 24일에 있을 연합회 총회에 함평고구마투쟁을 정식 보고하고 사안을 도 단위 차원으로 확대시키기로 했다. 여기서 결정된 투쟁방침은 투쟁의 장기화에서 오는 태도의 약화와 주장의 초점이 흐려지는 것을 경계하면서, 각기 해당 단위조합에서 싸우는 것을 넘어서 이를 사회여론에 호소하고 마지막 단계에서는 법에 호소하는 것(대책위, 1978b: 15)까지 생각하자는 것이었다.

2월 16일에는 월야면 정산리 신기마을에서 이장을 비롯한 마을민들이 월야농협에 가서 피해보상하라고 농성을 하였다. 이렇듯 투쟁의 열기가 좀더 고조되고 확대되어 나가자 함평경찰의 주선으로 대책위는 2월 18일 군조합 측과 협상자리에 나갔다. 협상에서, 군조합 측은 직접 피해보상의 책임이 없다는 발언과 함께 "1977년 고구마 수매계획은 가농에게 넘기겠다, 앞으로 고구마 수매 지정인은 가농에서 선정하라, 군조합 구판매부에 가농회원 1명을 채용하겠다"는 등 회유책을 들고나왔다. 대책위원들이 협상 도중 자리를 박차고 나와 협상은 결렬되고, 피해보상투쟁은 대책위원회의 범위를 벗어나 도 단위 차원으로 넘어갔다.

2월 22일 전남연합회는 이사회를 열어 고구마 사건을 연합회 전체 노력으로 해결하기로 하였다. 이렇게 도(연합회) 단위로 넘어가자 이 날부터 도경에서 적극 개입하였고, 사건진상 조사자료를 요구하며 자기들이 해결하겠다고 나섰다.

드디어 2월 24일 가농 전남연합회는 70여 명의 회원이 참석한 가운데 '총회'를 열고 피해보상투쟁 경과보고를 하고, 고구마 생산농민들의 피해에 대해 회원과 뜻 있는 이들의 성원과 동참을 호소하는 호소문을 작성하여 각계에 보냈다. 한편 피해보상대책위원회는 총회에서 보고한 「함평군 고구마 생산농가의 피해 내막과 그 경과」라는 보고서에서 농협의 무책임한 행위를 지적하면서 피해보상과 농협민주화를 위해서 싸울 것을 다짐했다. 또한 이 자리에서 총회 참석자들은 전남연합회원 일동의 이름으로 피해액의 조속한 보상을 당국에 건의했다.

함평군 고구마 생산 농가의 피해 내막과 그 경과

76년산 고구마를 전량 수매하겠다는 농협 전남도지부 및 함평군 농협의 강력한 약속의 불이행으로 인한 생산농가의 엄청난 피해 내막과 그 경과를 여기에 밝히고자 한다.

이로써 우리는 해가 바뀐 오늘 이 시각까지도 해결의 끝장이 나지 않는 농민들의 억울한 경제적 손실을 하루 속히 되찾을 수 있는 길을 돌보고자 하오니 피해 당사자인 함평군 농민들의 문제 해결을 위한 몸부림과 고통에 성원과 동참을 호소한다.

함평군은 전남에서 해남군, 무안군과 함께 고구마 주산지로서 매년 많은 양을 생산하고 있지만, 이곳 농민들의 걱정은 연년이 피땀으로 지은 고구마 농사를 어떻게 제값을 받고 파느냐가 문제였다. 왜냐하면 3월 하순 고구마 묘상을 시작하여 6월에 고구마 순을 밭에 심고 삼복의 더위에 김매고 가꾸어 10월~11월 수확기까지 7개월여 동안의 노력과 투자의 대가를 찾는 길이 현재와 같은 유통구조 속에서는 잘 파느냐 못 파느냐에 따라 좌우되는 안타까운 현실이기 때문이다.

그런데 다행히 농협이 협동으로 생산하고 공동으로 판매하자는 주장대로 1976년산 고구마는 전량을 수매한다고 7월부터 농민들에게 주지 선전하고 확약하였다. 신문 방송을 통해 보도하고, 리동장회의에서 시달하고, 반상회에서 이야기하고 마을마다 앰프 방송을 통해 수차 알리고 전남 도지부장이 함평에까지 와서 사업 방침으로 밝히기 까지 하여 모처럼 농민들의 생산의욕은 고무되고 결실과 함께 수확의 꿈에 부풀었다.

11월 출하기를 맞아 농민들은 예년과 같이 상인 및 시장 출하 등 개별판매 계획을 세우지도 않고 심지어 수년간 거래하던 상인들이 마을에 와서 (15관들이 1포당) 1,100~1,200원까지 주겠다는 판매 권유도 물리치고 농협의 약속대로 공동판매하면 작년보다 17.4% 인상된 포당(15관) 1,317원(2등품기준)을 받을 수 있다는 확신에서 내지를 않았었다. 뿐만 아니라 별도 저장대책도 필요 없이 대부분 노변에 야적해 놓고 농협이 수매할 날만을 기다렸다.

그러나 산발적으로 일부 소량만을 수매해 가고 전량수매를 위한 적극적인 대책이 없이 날짜는 지나갔다. 이렇게 상황이 심상치 않으니 농민들은 고구마의 부패 위험과 함께 당황하기 시작하였다.

그 결과 지금까지 상인을 외면하던 농민들은 한 사람 두 사람 고구마를 팔기 시작하고 이에 덩달아 낌새를 알아챈 상인들도 이제는 가격을 눌러가며 사들이기 시작하였다. 진퇴양난이 된 농민들은 그래도 많은 수가 농협의 약속에 기대를 걸며 안절부절하는 동안 고구마는 부패하기 시작하였다.

이에 따라 농민들은 각 단위조합으로 고구마 사가라고 아우성치는 소동이 벌어졌고 단위 농협에서는 계획에 차질이 생겼다 또는 신한제분에서 안 사가니 할 수 없다는 등 무책임한 답변으로 일관하였다. 농민들의 농협을 통한 계통출하의 기대는 완전히 무너지고 서로 앞 다투어 상인들에게 출하함으로써 고구마는 일시에 많은 양이 생산자인 농민 손에서 상인들에게 헐값으로 넘어가고 말았다. 결국 이유야 어떻든 농협의 약속 불이행은 농민을 우롱한 결과가 되고 말았다. 농협의 약속 때문에 고구마를 썩히고 당황 속에서 일시에 출하하니 고구마 값은 떨어지고 만 것이다. 이렇게 억울하고 비참한 꼴을 당하고 있던 가톨릭 농민회 현지회원들은 11월 23일 대책위원회를 구성하고 이 문제를 규명하고 해결을 위한 활동에 착수하였다. 동 위원들은 함평군 농협을 찾아가 고구마가 노천에서 썩고 있는데 왜 안 사가느냐고 하니 판매계장 안종현은 아직도 고구마가 남아 있느냐? 고 하며 고구마가 있는 마을을 알려 줄 것을 요구하여 마을과 고구마 양을 대충 알려 주니까 해당 단위조합을 통해 전량 수매하겠다 하며 풍국산업의 매입신청을 받고 있는 중이라고 하면서 즉석에서 서슴없이 약속하고 각 단위조합에 우리가 보는 앞에서 전화로 시달하였다. 그래서 안심하고 그 다음날부터 각 단위조합에 가서 고구마를 넣을 포대(계통출하를 위한 농협 전용포대)를 요구하니 단협에서는 군조합과는 달리 수매할 수 없다고 거부를 하였다.

우리는 재차 군농협을 찾아가 상무대리(차모씨)를 만나 해결을 요구하니 남은 고구마를 모두 사들이고 외상수매대금과 정당한 값을 못 받은 (농협출하분) 문제도 해결해 주겠다는 약속을 다시 받았다. 3차에 걸쳐 방문했으나 고구마는 상인들에게 내고 못다 판 고구마는 노변에서 그대로 부패하고 군 농협의 해결 기미는 엿보이지 않았다.

한편, 우리들은 농가의 판매량과 판매처, 판매가격, 부패량, 농협수매 약속 불이행으로 인한 피해액을 4개면, 1개 읍, 9개 마을, 160농가를 선정 조사를 하였다.

그 결과 농협이 고시가격(1포당 1,317원)대로 수매를 이행하지 않으므로 (심지어 포당 200원에 출하) 초래된 총손실금이 약280만 원이고 완전 부패량이 223포대(3,345관)로써 29만여원(223×1,317원)으로 직접적인 총피해액이 309만 원에 달했다. 이를 농가호당 평균 피해액으로 보면 19,300여원 꼴이 된다. 그외 외상미수금이 2,524,400원이 되었고 (12월 30일 현재) 그외 지나친 감량피해까지 계산한다면 엄청난 피해액이 나온다.(김복영씨 경우 420포대 수매에 70포대가 감량임) 본 조사 이후 계속 팔지 못하고 썩혀버린 고구마 양은 더 많고 지금도 노변에서 야적된 채 썩어서 김이 무럭무럭 나는 고구마는 보는 이로 하여금 울분을 토하게 한다.

또 월야면 신기마을 경우는 농민들의 원성에 못 이겨 단위조합이 광주상인들을 보내서 농협을 믿고 헐값으로라도 할 수 없이 팔아치웠는데 아직도 판매대금을 받지 못 해서 농협에 갔더니 농협에서는 상인들에게 가보라 하여 광주까지 상인을 찾아가니 상인들은 농협에 가서 받아라 책임전가를 하여, 이들은 일년 간 경작한 고구마를 썩힌 것도 분한데 그나마 판매한 대금도 못 받아 그걸 찾겠다고 마을대표들이 소비한 경비만도 외상대금에 육박하는 안타까운 현실이다.

이상의 조사를 하여 군농협에 그 결과를 전달하고 피해보상을 요구하여 1월 20일까지 대책을 강구하겠다고 약속하였으나, 오늘이 시간까지 묵묵부답일 뿐 직접 간접적인 방법으로 우리를 회유하고 활동을 방해하며 순수한 동기에서 농민의 부당한 피해를 막아 농촌의 경제적 향상과 농민의 인간적 존엄성을 지키겠다고 이 활동을 시작한 가톨릭 농민회에 관해 지역사회의 여론을 오도하는 결과를 초래하고 있다.

특히 조사 과정에서 겪은 어려움을 말하지 않을 수 없다. 76년 11월 23일에 착수한 동조사를 12월 말에야 간신히 끝낼 수 있었는데, 이렇게 조사가 지연된 것은 (당초 조사기간을 11월 23일~27일로 계획) 일부 농협 직원과 모기관 직원들의 방해 결과였다. 우리는 농협의 임직원들이 조합의 주인인 농민들에게 당초 자신만만하게 다짐한 약속을 왜 이행하지 못하는가. 그 내막을 알 수는 없다. 더욱이 피해보상 활동의 과정에서 발견한 다음의 사실들에서 농협의 처사는 도저히 이해할 수가 없다.

첫째 : 농협 측의 주장대로 판매계약처인 "신한제분"(함평읍소

재) 등이 76년 수매 목표량을 다 사들여 창고문을 닫고 있으니 할 수 없다. 그래서 계획에 차질이 났다고 하는데 쌍방의 판매 계약의 내용이 무엇인지 궁금하며 백보 양보하여 수긍한다 하더라도 마땅히 농민들에게 공동 판매 계획의 차질을 신속히 알려야 할 일이 아닌가? 그렇게만 해주었더라면 농민들이 당황하여 일시에 상인들에게 앞 다투어 출하하는 소동으로 인한 피해는 줄일 수 있었다고 본다. 수매 상인의 트럭 밑에 드러누워 내 고구마를 사달라고 애걸하는 힘없는 비참한 처지의 농민들은 되지 않았을 것이다.(백련동의 경우)

둘째 : 농협의 수매 방법에 있어 지정수매인(1개 면에 2~3명)을 통해 고구마를 일부 사들였는데 결국 지정 수매인들을 농협과 농민 사이의 중간상인 노릇을 하게 하였다고 본다. 이들 수매인들은 마을에 들어와 농민들로부터 싸게 사서 고시가격으로 농협에 들여놓았는지 의심스러우며 운송비 부담도 농협 부담으로 알고 있는데 생산자 부담으로 하였다. 일반 상인들의 경우도 농민들이 농협 전용포대에 고구마를 담아놓았는데 상인들이 일반 포대로 바꾸도록 하고 농협수매 전표를 사용한 것으로 보아 농협은 상인을 통해 수매한 것이 아닌가? 이러한 판매과정을 통해 농민들의 피해는 가중된 것이라 할 수 있겠다.

셋째 : 단위조합 직원들이 농민들이 고구마를 못 팔아 썩히고 피해본 것은 농협과 무관하다는 것이 사실이다는 확인증을 받아 갔는데, 그 방법이 마을에 와서 이장이나 잘 아는 사람을 앞세워 확인서 내용도 보이지 않고 도장 좀 잠깐 달라는 식으로 날인을 받는가 하면 고구마 사건으로 목포법원에 경비를 들여가며 갈 것이냐 혹은 나무를 해 땔 줄 아느냐 등의 일종의 협박 회유를 하

여 도장을 받아간 사실이 드러났다. 왜 이렇게 하였으며 그 동기는 무엇인지? 농협 측의 계획차질이라는 주장과는 달리 그 저의를 의심하지 않을 수 없다.

넷째 : 대동면 과목장에 살고있는 대책위원 중 한 사람의 소유인 썩은 고구마를 고시가격으로 (51포대) 농협이 수매해 가면서 다른 농민들의 것을 외면하는 것은 이 고구마 수매사건에 관련된 농협의 내막을 의심케 한다.

이상의 관점에서 농협은 당초 약속 불이행으로 인한 농민피해에 관해 너무나도 무책임하며 농민들을 인간적으로 무시하는 처사라 아니할 수 없으며 농민의 경제적 이익을 보호하고 사회적 지위를 향상시켜 국민경제의 균형 있는 발전에 기여하는 농협의 중차대한 사명에 위배되는 처사로써 우리는 당장 농민 피해보상을 받고 민주농협의 신장을 위해서도 문제가 해결될 때까지 우리의 노력을 그치지 않을 것이다.

전국의 회원 형제 여러분과 뜻있는 분들의 아낌없는 격려와 지도를 바라마지 않는다.

1977년 2월

함평군 고구마 피해 보상대책 위원회

이처럼 대책위원회는 그동안의 경과를 자세히 확인해주면서, 농협이 농민들에게 공동판매 계획 차질을 신속히 알리지 않았고, 농협의 수매 방법이 지정 수매인들을 농협과 농민 사이의 중간상인 노릇을 하게 하였으며, 단위조합 직원들이 농민들이 고구마를 못 팔아 썩히고 피해본 것은 농협과 무관하다는 확인증을 내용도 보이지 않고 협박까지 해가며 받아갔고, 서경원의 썩은 고구마를 고시가격으로 수매해가면서 다른 농민들의 것을 외면한 것 등을 열거하며 고구마 수매 건에 관련된 농협의 내막을 의심하였고, 당장 피해를 보상하라고 하였다. 그리고 다음과 같이 당국에 건의하였다.

건의문

본 회는 상기 내용에 명시된 피해액을 조속한 시일 내에 해결해 줄 것을 건의합니다.

한국 가톨릭 농민회 전남지구 연합회 회원일동

이에 피해보상투쟁이 확대될 것을 우려한 전라남도경찰청(전남도경) 측(정보과장)은 24일 총회석상에서 책임지고 해결해 주겠다고 하면서 3월 10일까지 이 사실을 비밀로 하고 기다려달라고 부탁했다. 연합회에서 이 소식을 현장 대책위에 알려왔고 현장 농민들은 이를 믿고 침묵하며 기다렸다. 또한 3월 3일에는 대책위원들이 대공분실 조 실장을 만나 사건 해결을 촉구하였다. 그는 내무부, 농수산부의 지시만 있으면 해결하겠다며 농협직원 문책 운운하였다. 이에 대책위원들은 "우리는 문책을 바라지 않는다. 문제의 309만 원을 해결하라"고 촉구하였다

연합회와 대책위는 3월 7일 함평군 조합장 안수복으로부터 다음과 같은 해명서를 받았다.

해명서(解明書)

(피해 농민들의 보상요구에 대한 함평군 조합장의 답변)

貴會(귀회)에서 저희 組合(조합) 고구마事業(사업)에 큰 關心(관심)을 表明(표명)하신데 대하여 感謝(감사)히 생각하오며 別添

(별첨)과 같이 解明(해명)해 드리오니 海諒(해량)하시옵고 앞으로 더욱 聲援(성원)하여 주시기 바랍니다.

1977. 3. 3.(7?)

咸平郡組合長(함평군조합장) 安壽福(안수복)

(※ 별첨내용)

함평군 고구마 생산농가의 피해내막과 그 경과

1) 전량수매 약속

신문, 방송으로 보도하고 리동장, 반상회에 시달과 지부장 함평군 출장시 전량수매사업 방침 운운

답.

76판매사업 요령에 의한 사업현황

총생산량 686천톤

전남목표 : 생고구마(生甘) 63천톤/절간고구마(切甘) 102,700톤

실적 : 생고구마(生甘) 71천톤/절간고구마(切甘) 61천톤

함평목표 : 생고구마(生甘) 1,5000톤(총생산량 26,000톤)/절간고구마(切甘) 1,000톤

실적 : 생고구마(生甘) 17,600톤/절간고구마(切甘) 201톤

함평 계약 재배량 : 12,000톤

생고구마는 맥후작 관계로 (20일간 저온으로 앞당겨짐) 홍수출하가 되고 반면에 수요회사는 매매계약 체결후 담보 제공을 농협에 해야 수매 한도량이 결정되는 것인데, 회사 측의 재정형편상 수요공급 형평에 어려움도 있는 것이기에 절간(切干)을 하여 출하하도록 계몽활동을 전개하고 출장까지 해가면서 절간(切干)을 권

장한 것은 농가소득에 보탬이 될 뿐만 아니라 전량 수매가 가능한 것이기 때문이다.

그 외에도 홍수 출하를 방지하기 위해 계획 출하 지도와 인근 조합으로 하여금 고시 가격으로 인수, 절간(切干) 판매토록 20,000 가마니를 처리하였다.

(※절간이라 함은 말린 고구마를 뜻함)

2) 함평군 농협의 76년산 고구마 사업 현황

1. 재배면적 1,296ha

2. 생산량 25,000톤

3. 수매량

가. 생고구마 17,000톤

나. 절간고구마 201톤

계 17,201톤

4. 잔여량 7,799톤

가. 종서(種薯) 1,040톤

나. 식용판매 2,000톤

다. 자가소비 4,000톤 15%

라. 사매(私賣) 759 톤

3) 전량 수매한다고 했다면서 『신한제분』과 농협 쌍방 간의 판매계약 내용 궁금 운운

답. 1976. 10. 1일자 계약량 : 12,000 톤/수매실적 : 17,000 톤

4) 수매원들이 농민으로부터 염가매입 공판장에 출하 고시가격으로 판매 차액 착복 여부와 운송비 생산자부담

답. 단협이 위촉한 수매원들은 그런 사실이 없으며 혹시 있다

면 상인들의 수매원을 농협 수매원으로 오인한 것 같으며 수송비는 수요회사 부담이나 들은 바에 의하면 수요회사가 일괄 계산으로 가마당 15원씩을 지급했다는데 실제 거리관계로 실제 소요 운임에 미흡한 것으로 안다.

5) 단협 직원들이 농민들이 못 판 고구마가 썩었는데 농협은 무관하다는 확인증 징구(徵求) 운운

답. 농민들이 단협에 고구마를 출하하면 수요회사에 수송하고 일보를 집계, 군조합 제출되면 대금이 융통되는 과정에 지급기일 2~3일간 지연되어 지급에 차질이 없었으나, 위 문제는 상인에 출하된 것을 농협으로 오인해서 말썽이 있기에 단협에 강력히 시정 지시결과 단협에서 취해진 것으로 아는데 사업기관으로서는 그런 처사가 있을 수 없는 일이며 조사 결과 마을유지들이 한 것으로 안다.

6) 상인 농간에 저가판매 및 노변 방치로 부패 운운

답. 전량수매는 수매계획량 범위 내에 수매실적이 우려되어 적극 수매 계몽활동을 하였으나 생산량 전량수매는 불가능함으로 절간(切干)으로는 전량수매 가능하고 노변 방치는 홍수 출하기에는 도로변에 야적한 것이 저장고 미비로 불가피한 것인데 농민의 관리 소홀로 인한 부패는 계몽지도로 지하 저장고 설치 지도할 계획입니다.

7) 대책위원 51포대는 고시 가격으로 수매하고 다른 농민 것은 수매거부 운운

답. 생고구마 수매 마감기에 대동면 금산리 노변에 방치된 고구마가 많이 있다하여 즉시 단협으로 하여금 현지출장 조사를 한 결과 많은 량은 없고 모농민의 50여 가마니가 있어 출장 직원이 1추럭(200가마) 채워 달라고 하여 그러기로 약속했는데, 그후 고구마 1추럭 분이 미달되어 해당 농민으로 하여금 단협에 운송해주면 수매와 더불어 운임을 지급하겠다고 했는데도 불구하고 농협 현지 인수를 (판매사업 요령에는 농민이 지정공판장 출하 의무) 주장하는 동안 수매기간이 경과되어 농협이 수매할 수 없어 그 담당직원이 농민과 약속이행 불철저의 책임을 물어 변상 조치했다.

8) 약속불이행으로 5개면 160농가의 손실액 309만 원 보상 운운

답. 계약재배 농가분을 수매한 것이 원칙이나 계약재배를 한 농민이 편의상 상인에게 판매하였다고 하더라도 계약조항이 강제성이 없기 때문에 이행, 불이행 간에 농협이 농민에 제재할 수 없는 것으로 볼 뿐만 아니라 농민이 생산한 고구마는 본인 책임 하에 자유판매와 보관을 하는 것이므로 공판장까지 출하된 것은 당 조합의 처리 책임이나 가정에 보유된 것은 전량 보관 판매 소비 등 처리는 농가 책임임으로 앞으로 지하실 저장 시설 지도와 계통 출하 기반조성으로 농가지도에 가일층 노력하겠다.

절간고구마 계통 출하로 농가소득 증대하자

농민 조합원 여러분!

우리 농협은 여러분이 애써 가꾼 고구마를 작년보다 17.4% 인상된 유리한 가격으로 수매하고 있습니다. 특히 절간고구마는 아래 표와 같이 생고구마로 파는 것보다 월등히 유리하오니 절간고구마를 많이 생산하여 농협을 통해 계통 판매함으로서 여러분의 소득증대를 기하여 주시기 바랍니다.

아래

1. 수매기간

- 생고구마 : 76. 10. 1 ~ 76. 12. 31
- 절간고구마 : 76. 11. 1 ~ 77. 2. 28

2. 절간고구마의 유리점

- 생고구마(2가마)로 절간고구마(1가마)가 가공되며 절간고구마로 판매하는 것이 1,443원이 더 이익입니다.

《근기》

• 생고구마 대금(60kg 2가마)	2,811.60원
• 절간가공임(노임, 운반임)	370원
• 포장비(피디포대, 새끼)	130원
• 공판장 출하비, 기타	80원
(합계)	3,391.60원
• 절간고구마 대금(40kg 1가마)	4,835.20원
• 차감이익	1,443.60원

1976. 10.

농협중앙회 전남도지부 지부장 전연규

'고구마 피해는 농협과 무관하다. 고구마는 농민들의 관리소홀로 썩었다'는 이러한 답(해명서)을 듣고 현장농민들은 연합회 측에 불만을 표시하며 허탈해 하고 있었다.

한편 바로 이 시기에 6개 마을 농민들이 단위조합(함평읍, 대동면)을 상대로 강제출자거부운동을 벌였다. 비료값은 계속 인상되고 더욱이 농협은 비율판매나 조별판매를 통해서 불필요한 비료까지 사게 할 뿐만 아니라 비료 한 조에다 무조건 3,000원씩의 출자금을 내도록 강제하였다.[166] 외대화마을에서의 활동을 경험 삼아 지역단위로 강제출자거부운동을 확장하려는 의도에서 그동안 연결된 6개 마을 대표들이 2월 22일 함평장날을 이용하여 음식점에 모여서 강제징수 문제를 조직적으로 해결하기로 하였다. 10여 일 동안 각 마을에서 준비활동을 한 뒤 날짜(3월 3일과 8일)를 정해 두 개 단위조합에 각각 3개 마을 농민들이 함께 쳐들어가 항의하고 농성함으로써 출자거부와 조별판매중지를 이끌어냈다. 이 운동을 통해 농민들은 고구마피해보상투쟁에도 힘을 싣게 되었다. 출자거부운동 관계로 4월초까지 농민들 30여 명이 경찰서에 연행되어 조사를 받기까지 하였다.[167] 이 사안을 알리기 위해 편지를 써서 프린트하여 보냈다는 이유로 노금노는 긴급조치 위반이라며 경찰서에 끌려가 협박당하기도 하였다(노금노, 1986: 267~279). 나중에 (1977년 4월 22일) 계림동 1차 기도회에 이 때 집단투쟁을 했던 6개 마을에서 가장 많은 농민들이 참여하였다.

3월 8일에는 〈대화〉지 조기자가 현지 사건취재를 나왔다. 그런데 당시 현지에서는 도경과의 약속을 지킨다는 이유로 고구마에 관해서는 입을 다물고 있었다.

함평군농협 조합장의 해명서를 접수한 대책위는 함평에서 군조합장 해명서 검토와 대책을 위한 연합회 운영회의를 개최하였다. 즉 연

166) 농협은 한 종류의 비료와 또 다른 종류의 비료를 예를 들어 1:2 비율로 짝지어 판매하거나 여러 종류의 비료(요소 2포, 용성인비 2포, 복합 3포, 염화가리 1포)를 하나의 조(패키지)로 묶어 판매하였다. 농민들은 원하지 않는 비료도 사야 했다.

167) 단위농협 참사 외 3명이 문책을 당하였다.

합회회장단, 실무진과 함께 3월 9일 긴급회합을 갖고, 피해보상투쟁은 이미 함평군조합 차원을 넘어섰다는 판단을 내리고, 농협 전남도지부를 상대로 한 실력행사의 가능성을 타진하기에 이르렀다. 그리고 3월 10일에는 광주에서 연합회(지구) 운영회의를 열어 도경으로부터 '노력은 했으나 해결의 실마리를 찾지 못해 미안하다'는 회답을 보내온 것에 대응하여 전국적으로 폭로하고 농협 전남도지부를 대상으로 독자적인 대책을 수립하기로 하였다.

3월 17일 가농 전남연합회는 임원회의를 가졌다. 연합회장(김동혁)이 보고한 바에 따르면 도지부 직원과 면담하니까 도지부에서는 전혀 모르고 있었다고 발뺌하였다 하였다. 논의 끝에 활동계획을 구체화했는데, 1차로 언론에 피해보상투쟁 내막을 폭로하고, 2차로 4월 11일경 기도회를 개최하기로 의견을 모았다. 이러한 결정에 따라 이튿날인 3월 18일 전남도청 기자실을 찾아가 피해보상투쟁 내막을 폭로했고, 그 내용이 일간지에 기사화되면서[168] 함평고구마투쟁이 전국적인 여론의 관심을 받게 되었다.

고구마생산농가 피해막심

농협 계약재배해 놓고 전량수매 안 해

전남도가 지난해 식량증산과 농가소득증대를 위해 적극 재배를 권장했던 고구마를 농협이 일부만 수매하여 생산농가들이 크게 골탕먹었음이 뒤늦게 밝혀졌다. 전남도에 따르면 지난해 3만 3천 92ha에 고구마를 재배해서 70만 1천 8백 87톤을 생산하여 생고구마 6만 3천톤, 절간고구마 10만 2천 7백톤을 농협을 통해 수매키

168) 〈현대경제〉, 〈전남일보〉, 〈중앙일보〉에 기사화되었다.

로 했는데 실질적으로는 생고구마 7만 1천톤, 절간고구마 6만 1천톤 밖에 수매하지 안아 생산농가에서는 2등품 값 기준 1짝(15판)당 공판가격 1천 3백 17원을 받기 위해 상인들에게 팔지 않고 있다가 농협에서 전량수매를 해주지 않아 썩혀버렸거나 헐값에 방매하여 큰 손해를 보았다.

썩혀버렸거나 헐값방매

피해보상대책위 당국에 손실보상요구

18일 한국「가톨릭」농민회 전남지구연합회(회장 김동혁)와 함평군고구마피해보상대책위의 호소문에 따르면 함평군내 7천 1백 69농가에서 지난해 1천 6백 ha에 고구마를 재배, 4만 1천 4백 95톤을 생산했으며 농협도지부와 함평군농협에서 생산된 고구마를 전량 수매하겠다고 공약해놓고 생고구마 1만 7천 6백톤, 절간고구마 2백 1톤 등 총 2만 6천 2백톤(생고구마 환산) 밖에 수매하지 않음으로써 생산농가의 피해가 컸다고 주장, 당국이 보상해줄 것을 요망했다.

또한 이들이 조사한 결과에 따르면 함평읍, 월야면, 신광면, 대동면, 학교면 등 1개읍 4개면 1백 60농가에서만도 3백 9만 원의 피해를 입어 호당 1만 9천 3백원 꼴의 손실을 보고 있다는 것이다.

한편 농협도지부는 함평군내에서 계약재배수매목표량 1만 2천톤보다 5천톤이 더 많은 1만 7천톤을 수매했다고 밝혔다.

– 〈현대경제일보〉 (3월 20일자, 6면)

가농 본부에서도 3월 25~27일 서울 분도회관에서 열린 '이사, 실무자 연석 회의'(전남연합회에서 김동혁, 서경원 참여)에서 현안문제로서 '고구마 사건'을 다루고 다음과 같은 결론을 내렸다.

1) 기도회를 하기로 한다. 일시 및 장소는 4월 22일 저녁시간으로 하며 광주 계림동 천주교회에서 개최한다.

2) 주최는 전남지구연합회, 주관은 천주교 광주대교구청으로 하고 후원은 각종 유관단체들로 한다.

3) 기도회 제목은 '농민을 위한 기도회'로 한다.

4) 호소문(피해농가가 대외에 호소하는), 성명서, 초청장을 각 유관단체 및 인사, 회원에게 보낸다.

5) 지구단위 동원 계획 – 경기, 경북, 강원 각 10명, 충남 전북 10명 이상, 경남 1명 이상, 충북 2명 이상 동원 계획.

6) 서울유관단체는 본부에서 접촉한다.

이처럼 3월 25~27일 본부 이사 실무자 연석회의에서 광주 계림동 천주교회에서 4월 24일 '농민을 위한 기도회'를 하기로 결정하고 호소문, 성명서의 작성계획과 동원계획까지 수립하였다.

여기서 잠깐 기도회에 대해 알아보자.

이 즈음 기도회 형식은 천주교에서 신도 및 성직자들이 자신들의 대사회적인 목소리를 내는 방식이 되어 왔다. 서울을 비롯한 전국에서 그리고 광주에서 기도회 형식의 시위나 의견표명들이 있어 왔다. 천주교는 특히 지학순 주교의 구속[169)]을 둘러싸고 정부와 각을 세우며 기도회 형식으로 대사회적인 발언을 하였다. 1974년 11월부터 1975년 1월까지 각 교구에서 돌아가면서 기도회를 열면서 구속인사

석방과 종교탄압 중지를 촉구하였다.

광주지역에서도 이에 발맞추어 1974년에 처음 기도회 방식의 시위가 있었다. 11월 11일 오후 6시 광주시 호남동 천주교회에서 '인권회복을 위한 천주교 광주교구기도회'가 열렸다. 윤공희 광주교구 주교 집전으로 열린 이날 기도회에는 교역자, 신자 등 1천여 명이 참석하여 억압받는 이들과 교회쇄신, 평화 등을 위해 기도했다. 호남동 천주교회가 입추의 여지 없이 꽉 찼다. 조비오신부는 강론에서 "유신체제는 비민주적인, 국민을 탄압하는 조치다. 빨리 민주화하기 위해서는 긴급조치를 무효화시키고 영구 일인집권음모를 분쇄해야 한다"고 강조하였다. 밤 9시 20분경 기도회가 끝난 후 2백여 명은 천주교회에서 6백미터 떨어진 가톨릭회관까지 가두데모를 벌였으며, 데모 중 수녀들은 '부정부패 근절하라', '지학순 주교 석방하라', '인권회복 전취하라' 등의 프랑카드를 품속에서 꺼내 들기도 했다(〈동아일보〉, 1974. 11. 13.).[170] 지학순 주교 구속 이후 '천주교정의구현사제단'이 자연스럽게 만들어졌다. 신부들이 각자 개인으로서 자유롭게 모여서 이루어진 조직인데, 기도회 형식을 빌어 노동자와 농민의 인권을 회복하기 위한 의사표현을 하게 되었다. 권력이 점차 포악해져 가고 있던 상황에서 노동자, 농민의 다양한 권리가 억압받게 되었고 이에 대한 마땅한 항의 방식이 없던 시절에 기도회라는 형식을 활용했던 것이다.

개신교인들도 기도회 형식을 빌어 대사회적인 발언을 하였다. 1975년 2월 12일 광주기독교연합 신도 1백여 명은 오전 11시 광주

169) 1974년 3~4월 전국학생조직인 '민청학련'이 결성되어 정부를 전복하려 했는데 지학순 주교가 자금을 대서 내란을 선동했다고 하며 구속하였다.

170) 이들은 긴급 출동한 5백여 명의 경찰관에 의해 해산됐다.

YWCA 소심당에서 구국기도회를 열고 수감자와 자유민주주의, 선교 자유를 위해 기도했다(〈조선일보〉, 1975. 2. 13.).

1975년 3월 10일 오후 7시 30분에 천주교 정의구현전국사제단 광주교구는 천주교 계림교회에서 '근로자와 인권회복을 위한 기도회'를 가졌다. 여기서 주교단은 부정부패, 사회부조리, 인권유린 등을 고발하는 교회의 발언권은 계속 행사되어야 하며 다수 정치단체가 허용하는 지역에 있어서 신자들은 자기 양심에 따라 어떤 정치단체에도 시민의 자격으로 정치활동을 할 수 있다고 선언했다. 이처럼 계림동천주교회에서는 함평고구마투쟁 관련 농민의 기도회를 열기 2년 전에 근로자와 인권회복을 위한 기도회를 했었다. 그리고 이 때에는 전국적으로 돌아가면서 유사한 기도회를 하였는데, 예를 들어 서울교구와 마산교구에서는 3월 10일 같은 제목의 기도회를 하였다(〈경향신문〉 1975. 3. 11.).

1976년 들어서도 비판적인 목소리나 노동자 농민을 위한 목소리를 낼 수 없던 상황에서 기도회라는 형식을 통한 시위나 대회가 가장 강력한 운동방식이 되어 있었다. 도시에서는 노동자를 위한 기도회가 열리고 있었다. 그러다보니 농민운동에서도 기도회를 생각하였다. 가농 이사회에서도 이러한 것은 염두에 두고 농민을 위한 기도회를 개최하자고 했던 것이다.

그리고 4월 1일 발행된 월간지 〈대화〉[171]에 조영호 기자가 쓴 '르뽀 함평군고구마사건'이라는 기사가 나왔다. 이 기사는 현지 탐방을

171) 월간 〈대화〉는 크리스찬아카데미에서 운영하였다. 1970년에 창간되었고 1976년 재창간된 잡지로 비판적인 논조를 유지했으며 1979년에 폐간되었다.

하여 작성한 것으로 그 동안의 투쟁 경과와 대책위의 입장을 자세히 보도하였다(조영호, 1984: 171~185). 당시 〈대화〉지는 엄혹한 독재 정권 아래에서 비판적 논조를 유지했던 잡지였다. 그래서 지식인들 사이에서도 함평고구마투쟁은 회자되기 시작했다.

사태가 점차 심각해짐에도 농협 측에서는 탄압과 회유를 번갈아 사용해가며 운동을 무마시키려 할 뿐 자신들의 책임을 인정하려 들지 않았다. 현지에서는 경찰이 대책위원들을 비롯한 농민들의 움직임을 계속 주시하였고 해당 읍면사무소, 공무원, 그리고 병력, 최종학교·종교·친척을 통해 계속 압력을 행사하였다. 물론 많은 피해농가들도 보상에 대해 의구심을 가지게 되었다. 결국 대책위에서는 최후의 모든 역량을 결집해서 투쟁해야겠다는 생각을 하게 되었다.

이어 서울에서 열린 가농 본부 이사회(3월 25일~27일)에서는 현장문제 토의에서 함평고구마 문제에 대해 서경원으로부터 설명을 들었다. 함평고구마사건의 대책에 대해 협의를 하고, 4월 22일 광주 계림동 천주교회에서 '농민을 위한 기도회'를 개최하기로 하였다. 가농 본부의 결정에 따라 가농 전남연합회 임원회의는 4월 3일 광주에서 모임을 갖고 4월 22일 광주 계림동 천주교회에서 기도회를 개최하기로 확정하였다. 기도회의 구체적 내용도 확정하였는데, 오후 2시에 시작하여 1부에서는 경과 보고, 호소문 낭독, 결의문 및 선언문 발표를 하고 2부 미사에 이어 3부에 농협도지부를 방문하는 것으로 하였다.

그리고 함평에서는 피해농민들의 기도회 참가를 방해하려는 갖가지 탄압이 계속되었다. 연합회에서는 농민을 위한 기도회에 참석해 달라는, 전남연합회가 주최하고 각지구연합회가 후원하는 초청장을 보냈다. 동시에 함평지역 활동가들은 함평에서 좀 멀리 떨어진 해남, 강진, 신안, 영광 지역을 각각 책임지고 동원활동을 벌였다.

초청장

(농민을 위한 기도회)

'자유 있는 나라 법은 국민의 자유로운 의사에서 오고 자유 없는 나라 법은 일 개인 또는 일부 계층에서 온다'는 김구 선생님의 말씀과 현실사회의 긴박함을 다시 새기면서 농민들의 애달픈 절규의 광장에 귀하를 초청하오니 공사다망하시더라도 꼭 참석하시어 내일을 위해 오늘을 고통받는 내 형제들에게 격려하여 주시기 바랍니다.

아래

윤공희 대교주님 주례

때 1977년 4월 22일 오후 2시

곳 광주계림동천주교회

주최 한국 가톨릭 농민회 전남지구 연합회

주관 천주교 광주 대교구청

후원 한국 가톨릭 농민회 경기지구 연합회

〃 충남지구 연합회

〃 경북지구 연합회

〃 전북지구 연합회

〃 강원지구 연합회

〃 경남지구 연합회

〃 충북지구 연합회

〃	전국지도 신부단 NGC 전남 청년 협의회

실은 현장 대책위는 4월초부터 농민을 위한 기도회에 농민들이 최대한 많이 참여하도록 독려하기 위해 현장에서 경찰과 신경전을 벌이고 있었다. 함평 고구마투쟁이 전남 뿐만 아니라 전국에 알려져 양심세력과 운동권의 관심사로 떠오르고 기도회를 개최하기로 하자, 그제서야 농협 전남도지부는 급해졌다.

2) 피해 농민들의 타협과 가농 전남연합회의 타협안 거부

이러한 상황에서 4월 12일 농협 전남도지부는 농협의 실수를 인정하고 협상을 제의해 왔다. 농협도지부 판매과장이 피해보상대책위원회 임정택 위원장을 통해 협상을 요구하였다. 그 때 대책위는 이미 이 사건을 함평군에서만의 사건이 아니라 우선 전남도 전역으로 확산시킬 필요가 있으며 그 확산시키는 방법으로 '기도회형태의 농민대회를 준비하자'고 움직이고 있었다. 그 낌새를 알아차린 농협이 회유책으로서 협상을 요구했던 것이다.

제의해온 협상내용은 "직접 피해보상은 어려우므로 간접피해보상을 강구하겠다. 간접보상의 방법은 160 피해농가에게 10만 원씩의 중장기자금으로 융자해 줌으로써 보상하겠다"는 것이었다. 이에 대해 연합회장은 "일단 현지 대책위와 협의해 보겠다. 단 10만 원씩은 너무 적고 1농가당 15만 원씩은 되어야 송아지 1마리라도 살 수 있지 않겠느냐"며 약간 긍정적인 입장을 보였다.

다음날 4월 13일에 함평군내 마을 대표들이 모여 '기도회를 위한

함평지역 피해농가 대표회의'를 갖고 앞으로 전체적 활동계획 수립에 있어 피해농가들의 구체적 활동 대책을 협의하였다. 장년, 백연, 신기 마을에서는 오지 못하였다. 오전부터 경찰이 마을에 나가 신원 조사를 한다며 못 가게 막았다. 이 회의에는 본부 상임이사가 피해농가 대표들 격려차 참석하였다. 회의에서는 함평에서 100명을 동원할 계획을 세웠다. 그리고 오후에는 경찰서를 방문하여 회의에 참석하지 못하게 막은 짓에 대해 항의하고, 기도회 초청장과 호소문을 전달하였다.

4월 14일에는 대책위 대표와 연합회장이 농협 도지부장을 만나 연 13%의 단기영농자금을 좀더 낮은 이율로 2년간 피해농가 160가구에 15만 원씩 융자함으로써 간접보상하겠다[172)]는 농협측의 협상 제안을 청취하였다. 도지부장이 바뀌기 전에 해결했어야 한다며, 요구 사항이 무엇이냐고 물었다.

이러한 농협 측의 제안에 대해 4월 15일 함평에서 피해농가 대표 22명과 농협도지부 간의 협상이 진행되었다. 함평읍 사거리에 있는 신식당 2층에서 오전 11시에 피해농가대표 22명과 농협 도지부에서 나온 박모 판매과장 사이에 협상이 진행되었다. 농협 도지부 판매과장이 수십명의 피해농민들을 읍에서 제일 좋은 식당으로 초대해 대접하면서 제안을 했다.

서경원 총무가 그동안 농협도지부와 교섭한 내용을 보고했다. 농협도지부장이 바뀌는 3월 전에 해결했어야 한다는 농협측 입장설명

172) 당시 이 제안은 장기저리융자(3년 거치 10년 상환)로 송아지 한 마리씩을 입식할 수 있는 자금융자였다. 당시 소값이 치솟고 있던 시절이어서 이 제안에 농민들은 솔깃하였다(서경원, 2003: 219). 이러한 농협의 제안은 당시로서는 파격적인 것이었다. 지금의 이자율을 생각하면 고리채로 보이지만 당시 이자율 13%는 낮은 것이었다.

과 함께, 1농가당 15만 원씩(합계 약 2천3백만 원) 융자해 줄테니 기도회만은 하지 말아달라는 요지였다. 피해농가 모두에게 장기저리 융자로 송아지 한 마리씩 입식할 기회를 주겠다는 것이었다. 가구당 2만 원도 안 되는 보상금을 요구하고 있던 농민들에게 3년 거치 10년 상환으로 15만 원짜리 송아지를 사게 해준다고 하자 피해농민들 사이에 동요하는 빛이 역력했다.

여기서 농가당 15만 원씩 융자해 주는 간접보상 문제를 두고 22명의 피해농가 대표들은 의견이 나뉘어졌다. "대책위와 피해농가들 사이에 격론이 벌어졌어요. 6개월을 넘기면서 농민들도 많이 지쳐 있었고 협상안을 받아들이자는 쪽이 우세했지요. 그러나 일부에서는 다른 농민들에게 돌아갈 영농자금을 피해농가가 가로채는 격이라며 반대 의견도 만만치 않았습니다."(노금노) 간접보상안을 받아들이자는 사람들과 거절하자는 사람들 사이에 격렬한 논쟁이 벌어졌다. 연합회장과 도지부 간에 묵계도 있었고 싸움을 빨리 끝내자는 분위기도 있었다. 대부분의 피해농민들도 6개월이나 끌어오면서 지칠 대로 지쳐서 협상하기를 바랬다.

가톨릭 지도사제단조차도 간접보상안에 찬성하였다. 신부가 "야 이제 그만할 때도 됐지 않느냐. 송아지 한 마리씩 받아가지고 키우면 농가에 보탬이 되고 가농활동이 얼마나 홍보가 되겠느냐"라고 말했다. 우리에게 유리한 협상이면 못할 것도 없지 않는가 라는 의견이 다수였다.

여러 가지 의견이 개진되었고, 간접보상안에 대해 반대하는 다음과 같은 입장도 제시되었다. 5개월 이상 문제해결을 위해 투쟁을 해왔으면서 우리의 요구대로 관철하지 못한다면 협상할 필요가 없다. 협상을 하더라도 기도회는 하고 협상을 하자. 협상을 하려면 우리측 요구가 관철되는 (직접피해보상) 선에서 협상하자. 융자는 농민을 얽어매기 위한 하나의 수단에 불과한 것 같다.

결국 표결에서 18대 2라는 압도적인 표차로 간접보상안을 받아들이기로 하였다. 그렇지만 피해농민들은 7개 항에 달하는 '피해농가들의 입장'을 정리하였다. 즉 피해농가들은 ① 1호당 15만 원씩 융자해주되 3~4년 상환조건의 중장기성 연리 9% 자금으로 할 것, ② 20일 이내에 현금을 수령하고 대출과정에서 단위조합은 개입치 말며, 군조합과 도지부에서 직접 개입하여 융자 및 상환을 관장할 것, ③ 5개월 동안 문제해결을 위해 들어간 28만 원의 경비를 지불할 것, ④ 군조합장은 전체 고구마생산 농가에게 사과문을 보낼 것, ⑤ 고구마 수매원의 자질을 향상시킬 것, ⑥ 농민에 의한 농민참여로 조합운영을 개선할 것, ⑦ 임직원들의 대농민 약속이행에 철저할 것을 요구하였다. 그리고 제시한 피해농민의 요구가 관철되지 않으면 협상에 임할 필요가 없다는 입장을 전달하였다(노금노, 1984: 284). 협상에 조건을 달았던 것이다.

피해농민 대표들은 이렇게 여러 가지 조건을 제시했지만, 실은 15만 원 건만 해결되면 협상은 다 된 것으로 여기고 있었다. 피해농민들의 요구를 전달하자 오후 3시 농협측 협상대표인 판매과장은 피해농민대표들 앞에서 모든 조건을 들어줄 것을 확답하고 결정권자인 도지부장과 협의하여 18일 연합회 임원회의에 통고하기로 하였다. 그리고 이날 판매과장은 농민들에게 2만여 원어치의 맥주 35병과 안주를 대접하고 갔다.[173] 이렇게 피해농민 대표들은 농협의 간접보상안을 채택하기로 하였고 이렇게 해결되는 걸로 알았다. 물론 이 사건이

173) 맥주를 처음 먹어본 농민들이 많았다.

연합회에 접수한 사안이기 때문에 최종결정권은 연합회 임원회에 있었다(노금노, 1986: 283~285).

4월 16일 농협도지부에서는 ① 연리 9%짜리는 안 된다(10.5%짜리는 가능하다), ② 사과는 대책위원회와 연합회 임원들에게 구두 사과하겠다, ③ 기도회를 조건부로 취소하라는 응답과 요구를 해 왔다. 농민들이 협상을 마무리하려는 의지를 보이니까 다시 새로운 요구를 해왔다.

4월 18일, 협상의 최종결정권을 갖고 있는 가농 전남연합회 이사회가 가톨릭센터에서 열렸다. 오후 3시, 20명이 참석한 가운데 먼저 지도자 강의를 1시간 동안 듣고, 농협 도지부측의 협상제안 내용을 검토하고 회장과 지부장의 면담 내용을 청취하였다. 그리고 이틀 전에 농협도지부에서 함평에서의 협상결과에 대해 수정제의를 해온 내용을 확인하였다. 즉 농협도지부에서는 간접보상의 연리인상(애초 제시했던 9%에서 10.5%로), 구두 사과, 기도회 취소를 제안 및 요구하였다. 수정제의를 검토하면서 임원들은 간접보상안의 문제점에 대해 토론하였다.

직접피해보상이 아니라 융자금으로 해결하려는 것 아닌가, 4월 22일 기도회가 맥 빠지거나 사실상 취소되는 것 아닌가, 다른 지역으로 갈 융자금을 함평지역으로 옮길 뿐인 것 아닌가, 기도회 이후에 협상하는 것이 더 낫지 않겠는가 하는 문제제기와 쟁점들을 가지고 토론하였다.

이러한 쟁점들에 대해 토론한 후 이사회의는 다음과 같이 결론내렸다. ① 직접피해보상 요구를 변질시키는 간접보상은 의미가 없다. ② 융자금의 출처가 도내에 이미 배정된 총액에서 2천3백만 원을 단지 우선 지급한다고 하는 것인 만큼 이것은 본 사건 해결에 성의표시로 볼 수 없다. ③ 기도회를 취소하라는 요구는 농민회의 자주적 결정권에 대한 간섭일 뿐만 아니라 대외적으로도 명분이 서지 않는다. ④ 단, 피해농민들의 의사를 최대한 존중하는 의미로 조건 없는 융자, 공개사과, 기도회는 예정대로 거행, 이상의 세 가지 조건을 들어주는 선이라면 사건해결에 대한 성의표시로 보고 협상에 응할 수 있다.

그리고 이사회의는 기도회 행사를 최종 점검하였다. 이것은 사실상 4월 15일 현장대책위에서 피해농민대표들과 농협판매과장 사이의 협상을 뒤집는 것이었다.

"당시 가톨릭 농민회 사무실이 광주 금남로에 있는 대교구 가톨릭센터 5층에 있었습니다. 거기서 이에 관해 함평 대책위원들 그리고 전남연합회 가톨릭농민회 이사들이 모여서 대책회의를 하며 토론을 하게 됩니다. 아마 이 회의가 상당히 길었어요. 그리고 농협도지부나 도경관계자들은 가톨릭센터 지하다방에서 이미 함평에서 간접피해보상을 받기로 결정된 것이기 때문에 그것이 그대로 결정될 것이다, 우리가 추진했던 기도회 형태의 농민대회는 거의 무산될 것이다 이렇게 예상하고 있었는데, 연합회에서의 결정은 함평에서의 결정을 뒤집어 버렸습니다. 이건 도저히 말이 안 되는 거다. 함평농민들, 피해농가들이 고생은 되고 여러 가지 주장은 이해는 하나, 적어도 직접피해보상을 요구해야지 피해보상이 아닌 걸 무슨 간접피해보상이라는 요사스러운 그런 용어를 가지고 우리는 또 한 번 속는 것이다. 그러니까 원천적으로 함평대책위원회의 결정은 잘못된 결정이다 라고 하고, 전남연합회 주최로 여기에 직간접적으로 또는 이를 지지하는 농민운동, 또는 농민들, 그밖에 여러 민주인사들을 초청해서 기도회 형식의 농민대회를 열자고 결정하게 됩니다."(노금노, 5·18기념재단3, 2009: 32)

농협도지부나 도경관계자들, 광주경찰서 관계자들은 가톨릭센터 지하다방에서 이미 함평에서 간접 피해보상을 받기로 결정한 것이기 때문에 그대로 결정될 것이라고 예상하고 있다가 간접피해보상을 거부했다는 소식을 듣자 크게 실망하였다(노금노, 2014: 54).

4월 19일 농협중앙회 이사가 직접 개입하여 3차협상을 벌였다. 이 협상에서 대책위 측은 연리 10.5%의 중장기 자금을 일반 단기 자금의 조건으로 대출해 준다면 보상의 성의 표시로 인정하고 재고하겠다고 제안했다. 과거 군조합장 유판옥 씨까지 나와서 협상에 임했지만 기도회 중단 요구 등으로 이견을 좁히지 못한 채 농협도지부와의 협상은 완전히 결렬되었다. 물론 4월 21일까지 도지부는 협상에 대한 반응이 없었다.(대책위, 1978b: 18). 이날 밤 농협도지부장은 전남지사에게 협력을 요청하였다.[174)]

한편 19일부터 각 지역 동원 인원을 최종 점검하였고, 천주교회 사도회는 경제적 여건 때문에 참석하지 못하는 농민들에게 교통비를 지급하기로 하였다.

기도회를 개최한다는 것은 농협과 당국이 제시한 간접보상안을 완전 거부했다는 표시였다. 송아지 한 마리라는 당시로서는 커다란 미끼를 거부함으로써 내부의 균열이 일어나게 되었다. 애초에 현지 피해농민들은 그 보상안을 받아들이기로 한 것을 연합회에서 뒤집었기 때문이다.

지도신부인 김성룡 신부까지 1년 싸우고 나니까 이제 그만하고 송아지도 받아서 호당 한 마리씩 준다니까 장기저리로 그것 받고 농민회 활동을 활발히 해나갈 수 있지 않겠느냐며 그만하자고 하였다. 이

---

174) 협상에 성공하면 다시 등용하기로 했다고 한다.

때 서경원은 이우재에게 전화하여 자문을 구했고, 이우재는 확실한 피해보상을 받을 때까지 끝까지 싸워야 한다고 조언하였다. 서경원은 이러한 멘트에 힘을 얻었다.

이것을 계기로 함평 천주교회 신부들과 농민회원들 사이에 마찰이 일어나기 시작했다. 그래서 현실에서는 녹록하지 않았다. 농민회원들이 함평천주교회에 왔을 때 정보과 형사들이 함평천주교회 신부들에게 정보를 줘서, "천주교 신자도 아니고 기독교 신자들인데 왜 천주교 교회에 와서 그러냐"라며 부추기자, 천주교회 간부들이 서경원에게 삿대질하면서 "왜 비신자를 끌고 와서 시끄럽게 하느냐"고 소리치는 사건이 벌어졌다.(서경원)

2. 1차 기도회('농민을 위한 기도회')

4월 22일 광주 계림동 천주교회에서 '함평고구마 피해보상을 위한 기도회'[175]가 가농 전남연합회 주최로 5백여 명의 가농회원과 성직자, 기타 유관 인사들[176]이 참여한 가운데 개최되었다.

함평지역에서는 함평읍으로 모여 광주행 버스를 타고 광주에 왔다. 물론 전날 미리 올라온 사람도 있었고 새벽에 올라온 사람들도

175) 당시 정부에 대해 비판·요구 등의 집회를 할 수 있는 수단은 기도회뿐이었다(엄영애, 2007: 100). 기도회는 교회나 천주교회에서 기도형식을 빌렸지만 농민대회에 가까운 행사순서에 따라 진행되었다. 노금노는 '고구마 피해보상을 위한 농민대회'라고 표현하기도 하였다(민주화운동기념사업회 오픈아카이브 자료, '노금노', 유투브 동영상).

176) 당시 참석인사에는 전주교구장 김재덕 주교, 광주대교구 윤공희 대주교, 신부단 20명, 사회당 김철 당수, 이우재, 이재오 등이 있었다. 그리고 민청학련 관련자인 박형선, 이강, 김상윤, 윤상원 등도 참석했다(서경원, 2003: 222).

있었다. 백련동, 장년리, 마량 등지에서 농민회원들이 떼지어 와서 함께 광주행버스를 타고 올라왔다. 물론 각 마을에는 공무원들이 배치되어서 농민들이 나오는 것을 차단하고 있었다. 그럼에도 뚫고 나와 광주로 모였다. 농민들이 마지막으로 차에 타자 체크하고 감시하던 형사들도 함께 타고 이동하였다. 함평지역 농민들은 10시반 정도에 계림동 천주교회에 도착하였다. 이미 정문에는 투구를 쓰고 곤봉을 든 전투경찰 100여 명이 진을 치고 있었다.

기도회 개최시간을 몇 시간 앞둔 11시경 대책위는 도경 정보과장과 면담하였다. 오늘의 예기치 못한 사태에 대비해서 방법을 연구하자고 하였고, 대책위 측은 피해보상이 해결되지 않는 한 어떠한 사태도 농협과 당국의 책임이라고 주장하였다. 정보과장은 지성인들의 모임이기 때문에 기동대를 배치하지 않겠다고 하였다. 이어 12시경 도청기자실을 방문하여 기자들에게 기도회 초청장을 전달하였다.

오후 1시경 계림동 천주교회는 전국 각지에서 모여든 농민들로 붐볐다. 이 때 고건 전남도지사가 중장기 자금과 농사(일반 단기) 자금 사이에 문제점을 책임지고 조정할 용의가 있으니 기도회 후에 대표와 만나자고 제안해 왔다. 대책위원회 측은 그것은 문제의 핵심과는 거리가 먼 지엽적인 내용이어서 만날 필요가 없다고 통고하고 계획대로 기도회 개최를 준비하였다.

1) 기도회의 전개과정

일부 지역에서 경찰의 제지를 받고 참석하지 못하기도 하였지만, 오후 2시 예정대로 피해농가와 전국 각지에서 모인 농민들 약 500여 명이 참석한 가운데 기도회를 시작하였다.

기도회는 1부 경과보고, 2부 미사, 3부 농협도지부 가기 순으로 이어졌다.

입당성가와 함께 기도회의 막이 올랐다. 입당성가에 이어 농사형제의 노래(농민의 노래)를 제창하였다.

1) 삼천만 잠들었을 때 우리는 깨어 배달의 농사형제 울부짖던 날 손가락 깨물며 맹세하면서 진리를 외치는 형제 그립다.

2) 밝은 태양 솟아오르는 우리 새 역사 삼천리 방방골골 농민의 깃발이요. 찬란한 승리의 그날이 오길 춤추며 싸우는 형제 그립다.

이어서 김동혁 전남지구연합회 회장이 인사말을 하였다.

인사말씀

오늘날 한국 전체 농민이 서러운 여건 속에서 생활하고 있는 것은 삼척동자도 잘 알고 있는 사실입니다만, 특히 함평지역에서 거주하고 있는 형제들의 고통과 비참이 형언할 수 없음을 통감하여 오늘 이 행사를 개최하게 되었습니다.

대주교님을 비롯하여 그리고 저희들과 뜻을 같이하는 신부님, 수녀님, 먼 거리에서 오신 선배 제현, 동지 여러분들의 지대한 관심이 저의 농민형제들로 하여금 기쁨과 희망을 갖게 해준다는 것을 생각할 때 새삼 경의를 드리려 합니다.

피땀 흘려 생산한 고구마가 농협 당국의 잘못으로 인하여 입은 피해보상을 절차상으로 어렵다는 이유로 6개월여에 걸쳐 지금에까지 이행치 않은 것은 농민을 우롱한다기 보다는 짐승취급 하는 꼴이 됐습니다. 설상가상으로 함평의 사찰기관에서 농협과 피해민의 협상을 중재에 나섰으나 갖은 이유를 다 붙여 오히려 회원들을 괴롭히니 이것은 곧 사냥터에서 일이 뜻대로 되지 않아 즉 너구리를 잡지 못한데 신경과민이 되어 주인을 물어뜯는 격이 됐으니 주인의 꾸지람이 더 커지기 전에 중지해야 할 것입니다.

법을 충실히 지키도록 협조를 하며 국민의 생명과 재산을 지키는 것이 경찰의 임무일진대 생계의 위협을 받은 피해민의 재산을 보호할 생각은 않고 긴급조치법에 저촉된다고 위협하니 통탄하지 않을 수 없습니다.

병든 자를 위해서 의사가 있듯이 농민을 위해서 농협이 있으며 대중을 위하여 지도자가 있고 국민을 위해서 국가가 있을진대 뒤바뀌어 의사를 위해서 환자가 있고 농협을 위해서 농민이 있고 지도자를 위해서 대중이 있고 국가를 위해서 국민이 있다고 착각한 사회가 됐으니 이 또한 통탄해 마지않습니다.

고구마 피해보상 절차가 까다롭다는 농협 당국의 이유는 농민의 농협으로 취할 태도가 아니니 농민을 위한 농협으로 돌아가 해결의 장을 열어주기를 충고하며 참석해 주신 여러분에게 적극적인 참여와 동의를 부탁드리면서 인사 말씀을 대신합니다.

1977. 4. 22.

가톨릭농민회 전남연합회장 김농혁

연합회장은 "병든 자를 위해서 의사가 있듯이 농민을 위해서 농협이 있으며 대중을 위하여 지도자가 있고 국민을 위해서 국가가 있을진대 뒤바뀌어 의사를 위해 환자가 있고 농협을 위해서 농민이 있는" 현 사회를 통탄하면서 고구마피해투쟁에 동참해 줄 것을 호소하였다. 또한 기도회를 갖는 전남지구 농민들의 뜻을 전격 지지하는 전국

농민들의 뜻을 대표해서 최병욱 가농회장은 “이제까지 농민은 권익을 침해당하기만 해온 시점에서 이제 농민의 권익침해에 대한 보상을 요구하는 것은 너무나도 당연한 것”이라고 말하고, “오늘의 기도회를 갖기까지 문제의 해결을 해주지 않은 농협을 신랄히 비난하고 이러한 농협을 더 이상 방관할 수 없어 이 자리에 모인 전남지구 형제들의 뜻을 전폭적으로 지지하는 바이며 모든 이들의 적극적인 참여를 호소한다. 여러분들 뒤에는 1천 4백만 농사 형제가 있음을 알고 힘이 되어 줄 것임을 믿으면서 끊임없이 전진하자”고 말했다.

이어서 ‘경과보고’가 시작되었다. 함평군 고구마 피해보상 대책위원회 대표는 이제까지 사건 내막과 진상을 낱낱이 폭로하면서 피해보상을 위해 피해 농가들과 대책위가 벌인 활동경과를 다음과 같이 보고 했다.

함평고구마사건 경과보고

1. 사건의 요약

1976년산 고구마에 관해 농협도지부와 함평군농협이 “전량 수매하겠다”는 공약이 이행되지 않음으로써 생산농가가 땀 흘려 수확한 고구마를 썩혀버리거나 헐값으로 홍수출하 하는 등 경제적 손해를 초래한 데서 사건은 발단되었습니다.

농협이 17,490원(2등품 기준 포대당 1,317원)이라는 인상된 고시가격으로 전량 수매하겠다고 선전하니 농민들은 모처럼 제값을 받을 수 있다는 희망을 갖고 전과 같이 상인이나 시장에 출하 계획이나 보관 저장 대책을 세울 필요도 없이 농협이 수매할 날만을 기다리고 있었습니다.

고구마를 캐서 밭이나 노변에 야적해 놓고 기다리고 있으나 농협은 일부 소량만을 감질나게 수매해 가고 날씨는 추워지고 눈발까지 치니 농민들은 당황하여 일부 농민들은 지금까지 거절했던 상인들에게 출하하기 시작하고, 그래도 농협 계통출하로 한푼이라도 더 받아 보겠다고 농협을 찾아가 수매를 요구하며 기다리는 농민들도 있었습니다.

그러다 보니 고구마는 썩기 시작하고 농협의 태도는 무책임한 반응을 보이니 이제는 너나 할 것 없이 앞을 다투어 개별 판매를 시작하였던 것입니다. 그러니 고구마는 일시에 홍수출하가 되고 상인들은 낌새를 알아차려 배짱을 부리며 사들이므로 고구마 부패는 더하고 따라서 홍수출하는 가중되었던 것입니다.

사태가 이렇게 악화되자 군내 가톨릭농민회 회원들은 피해 당사자로서 자신들 뿐만 아니라 군내 전체 생산농가의 이익을 위해 피해보상대책위원회를 구성하여 농민들의 권익실천 활동을 전개하여 왔던 것입니다.

2. 피해 내막

1) 대책위원회의 조사에 의한 피해액은 다음과 같습니다.

(1) 조사 기준 – 1976년 12월 31일 현재

(2) 조사처 – 함평군 4개면 1읍 9마을 160농가

(3) 피해액 – 약 3,112,531원

산출 근거 – 헐값 출하로 인한 손실금 2,679,969원과 부패량 243포대(3,645관)의 값 320,031원

호당 피해액 – 19,453원

함평군 전 생산농가의 피해액 추정은 총 1억 4천만 원 상당액

(산출 근거 = 총 생산농가 7,169호×19,453원)

2) 인근 군의 피해

함평군 조합이 처리하지 못해 부패한 고구마를 이웃 영광군 조합 등지에 반출함으로써 해당 조합에 피해를 전가시켰음이 현지에서 확인되었습니다. 도지부 판매과에서는 3,000가마를 이웃 인접 군에 반출하였다 하고 함평군 조합장은 해명서에서 20,000만 가마를 인근 조합에 인수 판매토록 처리하였다고 하는데 그 내막이 이러한 것이 아닌지 의심스럽습니다.

3. 사건의 원인분석

도지부와 함평군 조합의 76년도 고구마 수매계획 사업이 왜 차질을 가져왔는지 우리는 정확히 알 도리가 없습니다. 그러나 지금까지 5개월여 동안 문제해결을 위한 투쟁 과정에서 드러난 사실과 증거 및 증언에 의해 우리는 이 사건을 다음과 같이 분석하고 있습니다.

1) 기본적인 문제 제기

가) 농민과 농협 간에 상호 책임 소재를 따지기 이전에 귀중한 식량을 썩혀버렸고 농민이 피땀 흘린 노력의 대가가 헐값으로 치루어졌다는 사실에 문제의 핵심이 있고 하늘이 분노하고 천인이 공노할 일이다.

나) 전남도의 발표에 의하면 76년도에 도내 총 33,092 헥타르에서 총 701,887톤을 생산했는데 농협을 통해 수매한 양은 132,000톤(생고구마 71,000톤, 절간 61,000톤)으로서 총생산량

의 18%밖에 수매를 안했고, 수매목표량에 실적을 대비하면 79.6%로서 그나마 20. 4%(33,700톤)나 수매계획에 차질을 가져왔다. 함평군의 실태를 보면 1,600헥타르에서 41,495톤을 생산하였는데, 26,200톤(생고구마 17,600톤, 절간 7,600톤)을 농협이 수매하였다.(〈현대경제〉, 77. 3. 20) 경찰조사에 의하면 수매목표량에 50%(무안 80%)의 실적이라고 한다.

이상의 통계에 준하더라도 도 단위 뿐 아니라 함평군 조합에서도 각각 수매계획에 차질을 빚은 것을 쉽게 알 수 있다. 농협이 자의건 타의건 간에 계획 차질이 있었으면 신속히 농민에게 알려 개별 판매를 권했어야 하는데 왜 방관하고 심지어는 계속 수매하겠다고 주장하였는가?

이는 조합의 주인인 조합원을 무시하는 농협의 비민주적 속성을 여실히 드러낸 처사이고 또 한편 고구마 수매 사업에 커다란 흑막이 있을 것 같은 의구심을 자아낸다.

다) "협동으로 생산하여 공동으로 판매하자"는 농협의 슬로건이 말해주듯이 농협의 공동판매 사업은 공동구입 사업과 함께 자본주의적 시장구조 속에서 농업과 농민을 보호하자는 농협의 2대 기본 사업이라 본다. 그렇다면 농협은 고구마 공동판매 사업을 위해 어떤 대책을 갖고 어떻게 노력했는가. 실례로 농협은 고구마를 절간하여 판매하면 월등 수입이 높다고 권장 선전하였을 뿐 고구마 주산지에 일선 농협에 절간을 위한 공동시설이 되어 있지 않고 농번기 일손 부족을 고려함이 없이 절간고구마 수매 계획을 강행하는, 농협의 공동판매 사업에 무책임과 무계획성을 지적하지 않을 수 없다. "피땀 흘려 지은 농사 농협 통해 제값 받자"고 하면서 농협은 과연 고구마 제값 받기 위해 얼마나 피땀을 흘렸는가?

2) 농협의 보상책임을 입증하는 근거

가) 전량 수매 약속의 증거

① 농협이 전량 수매하겠다는 약속은 신문, 방송, 반상회, 리동장 회의를 통해 농민들에게 전달되었다. 도지부장이 함평 와서 전량 수매하겠다고 약속하였다(TV 방송 필름 확인, 경찰).

② 9월부터 PD 포대(농협수매 전용)을 미리 농가에 배포하여 농협 수매에만 응할 준비를 시켰다.

③ 작년(76년) 10월 도지부장 (전연규) 이름으로 된 '여러분이 애써 가꾼 고구마를 작년보다 17.4% 인상된 유리한 가격으로 수매하고 있다'는 전단을 농민에게 배포 선전하며 상인들에게 출하하지 말고 농협에 내라는 권고 계몽을 하였다. 물론 이 전단에도 제한 수매를 한다거나 수매 목표량도 전혀 밝히지 않았다.

④ 무엇보다도 수년간 거래하던 상인들이 포대당 1,100~1,200원까지 주겠다고 하는 권고도 뿌리치고 농협의 수매를 믿고 기다렸던 농민들에게서 전량 수매약속에 관한 충분한 증언을 들을 수 있다.

⑤ 함평군조합장(안수복 씨)는 해명서에서 수매계획량 범위 내에 수매실적이 우려되어 적극 수매 계몽 활동을 하였다고 농협의 전량 수매약속을 간접적으로 시인하고 있다.

⑥ 고구마를 수매하라는 대책위원들의 요구에 함평군 조합은 남은 고구마 전량을 수매하겠다고 2~3차에 걸쳐 약속하였다.

참고로, 우리는 전량수매도 생산량 전부로 생각치 않고 농가에서 출하하려는 양(상품화 하려는 양)을 말한다.

나) 농협 측의 보상책임을 스스로 인정하는 증거

① 대책위원의 한 사람의 소유인 썩은 고구마를 (51포대) 전량

고시 가격으로 수매한 일.

② '본인이 생산한 생고구마는 본인의 영농 형편상 상인에게 판매하였으며 대금은 0월 0일 전액 수령하였으므로 농협 기타 관계기관에 대해서는 하등의 책임이 없다.'는 확인서를 농협 직원들이 부당한 방법으로 심지어는 협박까지 해가면서 받아간 사실이 농협의 책임을 회피하기 위한 처사로서 결국 농협의 책임을 시인한 것이다.

③ 도지부와 중앙회 이사가 농협의 실수를 인정하고 직접 보상은 어려우니 영농자금의 특혜 대출로 간접 보상을 하겠다는 제안을 하였다.

4. 활동의 경위

1976년

11월 23일 – 농민의 피와 땀이 뒤범벅이 된 고구마가 노변에 눈비를 맞고 굴러 밟히는 것은 곧 농민이 짓밟히는 것과 다름없다는 결론을 내리고 대책위원회를 구성하고 피해액을 조사할 것을 결의하고 군 농협에 찾아가 남은 고구마를 전량 수매약속을 받음.

11월 24일 – 각 단위조합에 찾아갔으나 수매 거부당함. 그 후 2, 3차에 걸쳐 군 농협을 방문하여 남은 고구마 전량을 수매하고, 외상수매대금과 정당한 값을 못 받은 문제도 해결하겠다고 약속 받음.

11월 29일 – 지역 내 인사들에게 사건 진상을 폭로하고 협력을 요청.

12월 – 현지 경찰과 만나 우리의 주장과 입장을 밝히고 문제해결의 협력을 약속 받음.

12월 31일 – 피해 조사 완료.

1977년

1월 11일 – 대책회의를 열고 중간 경과를 보고하고 결의문을 채택하여 군농협에 전달. 결의문 요지 : 77. 1. 18일까지 서면으로 사건 해결에 관한 회답을 요구하고 그렇지 못할 때는 우리 임의대로 행동하겠다고 통고. 이날 농협은 마을에서 확인서를 받아감.

1월 12일 – 대책위원들이 현지를 방문하여 확인서 용지 입수하고 농민회 조사가 사실이며 농협측 확인서는 내용도 모르고 확인서에 사인하였으므로 무효임을 해명하는 해명서를 농민들로부터 받음.

1월 31일 – 광주에서 확대 대책위원회를 열고 활동의 단계적 계획을 수립함.

2월 22일 – 지구 연합회 이사회에서 고구마 사건을 지구 전체 노력으로 해결키로 합의함.

2월 24일 – 지구 총회에서 사건경과 보고를 하고 며칠 간 여유를 주면 농협에서 책임지고 해결하겠다는 약속 받음(총회 석상에서 공식 약속).

3월 3일 – 지구 회장께서 도경에 3월 11일까지 약속이행의 시한과 해결 안 될 때는 우리 힘으로 해결에 나설 방침을 통고함.

3월 7일 – 함평군 조합장 안수복 씨의 해명서 받음.

3월 8일 – 월간 〈대화〉 지에서 현지 취재함.(4월호 게재)

3월 9일 – 함평에서 군조합장 해명서 검토와 대책을 위한 지구운영회의 개최

3월 10일 – 광주에서 지구 운영회의를 열어 도경으로부터 '노

력은 했으나 해결의 실마리를 찾지 못해 미안하다'는 회답을 받고 독자적인 대책을 수립.

3월 17일 – 지구 임원 회의를 갖고 활동 계획을 구체화함.

3월 18일 – 도청 기자 회의실을 찾아가 사건 내막을 폭로함.(그 후 〈현대경제〉, 〈전남일보〉, 〈중앙일보〉에 보도됨.)

4월 3일 – 광주에서 기도회 준비를 위한 임원회의 개최

4월 12일 – 도지부에서 협상을 제의해 옴.

4월 13일 – 함평군 내 마을 대표회의를 갖고 앞으로 전체적 활동계획 수립에 있어 함평 피해 농가들의 구체적 활동 대책을 협의. – 도지부장과 만나 농협측의 협상 제안을 청취하고 4월 18일 제안에 대해 회답키로 함. [참고, 협상제안의 내용 – 연 13%의 단기 영농자금을 (2년간) 피해농가 160명에게 15만 원씩 융자함으로써 간접 보상하겠다는 것.]

4월 15일 – 함평에서 피해농가 대표들은 회의를 열고 도지부 제안을 의논하고 도지부 판매과장을 불러 현지 사정과 농협의 문제점에 대한 의견을 제시하고 회의 결과를 통고함.

회의 결과 내용은

① 요구대로 직접 보상하라.

② 연리 10.5% 중장기 자금으로 부담 없이 대출한다면 고려한다.

③ 군 조합장이 피해농가에 공개사과하라.

④ 그동안 활동 경비를 보상하라.

4월 16일 – 광주에서 도지부장과 2차 협상 회의를 가짐.

4월 18일 – 지구연합회 임원 확대회의를 갖고 도지부 제안에 대해 의논하고 기도회 행사에 관한 준비와 최종 점검을 함. [결의

사항, 도지부 제안은 보상을 위한 성의가 없는 것으로서 거부키로 함.]

4월 19일 – 농협중앙회 이사와 3차 협상 회의에 응했으나 도지부장과 동일한 무성의한 제안으로 거부함. 이 회의에서 우리는 연리 10.5%의 중장기 자금을 일반 단기 자금의 조건으로 대출해 준다면 보상의 성의 표시로 인정하고 재고하겠다고 제안했다.

4월 22일 – 고건 전남도지사의 제안. 중장기성 자금과 농자금 사이의 까다로운 조건의 문제점을 책임지고 조정할 용의가 있으니 기도회 측 대표들과 만나자고 연락받음.

이렇게 우리 나름대로 활동하였으나 해결이 되지 않아 전국회원 및 동지들의 동참을 호소하고 그동안 활동을 반성하고 평가하며 올바른 해결의 길을 모색하기 위해 오늘 기도회를 갖기에 이르렀습니다.

감사합니다.

이와 같이 피해대책위원회 대표가 고구마가 썩어가기 시작하면서부터 기도회가 있기까지의 내막과 활동 경과를 보고하고 그동안 해결해 나가지 못한 고구마보상의 해결을 모색하기 위해 기도회를 갖게 되었음을 알렸다. 이후 참여농민들은 결의문, 호소문, 선언문을 채택해 나갔다.

결의문

– 평고구마피해보상을 위한 기도회에서

국민의 식량을 생산하고 공업의 원료를 생산함으로써 국민의 생활과 국가발전에 봉사하고 있는 역군은 다름 아닌 농민이다. 이 나라 국민의 약 절반을 차지하는 이러한 농민이 생산비도 못 미치는 저농산물 가격 정책으로 빈곤에서 해방되지 못하는 한 농공 간의 빈부격차는 심화되어 국가의 균형 있는 자립경제의 달성은 기대하기 어렵고 농촌이 정치적, 사회적으로 소외당하고 있는 비민주적인 상황에서 벗어나지 못하는 한 이 땅에 자유민주주의의 실현은 요원할 수밖에 없다. 무엇보다도 황금만능의 유물론적 시대조류로 인하여 농민이 비인간화되고 있음은 전체 국민의 불행을 자초하는 결과가 될 것임을 또한 의심치 않는다. 더욱이 자본주의 경제체제가 고도로 발전된 오늘날, 농업 및 농민의 경제적인 권익옹호와 사회적인 지위향상을 위해 농협의 역할이 막중함에도 불구하고, 농협의 비농민적 속성은 더욱 노골화되고 그 존재 의의를 상실해 가고 있음을 우리는 통탄해 마지않는다.

따라서 본회는 그리스도의 사랑과 정의를 몸소 실천하고 이것을 농촌사회에 조직적으로 실현해 가는 일만이 농촌발전의 지름길임을 다시 확인하면서 농민의 경제 사회적 권익을 쟁취하고 인간적 존엄성을 고양하며, 농촌의 민주화를 실현하기 위해 우리는 어떠한 난관도 헤쳐나갈 것을 굳게 다짐하며, 오늘 다음과 같이 결의한다.

농산물의 적정가 실현과 농촌의 유통질서의 합리화를 위해 전력투구한다.

농협의 민주화를 위한 제도적 개선을 촉구한다.

농협의 부당한 출자 의무화를 철회시킨다.

비료의 완전 자유판매 실현을 촉구한다.

농민의 존엄성과 사회적 지위를 고양시킨다.

1977년 4월 22일

한국가톨릭농민회 회원일동

기도회 참가자들은 한국가톨릭농민회 회원일동 명의의 '결의문'에서 농업 및 농민의 경제적인 권익옹호와 사회적인 지위향상을 위해 농협의 역할이 막중함에도 불구하고, 농협의 비농민적 속성은 더욱 노골화되고 그 존재 의의를 상실해 가고 있음을 통탄하면서, 농산물 유통질서의 합리화, 출자강요 철회, 비료 자유판매, 농협민주화를 촉구하였다. 이것은 그동안 가농에서 줄곧 요구해왔던 농협민주화의 내용이었다. 그리고 그 민주화의 구체적 형태가 함평고구마투쟁이었다.

이어서 대책위에서는 다음과 같은 호소문을 발표하였다.

호소문

농민들이 한여름 뜨거운 햇볕 아래서 피땀 흘려 가꾸고 거두어들인 고구마를 길거리에서 눈비를 맞혀 썩히거나 중간 상인들에게 헐값으로 팔지 않을 수 없게 하고도 책임회피와 가증스러운 무마책으로 농민들의 정당한 피해보상요구를 계속 외면하고 있는 함평군 농협의 반농민적 처사를 규탄하면서, 5개월째 투쟁을 계속하고 있는 함평군 농민들의 고통에 전 국민의 성원과 동참 있기를 호소하는 바이다.

두말할 것도 없이 농협의 일차적인 존립목적은 어디까지나 농민의 경제적 사회적 권익옹호에 있다. 그럼에도 불구하고 함평군 농협은 농민의 권익을 옹호하기는커녕 관내 고구마 생산농가에 막중한 피해를 안겨 주었고, 농민의 사회적 권익을 옹호하기는커녕 피해농가의 정당한 보상요구를 억누르기 위해 갖은 술책을 다 쓰고 있다. 이것은 비단 직접 피해를 입은 현지 농민들뿐만이 아니라 전국 각지에서 농촌사회의 민주적 발전을 위해 애쓰고 있는 많은 형제들에게 한없는 분노를 불러일으켰다.

이에 농촌사회에 그리스도의 참된 사랑과 정의를 실현할 것을 목표로 활동하고 있는 한국가톨릭농민회 회원 일동은 이것이 다만 현지 농민들만이 고통을 당해야 할 문제가 아니고 뜻을 같이 하는 모든 형제, 모든 국민이 한 마음 한 뜻으로 뭉쳐 뚫고 나가야 할 농촌사회 민주화의 첫 관문임을 깨닫고 있다. 그리하여 이제 세칭 함평군 고구마사건의 전모를 여기에 공개하면서 함평군 농민들의 정당한 투쟁에 많은 형제들의 성원과 동참 있기를 호소하는 것이다.

함평군은 해남군, 무안군과 함께 전남에서 고구마 주산지의 하나이다. 그러나 이곳 농가에서는 해마다 생산의 기쁨보다도 판매의 걱정이 앞서야 했다. 3월 하순에 고구마 묘상을 시작하여 6월에 고구마순을 밭에 심고 삼복의 더위에 김매고 가꾸어 10~11월에 거두어들이기까지 7개월여에 걸쳐 피땀으로 지은 고구마였지만 번번이 중간상인들의 농간에 걸려 헐값으로 팔아넘기지 않을 수 없었기 때문이다.

그런데 다행히도 작년부터는 농협이 협동으로 생산하여 공동으로 판매하자는 구호대로 작년산 고구마는 전량을 수매한다고 농민들에게 선전하였다. 이를 들은 농민들은 이제는 어느 정도 피땀의 대가를 찾을 수 있게 되었다면서 수확의 꿈에 부풀었다. 10월 출하기를 맞아 농민들은 예년과 같이 상인 및 시장출하 등 개별 판매계획도 세우지 않고 심지어 수 년 간 거래하던 상인들이 마을에 와서 1포대(15관들이) 당 1,100~1,200원까지 주겠다는 판매권유도 물리쳤다. 농협의 약속대로 공동판매하면 작년보다 17.4%

인상된 1포대당 1,317원(2등품 기준)을 받을 수 있다는 기대에서, 상인들에게 내지 않았을 뿐만 아니라 별도 저장대책도 없이 대부분 노변에 야적해 놓은 채, 농협이 수매해 갈 날만을 기다렸다.

그러나 날짜가 가도 농협은 산발적으로 일부 소량만을 수매해 갔을 뿐, 적극적인 태도가 엿보이지 않았다. 날씨가 추워지고 서리가 내려 야적해 놓은 고구마가 얼어서 썩을 위험마저 있었다. 농협의 수매약속만을 철석같이 믿고 있던 농민들은 일이 이렇게 되어 가자 당황하기 시작했다. 지금까지 상인을 외면해 오던 농민들이 한두 사람 고구마를 팔기 시작했다. 이에 낌새를 챈 상인들도 이제는 가격을 눌러 가며 사들이기 시작했다. 진퇴양난인 농민들은 그래도 많은 수가 농협의 약속에 기대를 걸며 안절부절하고 있었다. 그러는 동안 고구마는 썩어 가기 시작했다. 이에 따라 농민들은 각 단위 조합으로 몰려가 고구마 사 가라고 아우성을 쳤다. 그러나 농협에서는 수매계획에 차질이 생겼다, 또는 신한제분에서 안 사 가니 할 수 없다고 무책임한 답변을 할 뿐이었다.

이리하여 농민들의 농협을 통한 계통출하의 기대는 완전히 무너지고 말았다. 농민들은 이제 앞을 다투어 상인들에게 팔기에 바빠졌다. 제값을 받고 못 받고는 이미 문제가 되지 않았다. 썩기 전에 한 푼이라도 더 건져야겠다는 생각에서 마구 헐값으로라도 팔아넘겼다. 더구나 일시에 많은 양이 출하되니 제값을 받아 내기란 애당초 불가능한 일이었다. 이리하여 결국 1포대 당 400~500원에 팔리기도 했다. 서로 자기 것부터 먼저 팔려고 주민들끼리 다투는 일도 있었고 또 어떤 농민은 상인의 트럭 밑에 드러누워 내 고구마를 제발 좀 사 달라고 애걸하기도 했다.

결국 농협의 사정이나 이유야 어쨌든 농민은 농협에 우롱당한 꼴이 되었고 다시 한 번 힘없고 비참한 처지로 떨어지고 말았다. 중간상인에게 농간당하지 않으려던 기대가 무참히 깨진 것은 물론 상인에게 애걸복걸하는 처지가 되고 만 것이다.

이렇게 억울하고 비참한 꼴을 당한 농민들은 작년 11월 23일, 가톨릭농민회 현지 회원들을 중심으로 함평군 고구마피해보상대책위원회를 조직하여 당국에 피해보상을 요구하며 지금 이 시각까지도 눈물겨운 투쟁을 계속하고 있다.

동 대책위원회가 함평군에서 가장 피해가 큰 4개 면, 1개 읍, 9개 마을, 160농가를 대상으로 조사한 결과에 따르면 농협이 고시가격대로 수매를 이행하지 않음으로써 초래된 손해가 약 280만 원이고 수매를 기다리다 썩혀 버린 고구마 양이 223포대 약 29만 원 상당에 달해 직접적인 총 피해액은 309만 원이나 된다. 이는 조사대상 농가 호당 19,300원의 피해를 입은 꼴이다.

농민들이 이와 같은 조사결과를 근거로 농협에 피해보상을 요구하고 나서자 농협측은 별 해괴한 방법으로 이같은 정당한 농민들의 요구를 회피 억압하려고 애썼다. 함평군 농협은 우선 각 단위조합 직원들을 시켜 각 피해농가를 찾아 다니며 본인이 생산한 생고구마는 본인의 영농형편상 상인에게 판매하였으므로 농협 기타 관계기관에 대해서는 하등의 이의가 없다는 이른바 확인서라는 것에 날인을 받게 했다. 그것도 농민들의 약점을 이용하여 마을 유지나 친지들을 앞세워 확인서 내용도 보이지 않고 도장 좀 잠깐 달라는 식으로 날인을 받아 갔는가 하면 어떤 농가에 가서는 나무를 해 땔 줄 아느냐, 고구마사건으로 목포에 경비를 들여가며 갈 것이냐는 등의 협박을 하며 날인을 받기도 했다. 또 앞장서서 일하는 대책위원들에게는 여러 차례에 걸쳐 너는 무고죄로 들어갈 것이다는 따위의 협박으로 일에서 손을 떼도록 압력을 넣기도 했다.

이와 함께 농협은 대책위원 중 한 사람[서경원]의 소유인 고구마 51포대를 뒤늦게 전량수매한 다음, 그 중 39포대가 썩었더라고 하면서도 고시가격대로 51포대값을 다 내놓았다. 다른 농민의 고구마는 신한제분에서 안 사 가니 별 수 없다고 수매를 거절하던 농협이 유독 대책위원에게만은 후한(?) 대접을 아끼지 않은 것은 무슨 꿍꿍이속이 있는지 알다가도 모를 일이었다.

이같은 농협측와 무마와 회유, 위협에도 굴하지 않고 피해보상을 요구하는 농민들의 외침은 날로 높아 가기만 했다. 이에 당황한 함평군 농협은 금년 3월 3일 안수복 조합장의 이름으로 된 이른바 〈해명서〉라는 것을 농민측에 보내왔다. 그러나 이것은 한 마디로 동문서답식의 딴청만 늘어놓은 것이었다. 명백한 농협측의 과오에 대해서조차 이 〈해명서〉는 뻔뻔스럽게도 책임회피와 발뺌을 위한 궤변으로 얼버무리고 있다. 예컨대, 농민들이 고구마를 고시가격대로 농협에 출하하지 못하고 중간상인들에게 헐값으로 팔아넘기게 된 것은 농민들이 '영농형편상' 그렇게 된 것이지 농협에는 아무 책임이 없다는 내용의 '확인서'를 받아낸 사실에 대해서 이 〈해명서〉는 그런 처사는 있을 수 없는 일이며, 조사결과 마을유지들이 한 것으로 안다고 해명(?)하고 있다. 마을유지들이 시키지도 않은 일을 하고 다녔다는 말이다.

또 대책위원 중 한 사람의 고구마 51포대를 썩은 것까지 합쳐서 전량 고시가격대로 수매한 것에 대해서는 "담당직원으로 하여금 농민과의 약속이행 불철저의 책임을 물어 변상조치했다"고 해명하고 있다. 그렇다면 어째서 다른 농민들의 피해는 보상하지 않겠다고 하는가!

아무튼 일일이 예를 들 것도 없이 무책임한 변명과 책임회피로 시종한 이 〈해명서〉로 해명되는 것은 아무 것도 없고 오히려 농민들의 의혹은 더욱 짙어졌을 뿐이다. 당국은 아마도 이같은 무마와 얼버무림으로 시일이 지나면 자연히 농민들의 분노가 가라앉을 것으로 기대하는지 모른다. 그러나 그렇게 생각한다면 그것은 당국의 커다란 계산착오라는 것을 우리는 분명히 밝히고자 한다. 이제까지 우리는 항상 그런 식으로 당해 왔지만 더 이상 그런 수법에 넘어가지 않을 것이다.

되풀이하거니와 농협은 농민의 기관이고 농민을 위한 기관이다. 농협은 농민의 상전이 아니라 농민의 심부름꾼이다. 그런 농협이 주인을 주인대접하지 않을 때 우리는 우리 힘으로라도 주인 행세를 하고야 말 것이다. 이것이 바로 농협을 민주화하는 길이고 나아가서는 농촌사회를 민주화하는 길이다. 그러기 위해서 우리는 농협의 약속불이행으로 입은 농민의 피해보상을 기어이 관철하고야 말 것이다. 이것은 민주농민의 양보할 수 없는 권리이자 민주농민으로서 마땅히 해야 할 의무이기도 하다.

이와 같은 우리들의 결의와 투쟁에 전 국민의 아낌없는 성원과 지도를 바라마지 않는다.

1977년 4월 22일

함평군 고구마피해 보상 대책위원회 드림

전국민에게 보내는 '호소문'에서 대책위원회 대표는 책임회피와 무마책으로 농민들의 정당한 피해보상 요구를 계속 외면하고 있는 함평군 농협의 반농민적 처사를 규탄하면서 6개월째 투쟁을 계속하고 있는 함평 농민들의 고통을 알렸다. 그리고 농협은 농민의 기관이고 농민을 위한 기관이며 농민의 상전이 아니라 농민의 심부름꾼인데, 그런 농협이 주인을 주인대접 하지 않을 때 농민들이 자신들의 힘으로라도 주인행세를 하고야 말겠다고 각오를 밝혔다. 그러기 위해서 농협의 약속불이행으로 입은 농민의 피해보상을 기어이 관철시키겠다는 결의를 다지고, 전 국민의 아낌없는 성원과 지도를 요청하였다.

이어서 가톨릭농민회는 '선언문'에서 "함평 농민의 피와 땀이 뒤범벅된 고구마가 노변에 눈비를 맞고 굴러 밟히는 것은 온 농민이 짓밟히는 것이라고 보고 그들이 흘린 피와 땀의 대가가 보상되고 그들의 정당한 권리가 회복될 때까지 끝까지 투쟁할 것"을 선언하였다.

선언문

소위 농민을 위한다는 농협이 농민에게 손해를 입히고도 피해보상을 요구하는 농민의 정당한 요구를 묵살한 처사를 보고 우리는 실로 분노를 금치 못한다. 전남 함평의 가난한 농민들은 농협당국의 수매 약속을 믿었다가 피땀 흘려 가꾸어 놓은 농작물을 길가에서 썩히거나 헐값으로 팔지 않을 수 없었던 사태에 대해 이미 여러 차례나 농협에 그 보상을 요구해 왔다. 그럼에도 불구하고 농협당국은 농민들에게 피해를 보상해 주기는커녕 농민들의 정당한 요구를 무마하고 억누르기 위해 온갖 술책을 다해 왔다. 기회 있을 때마다 농민을 위한다고 떠들어 온 농협이 어째서 농민의 정당한 요구를 묵살하려 드는가.

우리는 농협이 농업 생산력의 증진과 농민의 경제적 사회적 지위 향상을 도모하고 그 구성원을 위해 최대의 봉사를 하는 농민의 농협으로 알고 있다.

지금까지 근대화의 그늘 밑에서 온갖 어려움을 겪으면서 오로

지 식량생산에 피땀 흘린 가난하고 선량한 우리 농민이 다름 아닌 농민을 위한, 농민의 농협으로 말미암아 손해를 입고 그 보상 요구마저 묵살되는 사태를 통탄해 마지 않는다.

우리는 이와 같은 사태의 원인이 농민을 경시하고 농민 위에 군림하려는 농협의 비민주적인 체질의 소산이라고 단정하지 않을 수 없다.

이와 같은 비민주적 체질은 농협의 건전한 발전에 장애가 될 뿐만 아니라 농협에 대한 농민의 신뢰를 잃게 하고 있다. 그러므로 농협의 체질 개선은 정부와 농협은 물론 농협을 구성하는 농민 스스로가 과감히 수행하여야 할 것이다. 농협 자신은 그와 같은 고질적 체질을 극복하지 못할 때 농협의 주인인 농민이 그 시정을 요구하는 것은 민주농민의 당연한 권리이자 의무이기도 한 것이다.

그러므로 우리는 농협의 수매 약속을 믿었다가 입은 손해배상을 요구하는 함평 농민들의 주장과 행동은 농민 자신의 권리를 지키고 농협의 건전한 발전을 위한 너무나 정당한 몸부림이라고 보는 것이다. 농협이 진정 농민을 위한 농민의 농협이라면 농협의 잘못으로 입힌 농민의 손해는 마땅히 보상해야 할 것이다.

농촌사회에 그리스도의 참된 사랑과 정의를 실현하고자 하는 우리 한국가톨릭농민회는 함평 농민의 피와 땀이 뒤범벅된 고구마가 노변에 눈비를 맞고 굴러 밟히는 것이 온 농민이 짓밟히는 것으로 보고 그들이 흘린 피와 땀의 대가가 보상되고 그들의 정당한 권리가 회복될 때까지 끝까지 투쟁할 것을 선언하는 바이다.

1977년 4월 22일

한국가톨릭농민회

이처럼 제1부에서 경과보고를 하고, 호소문, 결의문, 선언문을 채택하였다. 대책위원회는 호소문을 통해 그동안 함평고구마투쟁의 경과를 소개하고 농협의 반농민적 행위에 대해 질타하면서 전국민의 성원과 지도를 호소하였다. 농협의 수매 약속을 믿었다가 손해를 입은 함평농민들의 고구마피해에 대한 보상이 이루어지지 않고 있는 것은 그만큼 농협이 민주화되지 않고 관료적 독선이 자행되고 있기 때문이어서 농협의 민주화가 시급하다는 의견이 백출했다. 이에 농민이 흘린 피와 땀의 대가가 보상되고 그들의 정당한 권리가 회복될 때까지 끝까지 투쟁할 것을 선언하는 선언문 채택과 '우리 승리하리라' 노래 제창으로 끝을 맺었다.

이어 2부 '미사'에서는 가농 전국지도신부단 그리고 광주대교구청 관할의 많은 본당 신부들과 수녀들이 참석한 가운데 윤공희 대주교의 주례로 농민을 위한 미사가 집전되었다. 전북교구의 김재덕 주교까지 왔는데, 입구에서 이기환이 죽창을 들고 있다가 번쩍거리는 차가 들어오니까 가서 죽창을 들이댔는데 주교는 씩 웃고 앉아 있었다. "야 임마 비켜라 주교님이다"하며 옆에 있던 농민회원이 통과하게 하였다.

이날 강론을 맡은 계림동 본당 조비오 신부는 "오늘 농민을 위한 기도회는 고구마 몇 개가 썩어서 단순히 피해보상 요구를 위해 갖는 것이 아니며 서민 대중의 생존 근본을 위해서 기도하자는 것"이라고 말하였다. "급진적인 공업발전과 균형 잃은 경제발전은 농공간의 격차를 심화시키고 있으며 이농현상으로 인한 농촌의 일손 부족은 노인부터 어린애까지 동원되어도 농사짓기는 날이 갈수록 어렵고 물가상승은 영농비 부담을 가중시켜 어려움에 어려움을 더하고 있는 것이 오늘의 농촌 현실임"을 상기시키면서, "이러한 농촌 중의 하나인 함평에서 농민 울린 세칭 함평고구마사건이 발생한 것"이라고 다시금 사건을 설명해 주었다. 그리고 "농협은 농민에게 고구마 수매약속을 해 놓고도 수매를 이행하지 않음으로서 농민은 살이 썩어가는 분노와 아픔을 느껴야 했으며 상인 앞에 무릎 꿇고 빌며, 차바퀴 밑에 드러누워 가면서 내 고구마 사달라고 애걸복걸 해야만 되었던 이런 억울한 일이 어찌 함평고구마사건 뿐이겠는가"라고 개탄하였다.

그러면서 "농민은 어떻게 이러한 피해를 보상받아야 되겠는가"라고 질문하면서, 특히 "이러한 농민들의 피해 사실을 두고서도 농수산부나 농협이, 농민이 어떻게 보상받아야 된다는 사실에 대해 한마디의 말도 없었다는 사실은 농민이 마땅히 찾아야 될 권리를 못 찾고 있는 것을 여실히 보여주는 것이며, 이는 민주 국가에서 자행되고 있는 인권유린과 농민수탈의 일면"이라고 규정지었다. 또한 조 신부는 "농민에 대한 사회적 인식이 바뀌어야 된다"고 전제하고 "농협은 농민 위에 군림하는 관료가 아니라는 것을 인식하고 농민은 농협의 주인임을 인식해야 하며 국민의 국민에 의한 국민을 위한 민주국가라면 농민의 농민에 의한 농민을 위한 농협이 되어야 함은 너무나 마땅한 것이며, 그렇지 못한 오늘의 현실은 농민 자신이 대동단결하여 민주적 관리 체제로 개혁해 나가야" 할 것을 역설했다.

끝으로 "자유와 억압이 있는 곳에 교회는 해방을 알려야 하며 부정과 비리 앞에 희생된 형제들을 보고만 있을 수 없는 것이 가톨릭의 양심임"을 명확히 밝히고 "교회는 민중의 소리를 들어야 하며 노동자와 농민의 문제는 전 인류의 문제임과 동시에 농민의 발전 없이 진정한 국가 발전은 기대하기 어렵고 노동자 농민은 민중이요, 이들의 소리는 백성의 소리임에도 불구하고, 어찌할 수 없이 침묵 하는 이러한 백성의 뼈아픈 소리에 교회가 그 아픔을 함께하며, 상습적 착각을 일

깨워 주기 위해 오늘의 기도회를 갖는다"고 농민에 대한 교회의 적극적인 관심표명과 기도회의 취지를 분명히 밝혔다.

미사는 농민의 경제 사회적 권익을 쟁취하고 인간적 존엄성을 고양하며 농촌의 민주화를 실현하기 위해 어떠한 난관도 헤쳐나갈 것을 굳게 다짐하며 끝을 맺었다.

미사가 끝난 후 "모두 조용히 일어나 농협도지부를 방문하여 그동안 피해보상 요구에 대해 성의 있는 태도를 보여주지 못한 농협측의 이야기를 들어보자"는 사회자의 안내 말이 있자 장내는 술렁이기 시작했다.

오후 4시경 모두 머리에 붉은 글씨로 '고구마 피해 보상하라'고 쓴 띠를 두르고 '농협 도지부장은 즉각 피해를 보상하라!'고 쓴 대형 플랭카드를 앞세운 채 6열 행군대형으로 선창하는 구호를 외치면서 정문을 나섰다. 천주교회 밖을 나왔을 때 기관원들이 진행위원들과 옥신각신하고 있었고 하나둘씩 교회 정문을 나섰을 땐 완전무장한 기동대가 길을 막고 있었다. 여기서 처음으로 농민들이 경찰과 싸움을 하게 되었다.

"도지부장과 면담을 하기 위해서 500여 명의 농민들이 계림동천주교회에서 나와 그 때 농협도지부가 도청앞 동구청 있는데, 농협도지부로 가기 위해 광주경찰서 앞에 있었습니다. 진출을 할려고 하니까 이미 전경이 동원돼서 계림동 천주교를 겹겹이 둘러싸고 진출을 봉쇄하게 됩니다. 여기서 투석전이 벌어지고 그래요. 근데 사실 우리 농민들은 데모라는 걸 첨 해봤을 거요 그때. 아마 수백 명의 경찰과 대치하면서 투석전을 벌이면서 데모라고 하는 것을 첨 해봤을 거요. 그니까 물론 거기 농민대회 왔던 농민들 가운데는 함평농민들의 피해보상요구를 적극 지지하고 행동으로 동참하기 위해서 오신 분들도 있었지만, 특히 여성들, 부인들은 남편 따라 왔다가, 농민대회 하니까 가봅시다, 기도회라니까 한 번 가보자 해서, 농민대회가 뭣 허는 줄도 모르고 그냥 천주교회에서 하니까 가보자해서 왔다가, 뭔 투구 쓴 경찰들이 난입하니까 울고불고 그 자리에 주저앉아버린 사람, 노인은 막 기절해 버린 사람, 누가 치고박고 해서가 아니라 뭐 그냥 희한한 광경이, 상상도 못한 광경이 벌어졌습니다"(노금노, 2009: 33). 결국 7명이 강제연행 되었다.

집단적으로 시가행진 형태로 농협도지부에 가는 것은 불가능했다. 이렇게 경찰이 강제해산려고 하자 농민들은 각자 흩어져서 경찰의 제지망을 피해 농협도지부에 다시 집결하였다. 계림동 오거리에서 농협도지부까지는 2킬로미터 정도 되었다. 대부분 광주가, 특히 이곳은 처음길이었다. 오후 6시경 농협도지부 마당에 170여 명의 농민들이 다시 모였다. 그 중 100여 명은 피해당사자들인 함평사람들이었다. 농민들은 대오를 정리하고 도지부장 면담과 피해보상을 주장하는 구호와 '농민의 노래'(삼천만), '정의가', '우리 승리하리라' 등의 노래를 부르며 도지부장이 나타날 때까지 농성에 들어갔다. 농민들은 도지부장이 5분, 10분이 지나도 아무 소식이 없자 "농협의 주인이 찾아왔는데 이럴 수가 있느냐?"고 분개했다.

그 사이 300여 명의 전투경찰이 농민들을 포위하였다. 7시경 광주경찰서장이 나와 즉각 해산하라는 명령을 되풀이하며 자진해산하지 않을 경우 병력을 투입하여 강제해산하겠다고 위협했다. 농민들도 천주교회에서와는 달리 좀더 적극적으로 나섰다. "경찰은 우리를 더 이상 괴롭히지 말고 물러가라", "왜 경찰이 억울한 농민들 편에 서지 않고 오히려 탄압하는가", "우리는 어떠한 희생을 각오하고라도 지부장의 책임 있는 답변을 듣기 전에는 한 치도 물러설 수 없다"고 버텼다.

경찰은 지부장 면담을 주선할 터인즉 대표 5명만 남고 나머지는 해산하라고 했다. 농민들은 지부장이 농민들 전체 앞에 와 책임 있는 답변을 하는 것 이외에는 소용이 없다며 물러서지 않았다. 농민들은 계속 노래를 부르며 버텼다. 이 때 "모두 연행해 버려"라는 서장의 명령이 떨어지자 200여 명의 경찰이 농민들을 공격하였다. 어떤 농민은 끌어내려는 사람에게 "고구마 값 받으러 왔는데 왜 이러느냐?"고 항의(?)하기도 했지만 중과부적이었다(〈농민회 소식〉, 1977. 5~6). 경찰의 물리적인 힘에 의해 강제해산 당하고 5명이 연행되었다.

뿔뿔이 흩어진 농민들은 서성이며 집으로 돌아가질 못했다. 남해의 먼 섬에서, 저 멀리 강원, 경북 등 전국 각지에서 같은 농민이기에 울분을 참을 수 없어 이곳까지 달려온 농민들은 한창 못자리가 바쁘고 일손이 부족한데도 아랑곳없이 오직 시원한 해결을 눈앞에 보지 못함에 답답한 마음뿐이었다. 거리에서 계속 우왕좌왕 하고 있는 중에 누군가가 "가톨릭센터로 가자"라고 하자 모두 광주 가톨릭센터로 향했다.

8시경 가톨릭센터에 모여 대책을 협의하고 5명의 대표들이 도지부장과 면담을 했다. 그러나 농협 도지부장은 당신들의 요구가 무엇인지 모르겠다, 가능한 것을 가지고 협상하자며, 농협중앙회와 농수산부에 이미 보고가 되었고 중앙회와 농수산부가 4월 25일부터 현지에 조사단을 파견하여 피해상황을 조사할 것이니 피해상황이 밝혀지면 보상해줄 것이다, 자신이 책임질 수 없고 지시에 따를 수밖에 없다고 하였다.

8시 30분경 금남로 가톨릭센터 뒤 공터에 모인 농민들 40~50명은 연행된 5명(서경원, 소병기,[177] 보성의 조계선 등이 연행됨)을 즉각 석방하라고 요구하며 10시까지 농성을 하였다. 그 때 광주 대주교도 나와서 기도해 주었다. 그런데 농민들은 해산을 하려고 해도 해산할 방법도 없고, 지방으로 내려가는 차도 다 끊겨 버리고, 또 우선 같이 온 사람들을 찾아야 하는데 어디로 끌려가 버린지도 모르고 그래서 당황하고 있었다. 지도신부는 밤이라 예기치 못할 사태에 대비하여 일단 해산을 종용하였다. 그때 광주에서 그동안 학생운동을 했던 이강, 박형선, 윤한봉 등이 함께 있으면서 일단 여기서 해산을 해서 잘못되면 잡혀간 사람 하나도 못 나온다며, 우선 연행자를 전원석방하라고 하고, 우리가 있는 곳으로 데려와야만 해산을 한다는 요구조건을 내걸고 농성한다고 경찰에 정식 통보하는 것이 좋을 것 같다고 조언하였다. 그래서 농성을 하고 결국 5명의 석방을 확인하고 대표자들의 지부장 면담 결과보고를 듣고 10시에서야 해산하였다.

이처럼 기도회라는 형식이었지만 실질적인 내용은 1980년대에 하는 농민대회의 내용을 미리 보여준 것이었다.

그리고 일부 회원들은 계림동 천주교에서 기도회를 하고 나서 저녁 시간에 함평 고구마 사건과 관련하여 만든 유인물을 가지고 계림동 부근을 돌아다니며 뿌리면서 "썩은 고구마 보상하라"고 소리치며 돌아다녔다. 그러면 시민들이 고구마가 어떻게 썩었냐고, 어떻게 보상을 하느냐고 물어보는 사람들이 많았다. 그 때 그 유인물에서는 "양담배수입 중단하라"는 구호도 있었다. 사실 그 당시는 아직 농축산물수입 문제를 제기하지 않고 있던 때였다.[178] 우리나라에서 처음으로 수입 농산물에 대해서 거부하는 운동이었을 것이다. 가농본부

177) 서경원은 전남연합회 총무였고 소병기는 전북연합회 총무였다. 서경원은 가농 운영과 관련하여 소병기와 많은 이야기를 나누었고 서울이나 대전에서 열리는 실무자 회의 때 수시로 만났다. 소병기는 청년 시절의 서경원은 식견이 넓고 당당한 모습이었다고 말하였다.

의 의도나 과제가 아니었고 전남연합회 회의에서 논의하여 결정한 사안이었다. 양담배 문제가 그 때 당시에는 경작에 핵심적인 문제, 수입으로 인한 핵심 문제였다(최성호).

2) 기도회 참석자들

기도회 참석자들의 상황을 보면, 참석인원 500명 가운데 전남지역에서 326명, 교계 130명, 타 지역 34명, 본부 10명이었다. 여기서 교계 130명은 계림 천주교회 신도들이었을 것으로 추정된다. 기도회를 하면 신도들은 자연스럽게 참여하였다. 그렇다면 456명이 전남지역에서 온 사람들이었다고 할 수 있다. 더욱이 광주, 함평, 교계를 합하면 400명이나 되어 500명 중에 80%에 이른다. 단순히 참석자 수로만 보면 광주와 함평에서 온 사람들이 압도적 다수를 차지하였다. 다른 지역에서 온 사람들은 본부에서 온 사람 10명을 합해 44명이었다.

전남지역에서 온 326명의 시군별 분포를 보면, 광주 150, 함평 120, 신안 15, 구례 13, 영광 10, 무안 7, 보성 6, 해남 2, 곡성 1, 강진 1, 제주 1명 순이었다.

광주와 함평에서 온 사람들이 압도적으로 많았다. 광주에서 온 사람들은 농민도 일부 있었으나 대부분 사회운동가들이거나 사회운동에 관련된 사람들일 것으로 추정된다. 이 때 학생들은 많이 오지 않았다. 조직적으로 동원하지 않았고 개인적으로 왔다. 예를 들어 이영

---

178) 거기에다가 이스라엘에서 달걀 노른자가 수입되었다. 그래서 그 때 당시 닭사육이 폭삭 망하게 되었다. 닭이, 달걀이 안 팔려서 마을에서 "달걀 좀 사주시오, 달걀 좀 사주시오" 하고 돌아다닐 정도였다. 그리고 2만 마리의 닭에 불을 지르는 사건이 발생하기도 했다. 수입으로 인한 피해가 발생하기 시작하였고, 전남연합회 임원회의에서 그에 대한 문제의식을 가지고 있었다.

송 기독학생회 회장이 계림교회에 다니고 있었는데 역시 기독학생회 활동을 하던 박병기에게 기도회한다고 오라고 해서, 둘은 운동권친구인 노준현과 함께 기도회에 참석하였다. 이처럼 개인적으로 온 사람들이 상당수에 이를 것으로 생각된다.

함평에서는 피해농민들 중심으로 120명이나 왔다. 피해조사된 농가가 160호인데 그중 아주 많은 농민들이 왔다는 얘기다. 가농분회가 결성되어 농민운동이 활발했던 월야면 신기마을, 마량, 백련동, 장년리에서 여러 사람이 모여서 왔다. 특히 신기마을에서 많이 왔는데, 신기마을은 광주와 가깝고 교통편도 편리한 편이었으며 마을사람들 대부분이 농민회 활동을 하거나 지지하고 있었다. 화산마을에서는 임재상이 마을사람 5명과 같이 왔다.

타 지역에서 온 44명 가운데 34명은 대부분 각 지구연합회 임원들이었고 지구별 분포를 보면 경기 13, 전북 6, 강원 6, 충북 3, 충남 3, 경남 3명이었으며, 10명은 본부 임원들이었다. 이렇게 보면 광주, 함평 사람들이 압도적 다수를 이루고 전남 각지와 전국 각지에서 온 가농회원들 및 관련인사들이 20% 정도를 차지하고 있었다.

이처럼 참석자들은 함평지역 차원을 넘어서 전남지역 농민과 교계와 사회운동가들, 그리고 전국의 가농회원들이 왔지만,[179] 광주와 함평 사람들이 압도적 다수를 이루고 있었다.

---

179) 1977년과 1978년에는 농민운동 관련 사건들이 계속 이어졌다. 당시에는 사건이 발생하면 전국에 있는 활동가들(가농회원들)이 몰려갔다. 지역별로 몇 사람씩 함께 와서 참여하곤 했다. 1977년 계림동 기도회 때에 이런 현상이 나타나기 시작하였다. 그리고 1978년 북동천주교회 기도회 때에는 더 두드러졌다. 이후 춘천농민회 사건(춘천의 유남선, 본부의 정성헌이 춘천농민회 회보를 배포했다고 구속되었다) 때 경찰서, 교도소 등을 방문하여 연좌농성, 방청투쟁 등을 하였는데, 이 때 전국에서 활동가들이 몰려가 함께 투쟁하였다(전남지역 활동가들도 가서 투쟁에 참여하였다).

저명인사들도 왔었다. 당시 참석인사에는 전주교구장 김재덕 주교, 광주대교구 윤공희 대주교, 신부단 20명, 사회당 김철 당수, 이우재, 이재오 등이 있었다. 그리고 민청학련 관련자인 박형선, 이강, 김상윤, 윤상원 등도 참석했다(서경원, 2003: 222). 이처럼 이미 1차 기도회부터 다른 지구연합회에 참가요청을 하였을 뿐만 아니라 전국적으로 한다고 선포하고 했기 때문에 전국적인 인물들이 방문하였다. 행사에서 양태원(나중에 러시아 정교회 신부가 되었다)이 사회를 진행했고 노금노도 사회를 보고, 임수진이 농촌문화연구회 전북 사무국장으로서 마이크 잡고 발언하였다. 계림전파사를 통해 가장 성능 좋은 마이크를 요구하여 설치하였고, 마이크 소리가 무등산에 있던 수도원(동광원) 식구들이 다 들을 정도였다. 그리고 조비오 신부가 동의했기 때문에 계림동천주교회에서 기도회를 할 수 있었다. 특이하게도 기도회 할 때 계림동 천주교회 안에 돼지머리 놓고 절하고 웃고 꽹과리 치고 고사를 지내며 흥을 돋궜다.(조계선)(5·18기념사업회, 2009: 266)

또한 기도회에서 원풍모방 식구들이 서울에서 와서 원풍모방 투쟁사를 단막극으로 공연했다. 그리고 송득채(황석영 부인). 이강 부인, 박형선 부인, 이정숙(나중에 오월어머니회 회장) 등이 와서 된장국을 끓여 참가자들의 식사를 만들었다. 이 여성들이 나중에 '송죽회'를 만들어 광주지역에서 여성운동을 펼쳐나가게 된다.

3. 농협과 당국(농수산부, 경찰)의 대응

기도회 이틀날인 4월 23일 피해보상대책위원회 대표들과 연합회 임원들은 천주교 지도신부의 주선으로 오전 10시경 고건 전남도지사를 방문하여 조합장 공개사과, 조건 없는 융자, 경비보상을 주장했다. 도지사는 기도회 사태가 자신의 권한을 벗어났다며 25일 (처벌) 결과에 따라 선처하겠다고 하였다. 또한 농협보다 행정부를 통했더라면 해결되었을 것이라고 하면서, 수매계획 40여만 톤 중 30만 톤 밖에 수매하지 못했다고 자백하였다. 이미 보고가 농수산부로 올라간 뒤라 도지사의 재량으로는 해결방안을 마련할 수 없다고 답하였다. 그리고 농수산부에서 직접 현지조사단이 내려오니 조사결과를 기다려 보자고 제의했다.

대책위원들은 도지사의 제안을 받아들여 조사결과에 따라 일을 추진하기로 했다. 그리고 현지조사단의 조사에 피해농가들이 소신껏 답변할 수 있는 분위기를 조성하기로 하고 4월 24일 현지를 방문하여 피해농가의 사기를 독려하였다.

1) 지연과 반박

기도회를 갖고 난 5일 뒤인 4월 27일 농수산부와 농협중앙회에서 파견된 현지 피해상황 조사단이 현장조사를 위해 내려왔다. 조사단은 2개 반을 편성하여 피해대책위원회가 조사한 자료를 확인하기 위해 농협 도지부와 함평군 조합을 조사하고 피해농가를 방문해 피해액을 구체적으로 조사하는 한편 농협의 전량수매 약속 여부를 조사했다.

그리고 검찰에서도 조사단을 파견했다. 4월 26일 함평에서 기도회 참석자를 연행하는 일이 벌어졌다. “검찰에서 12명이 내려왔어요. 함평군 대표로 나하고 다른 분하고 둘을 불러서 갔는디, 고약하데요.

묻는 대로 대답해 주고, 이래도 농협이 잘했다고 하겠느냐, 하니까, '국민총화를 어떻게 생각하냐'고 합디다. 그래서 '내가 그 말을 물어볼라고 했는디 물어주셔서 고맙습니다. 국민총화를 위배할 수밖에 없도록 만든 사람이 누구냐, 대답 좀 허쇼.' 그랬더니 '애들 몇이요?'하고 묻더구만요. 그래 내가, '다섯이요.' 했지. '다 말 잘 들읍디여?' '안 듣는 놈도 있고 듣는 놈도 있소.' 그러니까 '정부도 그래'라고 하더만. 정부에서는 잘 허라고 하는디 밑에서 잘 듣는 놈도 있고 안 듣는 놈도 있다는 거지. 나 참."(김갑현) 이처럼 현장조사를 하는 동안 기도회에 참석했던 농민들을 참석과 관련하여 조사한다는 이유로 계속 연행하였다.

7일간의 조사가 끝나고 5월 2일 오후 3시 함평군 농협 회의실에서 열린 '강평회'에서 조사결과 피해액이 피해보상대책위원회가 조사한 것보다 많이 나왔을 뿐만 아니라 농협 도지부장이 텔레비전 방송을 통해 전량수매를 약속한 사실까지 입증되었다.[180)]

피해농민들은 전량수매를 약속한 사실이 입증되고 농수산부 조사단이 피해액을 조사해 갔기에 곧 피해보상액이 지급될 것이라는 기대를 갖고 조사결과를 기다렸다. 그러나 피해보상은커녕 20여 일이 지나도 조사결과에 대한 통보조차 해주지 않았다. 그 사이 5월 12~14일 대전에서 열린 가농 실무자회의에 참석한 서경원은 고구마 문제의 경과를 설명하였고, 이어진 회의에서는 농협도지부, 농수산부, 농협중앙회에 결과 처리 통보를 촉구하고, 다음 단계로 손해배상 청구소송을 하며 마지막으로 명동에서 기도회를 하자는 논의를 하였다. 1차 기도회를 한 지 한 달도 안 돼서 다시 기도회를 하자는 구상이 제시

180) 이 사건으로 인한 것인지는 확인되지 않았으나 그 후 도지부장은 인사조치 되었다.

되었던 것이다.

5월 18일 가농 전남연합회 이사회[181]에서는 가농 전남연합회 이름으로 농수산부와 농협중앙회, 농협 전남도지부에 5월말까지 결과에 대해 회답을 요구하는 서신을 보냈다. 이 시기에 도경을 통해서도 도지부장 전량 수매 약속의 증거가 드러났다(MBC에서 방송). 농협중앙회는 5월 31일 다음과 같은 답변을 보내왔다.

농협중앙회

검사 117. 1-517　　　　　　　　　1977. 5. 31.

수신 전남 광주시 동구 금남로3가 카톨릭쎈타관리실

한국 가톨릭농민회 전남연합회 회장 김동혁 귀하

제목 질의내용 통보

1. 전남 연 제77-005(77. 5. 22)호와 관련됩니다.

2. 귀회 주장에 대한 현지 조사결과 내용은 아래와 같사오니 양지하시기 바랍니다.

아래

가. 농민이 출하하는 고구마는 생간과 절간을 구분 없이 전량 수매를 약속한 것처럼 농민이 오해할 소지는 충분히 있으나

나. 대부분의 농가가 절간고구마 수매장려에는 응하지 않아서 상인의 개입을 초래케 하였고

181) 이 주체를 '도단위 대책위원회'(서경원, 2003: 221)나 '연합회 대책위'(노금노, 1986: 300)라고 언급하기도 한다. 서경원은 당시 도 대책위의 주요 구성원으로 임재상, 노금노, 이길재, 윤한봉, 이강, 배종열, 김성용 신부, 윤공희 대주교 등이 있었다고 한다. 아마도 행사를 할 때 거기에 맞춰 대책위를 가동했던 것으로 보인다. 물론 현장 대책위는 존재했지만, 투쟁이 도단위, 전국단위로 확대되면서 현지 농민보다는 전남연합회나 가농본부 임원들이 주도하는 대책위가 꾸려졌다.

다. 농민회에서 조사한 농가는 계약재배농가는 아니었음. 끝

검사부장 안기택 (인)

농협중앙회는 '전량수매 약속은 오해이고, 상인이 개입한 것은 농민이 절간고구마 수매장려에 응하지 않은 탓이며, 농민회가 조사한 농가는 계약재배농가가 아니었다'는 답변을 보내왔다.

그리고 농수산부는 6월 2일 다음과 같은 답변을 보내왔다.

농수산부

감일 142-33 70-2872 1977. 6. 2.

수신 한국 카톨릭농민회 전남연합회

회장 김동혁

(전남 광주시 금남로 3가 카톨릭센타 관리실)

제목 민원서에 대한 회신

1. 전남 연제 77-005호(77. 5. 22)에 대한 회신입니다.

2. 76년산 함평군 고구마 수매상황을 현지조사한 결과에 대하여는 농정시책에 참고하는 등 충분한 조치를 강구하고 있으니 양지하시기 바랍니다. 끝.

농수산부장관 (인)

농수산부는 '76년산 함평군 고구마 수매상황을 현지조사한 결과에 대하여는 농정시책에 참고하는 등 충분한 조치를 강구하고 있으니 양지하시기 바랍니다'라는 짤막한 답변을 보내왔다.

농협중앙회와 농수산부의 이러한 무책임한 답변을 받고 가농 전남연합회는 '농협이 농민의 입장을 전적으로 외면한 처사로서 농협이

다만 이 사건에서 발뺌하기 위한 조사였다'고 비난하고, 농협중앙회의 답변에 대해 다음과 같은 이유에서 사실과 다르다는 것을 조목조목 반박하였다.

① 농협은 단순히 전량수매하겠다고 했지 생고구마와 절간고구마를 구분해서 구체적으로 말한 적은 없다.

② 농협이 절간고구마를 장려했을 때는 10월 하순으로 이미 고구마는 부패상태에 있어 절간작업은 불가능했다.

③ 고구마를 썩지 않게 저장할 수 없었던 것은 농협이 지난 9월부터 피디포대(농협수매용)를 미리 농가에 배포하여 오늘내일하며 곧 수매해 갈 것이니 운송하기 좋은 길거리에 야적해 놓을 것을 수 차례 말해왔기 때문에 농민은 고구마를 안전하게 저장할 수 없었다.

④ 농협이 전량수매를 약속한 적이 없다고 하지만, 농협 도지부장이 TV, 라디오, 신문을 통해 전량수매를 약속했고, 각 마을 방송, 협동회장, 이장, 반장을 통해서도 전량 수매하겠다고 약속한 자료는 얼마든지 있다. 농수산부와 농협중앙회 조사반은 이러한 근거 자료를 확인하고 농협 도지부장을 인사조치한 바 있었을 뿐만 아니라 농협 도지부와 중앙회 이사가 농협의 실수를 인정하고 직접 보상은 어려우니 영농자금의 대출로 간접 보상하겠다고 제안한 바도 있는데도 부인하는 것은 농민을 우롱하는 처사이다.

⑤ 농협의 절간고구마 장려에 농민이 응하지 않아서 상인의 개입을 초래케 한 것이 아니라 고구마는 계속 얼고 썩어가는데도 농협은 오늘 사간다, 내일 사간다 하면서 수매해 가지 않아 한 푼이라도 건져보려는 심정에서 심지어 상인에게 15관들이 한 포대를 200~300원에 판매한 농민도 있다.

⑥ 농협이 계약재배한 농가가 있는 것처럼 답변했는데, 도지부장

이 무조건 전량 수매한다는 약속만 했지 서류상으로나 구두로나 계약재배농가는 없는 걸로 알고 있다(대책위, 1978b: 21).

그리고 대책위는 6월 13일에 모여 회의를 하고 위 내용을 담은 반박공문을 방송키로 하였다. 이어서 구체적인 방안과 관련하여 전국 단위로 확대하기 위해 산업선교회와 공동기도회를 하는 방안, 농민회 독자적으로 명동에서 기도회를 할 가능성을 검토하였지만, 일단 농번기를 피하자고 하였다.

이처럼 공문을 보내고 회신받고 반박공문을 보내는 지리한 싸움을 계속하고 있었다. 가농 전남연합회는 반박 내용을 요약하여 6월 13일 농협중앙회에 반박공문을 보내는 한편, 농수산부에는 '농정시책'의 구체적인 내용이 어떤 것인지를 밝히라는 공문을 보냈다. 이에 대해 농협중앙회와 농수산부는 6월 23일 다음과 같은 회신을 보내왔다.

농협중앙회 회신

"귀회의 질의에 대하여는 이미 조사된 결과를 근거로 하여 고구마 계약재배 효율화 방안과 고구마 판매사업 전반에 대한 보완대책을 종합적으로 강구 검토 중이오니 혜량하시고 많은 이해와 협조 있으시길 바랍니다."

반박공문에 대해 농수산부에서 답변해 온 내용

"귀회 질의 사항에 대하여는 '76년 6월 2일자로 회신한 바와 같이 고구마 판매사업에 대한 제도적인 보완을 계속 강구중에 있으므로 앞으로 농정시책에 반영될 것으로 사료되오니 양지하시고 당부시책에 적극 협조하여 주시길 바랍니다."

반박공문에 대해 농협중앙회는 '이미 조사된 결과를 근거로 하여 고구마 계약재배 효율화 방안과 고구마 판매사업 전반에 대한 보완 대책을 종합적으로 강구 검토 중이오니 혜량하시고 많은 이해와 협조 있으시길 바랍니다'는 답변을 보내왔다. 농수산부는 '고구마 판매사업에 대한 제도적인 보완을 계속 강구중에 있으므로 앞으로 농정시책에 반영될 것으로 사료되오니 양지하시고 당부시책에 적극 협조하여 주시길 바랍니다'는 답변을 보내왔다. 해가 지나 새 고구마가 밭에서 자라고 있었고 농수산부와 농협은 계속 강구하고 검토하고 있었다.

5월초부터 6월 중순까지 연합회에서 농협중앙회와 농수산부를 상대로 공문을 통한 교신을 하면서 지지부진한 싸움을 하고 있었다. 함평 현장에서는 경찰과 농협의 탄압과 회유책에 농민들의 투쟁의지는 약화되어 갔다. 이 시기에 연합회에서는 지도신부의 교체로 함평천주교 정홍빈 신부가 연합회 지도신부로 취임하였다.

가농 전남연합회는 각종 기도회에서 그리고 기회가 있을 때마다 함평고구마투쟁의 내막을 폭로하고 무성의한 농협의 처사를 비난하고 조속한 문제해결을 촉구했다. 6월 26일 함평대책위를 대표하여 서경원과 노금노는 사회선교협의회 주최로 동대문천주교회에서 열린 '노동자·농민을 위한 기도회'에서 고구마피해보상투쟁의 진상을 알렸다.

안내장

– 노동자 농민을 위해 드리는 기도회 –

임금 인상을 요구했다가 구류와 폭행을 당하는 근로자들, 민주적이고 자율적인 노동조합을 만들려다가 유령노동조합에 의해 구류와 탄압과 무기한 무급 휴직을 당하는 근로자들, 농협에서 시키는 대로 농사를 지었지만 팔아먹을 수 없어 막대한 손해를 보고

있는 농민들, 잔업을 했지만 잔업수당을 못 받고 있는 근로자들, 사례 등등

열거할 수 없을 만큼 많은 억울하고 짓눌리는 노동자 농민을 위하여 기도회를 드리고자 하오니 많이 참석하여 주시기 바랍니다.

1. 일시 : 1977년 6월 26일 (일) 오후 4시

2. 장소 : 동대문 천주교회

※ 위치 숭인 상가아파트 뒤 (버스 26, 55 청계천 8가에서 하차)

1977년 6월 ㅇㅇ일

한국교회 사회선교 협의회

당시에는 이런 행사를 막으려고 경찰과 형사들이 행사장 주변에 깔려 있었다. 노금노는 납치당할 뻔한 상황을 이렇게 묘사하였다. "동대문천주교회를 첨 가보는데 천주교회를 들어가는 골목이 50미터 정도 되는데 굉장히 비좁더라고요, 좁아요. 근데 내가 거기를 가서 이 사건을 사례발표를 한다는 것이 정보기관에 이미 입수가 되었든가 봐요, 내가 그 골목을 들어가는데, 나를 잘 아는 사람인 것처럼 어떤 사람이 '오시느라 수고하셨습니다. 전남 함평에서 오시죠?'하며 막 반갑게 하드라고요. 그래서 나는 누가 나를 아는 사람이 마중 나왔나 보다 생각하고, '아 그렇다'고 하니, '저허고 잠깐 가자'고 다방에 좀 가자고 하더니 다방에 가서 본께 서울서 나온 정보기관 형사였어요. 가방을 빼앗아 갖고 있는 거 싹 압수하고 연행을 하려고 그랬죠. … 그런데 좀 있다가 청년들 20여 명이 다방에 막 들이닥치드라고요, 노동자를 위한 기도회에 참석했던 노동자들이, 나를 본 사람이 누가 데리고 가니까 누가 잡혀간다 이렇게 생각해갖고, 지휘부에 알려서, 지휘부에서 대거 20여 명을 다방으로 보낸거였죠. 그래갖고는 이제 막

그 형사한테 이 상놈의 새끼, 이 씨벌놈 허고, 막 야 밀대새끼야 하면서 몰아붙이고 나를 데리고 압수한 것도 다 뺏어갖고는 동대문천주교회로 날 데리고 갔어요."(노금노, 5·18기념재단3, 2009: 35) 기도회에 참석한 한 여성이 정문에서 골목을 바라보고 있다가 농민이 형사를 따라가는 것을 발견하고는 함평고구마사건 발표 때문에 오는 사람인 것 같아 주최측에 긴급히 연락하여 청년들이 뒤따라 왔던 것이다.

어렵게 기도회 장소에 도착하여 보니 700여 명이 집결해 있었다. 호소문을 낭독하고 투쟁 결의문을 채택하였으며, 몇몇 기자들이 인터뷰도 해 갔다.

결의문

근로자와 농민을 위한 겸허한 마음으로

우리는 지난 3월 10일 노동절 기념 신구교 연합 특별미사에서 77년 노동인권선언서'를 통해 노동삼권의 보장, 근로조건의 개선, 노동조합의 정상화를 촉구한 바 있다. 그러나 오늘의 현실은 우리의 요구를 외면하고 근로자의 인권탄압은 도처에서 자행되고 있으며 근로조건은 개선될 기미가 없으며 농민은 정부의 저곡가 정책과 농협의 관료적 횡포에 시달리고 있다.

더욱이 요즈음 국내외적으로 어려운 시련에 봉착하고 있는 이때에 이러한 근로자와 농민의 문제는 국가 장래를 위하여 심각한 위기의식마저 느끼게 한다. 이에 우리는 나라를 위한 예언자적 입장에서 오늘의 경색된 노동사회와 소외된 농민의 진로를 찾고자 근로자와 농민을 위하는 마음으로 하느님께 호소하며 우리의 뜻을 모아 다음과 같이 결의하는 바이다.

1. 우리는 출판노동조합 인선사 지부를 유령노동조합이라 단정

하고 유령노조에 의한 합리화 작업도 불법이므로 즉각 해산하여 근로자의 자율적이고 민주적 선택에 의한 노동조합을 탄생시킬 것을 촉구한다.

2. 우리는 동일방직, 남영나일론 등에서 보는 바와 같이 여성근로자와 남성 근로자를 이간시켜 서로 대립케 하여 노동사회의 분열을 조장하는 처사를 규탄한다.

3. 우리는 농업협동조합이 전남 함평군 고구마 피해 농가의 피해액 전액을 즉시 보상할 것을 요구한다. 차제에 우리는 농협이 농민을 위한 경제단체, 농민을 위한 민주적 협동단체로서 본래의 기능에 보다 충실할 것을 권고한다.

4. 우리는 방림방적이 공장 새마을 사업을 빙자하여 잔업을 시킨 수당을 즉시 가불할 것을 요구하며 앞으로는 공장 새마을 사업을 이용하는 일이 없도록 경고한다.

5. 우리는 청주의 한국갈포, 구로공단의 대협, 화창물산 등에서 보는 바와 같이 저임금과 장시간 철야 작업, 기업주의 횡포, 산업공해 속에서 유린되는 저임금과 장시간 철야작업, 기업주의 횡포, 산업공해 속에서 유린되는 근로자의 인권이 보장되기를 거듭 촉구한다.

6. 우리는 근간에 빈번히 발생하는 개신교 단체에 대한 집단 테러행위가 발생한 사실에 대하여 경악을 금치 못하며 차제에 다시는 이러한 야만적 폭력사태가 발생하지 않도록 조처하기를 촉구한다.

7. 우리는 이 모든 불행한 사태가 근로자 농민에 대한 정책 빈곤과 노정 및 농정 당국의 무책임에서 비롯한 것인 줄 알아 이에 엄중히 항의하며 각성을 촉구하는 바이다.

이상 우리의 요구사항을 정부는 겸허하게 받아들여 시정하기를 바라며 한편 우리의 요구사항이 관철될 때까지 단결하고 투쟁할 것을 결의하는 바이다. 또한 이러한 우리의 건의가 조국의 경제발전과 국민생활 안정, 나아가서는 멸공통일로 향하는 국민적 총력의 축적이 되는 것임을 확인하는 바이다.

1977. 6. 26.

방림방적 노임체불 사건폭로를 위한 기도회 참석자 일동

기도회 참석자들은 참석자 일동 명의로 낸 '결의문'에서 '농민은 정부의 저곡가 정책과 농협의 관료적 횡포에 시달리고 있다'고 하면서, 함평군 고구마 피해 농가의 피해액 전액을 즉시 보상할 것을 요구하였고, 나아가 '농협이 농민을 위한 경제단체, 농민을 위한 민주적 협동단체로서 본래의 기능에 보다 충실할 것'을 권고하였다. 이처럼 함평고구마투쟁은 전국적인 사안이 되어가고 있었다.

2) 무마와 회유

경찰의 압박도 만만치 않았다. 서경원 총무는 공문과 반박공문으로 지리한 싸움을 하고 있던 6월 16일 오후 3시부터 8시 30분까지 함평경찰서에 출두하여 조서를 쓰고 질의를 받고 대답을 하였다.

정보과장이 "고구마사건을 앞으로 어떻게 할 것인가?" 하고 물었다. 총무 서경원은 "나로서 결정 사항이 아니지만 보상받을 때까지 활동을 계속할 것이다"라고 답하였다. 그리고 함평고구마투쟁에 관련한 17매에 달하는 조서를 썼다. 조서의 내용은 현재까지 총무 본인의 인적사항, 경력(무학이라고 하자 특히 학력에 의문을 표하였다), 가톨릭농민회에 입회하게 된 동기, 함평 안의 조직망(조직한 순서, 성격, 내용, 활동, 자금 등등)에 관한 것이었다. 그리고 당시 활동이 활발했던 월야면 신기분회에 대해 관심을 집중하면서 조직 초기에 무슨 말을 누구와 주고받았는가에 대해 캐물었다. 특히 "농민회에 가입하면 피해보상 해주겠다"라는 말을 했다고 하면서 이를 근거로 죄명을 조작·계획한 흔적이 역력하였다. 서장은 그 말을 어떤 동기에서 했는가 물었다. 서 총무는 "농민은 힘이 없기 때문에 혼자 힘으로는 고구마 사건이나 모든 문제를 해결할 수 없다. 다만 협동을 기조로 하여 단결하고 공동체로서만이 힘이 있고 해결할 힘이 있으며 농민회에서는 그런 권익실천에 협력하고 있다"는 농민회 조직 당시 소개교육하면서 했던 말을 그런 식으로 왜곡, 비약할 수 있는가 따져 물었다.

이에 서장은 "아무튼 그 일은 형사(사건)으로 성립돼서 검찰이 조사할 테니까 가부는 검찰에서 판결할 것이니 그 때 가서 해결은 될 것이다"고 겁박하였다. 그러자 서 총무는 "서장님은 군민의 서장님이신 줄 알고 있습니다. 그렇다면 76년산 고구마를 전량수매하겠다고 하고 거짓말해서 농민에게 막대한 피해를 입힌 농협은 죄가 없고 설사 농민회에 가입하면 피해보상 해주겠다 해놓고 현재까지 피해보상을 못해줬다 해서 농민회 총무는 입건됩니까? 민주국가에서 도저히 이해가 안 갑니다"라고 응수했다. 그러자 서장은 "그래서 중앙조사단과 도지부장이 함평에 와서 76년산 고구마는 전량 수매하겠다는 보도를 확인키 위해 TV 필름을 조사한 결과 확증(물적 근거)이 있음으로 전 도지부장을 얼마 전에 면직시켰다. 그럼 그만치 했으면 됐지 또 무슨 계획을 세운다느니 말이 되느냐? 그렇다고 보상이 될 줄 아느냐? 어림없는 소리 말라"고 협박하였다. 물론 그 자리에서 총무는 "아무튼 총무로서는 의결기구인 이사회가 결정하면 집행할 따름입니다"라고 관료같은 답변을 하였다. 정보과장은 "농협에서 신한제분에 손해배상 청구를 했으니까 좀 기다리고 조용히 하자"고 회유하였다.

7월 11일 군조합은 조합원과 좌담회 개최여부를 대책위에 의사 타진하였다. 단, 고구마는 거론하지 말자고 하며.

그러는 사이 7월 12일~14일 대전에서 열린 가농 '이사 실무자 연석회의'에서는 현장문제 토의 안건으로 함평고구마 피해 문제 다루었다. 회의에 참석한 서경원이 경과를 설명하였고, 앞으로 1) 계속적인 질의를 전남연합회에서 한다, 2) 법정투쟁은 일단 보류한다, 3) 9월 정기국회에 농협 질의할 수 있도록 관련 자료를 제공한다, 4) 농협세미나와 쌀생산비보고대회에서 함평고구마사건을 거론하기로 한다는 방침을 정했다.

점차 문제가 확대되어 가자 농협측은 7월 20일경 담당형사를 통해 가농 전남연합회 회장에게 전화를 걸어 함평의 군조합과 신한제분이 공동으로 500여만 원을 투자하여 무안, 함평 지역에 고구마절간기 200여 대를 공급하여 간접보상할테니, 1백만 원에 해결하고 더 이상 문제를 거론하지 말자고 제안하며 면담요청을 하였다. 피해농가들은 이러한 농협 측의 제안을 거절하고 전액보상을 다시 촉구했다. 그리고 7월 22일 함평경찰서에서는 가농 전남연합회 지도신부인 함평천주교회 본당 신부(장홍빈)를 방문하여 피해보상이 틀림없이 해결될 것이니 조금만 더 기다려 달라고 하면서 새로운 집단행동을 보류해 달라고 요구하기도 했다.

한편 7월 22일에서 23일까지 함평천주교회에서는 함평군에 있는 농민단체 지도자들이 함께 모여 구체적인 지역문제를 놓고 토의하는 '농민단체 지도자훈련회'가 있었다. 이 훈련회는 단체 간의 협력 증진과 보다 효율적인 함평군 안에서의 농민운동 전개를 위해서 준비되었는데, 각 단체(농촌문화연구회, 4-H, 아카데미 교육 이수자, 농민회)의 지도자 25명이 농민운동과 조직론에 대한 강의와 지역문제 토의 및 해결 방안과 대책을 수립했다. 구체적으로는 고구마 사건에 대한 앞으로의 대책, 농협 강제 출자 문제, 농민의 담세문제, 농산물 가격문제 및 마을 개발에 관한 문제점들을 제시하고 대처방안들에 대해 강구하였다(〈농민회 소식〉 1977. 7. 8.). 참석자들은 지도신부를 통해 해결 전망에 관한 정보를 입수하였고, 2차 기도회를 서울 명동에서 갖는 것을 고려하였다. 이처럼 함평의 농민운동가들은 고구마투쟁을 앞으로 어떻게 펼쳐 나갈지에 대해 초미의 관심을 지니고 있었다.

한편 경찰과 농협은 기다려 달라더니 그 이후 아무런 반응이 없었다. 그러면서 농협은 7월 25일 군조합과 신한제분이 분담하여 500만원으로 생고구마 절간기 60여 대를 고구마피해보상으로 지급했다고 통지해 왔다. 즉 보상에 대한 성의를 보였으니 문제를 더 이상 제기하지 말라는 것이었다. 그런데 이 고구마절간기 60여 대 지원이라는 것이 보상의 가치가 있는 것이 아니라 일부지역에 공급된 것 중에는 곧 못쓰게 되어버릴 불량품이 많고 운반비라는 명목으로 3~4천원씩 돈까지 받고 공급하는 것이었다. 그것으로 보상했다고 생색내려는 것이었다.

이즈음 기존 연합회 지도신부의 교체로 함평천주교회 신부가 연합회 지도신부로 취임하여 가게 되었다. 그러니 연합회 단위에서도 고구마문제의 해결에 특히 관심을 갖게 되었다. 그리고 대책위원들을 비롯한 피해농민들은 고구마 피해보상 해결을 위한 두 번째 실력행사(기도회 개최)를 8~9월쯤 예정으로 조심스럽게 준비하면서, 민주세력의 관심을 보다 적극적으로 촉구하는 활동을 전개하기로 하고 농번기를 맞이했다.

또한 이 시기에 농민운동 하는 사람들에 대한 당국의 회유가 엄청 많았다. 고등학교라도 졸업 사람은 농협이나 다른 기관에 취직시켜 활동에서 멀어지게 하곤 하였다. 그런데 연합회 회장이 당국의 회유에 갑자기 중소기업체 사장으로 취직해 버렸다. “사장으로 간 것인지는 불확실하지만, 무안에 있는 친구가 하는 기업에 취업했다고 하며 한두 달 다니다가 그만두었다”(서경원). 관에 의해서 회유를 받아서 어디에 들어가게 되었다고 본인이 말했다. 그런데 들어간 회사에서 완전히 배척당해 1개월인가 2개월 정도 다니고 짤렸다고 한다. 그때 고구마 사건만 무마시키려고 회장을 데려다가 회유했는데, 거기에 회유를 당한 것이었다.

그래서 연합회 회의에서 많은 얘기를 했다. 회의에서 “세상에 어떻게 이렇게 있을 수 있느냐. 이렇게 큰 사건을 벌여 놓고” 하면서, 논의하고 제명을 해버려야 한다는 쪽으로 이야기가 있었는데, “그냥 임기가 차버리니까 그냥 끝내버렸어. 그는 그 뒤로 가농활동은 거의 할 수가 없었지. 얼굴을 들이밀지도 못했어. 배신행위였는데.”(최성호)

경찰이나 군농협 뿐만 아니라 단위농협에서 협상 제의가 들어오기도 했다. 학교면 화산마을은 함평에서 가장 큰 학교면에서 작은 마을(20여호)이었는데, 학교면에서 유일하게 함평고구마피해 조사대상마을이 되었다. 그래서 학교농협이 이 사건에 휩싸이게 되었다. 그러니까 학교농협에서 제안이 들어왔다. 조합장이 보내서 학교농협의 판매계장, 부장이 와서는, “피해금액이 얼마 안 되니까 우리가 줄테니 화산마을이 명단에서 빠지면 고구마 피해대상농가에서 없어지니까 학교면은 관련이 없어지게 되니 좀 빼달라”고 협상이 들어왔다. 피해조사를 했던 임재상은 “돈이 적은 것이 문제가 아니라 농민 전체가 피해를 봤으니까 우리 동네만 빠질 수는 없다”고 하면서 협상제안을

거부하였다.(임재상)

그리고 취업을 준비하고 있던 사람들은 피해보상 투쟁에서 멀어지게 되었다. 대책위원이었으며 화산마을 조사원이었던 임재상은 1977년 9월 함평읍 농협에 특채로 들어갔다.[182] 월봉 마을 조사를 주도하였던 이석현은 피해조사자료를 넘긴 뒤에 공무원 시험을 보고 기다리는 상황이어서 농민회 쪽과의 연락을 단절하였다. 그런데 아이러니하게도 이 두 사람은 취업을 한 후 피해조사원이었던 것이 밝혀져 업무에서 배제되고 경찰의 감시를 받는 등 고통을 당하였다고 당사자들이 주장한다. 물론 나중에 마을민들이 농민회 시위하러 나가면 동원되어서 막는 역할을 '소극적으로' 하였다.

이 시기에 거의 모든 활동가들에게 회유가 들어왔다. 직접 취업을 제안하는 경우는 그래도 고등학교 이상을 나온 사람들이었다. 그러다 보니 학력이 초등학교 졸업이나 무학(독학)인 사람들에게는 취업유혹 보다는, 농민회 활동을 안 하면 이런저런 도움이나 이익을 주겠다는 제안을 하였다. 결국 학력이 낮고 빈농에 속하는 즉 관공서나 농협 등에 취업할 수 없는 농민들이 주로 활동을 계속하였다.

182) 서경원은 중앙정보부에서 주선하여 취업하게 되었다고 주장한다. 임재상 본인은 결혼은 해야 되는데 무직이라 취업을 고대하고 있었다. 잘 아는 기자에게 부탁하여 함평읍 농협에 특채로 들어갔다. 나중에 서경원이 회유당한 것 같아서 가까이 하지 않고 연락을 안 하게 되었다고 말했더니, 임재상은 이에 대해 생각하지 못했었다고 대답했다.

4. 기도회 계획과 중단

1) 기도회 계획과 전국화 시도

가농 전남연합회는 회유로 일관하는 당국의 태도를 더 이상 기다릴 수 없어, 8월 1~2일 '이사·분회장 전체회의'를 소집하였다. 전체회의에서는 유고가 생긴 연합회장의 사퇴를 정식으로 수리하는 한편, 소강상태를 유지하고 있는 고구마투쟁의 계속 투쟁여부에 대한 토론이 벌어졌다. 이사회도 열려 그동안의 투쟁을 평가하고 고구마투쟁에 대한 앞으로의 대책을 주요안건으로 토의하였다.

고구마사건의 계속 투쟁여부에 대한 토론에서는 이 정도의 여론화와 당국에의 충격, 그리고 500여만 원의 보상이 간접적이나마 이루어졌으니 이 선에서 일단 마무리하자는 의견과, 실제 피해당사자들이 주장하고 있는 직접피해보상에는 아무런 성과를 보지 못했으니 계속 투쟁하자는 의견이 맞섰다. 결국 계속 투쟁해서 밑질 것 없다는 측이 우세하여 표결에서 과반수가 넘었고, 제2차 실력행사 준비를 해 나가기로 했다.

그러나 실력행사를 준비하는 방법을 둘러싸고 또 한 차례 논란이 벌어졌다. 사건현장에서 집단행동을 해야 한다는 측과 사건해결 권한이 이미 군 단위와 도 단위 차원을 넘어섰으니까 권력의 중심지인 서울에서 크게 한바탕 해야 한다는 의견이 맞섰다. 우선, 함평 현장에서 했을 때는 피해당사자들이 보다 많이 참여할 수는 있으나 사건이 이미 군수나 군농협지부장이 해결할 만한 영역을 벗어나 버렸다는 점과, 좁디좁은 한쪽 구석지에서 떠들어 봐야 여론을 크게 형성할 수 없기 때문에 사건해결에 효과적이지 못하다는 점을 언급하였다. 이에 반해 서울에서 했을 때는 권력의 중심지인데다 여론을 크게 형성할 수 있고 지원세력의 협력을 얻어낼 수 있다는 장점이 있지만, 현장 농민들이 서울에까지 과연 얼마나 갈 수 있을 것이냐 하는 문제와 현재의 능력으로는 당장 대회장소도 구하기 어렵다는 점을 언급하였다. 이상과 같은 장단점들을 보완해 보기 위해 적당한 방법들을 연구해 보았으나 현재의 능력으로는 현장과 서울에서의 단점을 보완할 마땅한 대안이 없었다. 그래서 토의는 결국 도 단위가 그래도 가장 바람직하다는 쪽으로 의견이 모아져, 9월경에 다시 한번 광주에서 기도회를 개최하기로 원칙적인 결론에 도달하였다(노금노, 1983: 310~311).

이처럼 광주기도회에 대한 합의가 이루어지자 그동안 탄압과 회유, 그리고 경제난에 어려움을 겪고 있던 함평 대책위원회에서도 8월 5일 함평천주교회에서 대책회의를 열었다. 여기서 현지 기도회의 가능성을 타진하였다. 투쟁을 계속 확대하기 위해 넓은 데서 하자는 의견이 있었지만 동원에 문제가 있으니 북동 천주교회에서 9월에 하는 것으로 의견을 모았다. 그리고 신부들이 앞장서고 대책위가 최후투쟁을 하기로 결심하였다. 이처럼 9월 기도회를 적극 추진하기로 의견을 모았다. 이날 모임에는 연합회 지도신부(김성룡)와 총무(서경원)도 함께 참석하여, 8월 2일 연합회에서 논의하여 결정한 것을 확인하고 기도회 개최 일정과 장소를 9월 5일 오후 2시, 광주시 북동천주교회로 확정하였다. 그리고 지난 기도회와 도지부 농성을 전초전이라 생각하고 그동안의 경험을 최대한 발휘하여 9월 기도회(대회)에서 강력한 실력행사를 하자고 다짐하였다.

이처럼 현장과 도 단위에서 각각 어려움에 처하면서도 전남연합회와 대책위는 다시 한번 기도회를 열어 힘을 보여주고자 하였다. 투쟁을 여론화하고 전국화하는 일을 계속하면서, 함평고구마투쟁은 점차 전국적 관심사가 되었다. 총무 서경원과 이사 노금노는 전국 여론을 조성키 위해 광복절(8월 15일)을 맞아 개최된 방림방적 노임 체불사건 폭로를 위한 동대문 천주교회 기도회에서 고구마투쟁의 경과보고를 하고 농협 전반의 부조리를 폭로하며 협력을 호소하여, 교회와 노동자들의 열렬한 지지와 성원을 받았다. 이창복, 안광석 목사가 사회를 보면서 고구마투쟁에 대해 서경원이 이야기하자,[183] 여신도들 및 참가자들이 신바람이 나서 박수치고 훨훨 뛰었다고 한다.

그리고 8월 16일~19일에는 대전 가톨릭농민회 본부(가톨릭문화회관과 기독교 연합봉사회)에서 가농 주최로 개최된 '농협과 조합원의 실태조사'를 발표하는 '농협문제 세미나'(및 분회장교육)에 참석한 전국에서 온 각 농업, 농민, 사회유관단체의 관계자들에게도 노금노가 고구마투쟁의 진상을 알리고, 함평 투쟁에 동참한다는 전폭적인 지지를 얻어 냈다. 농협문제 세미나 참석자들은 다음과 같은 결의문을 채택하였다.

결의문

〈농협문제 세미나에서〉

농민의 자주적인 협동조직을 통하여 농업 생산력의 증진과 농민의 경제적, 사회적 지위 향상을 도모함으로써 국민경제의 균형 있는 발전을 기함에 농협의 목적이 있다.

오늘날 고도로 발달한 자본주의 경제질서 하에서, 개별 분산적인 영세 소농이며 동시에 소비자인 농민을 보호해야 할 농협의 사명은 그 어느 때보다 막중하다.

---

183) 노금노는 혼자 간 것으로 기록하고 있는데 서경원과 함께 갔던 것으로 확인되었다.

만일, 농협이 민주적 기반 위에 본래의 기능을 발휘할 수 없고 농민의 절실한 요구에 대답하지 못한다면 농협 운동을 통한 농촌의 민주화와 농업문제 해결이라는 1,300만 농민의 기대는 포기할 수밖에 없다.

그럼에도 불구하고 민주주의의 자주자립의 실천이라는 농협의 본질을 외면한 채 각급 조합장을 임명제로 하고 중앙집권적 운영 체제화하여 조합원 농민들을 주인 자리에서 몰아낸 지 어언 15년이나 되었다.

뿐만 아니라 조합원에 최대 봉사의 원칙보다 경영안정과 경영지상주의를 추구해 왔으며 물량의 확대만을 내세워 왔다. 올해 들어서도 경영기반의 확립과 운영자금의 자립을 내세운 중앙회의 지시와 방침에 따라 영세농민들이 이용하는 농사자금에까지 출자금을 강제징수하는 비례출자제를 실시하고 있으며 농민 위에 군림하는 구태의연한 관료적 속성을 노골화시키고 있는 농협의 서글픈 현실에 우리는 분노와 통탄을 금치 못한다.

따라서 우리는 농민의 지상 과업인 농협의 민주적 발전을 뜨겁게 염원하며 우리의 책임을 절감하고 농민의 농민을 위한 농협 실현을 위해 자각 있는 분들의 공동노력을 촉구함과 동시에 다음과 같이 결의한다.

– 조합장임면에 관한 임시조치법을 철폐하여 조합장 선거제를 실시하라.

– 농협은 부당한 출자 의무화를 즉각 중단하라.

– 비료가격을 인하하고 비료의 자유 판매제를 실시하라.

– 농협은 비료 부정도입으로 인한 농민피해 40억 원을 변상하라.

– 함평 고구마 피해농가의 피해액을 즉각 보상하라.

– 농협은 대정부 의존적인 존립에서 벗어나 농민에게 돌아오라.

1977년 8월 16일

한국 가톨릭 농민회회원 일동

농협문제 세미나 참석자들은 결의문을 통해 농협민주화를 요구하며 그 구체적 방안으로 임시조치법 철폐와 조합장 선거, 부당출자 중단, 비료 자유판매, 비료부정도입 피해 보상 등을 요구하였다. 또한 함평고구마투쟁을 지지하며 '함평 고구마 피해농가의 피해액을 즉각 보상하라'고 결의하고 농협에게 농민을 위한 농협으로 돌아오도록 요구하였다.

이에 그치지 않고 농협문제 세미나 참석자들은 이날 가농회장 명의로 '농협중앙회장에게 보내는 공개장'을 공개하였다.

농협중앙회장에게 보내는 공개장

자조적 새협동운동의 기반 확립과 농산물생산 판매처리 기능의 강화, 그리고 농민을 위해 최대 봉사하는 농협상을 정립하기 위해 심혈을 기울이고 계시는 회장님께 깊은 사의를 표합니다.

두말할 것도 없이 농협의 존립 목적은 농민의 경제적 사회적 권익옹호에 있고 이 목적을 수행하기 위해 심혈을 쏟고 있는 줄 농민들은 생각하고 있습니다. 그럼에도 불구하고 전남 농협도지부와 함평군 농협은 '공동으로 생산해서 공동으로 판매하자'는 구호를 내걸고

① 6년산 고구마는 포당(15관) 1,317원(2등품 기준)에 전량 수매할 것을 농민에게 선전 확약해놓고는,

② 아무런 통지도 없이 수매해 가지 않아 고구마는 노변에서 썩어가고 항의하는 농민들에게 농협은 계획에 차질이 생겨 할 수 없다는 등의 무책임한 답변으로 일관했으며,

③ 이에 당황한 농민들은 군농협을 찾아가 남은 고구마를 수매해 줄 것을 수차례에 걸쳐 요구, 약속 받았지만 이 약속마저 군농협은 외면해 버렸다.

④ 이렇게 되자 농협을 통한 계통출하의 기대는 완전히 무너지고 부패하기 시작한 고구마는 홍수 출하되어 값은 폭락하고 (심지어 포당 200원에 출하) 농민은 무릎 꿇고 상인에게 애걸복걸해야만 되었다.

⑤ 본회는 이러한 농민의 경제적 피해와 농민을 경시한 농협의 무책임한 처사를 간과할 수 없어 160 피해농가에 대한 피해액을 조사, 문제해결을 위한 활동을 전개해 왔다.

⑥ 농협과 농수산부에서도 이러한 본회의 움직임에 따라 조사단을 파견, 피해 상황을 조사한 바 오히려 본회 조사액보다 많이 나왔을 뿐 아니라 농협의 과오도 재확인되었다.

⑦ 그럼에도 불구하고 회장님께서는 조사결과 통보에서 농협이 농민이 입은 피해와는 직접 관련이 없는 것 같이 대답한 것은 실제 사건 경위를 잘 모르시고 하신 것입니다.

⑧ 왜냐하면 농협도지부장이 전량수매를 약속한 사실이 텔레비전 필름 조사를 통해 확인되어 인사조치까지 된 바 있고,

⑨ 농협측이 과오를 인정하고 직접보상은 어려우니 간접보상(연 13%의 단기 영농자금을 가구당 15 만 원씩 융자)을 하겠다고 제안한 바도 있다.

⑩ 고구마를 썩지 않게 저장할 수 없었던 것은 농협이 76년 9

월부터 피디포대(농협수매용)를 미리 농가에 배포, 운송하기 좋은 거리에 야적해 놓을 것을 누차 말해 왔기 때문이며,

⑪ 농민이 절간고구마 장려에 응하지 않아서 썩혔다고 하지만 절간고구마를 장려했을 때는 10월 하순으로 이미 고구마는 부패 상태에 있었다.

⑫ 특히 피해보상대책위원 중의 한 사람의 소유인 썩은 고구마(51 포대)를 전량 고시가격으로 수매한 일과,

⑬ 농협이 고구마 생산농가에게 고구마피해는 농협과 관계없다는 시인서를 부당한 방법으로 받아 간 사실,

⑭ 전량 수매하겠다며 농가에 배포했던 피디포대를 지금도 간직하고 있는 농가가 있다는 등등의 사실에서 농협의 전량수매 약속은 충분히 증명되고 있다.

⑮ 이러한 이유에서 회장님 답변의 부당성을 주장한 본회 공문에 대해 "고구마 판매사업 전반에 대한 보완대책을 계속 강구 검토중"이라고 답변하시는 것은 피해농민들의 주장과는 직접적인 관련이 없는 것으로 그 진의를 이해할 수가 없습니다.

따라서 본회는 위와 같은 농협 본래의 존립 목적을 망각한 농협의 무책임한 처사로 인해 발생한 피해농민들의 주장을 다시금 밝히고 해결해 주실 것을 다음과 같이 요구합니다.

① 본회가 조사한 160 피해농가에 대한 피해액 309만 원을 직접 보상할 것

② 함평군 조합장은 피해농가에 공개 사과할 것

③ 그동안 피해보상을 위한 활동경비를 보상할 것

위와 같은 요구는 피해농민들의 최소한의 정당한 요구입니다. 본회는 "고구마 판매사업 전반에 대한 보완대책을 강구 검토 중"

이라는 막연한 응답이 아닌 상기 요구조건에 대한 성의 있고 명쾌한 답변을 요구하는 바입니다. 불행하게도 이 마지막 간청이 묵살되거나 천연되면 본회는 문제해결을 위한 새로운 방법을 찾을 수밖에 없으며 이후에 야기되는 모든 문제의 책임은 농협측이 져야 될 것입니다.

중앙회장님의 선처 있으시길 당부합니다.

1977. 8. 16.

한국가톨릭농민회 회장 최병욱 드림

가톨릭농민회가 발표한 '농협중앙회장에게 보내는 공개장'은 '고구마 판매사업 전반에 대한 보완대책을 강구 검토 중'이라는 막연한 응답에 대해 성의 있고 명쾌한 답변을 요구하였다. 구체적으로 피해액 309만 원의 직접 보상, 함평군조합장의 공개사과, 피해보상활동경비 보상 등을 요구하였다. 공개장에서 존대말로 시작하였으나 중간에 존칭이 사라지더니 끝에 가서 다시 존칭을 마지 못해 사용하는 미세한 변화를 감지할 수 있다. 이렇게 가농은 고구마 피해보상 해결에 대한 공식적 입장을 밝힘과 아울러 사건해결을 위한 보다 적극적인 개입을 천명하였다.

이어 8월 17일에는 총무 서경원이 부산에서 개최된 전국 기독교청년회(YMCA) 대회에 참석하여 함평고구마투쟁에 대해 알리고 전국적 열기를 고조시켜 나갔다.

이처럼 3일 동안 연이어 서울, 대전, 부산의 3대도시를 휩쓴 함평고구마투쟁의 열기는 투쟁시작 10개월째를 맞으면서 최고조에 달했다. 9월 기도회를 앞둔 시점에서 현장농민들의 투쟁열기는 한층 고조되었다.

8월 18일에 대전 가농본부 임원과 전남연합회 임원이 함께 9월 개최할 기도회 주관문제로 이견이 있었으나, 원칙에 대해서는 변경 없이 기도회 일정만 9월 5일에서 9월 8일로 연기하기로 합의하고, 결전의 날을 기다리고 있었다.

기도회가 다가오자 8월 20일에는 함평군농협이 긴장하여 협상을 제의해 왔다. 현지에서 활동하고 홍보하러 다니던 노금노에게 조합장이 만나자고 제의하고 직원을 보내 노금노를 조합에 싣고갔다. 오후 5시 반경 조합장실에 도착하자 조합장, 공화당(여당) 함평군 고위간부, 읍장 등이 기다리고 있었다. 조합장은 "백만 원에 해결하자, 자금 출처는 묻지 않기로 하자, 문제해결을 위한 정보를 제공해주겠다"고 하면서 협상을 요구했다. 서울, 대전, 부산 분위기에 대해 무척 궁금해 하면서 "제발 어떻게 조용히 해결할 방법이 없겠느냐"고 하였다. 노금노는 백만 원에 해결하자는 얘기는 전에도 있던 것이었고, 309만 원의 직접피해보상만이 해결책이라고 하며 제안을 거부하였다.

8월 21일에는 단위농협 조합장과 군조합 전무가 고구마피해 보상조로 절단기 60여 대를 지원한다고 통보하였다. 이처럼 농협은 간접보상으로 계속 피해농민들을 진정시키려고 하였다.

2) 기도회 중단

그런데 8월 24일[184] 연합회 총무(서경원)는 9월 8일로 예정되었던 기도회가 중단되었다고 현지농민들에게 알렸다. 이런 갑작스런 중단은 천주교 광주대교구청이 엮인 일에서 시작되었다.

---

184) 다른 기록(노금노가 기록한 사건일지)에는 8월 27일로 되어 있다.

천주교 광주대교구의 역사는 1933년으로 거슬러 올라가며 1945년부터는 목포에 교구청이 있었다. 그러던 것이 1956년 학동에 배고픈다리 부근(소태동)으로 이전하였다. 이 때 학동에서 무등산으로 올라가는 길에 개천 옆으로 푹 들어간 곳을 '배부른 다리'라 불렀는데 그곳에 이어져 즉 배고픈 다리 건너 오른쪽에 넓은 대지를 구입하여 거기에 교구청을 세웠다. 그러다가 1976년 1월 예전 법원 자리인 광주시 동구 금남로3가에 땅을 매입하여 가톨릭센터를 설립했고, 5월에 가톨릭센터 6층으로 교구청이 이전했다. 그리고 가톨릭센터 뒤쪽에 남아 있는 땅에 사모아백화점을 지어서 교구청 재산으로서 관리해 왔다. 당시 부동산 관련 일이나 사업은 부교구장(부주교)이었던 김정용 신부가 전담하였다. 물론 당시에 관리국장으로 오승탁 신부가 있었다.[185] 부주교는 평신도 중에 부동산 관리를 전문으로 하는 한 사람(김용남)으로 하여금 교구 부동산을 관리하도록 하였고, 그가 소태동 땅을 팔고 금남로3가에 땅을 새로 사서 건물을 짓는 일을 관장했고 가톨릭센타 건물 관리도 하였다. 그리고 부주교는 평신도인 장모(총무)를 시켜 사모아백화점을 관리하게 하며 사업을 벌였다(김성룡).[186]

그런데 사모아백화점에서 8월 14일 화재가 발생했다. 백화점 하치장에서 불이 나 2층 점포 50개(연건평 5백평)와 의류·구두 등 각종

185) 오승탁 신부는 관리국장 후임으로 김성룡 신부를 추천하였고, 그후 미국으로 가서 환속하여 살았다.

186) 김성룡 신부는 오히려 화재가 나서 잘 됐다 싶었다. 왜냐하면 그런 사업을 벌이는 것에 대해 못마땅하게 생각하고 있었기 때문이었다. 김성룡 신부가 관리국장을 맡아 일을 처리하려고 보니까 그런 사고를 내고 있어서 알게 되었다. 그 뒤로도 사모아백화점 사업 등 관련 일을 김정용 신부가 도맡아 하였다. 그리고 나중에도 김정용 신부가 그 사건과 관련해 처리하는 문제로 비용지불을 교구청에 요청하였는데 관리국장으로서 김성룡 신부가 못 주겠다고 하며 거부하였다(김성룡).

상품 등을 태워 1천여 만 원 어치의 피해[187](경찰추산)를 내고 1시간 30분만에 진화됐다.[188] 화재로 건물입주자들에 대한 피해보상문제가 제기되고 교구청은 건물의 소방안전 대책이 미비하였던 것에 대해 책임을 져야 하는 상황에 처하였다. 입장이 난처해진 교구청은 이것을 원만히 해결하는 데 관계기관의 협력을 받았다. 그러다 보니 교구청은 관계기관을 염두에 두어 피해농민들과 상의 없이 기도회를 무기연기하는 결정을 해 버렸다[189](노금노, 1986: 313). 중단 통고 이후 9월 1일에 기도회 무기한 연기가 확정되었다.

천주교회가 가지고 있는 사회적 배경과 자금에 의존하고 있는 가톨릭농민회(연합회)로서는 어쩔 수 없이, 각 분회에 기도회 연기사실을 알렸고, 이야기를 전해 들은 현지 대책위원회와 농민들의 불평불만은 대단했다. 대책위가 크게 반발하였다. 그러나 피해당사자인 농민들은 무기한 연기되어 버린 기도회 이외에는 자신들의 힘을 결집해서 사건을 해결할 수 있는 다른 방안을 갖고 있지 못했다. 아무튼 기대를 걸었던 9월 기도회의 무기연기는 피해당사자들과 일반농민들에게 석연치 않은 의혹을 불러일으키게 되었다(노금노, 1986: 339).

실제 피해농민들과 농민회원들은 가톨릭의 틀을 빌려 운동을 하던 시절이라 반감을 강하게 드러낼 수는 없었고 의심 정도 하고 있었다

187) 당시 농가소득이 연 1백만 원이 조금 넘었다.

188) '광주 사모아백화점 하치장에서 불, 점포 50개 태워.(광주) 14일 하오 7시 55분쯤 광주시 금남로 금남맨션 2층에 있는 사모아백화점 하치장에서 불이 나 2층 점포 50개(연건평 5백평)와 의류·구두 등 각종 상품 등을 태워 1천여 만 원어치의 피해(경찰추산)를 내고 1시간 30분 만에 진화됐다. 이 불로 아파트 9층에 살고있는 조사현 씨(42) 등 2명이 유리창을 깨고 소방차 사다리를 타고 내려오다 떨어져 부상을 입었다'(〈경향신문〉, 1977. 8. 15. 7).

189) 노금노는 이 부분을 연합회 총무(서경원)로부터 들었다고 하면서 기록하였다. 실제로 대책위와 광주교구 간의 연결 역할을 서경원이 주로 하였다. 서경원은 이 사안 자체를 기억하지 못했다(2022년).

고 하기도 한다.

“확인하기가 난해한 부분이 있죠. 그 때 당시에는 농민운동이 가톨릭의 배경이 아니면 가능치 않은 시기가 아닙니까. 때문에 교구의 어떤 결정 이런 섯들에 대해서 뭐 의문을 갖거나 이의를 제기하거나 그럴 상황은 아니었습니다. 충분한 설명이 되지 않았지만, 어떤 사정이 있어서 연기한 것이겠지, 이렇게 많이들 생각했을 겁니다. 구체적인 내막 이런 것들은 인지하지 못했습니다.”(모영주)

그리고 당시에는 중앙정보부가 전면에 나서서 통치하던 시절이었다. 게다가 중앙정보부 직원 김광호가 일주일에 한 번씩 주교 방에 드나들었을 정도였다.[190] 당시 정보정치 시절에 농민활동가들은 다른 활동가가 갑자기 사라지면 어딘가(중앙정보부) 끌려가서 고통(고문)을 당하고 있을 것이라고 추정하고 얼른 그 활동가의 일을 다른 활동가가 하도록 하곤 했다.

어쨌든 어렵게 끌어올렸던 현장농민들의 투쟁열기는 천주교측 사정으로 무산되어 버린 기도회 탓으로, 그리고 1년이 다 되도록 뚜렷한 성과가 없자 침체되어 버렸다. 이렇게 되자 고구마투쟁을 놓고 현지대책위와 전남연합회, 전국본부는 제각기 다른 입장을 드러내고 있었다.

그런 상황에서 9월 20일~22일 대전 가농본부에서 열린 ‘이사 실무자 연석회의’에서는 지구(연합회)단위 중요활동으로 함평고구마사건을 채택하고 서경원으로부터 경과 설명을 들었다. 이어서 참석자들이 토의하면서 앞으로 해 나갈 방안에 대해 여러 가지 제안을 하였다.

190) 중정의 직원이 주교관에 항상 드나들었음에도 천주교는 농민투쟁의 울타리가 되어 주었다.

이사·실무자 연석회의 토의 내용(1977년 9월 20일~22일)

정연석 – 중앙회장에게 면담신청을 하되 가능한 일시를 선택할 수 있도록 기간은 15일 정도 여유를 주고 면담을 요청하자. 지역주민들이 해당지역구 국회의원에게 편지도 보내자.

서경원 – 협동사업자금(세베모)이 오면 고구마사건 현지에 우선 지원해 주면 좋겠다.

이길재 – 현재 단계에서는 정치적인 관계로 승화시킬 단계다. 기도회 일변도로 치우쳐 왔는데 군수 및 도지사 면담방법도 강구할 필요성이 있다.

김상범 – 전체가 피곤한 상태인 만큼 내부정리 기간을 갖고 현지 농민들의 반응에 초점을 두어야 한다.

박재일 – ① 각 지구별로 있는 기도회에서 농민을 위한 기도회를 열게 하고 고구마 사건을 거론하게 한다. ② 지역에서부터 서명운동을 받아보자.

이길재 – 피해농가를 중심으로 서명받고 각 지구연합회는 지지 결의문만 첨부하는 것도 생각해 보자.

이러한 토의 끝에 1) 연합회에서 제안된 안을 심의해서 방안을 강구해 본다, 2) 피해농가들의 모임을 갖고 의의를 다시 확인시킨 뒤 서명받고 각 지구별로 지지표명하는 것으로 한다, 3) 각 지구에서는 기도회가 있을 때나 기회 있을 때마다 교구보에 게시한다는 활동방침을 결정하였다. 즉 기도회만이 능사가 아니라는 점을 인식하고, 현지 피해농민들의 현장활동을 강화하고 농협중앙회 회장에게 면담을 요청하는 한편, 지역출신 국회의원 및 유명인사들에게 편지 보내기 등의 활동지침을 마련하였다.

앞에서 언급했듯이 가농 본부는 8월 16일 농협중앙회장에게 '우리의 요구는 피해농민들의 최소한의 정당한 피해보상 요청이니 성의 있고 분명한 대답을 바란다'는 요지의 공개장을 보냈었다. 이에 대답이 없자 9월 24일 중앙회장에게 "솔직히 만나서 이야기하자"고 대화를 요청했지만 역시 대답이 없었다.

가농 전국회장 이름으로 9월 24일
농협중앙회장에게 면담요청 공문

10월 1일~15일 중 가능한 일시에 함평고구마사건을 비롯한 농협 전반에 걸친 현안 문제에 대해 솔직하게 대화할 수 있는 자리를 마련하자

10월 2일 함평에서 대책위·전남연합회 운영회의를 하여 본부 이사회에서 결정한 활동방침을 검토했으나 여기서도 대책위와 연합회 간에 의견이 대립하였고, 11월 4일의 연합회 이사·분회장 연석회의에서도 고구마투쟁의 경과보고가 있었지만 침체상태임을 확인하였다. 지지부진한 채 사건이 오래 갔기 때문에 불만이 있었다. 피해농민들은 이제 보상받기는 어려운가 보다고 생각하였다. 공백기간이 너무 길어 다른 사건과 연결지어 활성화시키는 방법을 생각해 보고, 쌀생산비보고대회에서 폭로하자는 계획을 세웠다.

한편 함평 현지 대책위원들은 피해농민들이 용기를 잃지 않게끔 계속 접촉하면서 왜 농민들이 고구마피해에 대한 보상을 받지 않으면 안 되는가에 대해 함께 이야기하고 피해농민들이 좌절감을 느끼지 않도록 했다. 그러나 간접보상에 대한 당국의 압력과 투쟁 과정에서 지친 농민들 중에는 어떤 형태든 빨리 결말을 지었으면 하는 사람도 있

었다. 그럼에도 전남연합회는 농협에 대한 어떤 기대도 버리고 사과와 직접보상을 요구하자고 뜻을 모았다.

대책위는 쌀생산비보고대회에서 함평고구마투쟁을 보고하려고 준비하였다. 10월 24일~25일 대전에서 열린 '쌀생산비조사보고대회 준비위원회'에서는 보고대회 행사[191]에서 마지막 '77년 농민문제의 사례분석'에서 총무인 서경원이 함평고구마 사건을 소개하는 것으로 정하였다.

11월 15일 대책위원들은 지도신부와 만나 투쟁을 활성화할 방안을 논의하였다. 함평이나 광주에서 기도회를 갖고 고구마투쟁을 폭로하는 방안을 논의하였으나 지도신부가 만류하였다.

기도회는 일단 접고 11월 21~22일의 쌀생산비조사보고대회에서 고구마투쟁을 알리기로 하였다. 쌀값보장운동의 일환으로 3월부터 추진된 쌀생산비 조사와 9월부터 실시된 쌀값보장 서명운동의 결과를 가지고 11월 21~22일 대전(가농 본부)에서 600여 농민들이 참석한 가운데 '쌀생산비조사보고대회(추수감사제 및 농민대회)'가 개최되었다. 첫날은 추수감사제, 쌀생산비조사보고대회, 농민의 밤으로 마치고 다음날 '77 농민문제 사례분석'에서 함평고구마투쟁에 관한 경과보고가 있었다. 그리고 참여농민들은 '결의문'을 통해 함평고구마투쟁이 함평농민들만의 문제가 아니라 전체농민의 문제임을 강조하고 답변이 없는 농협중앙회장을 질타하면서 계속 투쟁해 나가겠다는 입장을 천명하였다.

191) 행사는 1. 추수감사제, 2. 조사보고대회, 3. 농민의 밤, 4. 77년 농민문제의 사례분석 순으로 하기로 했다.

결의문

〈77년 쌀 생산비 조사보고 대회에서〉

농민의 피와 땀으로 이룩한 주곡자급달성의 대가는 사상 유례 없는 대풍을 맞아, 참으로 사상 유례 없는 기근 속에서 농민들을 신음케 하고 있다. 금년도 정부의 추곡수매정책은, 농민의 생산의욕을 증진시키기는 커녕, 한계생산비의 절반도 못 미치는 곡가정책으로 계속적인 출혈만을 강요하고 있다. 이제껏 우리 농민은 빈곤과 천시 속에서 제도적으로 인내와 굴종만을 당해왔다.

보라! 조국근대화의 미명하에 농민에 대한 기만정책은 인간으로서의 품위와 존엄성을 여지없이 유린하고 있다. 일반벼 못자리를 짓밟고 대리경작법, 산림법 등 온갖 법으로 위협하면서 강제 권장한 통일벼 증산에 대한 보답은, 생산량에 절반도 못 미치는 제한수매로 천대받고 있다.

농민의 이익을 무시한 획일적인 지시와 강압적 명령일변도의 관료적 횡포는 날로 심화되어, 농민의 주체성을 압살하고 있다. 살인적인 저곡가 정책은 농민들의 기본적인 의식주조차 위협하고, 노동자들은 다시 저임금으로 허덕이고 있다.

자연의 온갖 재해와 해마다 증가하는 병충해 방제를 위해 생명을 위협하는 농약 공해 속에서 이룩한 주곡증산이 아니었던가!

시차제, 제한수매 등의 추곡수매정책은 산지 곡가를 무참히 하락시켰다. 농협의 농자금 상환 독촉은 성화같고, 상환 강제집행의 위협은 농우와 토지까지 팔아야 할 형편으로 압박하여, 가난과 소외를 극복하려는 농민의 의지를 잔인하게 짓밟고 있다.

이러한 제도적 상황 속에서 농민의 경제, 사회적 권익 옹호와 지위향상을 위한 농협의 역할은 그 어느 때보다도 막중하다.

그럼에도 불구하고 전남 함평군 고구마사건, 비료도입 부정사건, 강제 출자 의무화, 농약강매 등에서 보는 바와 같이 농협 본래의 존립 의미를 상실한 채 반농민적 작태는 날로 노골화되고 있음은 실로 통탄을 금치 못하게 한다. 더욱이 농협의 관료적 속성은 민주·자립·봉사의 사명을 외면한 채 중앙집권적 운영체제화하여 농민의 머리위에 군림하고 있다.

농협조합장 임면에 관한 임시 특례법이 제정된 지 15년이 경과한 오늘, 아직도 농민의 민주 역량 부족이란 명목으로 계속 존속시키는 처사는 실로 농민을 우롱하는 처사가 아니고 무엇인가!

경자유전의 원칙은 어디 가고, 악덕 재벌들의 토지투기와 특정 기업체를 비호하는 특권의 토지 강점은 유일한 생존의 터전인 땅으로부터 농민을 강제로 추방하고 있다.

이제 경작할 토지마저 빼앗긴 농민들은 실업자, 날품팔이, 도시빈민으로 버림받아 가난과 질병과 소외 속에서 생존을 위협받고 있어 중대한 사회문제를 야기하고 있다.

국민의 식량을 생산하는 가장 신선한 농민이 가장 비참한 처지로 전락하고 있다. 거짓 없는 노동으로 식량 증산에 심혈을 쏟아왔고, 온몸을 바쳐 조국을 방위해온 대가가 인간이하의 참담한 생활로 보답되고 있음은 이 사회의 제도적 악의 결과로 단정한다.

따라서 더 이상 농민의 희생을 강요하는 모든 정책은 존속할 수 없으며, 농민의 권익을 배반하여 특정재벌만을 살찌우는 모든 제도적 조치를 단호히 배격한다.

차제에 우리 농민은 스스로의 노력으로 이 모든 멍에에서 해방하는 것이, 그리스도적 공동선을 구현하는 지상의 사명으로 굳게 믿고, 다음과 같이 결의한다.

우리의 결의

– 정부는 농민의 일방적 출혈만을 강요하는 추곡수매정책을 즉각 폐지하고, 농민 요구에 부응하는 책임 농정을 구현하라.

– 농협은 함평고구마 재배 농가의 피해를 즉각 보상하고, 농협 중앙회장은 책임을 지고 물러나라.

– 농협 임시조치법을 즉각 철폐하고, 모든 반농민적 악법을 폐기하라.

– 비료, 농약, 농기구 등의 농자재 값을 인하하고, 반농민적 행위를 자행한 자들은 농민 앞에 사죄하라.

– 이상의 우리의 요구가 관철될 때까지 우리는 투쟁을 계속할 것이다.

1977년 11월 22일

한국가톨릭농민회

가농은 발표한 결의문에서 정부에 수매정책 폐지와 책임농정을 촉구하면서, 농협의 횡포를 질타하였다. 농협 임시조치법의 철회 등 농협관련 문제제기를 하면서 특히 '농협은 함평고구마 재배 농가의 피해를 즉각 보상하고, 농협 중앙회장은 책임을 지고 물러나라'고 요구하였다. 이에 그치지 않고 가농은 '함평 고구마사건에 관한 농협의 처사를 규탄한다!'는 유인물에서 그동안 농협의 횡포와 피해농민들 및 가농의 요구에 대한 무시와 협박을 규탄하면서 '함평 고구마사건은 함평농민들만의 문제가 아니라 전체 농민의 문제임을 분명히 인식하라'고 촉구하였다. 즉 전농민이 나서서 투쟁해 나갈 것을 예고하였다.

함평 고구마사건에 관한 농협의 처사를 규탄한다!

– '77 쌀생산비조사 보고대회에서

보다 많은 이익을 조합원에게 환원하는 조합이 되어야 하며 강력한 농정활동으로 조합원 농민의 이익을 수호할 수 있어야 하는 농협이, 무책임한 수매약속과 약속불이행으로 농민의 피땀으로 생산된 고구마를 길바닥에 썩혀 버리는가 하면 상인들의 차바퀴 밑에 드러누워 내 고구마 사달라고 애걸하는 처참한 상태로 떨어뜨렸다.

농민을 지켜야 할 파수꾼의 책임이 있는 농협이 오히려 농민과 농민의 이익을 짓밟은 것이다. 이렇게 하고서도 태연자약한 농협의 태도에 대해 농민들은 비애와 분노를 씹으며 정당한 피해보상을 받기 위한 운동을 꾸준히 벌여 왔었다.

벌써 고구마가 썩고 농민들의 억울함이 깔렸던 그 땅에서는 새 고구마가 다시 굵어 나왔건만, 지금까지 농협은 억지변명과 가증스러운 무마 회유책으로 농민들에게 비인도적 고통을 가중시켜 왔다. 여기 농협이 그동안 농민들에게 가한 비인도적 고통과 억지변명 및 치사한 행색을 낱낱이 폭로하고 농협의 행위는 더 이상 용납할 수 없는 범죄로 간주하면서 우리의 결의로 강력히 규탄하는 바이다.

첫째, 농민과 농협의 약속은 생산자와 상인과의 약속이 아니다. 전량수매 약속 불이행을 사전통보하지도 않았고 농민들에게 막대한 손해를 끼쳤으면서도 단 한 마디의 공식적 사과도 없다. 농민의 엄청난 피해를 사전예방 할 수 있었는데도 남의 일로 방관해 버리고 자신의 잘못을 책임질 줄 모르는 이러한 농협 때문에 농민들의 고구마는 썩고 헐값에 팔려 손해를 가중시켰고 사건은 더욱 확대된 것이다.

이것은 단적으로 관권지배적인 농협이 평소에 조합의 주인인 농민을 전적으로 무시해 온 경거망동한 자세로부터 나온 일면으로서 우리는 울분을 금치 못한다.

둘째, 현지에서 대책위원회를 만들어 수매를 요구했을 때, 아직도 고구마가 있느냐고 엉뚱한 수작을 부리면서 남은 고구마 다 사겠다고 해 놓고도 언제 그런 이야기 했더냐는 식으로 농민을 농락했다. 여기에 분개한 농민들이 조직적인 보상운동을 전개하자 농협은 각종 방해, 회유, 공갈을 자행하고 끝내는 비열한 술책도 마다하지 않았다. 이러한 농협의 술책 때문에 어느 회원은 공무원인 아버지를 통한 간접압력으로 가정불화 끝에 정든 고향을 떠나야만 했고 어느 회원은 한때 마을민의 불신까지 사게 되고 친구들 사이가 벌어지기까지 했다.

세째, 당회 전남연합회에서 조직적 연대성을 갖고 지원협력에 나서 널리 진상을 폭로하기 시작했을 때, 군조합장은 모순투성이의 해명서라는 것을 통해 발뺌하려고 했다. 실책을 은폐하려는 간교한 농협의 태도에 전남지구연합회는 사건진상을 적극적으로 폭로하고 정당한 농민들의 권익회복운동 노력을 왜곡하여 악선전하는 농협의 처사를 강력히 규탄하며 조직력을 발동하고 나섰다. 그제서야 도지부와 중앙회가 당황하여 협상하자고 달려들었다. 그러나 협상의 실상은 농협의 잘못을 시인하고 소위 간접보상이란 명분으로 실력행사를 무마하고자 한 수작에 불과했다.

이 협상이 결렬되자 중앙회와 농수산부는 뒤늦게서야 현지 피해조사를 실시했는데, 그 결과조차도 농민이 응하지 않아서 손해 본 것이고 농민회가 조사한 농가는 계약재배 농가가 아니다, 그러니 농협은 책임이 없다는 발뺌이었다. 이에 대해 본 연합회는 농협은 단순히 전량수매를 약속했고 중앙회가 이미 간접보상까지 제안한 바 있지 않은가? 함평군 내 계약재배 농가는 없었다고 전량수매 약속에 대한 농협의 책임근거를 구체적으로 제시하여 반박을 하였다.

이에 중앙회장은 태도를 바꾸어 조사결과를 근거로 고구마 계약재배 효율화 방안과 고구마 판매사업 전반에 대한 보완책을 종합적으로 강구 검토 중이오니 해량하시고 이해와 협조를 바란다는 알 수 없는 말들만 늘어놓았다. 그리고 농수산부 조사결과는 더욱 걸작이다. '농정시책에 참고' 하겠다는 것이다. 세상에 이럴 수가 있는가? 이렇게 농민을 무시하고 외면할 수 있는가. 슬쩍 발뺌을 했다가 책임소재를 제기하자 '협조 바람'이라니 ……. 고도화된 농협의 기만술책과 배신에 놀라지 않을 수 없다.

조사에 따르면 함평군 농가의 피해만도 1억여 원(농가당 피해 19,000원×7,000원)이나 된다. 이러한 막대한 경제적인 손실과 인권침해에 대한 보상을 요구하는 농민에게 "농정에 참고하겠다", "앞으로 잘 하기 위해 방안 검토"라는 이렇게나 무책임한 답변을 소위 농민을 위한 농협이, 농민의 복지향상을 위한다는 농수산부가 어떻게 할 수 있다는 말인가?

이와 같이 농협으로부터 온갖 무마 협박 공갈을 당하고, 존엄성을 가진 인간으로서는 도저히 참을 수 없는 인격적인 모욕과 본회에 대한 터무니없는 모략을 겪으면서도 우리는 사건해결에 있어 농협의 성의 있는 태도와 조속한 보상을 위해 꾸준히 노력해 왔다. 지난 8월 중앙회장에게 "우리의 요구는 피해농민들의 최소한의 정당한 피해보상 요청이니 성의 있고 분명한 대답을 바란다"는 요지의 공개장을 보냈는데, 이에 대답이 없어 9월 24일 중앙회장에게 "솔직히 만나서 이야기하자"고 대화를 요청했지만 대답이 없었다.

중앙회장은 왜 말이 없는가? 중앙회장은 왜 농민과의 만남을 거부하는가? 농협은 무엇을 위해 존재하는 것인가? 더 말할 것 없이 함평 고구마사건으로 농협의 반농민적 비인도적 속성은 명백히 세상에 밝혀졌다. "농협의 약속은 항시 부도수표", "농협은 농민의 경제적 사회적 지위향상과는 무관한 단체", "농민을 무력하게 만드는 단체", "농민의 이익과는 무관한 경제안정 지상주의로 봉사라는 말은 잊은지 오랜 단체"임이 다시 확인됐다. 만일 백에 하나라도 "촌놈들, 그러다 말겠지, 별 수 있겠는가" 하는 중대한 착각을 하고 있다면 이보다 더 위험한 생각은 없음을 중앙회장은 인지하라. 함평 고구마사건은 함평농민들만의 문제가 아니라 전체 농민의 문제임을 분명히 인식하라. 이제 우리는 더 이상 농협이 자각하기를 막연히 기다릴 수 없으며 스스로 깨우치도록 노력할 것이다.

농민의 인권을 짓밟고 경제적인 손실을 끼치고서도 회유와 공갈, 협박을 자행하는 현 농협이 더 이상 보전되어야 할 가치가 정녕 무엇인가 하는 물음 앞에 농협중앙회장은 그래도 할 말이 있는가?

부당한 권익침해에 대해 항거하는 그리고 너무나 정당한 보상을 요구하는 함평농민들의 주장과 행동은 매우 고귀한 것으로 새 고구마가 몇 번이고 나와도 경제적 피해와 인권보상을 위한 노력은 끊임없이 계속될 것임을 분명히 밝혀 둔다.

1977. 11. 22.

한국가톨릭농민회

이처럼 전 국민이 함평고구마투쟁을 인지하고 지지하게 되었다. 그럼에도 현장에서는 좀처럼 돌파구를 찾지 못하고 있었다. 바로 이러한 침체국면에 행정관청의 공격이 개시되었다. 각 행정관청은 직원들을 동원하여 대책위원들과 마을책임자들의 활동을 감시하고 회유하려고 하였다. 10월 말부터 함평읍에서 지붕개량을 위한 철거작업이 시작되었는데, 함평읍 내교리 외대화마을의 경우 12월 1일, 읍 직원들 수 명이 마을을 방문하여 강제철거 운운하자, 마을사람들이 스스로 1978년 3월까지 하겠다고 하여 합의를 보았다. 그런데 12월 3일[192] 대책위원회 교육담당 및 외대화분회 회장인 노금노(당시 29세)가 거주하는 함평읍 내교리 외대화마을에 모두 일터로 나가고 없는 사이에 읍사무소 직원 6명과 군청직원 2명 등 8명의 공무원이 나타나 '지붕개량을 하지 않았다'며 가톨릭농민회 활동을 하고 있던 노금노·모종만·김정선·김월선·한재열의 초가집 다섯 채의 지붕에 철제사다리를 타고 올라가 갈고리로 헐어버렸다. 고구마 피해보상투쟁에 대한 보복차원으로 밖에는 달리 해석할 수 없는 일이 벌어진 것이다.[193] 피해농민들이 군청을 찾아가 항의하면서 보상을 받고 일단락되었다. 이 싸움 과정에서 농민들은 뒤로 물러서지 않고 항의하여 문제를 해결해 갈 수 있었다(노금노, 2014: 379). 이 운동을 통해서 농민들은 약간이나마 침체된 분위기에서 벗어날 수 있었다.[194]

운동이 좀처럼 되살아나지 않는 가운데에서도 12월 13~16일 대전 가농본부에서 열린 '이사 실무자 연석회의'에서는 '함평 고구마 사건

192) 노금노는 음력 10월 보름이었다고 기억하였다.
193) 2009년 8월 19일, 노금노 증언.(김영택, 2011: 20)

은 농협민주화를 위해서 뿐만 아니라 전체 농민운동에 활기를 북돋우고 새로운 교훈을 주고 있다'고 평가하였다. 함평고구마투쟁을 지역의 문제가 아니라 전농민의 문제라고 다시 한번 확인하였다.

3) 분위기 반전의 시도

함평고구마투쟁 자체는 장기화되면서 침체에 빠졌지만 1977년 말까지 전남지역의 농민운동은 다양한 흐름 속에서 활발히 전개되고 있었다.

1973년부터 활동을 시작한 가톨릭농민회는 전남지역 안에 29개의 분회를 설립하여 활동하였다. 1975년 이전에 설립된 함평의 향진회분회와 외대화분회, 나주의 양천리분회와 산포분회, 곡성의 원달분회, 구례의 구만리분회, 무안의 상조회분회 등은 다양한 시정 및 거부 투쟁을 해 왔고 성공사례들을 만들어 냈다. 이들 분회들은 조직적

194) 그런데 이 사건이 마무리되고 나서 12월 20일 노금노는 총무(서경원)와 함께 함평 본당 신부(장홍빈)에게 불려갔다. 오후 2시경 본당에 가니 신부는 노금노에게 그동안 지붕개량사건 경과를 자세히 들려달라고, 특히 군청에 쫓아가 농성하면서 부군수와 면담한 내용을 자세히 얘기하라고 했다. 노금노의 설명을 듣고 나서 신부는 자신이 입수한 정보에 의하면 노금노가 부군수를 만났을 때 정신적 피해보상까지도 해 달라고 했다고 하는데, 그 정신적 피해보상이란 무엇을 요구하는 것이냐고 물었다. 그리고 이같은 발언 때문에 군내에 있는 기관장들이 가농을 매우 안 좋게 생각하고 있다는 말과 함께 피해민들이 처음 받은 보상금은 사건을 완전히 무마키로 하고 받은 것이 아니냐고 하였다. 노금노는 정당한 피해보상을 받은 것이고 서류도 자세히 명세서를 첨부했다고 이야기했더니, 신부는 조그마한 문제를 가지고 가농에 대해 기관으로부터 좋지 않은 인상을 받도록 한 것은 경솔한 행동이었으며 돈을 주고받는 과정에서 오해가 있었던 것 같다며, 정보를 제공해 준 기관원에게 그것이 사실이라면 노금노를 가농에서 제명시키겠다고 말했다고 하였다. 신부는 노금노에게 정신적 피해보상을 요구한 것은 잘못이라는 것을 다시 한번 강조했다. 총무도 노금노에게 비슷한 내용의 말을 하였다. 이런 말을 듣고 노금노는 씁쓸한 심정이었으며 정당하게 피해보상을 받았는데도 꼭 도둑질해서 받아 낸 돈보다도 꺼림칙하기만 했다(노금노, 1987: 339~340).

기반을 다지면서 가농활동을 주변에 확산시키고 있었다. 보성, 해남, 영광, 신안 지역에도 가농운동세력들이 다양한 거부 및 시정 투쟁을 시작하여 자리잡아가고 있었다. 특히 함평지역에는 8개의 분회가 설립되어 활동하였고 고구마투쟁에 적극 참여하였다.

1974년말부터는 크리스찬 아카데미 교육이수자들이 배출되어 전남지역의 이수자들이 100여 명에 이르렀다. 함평만을 봤을 때 1977년까지 21명이 크리스찬 아카데미 교육을 이수하였으며[195] 서경원, 노금노, 모영주를 축으로 한 이수자추천 네트워크에 있는 이수자들이 농민운동에 적극 나서고 있었다. 강진지역의 경우도 크리스찬아카데미 이수자들의 모임(농문회)이 만들어져 활동하였다.

1974년부터 YMCA농촌사업도 시작되어 여러 지역에 걸쳐 활동해 왔고, 특히 해남YMCA농민회는 농촌사업으로서 양곡협동조합, 신용협동조합 운동을 벌여왔고 농민교육도 적극적으로 해오고 있었다. 그리고 기독교 계통의 청년들의 움직임이 무안, 보성, 해남, 강진 등지에서 있었다. 이들은 지역에서 활동하면서 조직화를 시도하는데 어려움에 처해 있었지만 농민운동에 대한 관심이 컸다.[196]

이처럼 가톨릭 농민회를 조직적 담보로 하는 농민운동이 1976년 하반기부터 1977년, 함평고구마투쟁 발발과 그것을 해결해가는 투쟁 과정에서 전남 전역으로 확산되었다. 그리고 이념적으로는 크리스찬 아카데미에서 본격적으로 4박 5일 코스의 농민지도자양성 교육을 실시하면서, 각 시 군별로 10여 명 이상씩 거의 그 교육을 다녀오고 그러다보니 전남 전체 시군에 농민회가 확산되고 농민운동도 확산되어

195) 1979년 3월 마지막까지 교육받은 이수생은 31명에 달하였다.

196) 이들은 1978년에 들어서야 '전남기농'을 먼저 결성하고 첫 번째 사업으로 함평고구마투쟁 2차 농민의 기도회와 결합하였다. 물론 단식투쟁에도 여러 사람이 참여하였다.

갔다. 그런 상황에서 함평고구마투쟁이 점차 국가권력과의 싸움으로 전개되어 나가자 이러한 모든 운동세력들이 함평고구마투쟁에 적극 관심을 보이기 시작했다. 이러한 세력들이 이미 1977년 4월 계림동 천주교회에서 열린 1차 기도회 때 연결되어서 왔었다.

이렇게 전남 및 함평의 농민운동 세력은 성장하고 있었지만 함평 고구마투쟁은 1977년 8월 말(24일) 기도회가 갑자기 무기한 중단된 뒤 침체에 빠졌다. 실제로 함평고구마투쟁은 1977년 9월 이후 1978년 연초에는 소강상태에 접어들었다. 어떤 집단 행동도 1978년 1월부터 적어도 함평 안에서나 광주에서조차도 없었다. 아주 지쳐 있었다. 그리고 햇수로 3년째 접어들었는데 보상이란 해결이 이루어지지 않으니 피해농민들은 지칠 대로 지쳐 있었다. 뭐 이렇게도 해결이 안 되고 그렇게 많은 정력을 쏟아붓고 투쟁을 했어도 해결이 안 되니까, 피해농민들도 시들해 버렸다. 길어지는 투쟁에 많은 피해 농가들도 보상을 포기하고 심지어 함평을 떠나는 사람들까지 생겨났다. 농민들은 운동을 하면 즉각 해결될 것이라고 기대하였으나 현실은 녹록하지 않았다. 더욱이 내외부의 사정으로 투쟁이 지지부진해 지면서 이탈자도 늘어났다.

이러한 상황을 돌파하려는 움직임이 현장에서 적극적으로 활동하던 사람들 사이에서 나타나기도 했다. 1월 4일 노금노의 집에서 회의가 열렸다. 노금노, 모영주, 정병오(이상 외대화), 이종남(백련동), 지성철(엄다면), 임정택(대책위원장), 서경원(총무)이 모여 각자의 활동 보고를 하고 1977년에 함평지역에서 일어났던 농민투쟁의 사례연구(고구마사건, 6개 마을 강제출자 거부사건, 을류농지세 사건, 지붕개량사건) 등을 했다. 그리고 본격적인 안건으로 1978년 활동방안을 논의하였는데, 지도자들의 연대성 강화를 통해 분산된 힘의 단결과 마을에 뿌리를 내리기 위한 방안을 논의하였다. 참석자들은 논의 끝에 자신들이 각 지역 대표가 되어 '함평군 농민지도자 연합회'를 결성하자고 하고 준비위원회를 결성했다. 그리고 1월 17일 전까지 회칙 등 연합회 결성에 필요한 준비를 하기로 결정했다.

1월 17일에는 10시부터 오후 5시까지 회칙확정, 회비(매월 500원) 등을 논의하고 준비위원장에 임정택(대동지역 담당), 간사 노금노(해보 월야 담당), 위원에 정병오(함평읍), 모영주(학교면), 이종남, 지성철(엄다면) 6명으로 구성하고, 고문에는 서경원을 위촉하고, 17일 참가인원은 20명으로 하며 회원자격은 엄선키로 했다. 그렇게 준비위를 결성하면서 첫 번째 사업으로 2월 중 20여 명을 초청하여 하루 교육을 하기로 했다. 이처럼 함평에서 '농민지도자 연합회'라는 형태로 농민들의 조직 움직임이 있었다.[197)]

한편 기도회가 무기한 연기된 이후 침체된 분위기를 극복하고자 가농 전남연합회는 1978년 1월 6일 긴급회의를 열고 대의원 일동의 명의로 가농 제9차 대의원총회에 함평고구마 대책 문제를 총회안건으로 제출하였다. 13개월째 전개되고 있는 함평고구마투쟁에 대해 전국 대의원총회에서 다시 한번 논의하여 해결책을 찾아보자는 것이었다.

---

197) 이 움직임이 시작될 무렵, 무안에서는 배종열을 중심으로 12월 27일 해제 용학교회에서 주로 교회농민들과 크리스찬아카데미교육 이수자를 중심으로 군단위 모임을 갖고 '농사형제계'(총무 박석면)라는 명칭의 조직이 탄생되었다. 강진에서는 장영근이 중심이 되어 마을 내 농민노동조합이라는 형태로 조직을 시도하는 과정에서 관계기관과의 상당한 마찰을 빚자 군내 크리스찬아카데미 교육이수자를 중심으로 '농문회'라는 조직이 발족하였다. 보성에서는 이기환이 중심이 되어 '민우회'라는 지역조직을 결성했다. 이밖에도 구례에서 '구농회'라는 조직의 핵심멤버들이 최성호씨와 연결되었으며, 해남에서는 최우열(Y총무)을 중심으로 'Y농민회'를 운동적 성격으로 변화시키는 시도를 하는 등 각군 단위지역마다 농민조직 움직임이 나타났다. 그리고 이것을 주도하는 사람들 대부분이 크리스찬아카데미 교육이수자들이었다(노금노, 1986: 341~342). 이러한 흐름들은 가농에 속하지 않은 것으로서 이후 자주적 농민조직화에 연결되기도 하였다.

한가농 전남연합회

수신　　한가농 제9차 대의원 총회

제목　　함평 고구마 사건 대책 문제

내용　　지금 13개월 째 전개되어 오고 있는 함평 고구마 사건에 대해 전국 대의원총회에서 다시 한 번 논의해 봄으로써 중지를 모아 기필코 성공적으로 풀어나가고자 제9차 대의원 총회의 기타 안건으로 제출하는 바입니다.

1978. 1. 6.

전남연합회 대의원 일동.

전남연합회에서 함평고구마 문제를 안건으로 제출하자 가농 제9차 전국 대의원총회(1월 5~7일)에서는 총회결의로 윤공희 대주교, 장홍빈 신부에게 신속한 해결에 협력해 줄 것을 요청하고 대책 전담반을 만들어 어떻게 해나갈지 연구하기로 하였다. 총회에 이어 열린 이사회에서는 함평고구마피해보상 문제를 특별 의제로 심의하고 '전국적인 차원에서 문제해결 활동을 적극적으로 추진하여 신속히 해결하자'고 결의하였다.

이 때 전남연합회 교육부장으로서 참여한 이강은 운동계획에 대해 자신의 구상을 제시하였다. "이건 어차피 정부와의 싸움이다. 이것은 성격과 규모와 내용이 전국화 되어있다. 농협과 가톨릭농민회 간의 대립이다. 농협의 배후에는 정부가 있다. 우리에게는 가톨릭농민회라는 배후가 있다. 천주교의 동조를 확보하지 못하면 처음부터 밀리는 싸움이 된다. 이 확보를 전제해야 한다. 물도 지하수 깊이 파내야 한다. 광주 교구청은 말할 것도 없고 가톨릭 전부의 동의, 지지를 확보해야 한다. 투쟁의 중심은 광주전남이 되어야 한다. 모든 일은 사활을 걸고, 모든 것을 책임지고 바쳐야 한다. 이 세 가지가 맞아 떨어지면 필승을 한다."(이강) 이러한 주장은 이후 운동의 방향을 예시하는 것이었다.

이어 1월 14일 가농 본부와 전남연합회 '합동 대책위원회'는 회합을 갖고 그동안의 투쟁 경험을 토대로 사건을 심층분석한 후 다음과 같은 대책을 수립하였다.

① 각 민권운동단체에 본 사건을 구체적으로 홍보하고 대대적인 지원·협력 세력 확보를 통하여 대정부 압력을 한층 강화한다.

② 각 교구 주교와 신부들을 방문, 사건해결을 위한 협력을 요청한다.

③ 보다 강력한 실력행사를 위한 준비와 함께 농협 전남도지부를 집중 공격한다.

④ 사건현장에서의 기도회 개최, 피해농민들의 사기진작을 위한 격려편지, 직접방문 등등의 활동을 한다.

대책위는 각 인권운동단체에 사건을 홍보하고 보다 강력한 실력행사를 위해 준비하기로 하는 한편, 농협 전남도지부에 대한 집중공격을 하며 피해농민들의 사기 진작을 위한 활동을 하자고 하였다.

한편 함평 현지에서는 1월 14일 가칭 '함평 농민지도자연합회' 준비위원회가 임정택 위원장집에서 최종 모임을 갖고, 17일의 창립총회에 제안할 사항을 다음과 같이 마무리했다. 첫째, 회원 구성은 농민들의 순수자발적 참여를 원칙으로 하되, 정회원 자격은 농민운동에 뜻을 두고 그동안 실천활동을 해 온 사람으로서 기존회원 3인 이상의 추천에 의해 가입을 신청할 수 있도록 한다. 둘째, '함평 농민지도자연합회'란 명칭은 너무 거창하니까 '농민형제회'로 한다. 셋째, 정회원의 회비는 매월 500원씩으로 한다. 그리고 이밖에도 창립총회에서 채택할 회칙 검토와 당일 참석자 점검, 임시 사회자 선정을 끝으로 회의를 마쳤다.

1월 17일 오전 11시 함평 노들여관 2층에서 15개 마을 대표 19명이 참석하여 '함평 농민형제회' 창립총회 개회선언을 하고 경과보고가 있은 다음 준비위원회에서 마련한 회칙시안 검토에 들어갔다.

그런데 여기서 '함평 농민형제회'의 결성에 대해 전남연합회 총무(서경원)가 문제를 제기하였다. 이유인즉 회칙이 담고 있는 성격에 비추어 볼 때 '함평 농민형제회'는 가톨릭농민회 산하단체가 아니라 새로운 농민조직이라는 것이었다. 그러면서 "어떤 이유에서도 가농의 산하단체가 아니면 참여할 수 없다. 농촌 내부에 왜 가농 아닌 또 다른 단체를 만들려고 하느냐! 아직은 가농이라는 움 속에 들어가 보호받지 못하는 농민조직은 탄압에 의해 박살나 버리거나, 아니면 변절해서 어용단체가 되어버리고 말 것이다"라고 하였다.

이러한 문제제기에 이 날 참석자 전원이 각자의 입장을 밝혔다. 3시간 동안에 걸친 각자의 입장표명의 결과 '함평 농민형제회' 창립을 주장하는 사람이 12명으로 가장 많았고, 아직은 더 가농이란 기존단체에서 열심히 활동하자는 사람이 6명, 기타 1명으로 나타났다. 서로 다른 입장을 좁혀 보고자 1시간 정도 더 토론을 해보았으나 갑론을박만 계속될 뿐 의견은 더 이상 좁혀지지 않았다. 이어서 끼리끼리 의견조정에 들어갔지만 여전히 의견은 더 이상 좁혀지지 않았다. '함평 농민형제회'를 주장하는 사람들은 자기들끼리만이라도 창립총회를 마치자는 쪽으로 기울어지고, 가농을 고수하려는 사람들 역시 태도를 조금도 누그러뜨릴 기미를 보이지 않았다. 상황이 이렇게 되자, 준비위원회는 함평지역 농민운동의 분열을 초래해서는 안 된다는 의견을 개진하였다. 따라서 이날 '함평 농민형제회' 창립을 유보하고,

이날 제기된 문제점의 해결을 위해 준비위원회가 2월 13일까지 충분한 합의점을 마련하여 전체회의에 보고하기로 하고 회의를 마무리지었다. 그 후 개최된 준비위원회에서는 결국 아직도 고구마사건이 미해결된 상태에서 하나의 힘이라도 더 합쳐야 한다는 현실적 요구에 따라 '함평농민형제회' 창립을 유보하기로 결정하고, 가농활동에 총역량을 투입하기로 합의하였다(노금노, 1987: 7~11).

이렇게 현장 중심의 움직임을 만들어 내려는 흐름은 운동의 분열위험이라는 현실조건 앞에서 미뤄졌다. 당연히 함평고구마투쟁의 주도권은 함평 현장에서 가농 전남연합회와 가농 전국본부에 좀더 넘어가게 되었다.

그리고 노금노는 1월 28일에 수원 크리스찬 아카데미 제2차 장기전문교육 과정에 참여하고 있는 활동가들에게 고구마 투쟁사례를 발표해 달라는 초청을 받고 가서 장장 4시간 동안에 걸쳐 사례보고를 했다. 40여 명의 활동가들과 질의응답과 함께 2시간 동안 평가회를 가졌는데, 여기서 위로와 격려를 받았지만 현장의 침체에 대한 혹독한 비판을 받기도 했다.

어쨌든 가농 본부와 전남연합회 합동대책위의 활동계획에 따라 2월 초 전국 지도신부의 주관 하에 전남북연합회 지도신부와 광주교구 신부 5명, 농민회 주요 간부(분회장)들이 참석한 가운데 4월 중 실력 행사계획을 신중히 검토하기에 이르렀다. 이 자리에서는 유신정권의 제2기를 향한 통일주체국민회[198]의 선거(4월)를 앞둔 시점이라는 상황을 고려하여 투쟁시기를 잡아야 한다는 의견들이 오고 갔다. 그리

198) 1972년 유신체제에서 만들어진 기구로 국민의 직접선거에 의해 선출된 2천~5천명 이하의 대의원으로 구성되었고, 토론 없이 무기명으로 대통령을 선출하였다. 사실상 박정희의 영구집권을 위해 만든 기구였다.

고 함평 천주교회에서 피해보상을 위한 기도회를 열 수 있을지 그 가능성을 검토해 보았으나, 대부분 분회장들은 첫째, 고구마사건의 후유증—경찰 등 탄압세력들에 의한 위협과 보복, 농민회를 불순단체인 양 왜곡 선전함으로써 농민들 스스로가 참여를 꺼리는 분위기—으로 인하여 동원이 가능하지 않다는 점, 둘째, 사건이 이미 3년이나 흘러 버렸기 때문에 현재 농민들의 절실한 당면문제가 아니라는 점, 셋째, 투쟁을 해 봐야 실질보상이 희박하다는 점, 넷째, 각 분회에서 벌이는 다른 활동에까지 차질을 빚게 된다는 점 등을 내세워 부정적 반응을 보였기 때문에, 결국 함평 현지에서 기도회를 여는 것은 실행에 옮기지 못하였다.

이렇듯 함평지역에서 고구마투쟁은 침체국면 속에 빠져들었지만, 각 분회에서는 오히려 마을농민들의 당면한 현실문제를 해결하기 위한 투쟁과 일상적인 경제활동은 두드러지게 나타났다. 대동면 백호리에서 경지정리사업 과정에서 감보율을 둘러싼 지가보상투쟁, 백련동·장년마을에서는 강제출자·강제공제가입 반대투쟁, 신기·가덕마을의 갑류농지세 기준수확량 등급조정활동, 그 외에도 외대·마량마을의 양파생산협동과 공동판매를 위한 사업전개 등이 벌어졌다.

그런데 이즈음에 고구마 수매 문제가 함평은 물론 여러 지역에서 불거졌고 드디어 감사원이 나서서 감사하기에 이르렀다. 주정협회가 정부가 제공한 고구마수매자금으로 고구마를 사들이지 않고 값이 싼 밀가루로 대체하고 허위장부를 만들어 차액을 유용했다는 정보에 따라 감사원은 2월 14일부터 10개 감사반을 편성하여, 수매자금이 배정된 함평군 등 전국 39개 군의 농협 산하 단위조합에 대한 일체감사에 나섰다. 주정협회 감사에 앞서 수매관계자들에 대한 집중적인 감사를 편 것이다. '고구마사건'화 하면서 투쟁을 하고 있던 지역인 함평군을 제일 먼저 감사하기 시작하였다.

현지 대책위원들도 단위조합 직원들이 어디론가 호출되어 고구마수매에 관한 조사를 받는다는 것을 알게 되었다. 노금노는 현지 단위조합장의 요구로 술집에서 만나 감사원의 폭력적인 감사에 대한 이야기를 들었다.[199)]

대책위원들은 곧바로 각 마을을 돌아다니며 농협에서 고구마부정수매에 대한 조사가 이루어지고 있다는 폭로활동을 하였다. 이러한 활동을 하면서 2월 20일 대책위원회는 감사원이 9개 단위조합을 대상으로 고구마수매, 판매과정의 부정 여부를 밝혀내고, 농협이 농민들에게서 고구마를 실제 사들이지 않고 서류상으로 사들인 것처럼 허위장부를 꾸며 수매자금을 유용했다고 밝혀냈다는 것을 알게 되었다. 감사대상 중에서도 특히 대책위원회 피해조사 활동에 참여한 농가들이 있는 1읍 4개면(함평읍, 대동면, 신광면, 월야면, 학교면) 단위조합 직원들이 감사과정에서 심한 모욕과 구타를 당한 것으로 알게 되었다.

독재정권의 감사원 감사반원들 답게 감사대상자들을 시멘트 바닥에 꿇어앉히고 발길질과 욕설을 하였으며 자백을 강요하고 협박하는 일이 벌어졌다. 농협 내부에서는 18일 함평군농협 전무가 농협전남도지부장에게 이러한 사실을 보고하였다. 그리고 농협 측은 지역 언론에 이 사실을 흘렸고 이를 들은 사람(기자)은 전국 일간지에 기사화하도록 유도하였다. 그렇게 하여 22일 한국일보, 조선일보 등 중앙일간지에 '감사반이 자백강요 폭행 – 농협서', '가혹한 「감사원 감사」

199) 물론 그는 농민회의 투쟁계획을 알고 싶어 했고, 서로 타협해서 좋은 방향으로 해결할 방법이 없겠느냐, 그런 대화의 자리를 마련할 수만 있다면 농협에서 경비를 모두 부담하겠다는 등 제안을 하기도 했다.

– 함평 단위농협서 목조르고 발길질, 자백강요'라는 제목으로 기사화 되었다.

감사원 폭력감사

〈광주〉 지난 14일부터 전남 함평군 농협산하 단위조합에 대한 감사를 펴고 있는 감사원 감사반은 일부 관계직원들을 사무실 콘크리트 바닥에 무릎을 꿇려놓고 목을 조르고 발길질을 하는 등 가혹행위를 하면서 자백을 강요하고 있다 하여 말썽을 빚고 있다.

사전에 꾸민 자백서 날인 강요, 성과 없자 증원 1주일째 강행

20일 농협전남도지부가 중앙회에 보고한 바에 따르면 지난 14일 강모씨(50)를 책임자로 한 감사원 감사반 4명이 함평에 도착, 군조합과 관내 9개 단위조합을 대상으로 1977년산 고구마 수매 및 판매 과정의 부정 여부를 집중적으로 따지고 있는데 주로 단위조합 경제부장 등 고구마 수매 관계자들이 감사 대상이 되고 있다는 것이다. 이들은 일부 관계자들을 모든 직원이 지켜보고 있는 사무실 콘크리트 바닥에 꿇어 앉혀 놓고 발길질 주먹질을 예사로 하고 있으며 학교단위조합에서는 서모 경제부장을 2시간이나 사무실에 무릎을 꿇어 앉혀 놓고 주먹질을 했고 신광단위조합에서는 30여 분 동안 관계자의 목을 조르고 "농민들로부터 실제 사들인 고구마 양과 허위로 보고한 양을 대라"는 등 자백을 강요했다는 것이다. 특히 이들은 "사실대로 말하지 않으면 검찰에 넘겨 모두 구속시키겠다"는 등 폭언과 협박을 하며 자기들이 미리 초안을 잡아놓은 자백서라는 것을 그대로 베껴 도장을 찍도록 강요도 하고 있다는 것이다. 이같이 가혹한 감사를 받은 사람은 학교단위조합 서 모씨를 비롯, 엄다단위조합 경제부장 및 함평단위조합 경제부장 등

2명, 그리고 신광단위조합의 연쇄점 지배인과 예금계장 등 6명으로 보고됐으며 감사 결과가 시원치 않자 감사반은 2명을 충원 6명이 1주일째 감사를 계속하고 있다는 것. 한편 이 사실을 보고받은 농협중앙회는 조영윤 씨 등 2명의 검사역을 현지에 내려보내 진상을 조사하고 있는 것으로 알려졌으며 일선 단위조합이나 군조합, 도지부 등은 사건의 표면화를 꺼려서인지 입을 다물고 있다.

– 〈동아일보〉, 1978년 2월 21일

이렇게 되어 감사원 감사반이 함평농협에 대한 감사 도중 농협직원들에 대해 폭력을 행사했다고 널리 알려졌다. 게다가 함평농협의 고구마수매자금 증발사건에 대한 조사 중이었다는 감사원의 해명이 일간지에 실리게 되었다.

폭행… 사실 아니다

감사원 대변인

염길정(廉吉正) 감사원 대변인은 '함평군의 경우, 1억2천 만 원의 고구마수매자금 중 1억 1천 4백 만 원이' 증발된 흑막을 캐고 있는 과정에서 다소의 미숙한 점이 있었던 것이 아닌가 생각되나 폭행, 폭언 운운의 사실은 감사진행상 실리(實利)도 없고 상식 밖의 일로서 사실이 아닌 것으로 안다'고 말했다.

– 〈조선일보〉, 1978년 2월 22일

이어서 검찰까지 개입하게 되었다.

감사반 가혹행위

검찰이 진상조사

함평군 농협

(광주) 속보 = 광주지검 목포지청은 23일 대검 지시에 따라 감사원 감사반이 전남 함평군 농협조합과 산하 단위조합을 감사하는 과정에서 빚은 가혹행위에 대한 진상조사에 나섰다.

감사원 감사반은 지난 14일부터 함평군의 77년산 고구마 수매 및 판매 과정의 부정을 캐면서 학교단위조합 서동열 경제부장(32)을 시멘트 바닥에 꿇어 앉히고 자백을 강요했으며 신광단위조합에서는 예금계장 김창현 씨 등 3명에게 발길질과 멱살을 잡고 자백을 강요해서 말썽이 났었다.

– 〈한국일보〉, 1978년 2월 24일

이처럼 고구마수매 부정 여부를 둘러싸고 빚어진 폭력감사 시비가 농협 대 감사원, 검찰로 이어지면서 연일 신문지상에 오르내리자 사람들의 관심은 농협으로 집중되었다. 그동안 언론통제로 전혀 보도되지 않았었는데, 엉뚱한 문제가 계기가 되어 함평고구마투쟁은 언론의 관심을 끌게 되었다. 농협중앙회의 자체 진상조사와 검찰의 진상조사가 이루어지면서 감사는 중단되었다. 이처럼 감사반의 가혹행위와 그에 대한 신문기사화는 역설적이게도 '함평고구마 사건'을 전국적인 관심사로 만들었다.

그러자 각 신문사 기자들이 함평고구마투쟁을 취재하기 위해 몰려들었다. 물론 당국의 보도통제로 취재해간 내용들이 단 한 줄도 기사화되지 못하였다. 대책위는 이들의 뒤치다꺼리를 하다가 정작 중요한 일을 하지 못하고 말았다.

그러나 전남 안의 다른 지역에서는 이 시기(1977년 후반기와 1978년 초)에 다양한 투쟁이 전개되었다. 무안지역의 객토사업 부정사건과 강제출자를 둘러싼 농민들의 집단 항의, 강진지역에서 30여 년 동안 개간하여 가꾸어 온 땅을 하천부지라며 군당국이 매각하는 과정에서 발생한 농민들의 집단저항, 구례지역 경지정리사업지구 2차 자갈단지 피해보상투쟁, 신안군 압해도 해태양식 어업권을 둘러싼 어민들의 항의사태, 곡성 석곡면 행정마을에서 일어난 취락구조개선사업을 둘러싼 농민들의 저항, 광산지역 경지정리 사건에서 3개 분회의 결성과 투쟁, 보성지역에서 농지개혁시 분배의 무효화에 대한 농민들의 투쟁 등 광범하게 현장 투쟁이 전개되고 있었다.

이러한 투쟁을 통해 전남 각지에서 가농분회의 활동이 강화되었고, 더욱이 기독교농민회, Y농민회, 농문회 등 가농에 속하지 않은 조직들이 생기고 활동하게 되었다. 결국 이러한 조직들의 결성과 활동을 통해 성장한 농민활동가들이 함평고구마투쟁에 합류하게 되었다.

5장 투쟁의 집중화(전국화)와 피해보상

5장 투쟁의 집중화(전국화)와 피해보상

1. 고구마 피해보상을 위한 기도회('농민의 기도회')

1) 준비과정

2월 27~28일 전남지역 가농회원 68명이 참석한 가운데 광주 가톨릭센타에서 '전남연합회 총회'가 개최되었다. 예산심의를 하고 임원보선하고 사업계획을 심의하였다. 임원보선에서 서경원이 회장으로, 5년 동안 농민운동을 해온 노금노가 총무로 선출되었다.

그리고 총회 둘째날(28일) 가농본부와 전남연합회 합동 대책위원회(이사회 8명)에서는 고구마사건에 대한 여론의 방향과 정국 상황을 면밀히 검토했다. 검토에 따르면, 2월 들어 전국 각지의 노동, 학생, 인권 등의 민주화운동 단체들 사이에서 함평고구마투쟁이 널리 알려지게 되었고, 이들 단체들은 각종 모임과 투쟁현장에서 당국에 대해 고구마피해보상을 촉구하는 결의와 함께 정권의 탄압에 대해 규탄하였다. 더욱이 폭력감사 내용이 신문에 보도되어서 일반 국민들의 관심도 높아지고 있었다. 그리고 회의에서는 1월에 춘천연합회 회장과 총무에 대한 연행과 조사는 가톨릭농민회에 대한 당국(국가)의 본격적인 탄압의 조짐을 보이는 것으로 파악하였다.

이날 회의의 결론은 함평고구마투쟁은 전체 운동권은 물론 일반국민들의 관심도 높아지고 있는 만큼 보다 적극적인 투쟁방안을 마련해야 하며, 이미 농민회 탄압이 비열한 방법으로 진행되고 있음에 비추어 강력한 대처를 해야 한다는 것이었다. 그리고 이를 위해 가톨릭농민회는 물론이고 농민운동의 총역량을 결집하여 총력투쟁을 전개하는 농민대회를 하자고 하고 그 구체적 방안으로 4월 24일 광주에서 기도회를 열기로 결정하였다.

기도회의 장소는 광주시 북동 천주교회로 결정하였다. 전국에서 참가하는 농민들이 도착하는 공용버스터미날 바로 앞에 있는데다가 교통의 중심지라 인파가 많이 몰리는 곳이었다. 시간은 각 지역에서 참가할 수 있는 오후 3시로 했다. 행사는 3부로 나누어, 1부는 미사, 2부는 경과보고와 현장사례 고발 그리고 결의문과 성명서 발표, 3부는 가두시위와 농협도지부 광장 집결로 나누어 진행하기로 하였다. 그리고 가두시위에서 경찰의 차단을 뚫지 못할 때는 천주교회에서 무기한 단식농성을 벌이기로 했다.[200] 4월 북동성당에서 대회를 하고 광주전남에서 투쟁 사항은 책임을 지기로 한 뒤, 이강은 윤한봉, 김상윤을 만나 단식투쟁계획을 논의했다. "거기서 한봉이, 상윤이, 이 광주 바닥에서 말 한마디씩 하면 영향력 있는 사람들을 내가 만난 거야, 한봉 씨가 타고나기를 대중운동가야. 비상 라인 유지하라. 모든 것이 차단되어 있어도 한봉 씨하고 우리하고 연결되는 단식 농성투쟁

200) 단식농성(투쟁) 계획이 농민회원이나 농민들에게 알려지지는 않았다. 그래서 대부분의 참가자들은 단식투쟁을 하자는 결정이 현장에서 갑자기 이루어진 것으로 생각하였다.

계획을 짠 거야."(이강)

기도회 총 참가인원을 1천여 명으로 목표하여 각 민주운동단체들과 유관기관에 협력을 요청하기로 하였다. 전남연합회가 전남지역에서 많은 수를 동원하되, 그 밖의 지역은 전국본부가 책임지기로 했다. 이번 기도회에 필요한 모든 준비는 전남연합회에서 하며 준비소위원회를 구성하여 투쟁계획안을 만들기로 했다. 그리고 본부 이사회에서 이상의 문제를 다루도록 하였다.

이 때 전남연합회에서는 회장 서경원, 부회장 최성호, 총무 노금노, 교육부장 이강, 조사부장 조계선이 핵심임원으로 활동하였고, 세부추진투쟁 계획안을 마련해 나갔다.

3월 14~17일 대전에서 열린 가농본부 이사회에서는 기타사항으로 함평고구마사건을 다루었다. 서경원이 전남연합회에서 고구마사건에 대해 토의하였는데 마무리 짓는 기도회를 하자는데 의견을 모았다고 알렸으며, 전남연합회의 복안은 기도회를 하고 1) 보상책임, 2) 군조합장 사퇴, 3) 도지부장 공개사과 등을 요구하는 것이니, 준비위원회, 동원문제에 협조해 달라고 하였다. 토의에 나선 김문식(곡성원달, 가농본부 감사)은 "전남지구에서는 절실히 기도회를 해야겠다는 생각이다. 시기적으로 자꾸 뒤로 미루기만 하고 보고하는 형태만 취해서는 안 되겠다"고 하였다. 토의 끝에 기도회를 하기로 결정하였다. 현장 대책위원회에 기도회 대책위원회 구성을 위임하기로 하였다. 일시는 4월 24일 오후 2시, 장소는 북동 천주교회로 정하였으며, 유인물은 '함평군고구마에 대한 우리의 요구', '농협민주화에 대한 결의' 두 가지로 하기로 하였고, 3부 행사, 단식농성에 대한 구체적인 계획은 대책위원회에서 하기로 하였다. 전국적으로 동원하는 계획을 세웠고, 연합회의 의견대로 단식투쟁을 하기로 하였다.

전남연합회에서는 3월 22일 가톨릭센타에서 연합회 임원진과 이사들 15명이 참석한 가운데 '고구마사건대책회의'를 열고 고구마투쟁 추진 방향에 대해서 논의하였다. 준비소위원회를 만들고 기도회를 잘 치르기 위한 준비와 동원계획을 점검하였다.

3월 31일에는 가농본부와 전남연합회의 최종 합동대책회의가 열려, 준비소위가 마련한 계획안을 수정보완한 뒤 피해액 직접보상 쟁취라는 목표를 향해 농협 전남도지부장을 상대로 시위, 농성(단식투쟁도 불사) 방식으로 투쟁한다는 방침을 세웠다. 이러한 방침 아래 각 부서별 책임활동 계획도 수립하였다. 총지휘부(5명)를 설치하고 그 산하에 2개의 특별부서(참모부와 협상부)와 3개의 일반부서(총무부, 동원부, 진행부)를 두기로 하였다. 그리고 3개의 일반부서에는 16개의 역할담당조[201]를 두기로 했다. 역할담당조에서 특히 동원조와 관련해서는, 전남지역을 3개지역으로 나누어 동원조를 편성하고 4월 17일까지 도단위 동원조는 해당지역 군단위 동원책임자를 3회 이상 방문하여 참가인원을 최종점검하고, 군단위 동원책임자는 해당지역 마을을 대상으로 동원활동을 전개하기로 하였다.

4월 6일~7일, 대전 가농본부에서 열린 가농 '실무자 회의'(노금노 참석)에서는 4월 광주 행사(기도회)를 확정하고, 주최 – 한국가톨릭농민회, 주관 – 전남지구연합회, 장소 – 광주 북동 천주교회, 일시 – 4월 24일 오후 3시, 기도회명 – 농민의 기도회, 주제 – 농협민주화, 함평고구마사건으로 하기로 하였다. 그리고 각 지구연합회는 동원에 최대한 노력을 하기로 하였다. 이어서 회의에서 행사의 구체적

201) 동원조, 시설물 및 피켓조, 경비 및 안내조, 유관단체 교섭조, 식사조, 재정담당조, 기술담당조, 접수 및 기록조, 문안작성조, 사회조, 농악조, 사진활영조, 섭외조, 그 외에 미사에 필요한 3개 조가 있었다.

인 내용을 기획하고 점검하였다. 대회의 순서는 물론 각 파트와 사회, 보고자를 누가 할 것인지를 결정하였으며, 광주지역과 전국에서 지지를 선언하는 조직들과 방식들(기도회와 성명 발표 등)도 미리 구상하였다. 늦어도 27일까지는 행사를 계속할 수 있을 것이라고 예상하였다. 작전상황실에서 25일부터 할 내용을 계획하였다. 단식 조편성 및 요령 보급과 해산 후 활동계획까지 수립하였다. 이처럼 실무자 회의에서 4월 22일 북동천주교회에서의 기도회와 단식투쟁은 완전히 예행되고 있었다.

가농본부 교육부장이었던 정연석은 당시 분위기를 이렇게 말한다. “조사를 해라 그리고 참여자 싸인을 받고 날인을 받고 그래라, 그래놔도 워낙 그 농협하고 그리고 그놈들이 자꾸 발뺌하기 때문에 영 문이 안 열리는 거야. 서경원이는 (회의) 올 때 마다 졸라 제끼고 문제 해결해 달라고 자꾸자꾸 그러는 거야. 그게 한 2년, 자기도 그렇지 조사를 해놨는데 무슨 돌파구가 열려야지, 또 보고 있는 사람도 있잖아 또 자꾸 무마 작전을 한다 이거지. 그래서 많이 떨어져 나간 거야. 어쨌든 그때 난 타이밍이 잘 맞았다고 하는데 그때 청주에 정진동 목사도 단식을 하고 그래서 단식분위기가 제법 무르익어가는 거야. 그래가지고 4월에 우리도 그리 한번 해보자, 그런 안이 나왔어요. 단식을 하자고.”(정연석). 실제로 4월 17일 오후 6시 충북 청주시 복대동 활빈교회(정진동 목사)에서는 약 40여 명의 노동자와 교인, 학생들이 모여 ‘억울한 농민을 위한 기도회’를 개최하였다.

그리고 기도회 개최 보름 전부터 대전 본부에 가 있던 김문식(곡성 출신)이 함평 현지에 내려와 상황을 탐색하며 조용히 다니면서 기도회 준비를 하였다. 함평본당 장홍빈 지도신부가 중심을 잡고 해야 되는데 기도회에 대해 적극적으로 호응하지 않았다. 함평에서 기도회를 하자는 논의도 있었는데 함평본당 신부가 곤란하다 하여 결국 광주 북동성당으로 정하였던 것이다. 가농 본부 이사회에서는 광주교구 주교와 장신부를 기도회를 하도록 끌어당기자고 논의하였다. 결국 기도회에 호응하였던 계림동성당(조비오 신부), 북동성당(정규완 신부), 남동성당(김성룡 신부) 중에 북동성당으로 결정하였다.[202]

이렇게 개최를 결정하자 전남지역에서는 기도회를 실행하기 위해 활발히 움직이기 시작했다. 4월 17일에는 '전남연합회 이사회'가 북동천주교회에서 17명이 참가한 가운데 열렸으며 여기서 고구마투쟁에 대해서 협의하였고 특히 동원점검을 하였다.

4월 18일에는 계림동천주교회에서 22명이 참가한 가운데 '전남연합회 지역대표회의'를 열어 북동천주교회에서 열 기도회를 준비하였다. 북동천주교회는 터미널과 마주하고 있어서 사람들이 모이기 좋은 장소였고, 북동천주교회 주임신부인 정규완 신부가 동의하여 기도회를 할 수 있었다. 이처럼 4월 중순 이후 전남연합회는 고구마투쟁과 농민기도회에 대해 집중적으로 논의하고 준비하였다.

한편 함평 현지에서는 4월 18일 함평천주교회에서 지역농민 107명이 참가한 '연합회 지역교육'이 있었는데, 농협민주화, 효소농법에 대한 교육에 이어서 서경원이 고구마사건 경과에 대해 설명하였다. 이 교육 이외에 함평 현장에서는 사건 해결을 위한 이렇다할 움직임을 보이지 못하였고, 고구마투쟁의 주체는 도단위(전남연합회)와 전국단위(가농본부)로 넘어갔다. 그럼에도 함평지역에서도 24일 기도회를 향해 꿈틀거리고 있었다.

---

202) 계림동성당에서는 1차 기도회를 했었고, 계림동성당과 남동성당에서는 2차 기도회와 단식투쟁 때 지지 기도회를 하였다.

날짜가 다가오자 전남연합회와 가농본부는 '농민의 기도회에 모시는 글'을 만들어 농민들과 민주인사들에게 보냈다. 그리고 4월 21일 농민의 기도회 준비 총지휘부는 광주에서 마지막 점검회의를 하였다.

농민의 기도회에 모시는 글

안녕하십니까?

대지에 생명의 기운이 넘치고 있습니다.

알려진 바와 같이 농협의 무책임과 조합 자체의 실리를 위해 고구마 수매약속을 저버림으로서 막대한 고구마를 썩혀버리고 권익을 침해당했던 함평농민들의 보상 외침은 1년 반 동안 계속되어 왔습니다.

이제 함평 농민들의 이 외침은 전남뿐만 아니라 전국 고구마 생산농가의 요구로 확대되기에 이르렀습니다.

그럼에도 불구하고 농협은 농민의 마땅한 이 요구를 아직까지 묵살한 채 사회에 물의를 야기시키고 반농민적 농협의 본색을 드러내고 말았습니다.

우리는 다시 한번 농협의 반성을 촉구함과 동시에 농민들의 보상운동을 격려하기 위하여 아래와 같이 기도모임을 갖고자 합니다.

여기 농민들의 간절한 소망과 함께 성원과 동참을 앙망하나이다.

– 아래 –

일시 : 1978년 4월 24일 (월) 오후 3시

장소 : 광주시 북동 천주교회 (광주시외버스 종합터미날 앞)

주례 : 윤공희 대주교(천주교 광주대교구장, 한국주교회의 의장)

주최 : 한국가톨릭농민회

주관 : 가톨릭농민회 전남지구 연합회

1978. 4.

한국가톨릭농민회

총재 이동호

회장 최병욱

농민의 기도회 안내

일시 : 1978년 4월 24일 오후 3시

장소 : 북동 천주교회

제1부 : 미사

- 개회 인사와 안내
- 농기 및 농악대와 사제단 입장
- 주례의 인사와 미사지향
- 독서 : 고린도 후서 4. 7~15
- 층계송
- 녹음 : 루가 10. 25~37
- 강론 : 이종창 신부
- 신자들의 기도 : 1. 교회 쇄신을 위해서, 2. 위정자들을 위해서, 3. 노동자들을 위해서, 4. 농민들을 위해서
- 제물 봉헌성가 : 나는 포도나무요
- 영성체 성가 : 농악
- 마침 성가 : 복자 찬가

제2부

- 노래 : 농사형제
- 전국회장 인사
- 함평고구마사건 경과보고
- 농협의 문제점
- 농민회 탄압사례
- 전국 지도신부단 성명서
- 선언문
- 결의문
- 노래 : 우리 승리하리라

그리고 안내문에 이미 농민의 기도회의 구체적인 행사내용과 행사 순서까지 안내하였다. 물론 단식투쟁을 미리 알리지는 않았다.

2) 농민의 기도회 행사

4월 24일 오전 전남 전지역에 걸쳐서 기도회에 오려는 농민들을 방해하는 일이 여러 가지 방식으로 벌어졌다. 이른 새벽부터 경찰과 면직원, 농협직원들이 동원되어 마을 어귀를 지키면서 기도회(농민대회)에 참석하지 못하도록 막고 있었다. 이런 방해를 뚫고 올라온 농민들을 공용버스터미널에서 형사들이 주민등록증 조사를 한다면서 연행하였다. 기도회 주최측에서는 급히 경비조와 안내조를 버스터미널로 파견하여 농민들을 북동천주교회로 안내하였다. 12시쯤부터는 각 지역에서 출발한 농민들이 삼삼오오 무리지어 도착하기 시작하였다.

오후 1시 즈음 참석자들이 500여 명에 달하였고 천주교 마당은 농

북동성당 © 김문식, 민주화운동기념사업회

민들로 붐비게 되었다. 그리고 옥외에 설치된 스피커에서는 기도회에 대한 안내방송이 시내를 향해 울려 퍼졌다. 이 때 대책위 측은 농협 전남도지부장 앞으로 다음과 같은 통고서를 보냈다.

농협 전남도지부장 귀하

함평지역 1976년산 고구마계통출하과정에서 빚어진 고구마생산농가의 부당한 피해가 1978년 현재에 이르기까지 전혀 보상되지 않고 있는 바 아래 일시, 장소에서 농협 도지부장의 직접적인 답변을 요구합니다.

만약 우리의 요구가 실행되지 않았을 때 그 이후 발생되는 여하한 사태에 대한 책임은 전적으로 농협 도지부장에게 있음을 밝혀둡니다.

– 아래 –

기도회 농악 ⓒ 가톨릭농민회, 민주화운동기념사업회

일시 : 1978년 4월 24일 오후 5시까지

장소 : 광주시 북동 천주교회(농민회 기도회장)

함평고구마 피해보상대책위원회
한국가톨릭농민회 전남연합회 대표
한국가톨릭농민회 회장 최병욱
한국가톨릭농민회 지도신부단

기도회를 시작하기 전에 피해보상대책위원회와 가농은 농협 도지부장에게 이와 같은 통고문을 보내고 함평고구마 피해보상에 대한 직접적인 답변을 오후 5시까지 요구했다.

오후 3시 광주 북동 천주교회에서 예정대로 '고구마 피해보상을 위한 기도회'가 개최되었다. 기도회는 전국 각지에서 모인 가농회원과 광주대교구 대주교를 비롯한 전국 지도신부단 및 뜻을 함께하기

기도회 깃발 © 가톨릭농민회, 민주화운동기념사업회

기도회 농악 2 © 가톨릭농민회, 민주화운동기념사업회

위해 모인 전국 각지의 재야인사들과 학생들 등 700여 명이 운집한 가운데 개최되었다.

일단 오후 3시가 되어 기도회 시작을 알리는 안내방송과 함께 700여 명의 농민들과 각 민주화운동단체, 인권운동, 노동운동계의 대표, 신부들, 개신교 목사들이 다수 참석한 가운데 윤공희 대주교의 개회미사로 1부가 시작되었다.

농기 및 농악대의 흥겨운 가락에 맞추어 사제단이 입장하고 미사가 시작되었다. 연단에 윤공희 대주교를 비롯한 십 수 명의 신부들이 서고 양 옆에는 '전남도지부장은 즉시 농민들 앞에 나와 농민들의 요구에 답하라,' '농민회탄압을 즉각 중지하라,' '농민이 주인이다,' '농자천하지대본(農者天下之大本),' '함평군농협조합장은 함평고구마사건에 관한 책임을 지고 물러나라,' '조합장 임면에 관한 임시조치법을 폐지하라'는 깃발과 프랭카드를 세워놓고 700여 명의 농민들이 참가

기도회 모습 © 가톨릭농민회, 민주화운동기념사업회

한 채 미사가 시작되었다.

전국 지도신부(이종창)가 강론을 하고 있는데 갑자기 마이크가 꺼졌다. 사복형사들이 들어와 마이크 선을 절단한 것이었다. 즉석에서 농민들이 달려들어 집단난투극이 벌어졌고 세가 불리하다고 느낀 형사들이 천주교회 문밖으로 철수하여 일단락되었다.

곧이어 지도신부는 강론을 통해 농협의 비민주적 행태와 획일적인 농정에 대해 비판하면서 기도회를 여는 이유에 대해서 밝혔다.

"고구마 몇 개가 썩어서 보상요구 기도회를 여는 것은 아니다. 서민 대중의 생존을 위해서 기도하자는 것이다. 농민의 피와 땀과 고혈을 짜내면서 고구마피해를 어떻게 보상해야 하는지에 대해 농수산부 장관, 농협이 한 마디 없었다는 사실은 농민이 마땅히 지녀야 할 권리를 지니지 못하고 있는 것을 여실히 보여주는 것이다.

농민의 지위 향상과 이익을 준다는 농협과 감독기관이 함께 농민

기도회 참가자들 © 가톨릭농민회, 민주화운동기념사업회

의 고혈을 짜냈던 것이다. 이는 민주국가에서 자행되고 있는 인권유린과 농민수탈의 일면인 것이다. 농민이 농협의 계통출하에 기대하고 있었는데 배신당한 기분에 씁쓸한 심정은 어떠하겠는가. 농협은 위로는커녕 회피 및 협박하는 것을 보고 분노를 금할 수 없다. 믿는 도끼에 발등 찍힌 것과 같다. 농민의 권익옹호는 누가 해야 되나. 농수산부장관? 농협? 국회의원? 누구도 농민의 대변자는 없었다.

농민회가 농협의 민주화를 내걸고 저변 확대 및 회원 의식을 고양시키는 것이 너무도 당연하다. 누구에게도 기대할 수 없음에 농민 스스로가 대동단결하여 농민의 힘으로 찾아야 한다. 우리의 권익은 우리 스스로 행사해야 한다. 농협은 농민 위에 군림하는 관료가 아닌 것을 인식하고, 농민은 농협의 주인임을 인식해야 하고, 국민에 의한 민주국가라면 농민의 농협이 되어야 한다. 농협을 농민이 지배하는 것이 아니라 민주적 관리 체제로 개혁해야 하며, 이 개혁은 농민이 해야 한다. 부정과 비리 앞에 희생된 형제들을 보고 가만 있을 수 없는 것이 가톨릭의 양심이다.

교회는 민중의 소리를 듣지 않을 수 없다. 노동자와 농민의 문제는 전 인류의 문제이고 농민의 발전 없이 국가 발전은 없다. 당국은 백성의 소리를, 어찌할 수 없이 침묵하는 다수의 민중을 무시하고 있다. 이런 상습적 착각을 일깨워 주기 위해 이 기도회를 갖는다."(이종창)

가톨릭 미사의 여러 가지 제의를 마친 후 2부에서는 본격적인 농민대회가 치러졌다. 참가자들은 '고구마피해보상'이라 쓴 머리띠를 두르고 '농사형제'[203] 노래로 시작하였다. 1차 기도회 때도 시작할 때 불렀던 노래인데 다시 불러보자.

> 1) 삼천만 잠들었을 때 우리는 깨어 배달의 농사형제 울부짖던 날, 손가락 깨물며 맹세하면서 진리를 외치는 형제 그립다.
>
> 2) 밝은 태양 솟아오르는 우리 새 역사 삼천리 방방골골 농민의 깃발이요, 찬란한 승리의 그날이 오길 춤추며 싸우는 형제 그립다.

가농 전국회장(최병욱)의 인사말에 이어 함평고구마사건 경과보고가 있었다. 경과보고 내용은 1차 기도회(계림동천주교회에서 했던 경과보고[204])에다 1년 동안 있었던 일을 추가한 것이었다. 추가된 내용만 들어보자.

---

203) '농민의 노래'라고 알려졌으며 김성훈(농업경제학자. 농수산부장관 역임)이 작곡한 것으로 확인되었다.

204) 1년 전의 경과보고는 292~300쪽 참고.

함평고구마사건 경과보고

(중략)

1977년 4월 22일 – 오후 1시 경 고건 전남 도지사로부터 중장기성 자금과 농자금 사이의 까다로운 조건의 문제점을 책임지고 조정할 용의가 있으니 기도회 측 대표들과 만나자고 연락받음. 오후 2시 예정대로 광주 계림동 천주교회에서 함평고구마 사건에 관한 기도회를 갖고 이제까지의 경과를 보고하고 호소문 낭독, 결의문과 선언문을 발표하고 4시경 천주교 정문을 나서는데 경찰의 제지를 받고 뿔뿔이 헤어졌으나 5시 도지부에 피해농가와 여기에 동참하는 형제 170여 명이 도지부장 면담요청과 즉각 피해보상을 요구하면서 농성을 했으나, 8시 경찰에 의한 강제해산을 당했으며 5명이 연행됐고 대표자들은 도지부장을 면담함. 8시 30분경 금남로 가톨릭센터 뒤에서 우리 형제들은 다시 모였으며 연행된 5명을 즉각 석방하라고 요구, 5명의 석방을 확인하고 대표자들의 지부장 면담 결과보고를 듣고 헤어짐.

4월 23일 – 예정대로 도지사 면담을 앞두고 연합회 임원들은 다시 한번 조합장 공개사과, 조건 없는 융자, 경비보상을 주장하기로 했으며, 10시경 도지사를 면담했으나 도지사 역시 자기의 재량권을 벗어났기 때문에 피해조사결과를 기다릴 수밖에 없다고 함.

4월 24일 – 대책위원회는 27일부터 시작되는 피해조사단에 대해 피해농가는 소신껏 답변에 응할 것을 통보했다.

4월 27일 – 5월 2일 – 조사반 1차 조사를 완료함.

5월 18일 – 연합회 이사회에서 농수산부와 농협중앙회의 조사결과를 알아보고 대응책을 세우기로 함. 내용 : 연합회 이름으로 농수산부와 농협중앙회에 5월말까지 결과에 대한 회답을 하여 줄 것을 요구하는 서신을 보냄.

6월 13일 – 농수산부와 농협중앙회 회신 접수.

농수산부 : 76년산 함평군 고구마 수매상황을 현지조사한 결과에 대하여는 농정시책에 참고하는 등 충분한 조치를 취하고 있사오니 양지하시기 바랍니다.

농협중앙회 : ㉮ 생고구마와 절간을 구분 없이 전량수매를 약속한 것처럼 농민이 오해할 소지는 충분히 있으나, ㉯ 농가가 절간고구마 수매장려에 응하지 않아서 상인의 개입을 초래하였고, ㉰ 농민회에서 조사한 농가는 계약재배농가가 아니었음.

6월 23일 – 전국본부에서 현재까지 사태에 대한 응답 분석과 대책협의. 반박공문 발송.

6월 26일 – 사회선교협의회 주최로 동대문 천주교회에서 노동자농민을 위한 기도회에서 고구마사건의 진상을 폭로(노금노).

7월 20일 – 시경에서 고구마 문제를 100만 원에 해결하자는 제안 들어옴(전화). * 즉석에서 한 마디로 웃기지 말라고 일축.

8월 02일 – 연합회 이사회에서 제2차 기도회를 북동 천주교회에서 하기로 결의함.

8월 05일 – 운영위원회 회의에서 (연합회 대책위, 노금노) 9월 5일에 광주 북동 천주교회에서 제2차 기도회를 오후 2시에 하기로 의결.

8월 15일 – 동대문 천주교회에서 제2차 고구마 사건 경과보고와 농협 전반에 대한 부조리를 폭로함.

8월 16일 – 대전, 가농본부 농민문제 세미나에서 사건 진상 폭로.

8월 17일 – 부산, 전국기독교 청년대회에서 사건진상 폭로.

8월 18일 – 본부 임직원과 연합회 임직원 함께 모여 기도회 문제 논의하다 9월 9일로 연기함.

8월 20일 – 단위조합장과 군조합 전무로부터 고구마피해보상조로 77년산 생고구마 절단기 60여 대 지원했음을 통보받음.

9월 01일 – 제2차 기도회가 가농회 자체 사정으로 무기 연기됨.

9월 20일 – 본부에서 농협중앙회장 면담요청(2회).

11월 4일 – 연합회 이사 분회장 합동 회의에서 현재까지의 경과보고를 함.

* 절간기 관계 : 500만 원선 도경에서 직접 전언(도 200만 원, 지부에서 200만 원, 신한제분에서 200만 원). 절간기는 93대에 달한다.

* 감사원 관계 : 77년도에서 1억1천만 원 (마진관계 행방이 묘연해지자 조합직원이 직접 찾아와서 가짜전표를 배부하여 어떤 농민은 가짜 수매전표를 가지고 농협에 찾아가 전표액의 반액을 찾아온 사례도 있음).

* 또한 무안 것은 주정회사에서 절간기를 공급했는데 절간기가 못쓰게 되었고 운반비조로 3~4천 원씩 받고 공급하였음.

이렇게 우리 나름대로 활동하였으나 해결이 되지 않아 전국회원 및 동지들의 동참을 호소하고 그동안 활동을 반성하고 평가하며 올바른 해결의 길을 모색하기 위해 오늘의 농민문제 사례보고를 갖기에 이른 것입니다.

1978년 4월 24일 (기도회 날)

함평군고구마사건 대책위원 일동

기도회 연사(강태용) ⓒ 가톨릭농민회, 민주화운동기념사업회

피해보상활동 경과보고에 이어 농협의 비민주적 반농민적 작태를 문제점을 들어가며 성토하고 농민회 탄압사례를 발표하였다.

농민회 탄압사례에서는 가농 춘천연합회장 유남선과 가농 본부 정성헌을 구속한 사태로 나타난 춘천농민회 사건을 발표하였다.

2부 마지막 순서로 지도신부단의 ‘성명서’, 농민회 ‘선언문’, 이어서 참석자들의 행동의지를 천명하는 ‘결의문’을 차례로 발표하였다.

성명서

1. 공업입국의 경제정책에 따라 농민은 저곡가에 시달리면서도 허리띠를 졸라매고 식량증산에 전념해 왔다. 그러나 그 결과는 국내외 독점 재벌에게는 돈벌이로, 노동자에게는 저임금으로, 농민은 또한 희생의 제물이 되었음을 우리는 알고 있다. 따라서 농민들의 농사기피에 의한 농업생산의 감퇴를 초래하여 노동자의 피땀

기도회 연사 ⓒ 가톨릭농민회, 민주화운동기념사업회

으로 벌어들인 외화로 외국 농산물을 사먹지 않으면 안 되는 경제적 악순환을 거듭하다가 근년 신품종 개량과 행정력에 의한 영농지도로 식량증산은 풍년을 가져 왔다. 그러나 농민의 생산비가 보장 안 되는 저곡가정책 하에서는 사상최대 풍년이 계속되는 만큼 '풍년 기근'의 심화, 즉 농가경제의 적자폭만을 가중시키고 있다.

2. 신품종을 심지 않고 일반벼 심는다고 못자리를 짓밟아 가면서까지 증산을 위해 행정력이 동원되어야 하는 안타까운 현실을 개탄하며, 더 이상 땅의 주인인 농민을 정부의 증산정책의 목적에 부리거나 생산도구로 전락시키지 말고 농민의 생산비 적정보상을 실현하는 농업정책을 강구할 것을 우리는 결연히 요구한다.

3. 수출제일주의적 경제정책에 의해 농사짓는 부모는 저곡가요, 공장에서 일하는 농민의 아들, 딸은 저노임을 강요당하고 이 희생이 소수 내외 독점 자본의 부를 축적하는 데 바쳐짐으로써 생

산의 주체요, 사회적 부를 창조하는 농민, 노동자는 비인간적이고 절망적인 생활로 떨어질 수밖에 없는 사회악과 제도적 불의를 거슬러 항의하고 그 시정을 위해 행동하는 것은 크리스찬 양심의 충동이요, 우리의 복음적 사명임을 분명히 밝힌다.

4. 한편 이러한 독점자본의 농업, 농민 수탈을 막고 농민을 위한 농업정책 실현을 위해 농민의 자주적 단결을 통해 농민의 경제사회적 권익을 실현한다는 농협은 농민의 자주적 단결과 참여를 제도적으로 가로막고 있으며, 행정당국의 도를 넘는 지배 간섭과 중앙집권적 관료화로 농협은 본래의 목적을 벗어나 당국의 농업정책 수행을 위한 행정기관이 되어 버렸고, 사업을 통한 농민에게 최대봉사는 구호일 뿐 오히려 독점자본과 권력에 편승하는 반농민적 단체로 농민을 저버린 지 이미 오래다. 농민은 누구를 믿으며 어디에서 희망을 찾을 것인가? 고도화된 독점자본의 지배로부터 농민의 경제사회적 권익을 실현하고 농민의 인간다운 삶을 찾기 위해서는 오직 농민 스스로의 각성에 의한 단결된 농민조직의 구현만이 유일한 길이다.

5. 따라서 오늘날 가톨릭농민회의 사명은 농민의 구원과 사회정의 실현을 위해서 절실하며 한국 교회의 농촌사회 복음화운동 바로 그것임을 전국 지도신부단은 재천명한다. 이 운동을 통해 농민의식을 일깨우고 자각된 농민 공동체의 힘으로 새로운 삶의 희망을 추구함으로써 농사일을 통해 농민들이 하느님의 창조사업에 동참할 뿐 아니라 국민들이 먹고 살 수 있는 식량을 공급하는 데 있어서 그들의 본래적 사명을 성실히 수행하길 우리는 열망하고 또 힘을 합할 것이다.

6. 불행히도 최근 도처에서 온갖 수법으로 자행되고 있는 가톨

릭농민회와 자주적 농민운동에 대한 박해와 악의에 찬 '불순단체' 운운의 중상모략은 묵과할 수 없는 사태로서 1,300만 농민과 함께 규탄한다. "농민도 사람이다. 사람답게 살아야겠다. 농사짓는 사람도 민주시민으로서 위치를 지키고 함께 더불어 잘 사는 정의롭고 평화스런 나라를 만들자" 그러자니 "농산물 생산비를 보장받아야겠다. 농협을 민주화하여야 겠다"고 농민활동을 전개하는 것이 불순단체라면 그렇게 말하는 당사자들의 저의는 명약관화하다. 우리는 특히 춘천연합회장 유남선 형제와 본부 정성헌 형제를 억울하게 구속시킨 사태와 경남 울주군내 회원들의 활동 방해와 가톨릭농민회와 교회단체들을 민방위교육장에서 '용공성' 운운한 현지 경찰의 우매한 만행에 경악을 금치 못하며 사법당국은 철저히 규명해 주고 관련자를 처단하기 바란다.

우리 전국 지도신부단은 가톨릭농민회 운동의 방해와 박해가 계속된다면 이는 종교탄압으로 단정할 뿐 아니라 농민들과 함께 끝까지 고통을 같이 하며 투쟁할 것을 밝혀 둔다.

1978년 4월 24일

가톨릭농민회 전국 지도신부단

전국 지도신부단은 '성명서'에서 도처에서 온갖 수법으로 자행되고 있는 가톨릭농민회와 자주적 농민운동에 대한 박해와 악의에 찬 '불순단체' 운운의 중상모략은 묵과할 수 없다고 강조하면서, 농민회 탄압을 중단하라고 선언하였으며, 가농에 대한 탄압을 종교탄압으로 단정하며 농민들과 함께 끝까지 투쟁할 것을 밝혔다.

이어서 기도회에 모인 700여 명의 농민들과 재야인사들, 학생들은 가농 명의로 다음과 같이 피해농민에 대한 보상과 농협의 건전한 발전을 촉구하는 '선언문'을 발표하고, 6개 항의 결의를 담은 '결의문'을 채택하였다.

선언문

〈1978. 4. 24. 농민의 기도회에서〉

"농협은 왜 우리를 기만하는가?" "썩은 고구마를 보상하라!" "내 고구마를 사주시요!" 농협의 창구에서 타들어가는 입술을 깨물며 보상을 요구했던 함평 고구마사건은 두 돌을 몇 달 남겨 두지 않은 채 농민의 목마른 외침은 지금까지 계속되고 있다.

그동안 피해농민들은 끓어오르는 울분들을 억누르면서 농협의 정당한 보상을 꾸준히 요구해 왔지만 농협은 계속 기승을 더해 농민 무시와 무성의한 답변으로 일관해 왔다.

이것은 자주적 협동조직을 통해 농민의 경제적 사회적 지위향상을 도모해야 한다는 농협이 평소에 주인인 농민을 전적으로 무시해온 자세로부터 나온 일면으로서 농협의 반농민적인 속성을 다시 한번 개탄하지 않을 수 없게끔 한다.

그럼에도 불구하고 농협은 조합장 임면에 관한 임시조치법이라는 독버섯을 제정한 지 15년 동안 민주, 자립, 봉사의 사명은 외면한 채 비료도입 부정사건, 강제출자의 의무화, 보유양곡 방출로 농산물값 내리기, 농약강매 행위와 농민 위에 군림하는 구태의연한 관료적 속성을 더욱 노골화시키면서 관료독점자본의 시녀로서 계속 타락되어 가고 있다.

가장 민주적인 운영을 그 생명으로 하는 협동조합이 관의 조합장 임명과 보호의 한계를 넘어선 지나친 간섭 속에서 이 모든 것들이 노골적으로 성행되어 왔다. 함평 고구마사건은 이러한 관료적이고 반농민적인 농협 속성의 대표적인 산물임을 재삼 밝히지 않을 수 없다.

농협은 이러한 모순을 시정하기 위한 노력은 커녕 이제 농민의 민주적 참여를 유도한다는 미명 하에 운영위원회라는 새로운 기구를 설치함으로써 총대회의 기능을 대폭 약화시키고 총대 선출의 자격 제한을 통해 이러한 비리를 더욱 심화시키고 있다.

이러한 반농민적이고 비민주적인 농협의 속성은 농정부재의 산물임을 또한 지적하지 않을 수 없다.

해외의존도만 증가시켜 온 수출 제일주의로 지칭되는 근대화의 미명 아래 노동자의 저임금을 위한 저곡가정책을 중심으로 한 농민의 희생을 강요함으로써 인간으로서와 농민의 품위와 존엄성은 여지없이 떨어져 농민의 고통은 더욱 가중되고 있다.

풍년기근을 안겨 준 못자리 짓밟은 신품종 강제권장, 영세농의 상환능력을 무시한 획일적인 주택개량사업, 악덕재벌들의 토지투기와 기업체를 비호하는 특권의 토지강점, 수출 대기업의 각종 특혜로 유발된 물가폭등을 막기 위한 농산물 수입 등, 농민의 이익을 무시한 획일적인 지시와 행정명령 일변도에 의한 관료적 횡포로 나타나는 농정은 결국 농민경제를, 농민의 주체성을 압살하고 있다.

역사의 흐름 속에서 참기 어려운 온갖 시련과 고난을 겪으면서 끈질기게 우리의 역사를 보존해 온 역사의 주체인 농민이 오늘날 가장 비참한 처지로 전락당하고 있는 것이다.

이와 같은 상태에서 누구보다 농민의 생존권 보호에 앞장서야 될 농협은 본래의 사명을 망각한 채 오히려 함평 고구마 재배농민을 농락하여 회유와 무성의한 답변으로 피해농민의 보상요구를 외면해 왔다.

이러한 농협의 한심스러운 작태에 주인인 농민으로서 뼈저린 부끄러움을 느끼면서 함평 피해농민의 정당한 보상과 농협의 건전한 발전 촉구를 위해 어떠한 행동도 불사하겠다는 농민들의 결의는 민주 농민의 당연한 권리이자 의무이다.

따라서 그리스도적 공동선을 농촌사회에 구현하고자 하는 우리는 함평 고구마 피해농민들의 빼앗긴 피와 땀의 대가가 보상되고, 농업정책이 진정 농민을 위해 수립, 집행될 수 있는 바탕과 농협이 농민조합원의 기반 위에 자주성 및 민주성을 회복할 수 있도록 하기 위해 뜨거운 심장을 모아 힘찬 실천활동을 계속할 것을 선언한다.

1978년 4월 24일

한국가톨릭농민회

가농은 '선언문'에서 농협을 관료독점자본의 시녀라고 하면서, 조합장 임면에 관한 임시조치법에 의해 조합장을 당국이 결정하는 데서 오는 농협의 관료적인 반농민적인 속성을 적시하였다. 그리고 바로 농협의 관료적인 반농민적인 속성이 가져온 대표적인 사건이 함평고구마사건이라고 밝혔다. 선언문에서 가농은 피해보상과 농협민주화에서 더 나아가 정부의 농업정책 및 경제정책 전반을 비판하였다. 그러한 정책부재로 인해 발생한 '함평 고구마피해농민들의 빼앗긴 피와 땀의 대가를 보상하고, 농민을 위한 농업정책을 수립, 집행할 수 있는 바탕과 농협이 농민조합원의 기반 위에 자주성 및 민주성을 회복할 수 있도록 하기 위해' 투쟁할 것을 선언하였다.

결의문

농민을 무시한 농협의 누적된 배신행위와 기만술로 빚어진 함평 고구마 피해농민들의 억울한 문제를 함께 해결하고 그리스도적 공동선을 농촌사회에 구현하고자 노력하는 농민들의 정당한 활동을 탄압하는 부당한 처사를 규탄하고 당국의 반성을 촉구하기 위해 우리들은 오늘 이 자리에 모였다.

수매약속 불이행으로 빚어진 함평 고구마 피해농민들의 경제적 손실 및 정신적 고통을 외면하는 농협의 처사는 반농민적, 비민주적 농협임을 스스로 입증하고 있으며 무자비하게 짓밟혔던 농민들의 그 고통 및 아픔과 비교될 수 있는 보상을 우리는 찾을 길이 없다.

또한 최근 당국이 노골적으로 본회 활동을 '불온' '용공적' 운운하며 사실을 허위 날조·유포하는가 하면 부당한 사찰, 협박, 폭행, 구금, 구속 등 갖은 방법으로 종교활동마저 탄압하는 몰지각한 만행은 경악을 금치 못하게 하고 있다.

우리는 이러한 반농민적인 농협의 각성을 촉구하고 본회에 대한 당국의 야비한 탄압과 만행을 즉각 중단할 것을 요구하며 아래와 같이 우리의 결의를 밝힌다.

우리의 결의

1. 함평 고구마 피해농가의 피해액을 즉각 보상하라.

1. 함평 군농협조합장은 고구마사건에 관한 책임을 지고 물러가라.

1. 농협 전남 도지부장은 즉시 농민들 앞에 나와 농민들의 요구에 답하라.

1. 감사원은 함평 농협 감사결과를 공개하라.

농성시작(성당 안) © 김문식, 민주화운동기념사업회

1. 조합장 임면에 관한 임시조치법을 철폐하라.

1. 농민의 탄압을 즉각 중단하라.

1978년 4월 24일

한국가톨릭농민회

이어서 발표한 결의문에서 가농(참가자들)은 반농민적 농협의 각성을 촉구하고, 함평고구마투쟁과 관련하여 피해의 즉각보상, 농협군지부장의 사퇴, 농협도지부장의 농민들에 대한 답변, 함평농협 조사결과 공개 등을 요구하였다. 더 나아가 조합장 선출을 가로막고 있는 조합장 임면에 관한 임시조치법을 철폐하고 농협민주화를 위해 싸우는 농민회에 대한 탄압을 즉각 중단하라고 요구하였다. 이처럼 가농은 고구마'사건'을 넘어서 농협민주화와 농업정책 전반에 대한 개혁을 요구하고 정권의 횡포에 대해 질타하였다.

성당광장 농성 1 ⓒ 가톨릭농민회, 민주화운동기념사업회

성당광장 농성 2 ⓒ 가톨릭농민회, 민주화운동기념사업회

성당광장 농성 3 ⓒ 가톨릭농민회, 민주화운동기념사업회

2시간 반 동안 천주교회 옥내 행사를 마무리하면서 참가자들은 '우리 승리하리라'를 힘차게 불렀다.

1) 우리 승리하리라 우리 승리하리라 우리 승리하리라 그 날에

(후렴) 오 – 참 맘으로 나는 믿네 우리 승리하리라

2) 두려움이 없네 두려움이 없네 두려움이 없네 그 날에

(후렴) 오 – 참 맘으로 나는 믿네 우리 승리하리라

3) 손에 손을 잡고 손에 손을 잡고 힘을 합하리라 그 날에

(후렴) 오 – 참 맘으로 나는 믿네 우리 승리하리라

4) 진리 위해 살리라 자유 위해 살리라 우리 희망 평화 그 날에

(후렴) 오 – 참 맘으로 나는 믿네 우리 승리하리라

함평고구마 피해보상대책위원회, 한국가톨릭농민회 전남연합회 회장, 한국가톨릭농민회 회장 최병욱, 한국가톨릭농민회 지도신부단 이름으로 기도회 시작 전에 농협도지부장에게 5시까지 응답하라는 통고문을 보냈지만 농협도지부장은 묵묵부답이었다.

이에 분개한 농민들은 도지부장이 약속을 이행하지 않으니 직접 도지부로 찾아가겠다고 하였으며 천주교회 마당에서 주최측이 준비한 '고구마 피해보상'이라 쓴 머리띠를 두른 700여 명의 농민들은 "고구마피해 보상하라", "구속회원 석방하라", "농협 임시조치법 철폐하라", "농민운동탄압 중단하라"고 외쳤다. 고성능 스피커로 현 정권의 비리를 맹렬히 비판하고 농민들의 주장을 밝히는 구호들을 외쳤고, 손에는 각종 피켓을 들고 흔들었다.

오후 6시경 메가폰을 든 선창자(박석면, 박석삼)에 따라 '정의가', '농민가' 등을 부르며 대오를 정리하여 스크럼 대열 양옆으로 긴 장대

정문 대치 © 서경원

정문 몸싸움 © 김문식, 민주화운동기념사업회

를 이어잡고 도지부를 향해 성당 정문을 열어 제꼈다. 경찰은 시위대의 허리를 두 동강 내서 농민들을 각개격파할 심산으로 양옆으로 쫙 갈라섰다. 이것을 감지한 농민들은 장대를 더욱 굳세게 틀어쥔 채로 길 건너편 터미널을 향해 도로를 가로질러 진출했다. 이렇게 되자 거리 교통은 완전히 마비되었고 기동대와 농민들의 치열한 몸싸움이 전개되었다. 500여 명으로 증원된 기동대는 정문 쪽으로 조여들었다. 경찰과 밀고 밀리기를 거듭하는 팽팽하던 상황에서 기동대 차량이 농민들의 대열을 갈라놓기 위해 파고들자 농민들은 천주교회 마당으로 퇴각하였다. 투쟁지도부는 긴급회의를 열어 무리한 가두진출을 자제하기로 하였고, 농민들은 김밥과 막걸리로 저녁을 먹었다.

700여 명의 농민들은 밤 8시부터 다시 천주교회 안으로 들어가 기도로서 밤을 새우기로 했다. 이 날 철야기도에서는 당국의 농민회 탄압사례를 폭로하고 언론의 작태를 규탄하였고 이 내용은 대민방송을 통해 그대로 시내로 퍼져나갔다. 그러나 이러한 상황에 대해 언론은 모른 척 침묵을 지켰고 광주기독교방송에서 단 한번 보도했을 뿐이었다(대책위, 1978b: 27).

밤 9시쯤 다시 중앙정보부의 주선으로 대책위 대표와 농협지도부

간에 '1차 협상'이 기도회장이 아닌 제3의 장소에서, 즉 기도회장에서 5~6m 떨어진 다방에서 벌어졌다. 이 자리에서조차 농협 도지부측은 대책위의 요구사항에 대해, 1) 피해보상은 이미 작년에 고구마 절간기 공급으로 마무리되었다, 2) 도지부장의 대농민 공개사과는 사건 발생 당시의 책임자가 아니기 때문에 할 수 없다, 3) 군조합장 면책은 농협중앙회의 소관사항이기 때문에 협상대상이 아니다라고 하면서, 농수산부의 현지조사가 있었던 만큼 농협도지부로서는 책임질 수 없다고 말했다. 대책위 대표들은 "농협중앙회에 연락하여 결과를 알려주겠다"는 말을 듣고, 사건 해결의 책임이 도지부에 있음을 주지시키고 협상장소를 빠져나왔다(노금노, 1989: 53). 철야농성을 하면서 협상결렬 소식을 들은 농민들은 허탈해하면서 다음 단계 투쟁을 협의하기 시작했다.

하룻밤을 새우고 다음날(25일) 700여 명의 농민들은 어제 먹다 남은 김밥과 먹걸리로 아침을 때웠다. 약속한 아침시간까지 도지부에서 아무런 회신이 없자 다시 천주교회 마당에 앉아 농성에 들어갔다. 9시쯤 대오를 정비하여 다시 도지부를 향한 가두진출을 시도하였다. 경찰은 주변의 교통을 완전 차단하고 인도 주변의 상인들로 하여금 농민들에게 항의하도록 선동함으로써 농성을 해산시키려 했다. 농민들은 경찰들에게 상인들이 장사를 할 수 있도록 교통을 차단하지 말 것을 요구하는 한편, 도지부장을 면담하여 대화를 나누려는 농민들의 평화적인 행렬을 방해하지 말 것을 요구하며 다시 거리로 나섰다. 겹겹이 막고 있는 기동경찰과 일진일퇴를 거듭하다가 농민들은 스크럼을 짠 채 천주교회 마당에서 연좌농성에 들어갔다. 먹을 것도 다 떨어져 700여 명의 농민들의 식사 문제도 컸다.

대책위 지휘부의 주요 책임자들이 긴급회의를 열었다. 여기서

성당 외부 경찰포위 © 김문식, 민주화운동기념사업회

700여 명의 농민들과 참석자들에게 먹을 것마저 공급하기 어렵다고 판단하고, 광주 시내 각 지원세력의 협력투쟁을 적극적으로 촉구함으로써 현재의 고립된 상황을 타개해야 한다고 의견을 모았다. 먼저 학생들에게 호소문을 보냈다.

전국 학생에게 보내는 호소문

내일의 역사를 짊어져야 할 학생 여러분

여러분들의 부모는 여러분들을 학교에 보내기 위해서 생산비도 보장되지 않는 농사를 짓느라 뼈골이 휘고 한숨으로 늙어만 갑니다. 평생을 일밖에 모르고 성실밖에 몰랐으나 여러분들을 학교 하나 보내려면 소팔고, 밭팔고, 논까지 팔아야 하는 현실을 여러분들은 너무도 잘 알 것입니다. 농민의 권익과 사회 경제적 지위 향상을 위한 농협이 농민들의 의사를 무시한 채 중앙집권적이고 관료적 체제로 일제 강점기 금융조합을 연상하게 합니다. 농민들과 거리가 먼 군조합, 도지부, 중앙회는 건물은 하늘까지 닿고, 비료 조별판매에 강제출자, 영세농민에게는 엄두도 못 낼 농자금, 대기업의 상품판매로서 이용사업 등 농민들의 권익투쟁을 외면한 채 분기별 사업목표를 세워 일관적 행정처리처럼 처리하는 농협은 함평고구마 사건을 계기로 그 정체를 농민들에게 드러냈습니다.

내일의 역사를 짊어져야 할 학생 여러분.

일 년 동안 피땀 흘려 지어논 고구마 농사를 눈비에 맞아 썩어지게 만들고 그 피해보상을 해달라는 농민들의 아우성은 이년 동안이나 방방곡곡 메아리쳤습니다만 농민들의 정당한 이 요구를 무시한 채 시간만 보내고 있습니다.

학생 여러분

여러분들의 부모님인 농민들은 오뉴월 뙤약볕에서 쉴 참도 없이 노동에 시달리고 학비걱정, 생활걱정으로 늙어야만 합니까? 농민들이라고 병원에 못 가란 법은 없습니다. 그런데 농민들은 병이 있으면서도 병원에 갈 수가 없는 것이 현실인 것입니다. 왜 농민들만이 인간답게 사는 것이 박탈당해야 합니까? 먹고 입고 자녀들 교육시키고 병이 들면 치료를 받아야 하는 것이 법 이전의 인간의 기본권입니다. 가난 때문에 이런 모든 인간의 기본권이 무시당한 채 이것을 시정하려는 농민의 단합된 요구는 무시된 채 피해만 받아야 하는 것이 농민이어야 합니까? 누가 이들에게서 이 권리를 박탈해 갔습니까? 국민의 생명줄인 식량을 생산하는 것이 어째서 이렇게 사회경제적 소외를 당해야 합니까?

학생 여러분.

여러분들은 내일의 역사를 짊어지고 역사를 창조해야 합니다.

농민의 이 정당한 울부짖음에 답해야 합니다. 여러분들의 부모님들이 소 팔고, 밭 팔고, 논 팔아서 여러분을 학교에 보내는 것은 여러분 하나이 영달과 안녕을 위한 것은 아닙니다. 못 배웠기에 무시당하고 못 배웠기에 정당한 주장을 못 했기에 이 설움은 여러분을 통해서 풀려는 맘으로 논 팔고 밭 팔고 학교에 보낸 것입니다.

학생여러분.

여러분들은 이 의무를 저 버리겠습니까? 학생 여러분들이 이 의무를 충실히 이행해 줄 것을 호소하는 바입니다. 농사는 하늘에서 받은 사명이요, 인간에게 없어서는 안 될 것입니다. 또한 농사를 지어 정당한 보상을 받는 것도 하늘의 뜻입니다. 이 하늘의 뜻을 이 땅에 실현해야 합니다. 함평고구마사건의 정당한 보상을 위해 외치는 농민들의 외침에 답해 주기를 호소합니다.

학생 여러분들의 어버이요, 형제요, 자매인 농민들의 이 정당한 요구가 실현되도록 같이 투쟁해 주기를 호소하는 바입니다.

1978. 4. 25.

가톨릭농민회

기도회 참석 농민들은 가톨릭농민회 명의의 호소문에서 농협의 사업이 얼마나 반농민적으로 이루어지고 있는지 지적하면서, 부모(어버이)요 형제요 자매인 농민들의 정당한 요구가 실현되도록 투쟁해 주기를 전국의 학생들에게 호소하였다.[205)]

205) 실제로 학생운동 하던 사람들이나 기독청년회(기독교장로회의 청년조직) 활동을 하던 학생들이 기도회에 참석하였고 나중에 단식에도 참여하여 활동하였다. 그리고 단식투쟁 때에는 전남대·조선대 학생들이 단식장 밖에서 시위하면서 단식투쟁을 지지하였다.

3) 기도회 참가자들

기도회는 단지 고구마 피해보상을 위한 목적만을 갖고 있는 것은 아니었다. 물론 표면적으로는 고구마피해보상 해결이 목적이었지만, 1월 춘천교구 농민회원 구속사건으로 드러난 유신정권의 탄압에 가톨릭농민회가 정면으로 대응하는 성격도 지니고 있었다. 따라서 가톨릭농민회 본부의 주도로 가톨릭농민회원을 비롯한 당시 여타 농민운동세력을 총동원하였다. 가톨릭농민회를 비롯해 각 지역에 조직되어 있던 크리스찬아카데미 교육이수자 네트워크, 산재해 있던 기독교농민운동 활동가들, 지역 학생운동 활동가들, 사회운동가들, 나아가 가톨릭계와 기독교계에 재야라고 불리던 민주화 인사들까지 총동원하여 700여 명이 참가했다(조영욱, 1998: 136). 즉 이 시기 동원 범위는 농민, 종교계(가톨릭, 개신교)의 범위를 넘어서 재야와 학생운동권으로까지 본격적으로 확장되었다. 전국 각지에서 열린 기도회나 행사에서 고구마사건 문제가 폭로되었고 유신정권에 맞서고 있던 재야와 학생운동권은 이 이슈에 동참하였다.

전남지역에서 지역별 참가상황을 보면 광주에서 참가자들이 많았을 것으로 보인다. 1차 기도회 당시 광주에서 온 사람들을 150여 명이라고 하였는데, 2차 기도회 때는 고구마투쟁이 널리 알려져 있었고 광주의 사회운동권에서도 초미의 관심사였기 때문에, 서로 연락하여 "한번 가보자"고 하여 오게 된 사람들이 많았다. 또 투쟁이 지연되면서 운동에서 멀어진 사람도 있었으나 여전히 큰 행사라고 생각하여 서로 연락하여 모이게 되었다. 학생들이나 사회운동가들, 그리고 재야인사나 다양한 활동가들이 왔을 것으로 추정된다.

또한 천주교회 신자들은 보통 기도회를 한다고 하면 모였다. 신도들은 주임신부의 뜻을 대체로 받아들이며 북동 천주교회의 정규완 신부가 광주지역에서는 조비오, 김성룡 신부와 함께 당시 반독재민주화 운동의 대열에 동참하고 있었다. 일부 농민의 기도회나 단식에 대해 불만을 토로하는 신자들이 있었지만 신자 대중은 자신이 다니는 천주교회에서 하는 기도회에 통상 참석하였다.

전남지역 안에서 광주 이외의 지역에서 온 사람들이 1차기도회에 비해 전체적으로 늘어났을 것으로 보인다. 먼저 함평에서 100여 명이 왔다고 한다. 1차 기도회에 120여 명이 왔다고 했는데 좀 줄어든 숫자였다. 함평농민들은 농민분회들 중심으로 모여서 참여하였지만 농사철이라 단식투쟁에는 몇 명이 참여하였다. 투쟁이 지연되면서 농민들 사이에 실망감이 있었고 투쟁이 점차 함평지역을 떠나 도단위, 전국단위로 옮겨져 가고 있었다. 그래서 초창기에 결합하여 활동하던 4-H활동가들 또는 4-H출신 활동가들과 농민문회연구회 소속 활동가들은 2차 기도회에 거의 오지 않았다. 그러다 보니 가농회원들 중심으로 오게 되었다.

광주 이외의 전남지역에서 온 사람들이 1차 기도회와는 조금 달라졌다. 1차 기도회에는 참가자수가 신안(15), 구례(13) 영광(10), 무안(7), 보성(6), 해남(2), 곡성과 강진(각1) 순이었다. 1년 동안 각 지역의 농민운동 상황변화에 따라 참가자수가 변하였다. 2차 기도회 때는 신안에서 온 사람들을 확인하기가 어렵다. 구례에서는 30여 명의 농민들이 기도회에 참석하였고, 그중 최성호와 박우갑이 단식에 참여하였다. 영광은 오히려 숫자가 줄어들었을 것으로 보이며 단식에는 정병온만 참가하였다.

그동안 농민운동이 활성화된 지역에서는 1차 기도회 때보다 더 많은 농민들이 참가하였다. 무안은 비슷했지만, 강진, 해남, 보성에서

기념사진(맨왼쪽 박성선, 가운데 임수진, 맨오른쪽 전자석) ⓒ 가톨릭농민회, 민주화운동기념사업회

는 1차기도회 때 보다 훨씬 많은 농민들이 참여하였다. 이들은 현지에서 농민운동을 하면서 함평고구마투쟁에 결합·투쟁한다는 생각에서 왔으며 다수가 단식에도 참가하였다.

예를 들어 강진에서 온 기도회 참석자는 장영근, 윤홍성, 김재봉, 박광용, 김정순, 윤홍성, 이광수(이상 단식 참여), 김규식, 조병환, 박양환, 김영진, 홍종대, 박대선(강진 만덕교회 전도사) 등이었다. 이들은 농문회를 통해 장영근이 연락을 하여 기도회에 참석하게 되었다. 농민의 기도회에 온 것으로 확인가능한 13명 가운데 7명이 단식투쟁에 참여하였다. 이처럼 각지에서 여러 사람이 왔다가 기도회만 보고 돌아간 사람들이 있었고 일부가 남아 단식투쟁에 참가하였다.

해남에서는 Y농민회에 이어 기독교농민회가 결성되고 있었고 전남기농 결성의 첫 사업으로 함평고구마투쟁 결합을 내세워서 많은 사람들이 참가하였으며, 단식에도 전남지역에서 가장 많은 8명이 참가하였다. 1차 기도회에 2명이 왔던 것에 비하면 많은 인원이 기도회에 참석하였다.

보성에서도 그간 박형선, 조계선 등의 활동으로 농민운동이 확산되었고 1차 기도회 보다 많은 농민들이 참가하였고 단식에도 5명이 참가하였다.

가농 전국본부와 각 지구별연합회에서 온 사람들은 대부분 농민회원이거나 가농임원들이었다. 이들은 대부분 기도회 후 단식투쟁에도 참여하였다. 1차 기도회에는 광주전남 이외의 지역에서 44명이 참가하였고 특히 경기지구연합회에서 13명이 참가했었다. 당시 경기연합회가 제일 먼저 연합회를 구성하고 있었기 때문이다. 2차 기도회에는 강원지역에서 가장 많이 온 것으로 보인다. 그리고 충남, 경남북, 전북 지역에서 주로 왔으며 경기지역에서는 온 사람이 눈에 띠지 않았음을 단식투쟁 참가자들로 미루어 짐작할 수 있다.

그리고 전국적으로 참여하였다고 하지만, 일반농민들이 전국에서 모이기는 쉽지 않았을 것으로 보인다. 실제로 다른 지역에서는 가농 전국본부와 지구별 연합회에서 가농회원들과 임원들이 온 것으로 보이며, 이들은 대부분 단식에 참여하였다.

2. 최후의 공격 – 단식투쟁

농민들은 기도회 다음날인 25일 낮 12시에 천주교회에 모여 지휘부(전남연합회 회장단과 전국본부 임원들)의 긴급보고를 토대로 다음 단계 투쟁계획을 세우는 토론에 들어갔다. 전국지도신부가 5명이 왔는데 나상필, 이종창 신부 등 서울에서 오신 2~3명의 신부들과 광주

단식장 요구조건 © 김문식, 민주화운동기념사업회

에 있는 신부들이 간부들과 함께 앉아 있는 자리에서 토론이 이루어졌다. 지지부진한 상황을 타개해 나갈 수 있는 유일하고 최종적인 무기는 단식이라는 인식이 이미 있었고 단식투쟁은 고구마피해 문제를 해결해 나가는 최선이자 최종의 무기로서 3월 이사회에서 논의하였던 것이다.

그러나 단식투쟁 계획이 소수의 임원들 이외에는 별로 알려지지 않았었다. 이 자리에서 이날부터 고구마 직접피해보상이 이루어질 때까지 무기한 단식농성에 들어가자는 의견이 제안되었고 전체 의사로 결정되었다(노금노 1987: 54). 대부분의 참석자들은 단식투쟁 결정이 계획된 것을 모르고 있었고, 현장에서 갑자기 이루어진 것으로 생각하였다. 어쨌든 기도회 참가자들은 끝까지 해결을 보아야만 한다는 데 의견을 모으고 이 날(4월 25일) 점심부터 단식투쟁에 돌입하였다.

단식투쟁을 하기 위해 남을 농민들과 떠나는 농민들이 나뉘고, 귀가해야 될 농민들은 돌아가서 각 지역에서 이 사실을 널리 알리고 응원하기로 결의하고 농성장을 나갔다. 그리고 오후 1시경 '고구마피해보상, 구속자 석방, 농민회 탄압 중단' 등 요구를 내걸고 단식투쟁에 들어갔다.

단식투쟁에 남은 농민들은 요구가 관철될 때까지 무기한 단식투쟁을 하겠다는 '단식자의 결의'를 알렸고, 귀향자들은 '귀향자의 결의'에서 사태를 전국민에게 고발하고 요구 해결을 위해 끝까지 투쟁함으로써 '단식자의 결의'에 전적으로 동참할 것을 결의하였다.

우리의 요구

1. 함평 고구마 피해를 즉각 보상하라!
1. 당국은 구속된 정성헌, 유남선 두 형제를 즉각 석방하라!
1. 농민회 탄압을 즉각 중단하라!

단식자의 결의

우리는 이상의 '우리의 요구'가 해결되는 것이 농촌복음화의 길이요, 곧 이 땅의 참된 민주주의 실현과 진정한 농민문제 해결의 길임을 깊이 인식하면서 '우리의 요구'가 관철될 때까지 무기한 단식투쟁을 계속할 것이다.

귀향자의 결의

우리는 우리가 귀향하는 즉시 전국 각지에서 오늘 이 사태를 전 농민에게 고발하고 우리의 요구 해결을 위해 끝까지 투쟁함으로써 오늘 '단식자의 결의'에 전적으로 동참할 것을 결의한다.

1978. 4. 25.

농민의 기도회 참석자 일동

이 때는 농촌이 본격적으로 농번기철로 접어드는 시기로, 전남지방에서는 일반벼 못자리 준비가 한창이었다. 그래서 함평지역이나 전남의 다른 지역에서 온 농민들이 다수 단식에 참여하지 못하고 귀향하였다. 기도회 참석자 700여 명 가운데 1/10에 해당하는 70여 명이 단식을 하겠다고 남았다.

단식중 ⓒ 가톨릭농민회, 『함평 고구마피해보상운동–활동사례 2집』

1) 단식투쟁의 전개과정

단식투쟁에 돌입한 농민들은 천주교회 뒤뜰 건너편에 위치한 교리실 한 켠에다 짚가마니를 깔고 단식 준비를 하고 나서, 다시 천주교회 정문 앞에 나와 땅바닥에 앉아 터미널 쪽을 향해 '단식투쟁'이라고 쓴 현수막을 내걸고 '고구마피해 즉각보상', '단식투쟁'이라 쓴 머리띠를 두르고 단식을 시작했다. 그리고 바깥에서 보이게 단식장 문에 '단식중'이라고 쓴 현판을 걸었다.

참석자들이 당장 단식을 하면 위장에 문제가 있을 수 있으니까 죽을 끓여서 먹고 숭늉을 마시고 단식을 들어가자, 하기는 하되 우유를 따듯하게 데워서 우유를 한 잔씩 먹어가면서 단식을 하자는 등 이런저런 이야기가 오고가고 있었다. 그 때 윤한봉이 들어오더니 "지금 무슨 소리 하고 있는거냐, 독립군들이 단식할 때 죽 먹고 하자는 게 어디 있냐, 무조건 허고 굶어!" 단호한 외침에 모두 조용히 단식에 들어갔다.

단식투쟁장이었던 교육관 현관에 흰 천에 써서 내걸은 구호들은, '고구마여 부활하라', '농민이 주인이다', '농자천하지대본(農者天下之

단식장 구호 © 김문식, 민주화운동기념사업회

단식 장면 1 © 서경원

大本)'(한자, 깃대), '농협전남도지부장은 즉시 농민들 앞에 나와 농민들의 요구에 답변하라', '함평고구마 피해액을 즉각 보상하라', '농민회 탄압을 즉각 중지하라', '조합장 임면에 관한 임시조치법을 폐지하라', 그리고 단식투쟁을 시작하면서 제기했던 '우리의 요구' 등이었다.

첫째 날(4월 25일)

4월 25일 단식자들은 단식 준비를 끝낸 후 북동 천주교회 뒷마당에 가마니를 펴고 머리띠를 두른 채 해가 질 때까지 농성을 벌였다. 단식 시작할 때 참가자는 63명이었다.

단식자들은 오후 5시에는 퇴근 시간을 이용해 광장에서 농성을 하였다. 기독교방송 보도 내용에 대해서 이야기하고 들었다. 그리고 오후 7시경 단식장소로 다시 돌아왔다.

오후 8시에 미사가 시작되자 경찰은 외부 사람들이 농성 현장을 보지 못하게 버스 2대로 천주교회 정문을 가로막았고 즉각 단식농성을 중단하지 않을 경우 강제해산하겠다고 위협하였다. 뿐만 아니라 모든 사람의 천주교회 출입을 제한하고 뒷문의 출입도 방해하였다. 주변 상인들을 동원하여 계속 신부에게 항의를 하도록 하는 한편, 저녁 미사에 참석하러 온 신자들의 출입까지 막았다. 그러자 일부 신자들이 와서 단식자들에게 나가달라고 요구하기도 했다. 이러한 경찰의 방해에도 불구하고 단식투쟁의 소식을 들은 12개 지역 20여 명의 인사들이 오후 9시경부터 단식자들을 격려하기 위해 담을 넘어 계속 단식장을 방문하였다. 가톨릭센타 사무국장은 단식회원 방문차 와서 교통차단 문제 해결과 단식자들의 의사를 물었다.

교통을 계속 차단하므로 대책 협의를 위해 집단토의를 하였다. 지도부가 전략이 부족하다는 지적이 있었고, 단식자들의 의견이 통일

되지 않자 지도부에 강력한 권한을 주어 단식자는 참고발언과 개인접촉을 통해 의사전달을 하기로 하였다. 10시 30분에 묵상을 하고 12시에 취침하였다. 밖에서 들어오는 정보에 따르면, 지치고 그랬으니까 여기를 덮쳐서 다 들어내 버릴 우려가 있다고 해서, 밤에는 성당 안으로 들어가서 단식을 하며 밤을 새웠다.[206)]

이날 (기도회 행사를 주도했던 전남연합회 회장단과 전국본부 임원들로 구성된) 대책위(집행부)는 원고부, 홍보섭외부, 생활부 등 부서를 나누고 각 부서의 담당자 등을 정하였다.[207)] 그리고 단식투쟁을 효과적으로 해나갈 방안에 대한 토론과 단식자들이 지켜야 할 건강수칙 등을 얘기하면서 밤을 지새웠다. 여기서 노금노가 실무를 총괄하는 총무를 맡아보게 되었다. 이후 대책위는 단식이 진행되면서 단식자들에게 매일 대책위 보고를 하고 의견을 듣고 논의하였다.

이날 민구협의회[208)](2만 원)와 남동천주교회 사도회(1만 원)에서 성금을 기탁하였고, 민구협의회는 성금 외에도 각종 단식준비물들을 챙겨왔으며, 정태성(음료수 1상자)[209)]과 북동 할머니 레지오단(수건과 세면도구)도 단식을 위해 필요한 음료수와 물품을 기탁하였다.

이틀째(4월 26일)

단식 이틀째인 4월 26일 새벽부터 경찰은 천주교회 앞 인도와 천

206) 경찰이 성당 안을 함부로 진입을 하기에는 껄끄러운 문제들이 있기 때문에 들어오지 않을 것으로 생각했다.

207) 원고부(박석면, 윤기현, 이병철, 정재돈), 홍보섭외(이강, 조봉훈), 생활부(정병율, 정병오, 모영주, 임수옥).

208) 전남민주회복구솔자협의회. 전남지역 민청학련 관련자들의 모임으로 회원은 20여명이 좀 못 되었고, 1기 회장이 윤한봉이었다.

209) 정태성은 신민당 당원으로서 단식에 참여하였으나 첫날 하고 그 다음날 귀가하였다.

주교회 주변을 삼엄하게 봉쇄 경계하고 있어서 신자들의 미사 참여는 불가능했다. 대책위원들은 어젯밤에 마련한 비밀통로를 통해서 외부와의 연락을 취하고 있었다.

아침에 일어나서 오전 8시경에 단식 참가자들은 교리실에 둘러앉아 자기소개를 했으며, 보람을 느끼는 것 같다든지 맥이 빠진다든지 하는 소감을 피력하였다. 세면을 끝낸 농민들은 단식장소에 다시 집결하여 행여 언론에 대한 기대 속에 라디오 앞에 앉았으나 역시 언론은 약자의 편이 아님을 확인하고 바케스 우유를 조금씩 먹었다. 단식자들은 9시 35분에 명상시간을 가지고, 「녹두의 피와 넋을 되살려라」(김남주의 산문)를 낭독하였다. 한 시간 뒤쯤 경찰이 거리를 차단하고 상인들을 선동하며 깡패들을 상인으로 가장하여 투입시킬 가능성 있다는 정보를 입수하여 긴장하였다.

오전 9시쯤 대주교의 주선으로 관계 당국과 협상의 자리가 마련되었다는 연락이 왔다. 단식자들은 대책위원들을 통해 요구를 밝힌 바 있으며 요구만 관철할 수 있으면 된다면서 협상을 거부하였다. 그러나 대주교에게 단식자들의 견해를 미리 알리고자 요구 관철 이외의 협상에는 응하지 않기로 하고 주교관에 마련된 협상장소로 갔다(대책위, 1978b: 29) 주교관에는 도지사, 중앙정보부 전남지부장, 도경찰국장, 농협도지부장이 자리를 함께 하고 있었다. 이 자리에서 당국은 앞으로는 농민회를 탄압하지 않겠다고 했지만, 고구마피해보상에 대해서는 "총 피해액 309만 원 중 2/3 이상 선을 5월 31일까지 지급하겠다"는 제안을 했다. 대책위원들은 "309만 원 중에서 10원도 양보할 수 없다. 즉각 보상할 것"을 요구하는 단식자들의 결의를 밝히고 협상장을 나왔다.

11시에는 춘천 연합회장(유남선), 본부 협동부장(정성헌) 구속 경과보고가 있었다. 농민의 기도회를 하기 하루 전인 4월 23일 농민회를 소개하는 문건(이른바 불온문서)을 작성배포했다는 혐의로 두 사람이 구속되었다. 단식자들은 이것을 농민회 탄압이라고 규정하고 그 대처방안에 대해 생각해 보았다.

12시 30분 즈음 경찰이 방문차 오는 사람들을 제지하면 단식자들이 천주교회 정문으로 나가 함께 들어왔다. 방문객들은 외부상황을 알려주었다. 자유롭게 드나들 수 있다고 하여 왔는데 경찰이 막기 때문에 옥신각신했다고 하였다. 고민영 목사(기청 부회장)는 곤봉으로 맞아 상처도 입었다. 기동대는 어딘가 숨어 있다가 나타나서 공격하였다고 했다. 기청(YMCA) 3명, 양림교회 은명기 목사, 광주기장 고민영 목사, 성결교회 방철호 목사, 류연창 목사, 조아라 장로 등이 방문하였다.

고민영 목사가 단식자를 위한 기도를 하였고, 대책위원이 고구마 사건 경과보고를 하였고 추비 사건(출자금), 벌교 토지사건을 보고하였다. 은명기 목사는 농민이 자신의 의사를 충분히 밝힐 수 있도록 농민의식이 개발되어야 한다고 강조하였다. YWCA의 조아라 장로는 마이크를 잡고 인사를 한 후 지원연설을 시작했다. 누워 있는 사람들은 그대로 있으라면서, 조아라 장로[210]가 일제 시절 광주학생항일운동으로 옥고를 치르고도 신사참배 거부로 몇 년을 감옥에서 보냈던 이야기, 배고픈 다리에서 아이를 업고 비밀리에 항일운동을 하던 시절의 이야기를 해서 농민들의 가슴에 깊이 와닿았다. 연설을 들은 농민들은 깊은 감동을 받았고 결의를 다졌다. 이처럼 오전에 조아라 장

210) 조아라 장로는 일흔 가까운 나이에 5·18에 연루되어 또 1년여간의 감옥살이를 했으며 석방 후 5·18 진상규명과 관련자 지원에 헌신했다.

로가 단식장에 와서 격려하고 자극을 주었으며, 목사들과 신부들의 지원 방문이 있었다.

오후 1시 반 대전 JOC연합회 회장 이상기가 방문하였고, 경북 이사 전맹진은 단식에 일시적으로 참가하였다. 이어서 2시에 광주교구 신부들이 방문하였다. 가톨릭센타 매스콤위원회 모신부, 그리고 계림동 조비오 신부, 명도회 신 신부, 학운동 도(도요셉) 신부가 방문하였다. 조비오 신부는 도지사, 지부장, (중정)분실장이 2백만 원에 타협하자는 제안을 해왔다고 알렸다. 무안본당 신부(남재희)도 방문하여, 협조할 일이 있으면 언제든지 요청하라, 사회정의를 위해 동참하겠다고 하였다. 전남연합회 교육부장을 맡았던 이강[211]은 외부에 후속부대 지원 요청을 하였다. 3시경에는 이기홍 변호사가 방문하였다.

오후 3시에는 대책위원 결과보고가 있었다. 대책위원들이 오전 9시 반부터 오후 1시 반까지 주교와 농협측 사람들을 만나고 와서 대책을 협의하다가 왔다며, 주교를 통해서 피해보상 309만 원에 대해 2/3를 보상해 주겠다는 언질을 받았다고 보고하였다. 대책위 결정은 '보상조건이 아니면 한푼도 받지 않는다. 대금은 협상장소에서 즉각 전달하라'는 것이었다. 보고회에서 지도신부는 농민회도 명분이 서고 주교의 입장도 생각하는 선에서 해결하자고 하였다. 이에 대해 단식자들은 나머지 그 외 사항은 어떻게 됐느냐, 보상을 전액 받는 방법으로 나가자고 하였다. 농민회 탄압과 관련하여, 경찰국장과 분실장은 농민회에 탄압이 있다면 즉시 해결하겠다고 했다고 대책위는 전했다. 단식자들 사이에서 논의가 이어졌다. 농민회 탄압을 함께 해결

211) 이강은 학생운동을 해 왔고 크리스찬아카데미 교육을 받고 1975년 10월에 가농 전남연합회에 참여하여 교육부장으로 활동하였다.

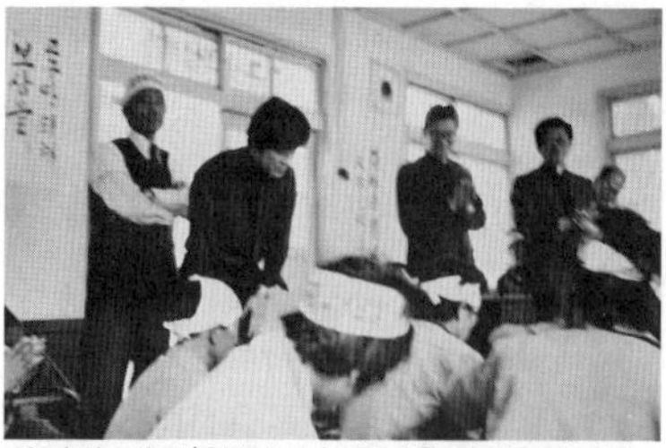

단식장 방문(왼쪽부터 유진훈, 정호경 신부, 이종창 신부, 정홍빈 신부) ⓒ 가톨릭농민회, 민주화운동기념사업회

하지 않으면 안 된다, 사후 문제도 함께 해결하지 않으면 안 된다, 그러니 보상을 포함한 3개 사항을 함께 해결하지 않으면 안 된다고 강조하자, 다른 단식자가 우선 한 가지라도 해결하자, 전국에서 모였고 죽기를 각오하고 모였는데 무엇을 못하겠느냐? 하며 난상토론이 벌어졌다. 이에 너무 난상토론을 하지 말고 해결책을 개인적으로 대책위에 건의하고 일단 대책위에서 결정하도록 하자고 한 단식자가 제안하였다. 대책위는 최대의 효과를 노리기 위해 신중히 검토하여 결정하겠다고 하였다.

대책위는 선언문, 결의문, 성명서를 인쇄하여 배포하기로 하였다. 그리고 안동 정호경 신부, 묵성동 유강하 신부가 방문하였고, '춤추며 싸우는 선구자여, 불타는 분노를 안고 귀향한 자 예전의 외침이 이 강산에 메아리치고 있다. 우리는 외롭지 않다'고 격려하는 김규식의 전문이 도착하였다.

오후 4시 40분 즈음 유인물(선언, 결의, 성명)을 인쇄 맡긴 것에 대해 경찰이 간섭하였다. 홍남순, 장기언, 윤철하 변호사가 방문하였다. 대책위는 경찰이 천주교회 주변에서 물러가고 자유통행을 시키지 않는 한 절대 협상할 수 없다고 통고하였다.

오후 6시 30분에 광주교구 부주교 신부(김정용)가 방문하였다. 대책위는 경과보고에서, 협상을 한다 하더라도 정보(중앙정보부) 계통이 아니라 지부장과 해야 한다, 정보 계통과는 구속자 문제를 협의할 수는 있으나 구속자 문제를 계속 거론할 때는 보상금을 못 준다고 할 것 같다고 하였다.

저녁 7시경에 단식자들은 복숭아 음료수 1캔씩 먹고 미사에 참여하였다. 전남대생 3명, 구속자협의회 3명, 원주의 김인성(원주MBC 총무국장)이 방문하였다. 서경원은 학생들의 방문에 대해 뜻은 고맙지만 우리는 죽을 각오를 하고 투쟁하고 있는데 학생들이 다치는 것을 원하지 않으니 돌아가 달라고 하였다. 단식장에서는 전자석 회원이 농협 사례발표를 하였다.

이날 단식투쟁을 위한 본격적인 대책위원회가 최병욱(가농 전국회장), 이길재(가농 초대회장), 김문식(가농 전국부회장), 박재일(가농 전국이사), 서경원(가농 전남연합회장)을 진행위원으로 하여 구성되었고 김문식이 대책위원장을 맡았다. 강태용(강원지구연합회)이 사회를 맡아 대책위 (보고)회의를 진행했는데, 단식자들이 신부들의 전략에 약간 불만을 표시했으나 신부들이 많은 노력을 하여 주기로 확약하였다. 그리고 모든 전략은 대책위에 건의해서 의사를 반영하기로 하였다. 그리고 단식장에서의 역할분담도 새롭게 조정하였으며[212], 애로 사항과 외부 연락은 언제든지 내부 담당을 통해서 꼭 알리고 연락하기로 하였다.

대주교의 제안으로 벌였던 협상이 결렬되자 단식장과 천주교회 주변은 긴장이 고조되었다. 그러나 단식 이틀째부터 바깥 지원세력의 움직임이 활발해졌다. 광주 YMCA에서 단식투쟁을 지원하기 위한 기도회를 준비하고 있었으며, 전남대, 조선대 학생들은 단식현장을 지원하기 위한 다각적인 대책을 논의하고 있었다.[213] 서울 쪽에서

212) 외부안내(서경원), 내부안내(노금노), 홍보(조계선, 김문식), 외부(이길재, 박재일), 침구 및 생활(정병오).

도 각 단체별로 단식현장 방문단을 구성하여 광주로 출발했다. 한편 600여 명의 귀향농민들로부터 투쟁소식을 전해 들은 회원들이 단식현장을 방문하기 위해 찾아와 천주교회 주변에서 경찰들과 신경전을 벌였으며, 전국 각지에서 보내는 격려전문이 당국에 의해 차단당하고 있다고 전해졌다.

오후에는 전남대·조선대 학생 약 200여 명이 천주교회 정문을 가로막고 있는 경찰들과 충돌하며 시위를 벌였다. 학생들의 시위는 이후 계속되었고 시민들까지 합세하여 시위자수는 계속 늘어났다. 1977년 12월 9일 자로 출소한 윤한봉, 그리고 황광우, 조계선, 박형선 등 활동가들도 이들에 대한 연대활동을 시작했다.

윤한봉은 단식을 지원하기 위한 물건부터 챙겼다. 치밀한 준비 없이 단행한 단식투쟁이어서 준비물이 많이 필요했다. 그는 문병란 시인의 집에서 솜이불, 수건 등을 비롯한 생필품을 끌어모았고 곳곳에서 물건들을 공수했으며 밖과 연계를 취하였다. 경찰이 북동 천주교회를 포위하고 있었지만 담벼락을 넘어 물건들을 전달하였다. 평소 상당한 양의 식사를 하는 농민들에게 갑작스러운 단식은 치명적인 타격이 될 수 있었다. 연명도 중대한 과제라는 조계선의 주장에 따라 미숫가루도 몰래 반입했다.

이처럼 외부지원이 있었지만 단식장에 들려오는 소리로는, 더 이상의 사건 확대를 막기 위해 경찰이 특공대를 투입하여 단식을 강제해산시킬 것이다, 그 시기는 오늘밤 안일 것이다는 정보가 있었고, 단식장 사수를 위한 대책을 세워야만 했다. 가농본부 홍보부장 이상

---

213) 처음에 천주교회 외부에서 준비물을 반입하고 나중에 학생들을 연계하여 천주교회를 향해 진격해 오도록 주선하는 일은 윤한봉이 주로 맡았다.

단신 장면2 © 김문식, 민주화운동기념사업회

국이 어디서 잡혀갔는지도 모르게 행방불명되었다. 단식자들은 오줌을 누러가는 데도 4~5명씩 대오를 지어 다니도록 조를 편성하지 않을 수 없었다(노금노, 1987: 58).

둘째 날에는 성당 안에서 계속 단식을 할 수가 없어서 사제관 옆에 있는 교육관으로 옮겨서 창고처럼 생긴 곳에다 멍석도 깔고 필요한 것들을 놓고 단식을 하였다.

그런데 거기도 골목 뒤에 있어서 경찰(기동대)이 담을 허물고 침입할 수 있으니 위험하다고 해서, 낮에는 천주교 성당 앞 광장에서 단식농성을 하고 밤에는 교육관 쪽에서 자다가 한꺼번에 연행되면 안 되니까 교대로 일부는 성당 앞 광장에서 단식농성을 하고 일부는 성당 안에서 자고는 했다. 이럴 정도로 엄청난 위기감이 감돌았다.

이날 계림동천주교회 조비오 신부(1만 원), 이기홍 변호사(1만 원), 홍남순·윤철하 변호사(6천원), 광주교구 부주교 김정용(1만 원)이 성금을 기탁하였고, 엔씨씨(NCC)에서는 단식하면서도 마실(먹을) 수 있는 미숫가루, 옥수수 가루, 복숭아넥타 등을 가져왔다. 민구협에서는 내의 등 옷들을 마련해 왔으며 정 테레사 님은 모포를 가져왔다.

3일째(4월 27일)

단식 3일째를 맞은 4월 27일 경찰은 밤 사이에 '고구마피해 보상하라'는 현수막을 철거하고 심지어 예비신자 입교환영 현수막마저 철거하였고, 신자들의 새벽미사 참여를 또 다시 제지하는 등, 종교적 탄압도 가하였다. 정·사복 경관에 의한 통행차단은 계속되었고 단식자들은 외부와 완전고립된 채 분위기는 상당히 심각해져 갔다.

단식자들은 전날 보다 먹는 이야기를 더 많이 하였다. 일부가 미음을 물 마시듯이 먹었고, 아예 안 먹는 사람도 있었다. 그렇지만 배고픔의 고통에도 단식자들의 눈동자는 빛나고 있었고, 연합회장(서경원)이 단식과정의 자세에 대해 이야기하였다. 아침 미사를 마치고 단식자들은 주변 청소를 깨끗이 하였다.

오전 7시경 단식자인 구례의 박우갑이 녹음기[214)]를 들고 귀가하려고 종합터미널까지 나갔다가 정보과 형사 2명에게 녹음기를 빼앗겼다. 제지도 뿌리치고 천주교회 안으로 들어와 사태를 알렸다. 이어서 성베드로회 수녀 3명이 소록도 부임차 왔다가 소식을 듣고 방문하였다. 전남노회 교육원 이동순 목사도 방문하였다. 3일째 되니까 전국 각지에서 각계의 사람들이 단식투쟁을 응원하고자 오기 시작했다.

최성호가 사회를 보면서 내부회의를 하였고 외부상황이 긴장되어

214) 구례의 박우갑은 경지정리 싸움 등에서 관청이나 농협 사람들이 말을 하면 그것을 녹음하여 싸움에 활용하곤 하였다.

있기 때문에 서로를 확인하기 위해 조편성을 하기로 하였다. 8시에는 가농 전국지도신부단의 호소문을 단식장에서 낭독하였다. 임 사비나 할머니(북동천주교회)가 방문하였고,[215] 9시경에는 김문식이 시를 낭독하였다.

9시 20분경에 전남 지도신부가 가농 전국지도신부단이 전국에 보내는 호소문을 낭독하였고, 대책위에서는 전국지도신부 호소문 500부를 프린트(등사)하여 배포하였다.

호소문

한국 가톨릭 농민회는 성서와 역대 교황 성하의 교훈에 따라 가난과 소외와 억압 속에서 고통받는 농민의 처지를 자각하고 스스로 멍에를 받고자 자발적으로 모인 단체입니다.

구성원의 민주적 협동에 의해서 농민의 경제 사회적 지위를 향상하고 농촌 문제를 해결함으로써 밝은 농촌 사회 건설을 위해 심혈을 기울이고 있습니다.

이는 곧 눈먼 자에게 시력을 주고, 죄 억압자에게 해방을 주고 제도 악에 희생이 된 사람들을 구원함으로써 인간의 존엄성을 회복하고 현실을 복음화하는 올바른 신앙 활동임을 공감하고 저희 전국 지도신부단은 최선의 협력을 아끼지 않고 있습니다.

그러나 농민회의 활동이 있는 곳에 노골적 탄압은 도처에서 공공연히 자행되고 있습니다. 농촌 현장에서도 힘없는 회원에게 "불온", "용공성"을 운운하면서 부당한 사찰과 협박 심지어는 구속까

215) 서경원의 기억에 의하면 이 분이 정규완 신부에게 방언 이야기를 하여 단식투쟁을 북동성당에서 계속하게 하였다고 한다.

지 서슴치 않고 있습니다.

법적으로 보장되어 있는 신용협동조합을 육성 발전시키는 것까지도 농민회 회원이 중심으로 돼 있다는 이유로 강제 해체시키는가 하면, 농촌청년들로 구성된 분회에 대해서는 부모와 친척들을 동원 간교한 술책으로 활동을 마비시키고 있습니다.

춘천교구 하의 연합회에서는 농민회의 활동을 모르는 이들에게 소개지를 만들어 배부(배포)하였다는 이유로 춘천교구 연합회 회장인 유남선 형제와 전국 본부의 협동 부장 정성헌 형제 등을 78. 4. 12일 자로 구속기소하였습니다.

심지어는 민방위 교육장에서 조차 가톨릭 농민회와 교회 단체들을 "용공" 운운하면서 고의적으로 중상·모략·공갈 등으로, 교회적 이념으로 활동하는 회원들의 인권을 유린하고 있고 악의에 찬 선전으로 모함하고 있습니다.

더욱이 76년 가을, 전남 함평군 농협에서는 고구마 재배 농가의 고구마 전량을 수매하겠다고 철썩같은 약속을 해 놓고도 수매를 기피함으로써 고구마 생산 농가에게 막대한 손해를 입혔습니다.

이 억울한 사정을 집계 분석하여 76년 12월에 관계요로에 피해보상을 요구한 이래 저들은 갖은 공갈·협박·회유 등으로 여론을 무마하기에만 혈안이 됐을 뿐 피해보상에는 추호의 성의도 보이지 않았습니다.

차제에 전국 지도신부단과 700여 명의 농민회 회원들은 78년 4월 24일 오후 3시를 기해, 전남 광주 북동 천주교회에서 윤공희 대주교님을 모시고 고구마 피해 농가에 대한 즉각적인 보상, 구속 중인 유남선 형제와 정성헌 형제의 무조건 석방, 가톨릭 농민회에 대한 탄압 중지 등을 촉구하는 기도회를 가졌습니다.

그러나 농협 전남도지부에서는 만성적 기만 술책으로 농민을 무시하고, 통제된 매스콤은 우리들의 정당한 외침과 요구를 외면하고 말았습니다. 이 억울한 사정을 만인에게 공개하고 문제 해결의 협력을 구하는 길은 가두시위와 농성을 벌이는 길이라 단정하고, 지도신부단의 성명서와 회원들의 결의문을 채택 발표함으로서 가두시위에 돌입했습니다. 그러나 대기중인 기동경찰에 의해 무참히 저지당하고 78년 4월 25일 12:00시를 기하여 무기한 단식투쟁에 들어갔습니다.

"결사 단식투쟁"의 결의 아래 전국 각지에서 모여든 농민형제들은 농번기를 맞아 못자리와 파종 등 일년 농사의 가장 바쁘고 중요한 시기임에도 불구하고 오로지 우리의 정당한 요구가 관철될 때까지 추호의 양보도 할 수 없다는 비장한 각오로 3일째를 맞이했습니다. 하오나 저들은 우리의 정당한 외침과 행동에 대해 성의 있는 답변은 고사하고, 기동경찰을 동원하는 등 폭력으로 묵살하기에 여념이 없고, 단식으로 피로에 지쳐 있는 이들을 놓고, 의도적으로 인도의 교통까지 차단하여 인근 상가에 큰 손해를 주는 한편 그 상인들로 하여금 우리의 집회에 방해를 자행하게 하고 있습니다.

존경하는 주교님, 성직자, 수도자 그리고 뜻을 함께하는 국민 여러분! 한국 가톨릭 농민회의 활동은 76년 3월, 주교단의 인준을 거쳐 총재님을 위시한 지도신부단에 의해 구성된 가톨릭의 중요한 활동 단체임에도 저들의 공공연한 탄압과 날조·왜곡·선전 등의 위협은 필시 전면적인 종교 탄압의 전조라 사료됩니다.

"네 이웃을 내 몸같이 사랑하는 것이 하느님을 사랑하는 것 못지않게 중요하다"는 주님의 계명을 묵상하면서, 며칠째 식음을 전폐한 전국 농민 형제들은 정당한 요구와 주장이 관철되기를 기원하고 있습니다.

이것은 여기 모인 이들 및 우리 사제단만의 기원이 아니라 이 나라 전 농민 가슴속에서 피 맺힌 절규인 동시에 이들을 이웃이라고 지적하신 주님의 뜻으로 믿습니다.

조국 근대화의 미명 아래 우리 농민 형제들은 희생의 제물이 되어 왔고, 허울 좋은 고도성장의 그늘에서 신음소리 그칠 날 없었습니다.

정치·경제·사회·문화·교육·의료 면에서 소외돼 있는 농촌사회, 하느님의 창조 사업에 동참한다는 농민이면서도 그들의 자녀들은 도시 근로자의 저임금에서 허덕이고 있고 농민의 분신인 농산물은 천대만 받고 있습니다.

그들은 무지와 가난과 질병의 악순환 속에서도 이 나라 농업의 제1과제인 식량 증산에 이바지하고 있고, 조국 방위에 누구보다도 헌신하고 있습니다. 저들이 이들을 제도적인 억압과 수탈로도 부족하여, 스스로 권익을 찾고 보호하고자 하는 활동을 "불온", "용공"으로 몰아부치는 것은 반그리스도적 종교탄압의 서막이요, 가톨릭 농민회의 말살을 획책하는 처사로 볼 수밖에 없습니다.

저들의 흉계에 과감하게 항거하고 농민의 지위향상을 위해 정당한 주장을 펴나가는 것이 곧 복음화의 길임을 확신하고, 투쟁하는 우리들에게 아낌없는 후원과 협력을 한 맺힌 투쟁으로 호소합니다.

주의 은총이 항상 같이하시기를 기도드립니다.

1978. 4. 26.

결사단식 투쟁장에서 한국가톨릭농민회 전국지도신부단

호소문을 통해 가농 전국지도신부단은 춘천교구 사건에서와 같은 가농에 대한 탄압을 고발하며 함평고구마 문제에서 드러난 농협의 횡포에 맞서 정당한 요구를 관철시키기 위해서 단식투쟁에 나선 농민들에 대한 후원과 협력을 호소하였다.

박우갑은 빼앗겼던 녹음기를 찾아가지고 귀가하였으며, 10시경 부주교가 이진위 내과 의사와 함께 와서 이기환을 진찰하였다. 체격이 가장 큰 사람이 단식 앞에서 가장 약했다. 그리고 광산 신동천주교 신부(박영웅), 전남일보 기자가 단식장을 찾았다. 전남일보 기자에 대해서는 한 마디도 쓰지 못하면서 뭣하러 왔냐 했다.(서경원)

10시 30분에는 이강 회원이 암태도 아사동맹에 대해 소개하였다. 암태도에서 일어난 소작쟁의 과정에서 나타난 소작농민들의 단결된 모습을 이야기해 주었다. 학교 다닐 때 공부했던 것인데 자료도 없이 단식자들에게 이야기하였다.

11시 35분에는 도경 정보과 형사가 서경원 회장을 면담하였다. 단식자들이 요구하는 사항이 마무리되는 단계에 있음을 통고하였다. 강태용 회원은 〈새벽의 7인〉이란 영화를 소개하였다. 또한 전국 각 교구, 사회단체에 전국지도신부단의 호소문을 발송하였다.

점심 때가 되어갔지만 단식자들은 맑은 정신 상태를 유지하고, 흔들리지 않는 자세를 보여주었다. 이날 정오에 단식참여자는 45명이었다.

성당 뒤 교육관에서 단식을 하다가, 점심 때가 지나면 잠깐씩 성당 광장·정문 쪽으로 나와서 구호 한 번씩 외치고 들어왔다.

오후 1시에 광주교구 윤공희 대주교가 단식장에 방문하여, "무어라고 말씀을 드려야 할지 모르겠습니다. 자기의 몸을 해치려고 하지 마십시오. 여러분과 함께 동참은 하지 못하나, 여러분의 뜻은 충분히 인정하며 하나님께 기도합시다"라며 위로기도를 해주었다. 이 때 대주교가 라틴어로 기도를 하다가 눈물이 쏟아져 기도를 마치지 못하였다.

이어서 광주교구 산하 60여 명의 신부들은 회의를 하고 오후 2시에 '결의문'을 발표하였다.

결의문

공업화의 그늘 밑에서 피해대중으로 전락당한 농민들과 노동자들만을 경제성장의 제물로 희생시켜서는 안 된다. 경제성장을 환영하지 않는 사람은 없을 것이다. 경제 특권층의 귀족생활을 위하여 농민의 인권이 유린되고, 고혈이 착취되더라도 편찮다는 이론은 성립될 수 없는 것이다.

이처럼 농민들의 땀과 피의 결실이 수탈당하는 비리와 불법이 합리적인 것처럼 자행되고 있으매, 정의와 진리와 사랑을 배우고 가르쳐 실현해야 할 우리는 입을 다문 채 묵과할 수는 없다.

가톨릭농민회가 농민들에 대한 부당한 인권유린 사례를 들어 그리스도의 복음정신과 교회의 가르침에 입각하여 누차 그 시정을 촉구해 왔는데도 관계당국은 농민들의 정당한 의사를 묵살하고 일방적으로 제시한 그들의 방안을 따르도록 강요하고 있으며, 책임까지 회피해 오면서 농민들에게 납득할 수 있는 아니 성의 없는 답변조차 없었다. 이것은 농민들을 근본적으로 무시해버린 처사라 단정하지 않을 수 없다.

농민들에게 자제와 인내와 순박함을 언제까지 강요할 것인가? 농민 모두는 직접적인 피해자요, 피압박 계층으로 소외당해 온 사람들이다. 이젠 농민은 누구와 더불어 자신들의 억울한 사정을 논의해야 하는가? 하늘을 보고 땅을 보고 탄식만 거듭해야 한다는 말인가?

아니다. 그들은 문이 열릴 때까지 끊임없이 두드릴 것이다. 농민의 짓밟힌 인권이 회복되고 그들의 사회적 경제적 지위가 정당한 위치에 이를 때까지 투쟁하는 그들은 결코 외롭지만은 않을 것이다.

이에 뜻을 같이하는 우리 사제들은 형제적 사랑의 유대로

1) 함평 고구마 피해액 삼백 구만 원을 즉각 현금으로 보상하고

2) 부당하게 구속된 정성헌과 유남선을 즉각 석방할 것을 요구하는 단식투쟁에 동참할 것을 결의한다.

관계당국은 관존민비의 관료주의적 태도를 버리고 농민들의 정당한 요구에 그 댓가를 정당히 지불해 줄 것을 강력히 요구한다.

또한, 우리는 경찰이 북동천주교회 주변을 완전 봉쇄하고 모든 사람의 교회 출입을 일체 금하고 심지어 미사에 참여하려는 신자들까지 교회 출입을 막고 있는 것은 명백한 종교탄압으로 단정한다.

이에 우리는, 모든 경찰은 즉각 철수해야 하고 모든 이의 자유로운 교회 출입이 완전 보장되어야 할 것임을 밝혀 둔다.

이제 우리는 우리의 의사가 관철되지 않을 때는 사제적 양심에서 대대적으로 기도회를 결행할 것을 선포한다.

1978년 4월 27일

뜻을 같이하는 광주 대교구 신부단 일동

광주교구 신부들은 가농과 농민에 대한 관계당국의 인권유린과 착취에 대해 비판하고, 짓밟힌 인권을 회복하고 사회경제적 지위를 정당한 위치에 이르게 하려고 투쟁하는 농민들과 함께 할 것임을 밝혔

다. 함평고구마 피해액 삼백구만 원을 즉각 현금으로 보상하고 부당하게 구속된 정성헌과 유남선을 즉각 석방할 것을 요구하는 농민들의 단식투쟁에 동참할 것을 결의하였다. 또한 경찰이 북동천주교회 주변을 완전 봉쇄하고 모든 사람의 교회 출입을 막고 심지어 미사에 참여하려는 신자들까지 교회 출입을 막고 있는 것은 명백한 종교탄압이라고 단정하고, 모든 경찰이 즉각 철수하고 자유로운 교회 출입을 완전히 보장하지 않으면 5월 1일 대대적으로 기도회를 개최할 것을 선포하였다. 이날부터 지도신부단[216)]은 정식으로 함께 단식에 돌입하였다.

여전히 전도사 및 시내 형제들이 천주교 정문을 통과하다가 제지받고, 일부는 들어오고 일부는 못 들어와서 신부들이 정문으로 나가 함께 들어왔다.

오후 6시경 천주교회 정문 앞에 세웠던 깃발(프랑카드)을 경찰이 강제 철거하였지만 다시 써서 세웠다. 7시 30분에는 단식자를 위한 특별 미사가 행해졌다.

오후 8시 30분에 YWCA 회관에서 광주시민과 교계인사 및 다수의 학생들이 참석한 가운데 '인권기도회'가 열렸는데, 여기서 참석자들은 강연회(강연자 김동길)를 하고 단식투쟁을 지원하는 입장을 표명하였다. 이 모임에 북동천주교회 단식참가자 3명이 직접 참석하여 그동안 단식현장에 대한 생생한 증언(윤홍성[217)] 단식자가 직접 머리에 수건을 두르고 단식자들의 호소를 녹음기로 6분간 들려주었다)과 함께 단식자들을 지지하는 호소문, 결의문을 낭독하기도 했다. 참가자들 중 200여 명이 기도회가 끝난 후 구호를 외치며 단식현장으로

216) 장홍빈(광주지도신부), 이종창(전국지도신부), 신현봉(원주지도신부), 정규완(북동천주교회).

217) 강진 저두교회 전도사.

오다 기동경찰의 제지로 강제해산 당하자 '우리 승리하리라'를 부르고 헤어졌다. 학생들이 10시경 다시 모여 충장로를 향해 농민들의 요구사항과 구호(민주회복, 구속자 석방, 독재정치 물러가라)를 외치면서 행진하다 20명이 경찰차에 실려 갔다.

지지시위 등의 활동에서는 윤한봉이 크게 역할하였다. "처음에 농민들은 한봉 씨를 편하게 생각 안 했어요. 매일 누가 어디로 갔고 누구는 뭣을 했고, 담배 종이 하나 분량에 저녁 일정까지 보내왔어. 그거 보면 꼭 그대로 해, 오늘은 100명이 모여서 뭐 한다, 내일은 200명, 모레는 500명, 굵는 숫자는 그대로 있지만, 밖에서는 시위대가 1,000명으로 늘어가. 북동성당을 쳐들어와서 점거는 못 하더라도 데모 소리가 들릴 정도로 투쟁을 하는 거야."(이강)

이렇게 단식투쟁을 지원하는 시위들은 단식자들에게 큰 격려가 되었지만, 단식 주최측은 광주에서만 단식농성현장을 중심으로 시위하면 경찰이 고립시켜서 강압적인 방법으로 해산할 수도 있지 않겠느냐는 우려에서 가능하면 서울이나 다른 지역들에서 단식투쟁을 지지하는 집회 등을 촉발하면 좋겠다는 의사를 외부로 전달하기도 했다.

10시경에는 단식장에서 대책회의가 열렸다. 단식자들은 자유롭게 3분간 발언하였으며 전국 지도신부와 연합회 지도신부가 와서 바깥소식을 전한 뒤 기도하고, 광주대교구 신부단 결의문을 낭독하였다. 오후에 들어 외부 손님도 별로 기대했던 것처럼 오지 않고, 단식자도 5명 정도가 바쁜 사정에 의해 돌아감으로써 사기가 저하된 감이 들었으나 단식투쟁을 지지하는 외부 소식이 전해짐으로써 사기가 회복되었다.

오후 8시 30분경 이형선이 방문하였고 10시경 정상윤, 이동문, 이철규가 방문하였지만 이날(27일) 방문객이 적어 8명이었다. 경찰은 이날 밤 10시쯤 성당 주변에 더욱더 많은 병력을 투입하여 겹겹이 에워쌌다. 게다가 농민회 탄압을 중지하겠다는 당국 고위층 인사의 약속이 있었음에도 불구하고 본부 홍보부장인 이상국이 행방불명되었고, 동태를 살피러 비밀통로를 통해 단식장을 나갔던 조봉훈이 11시경 납치당하였다.[218] 이렇게 되자 외부와의 유일한 연락창구마저 봉쇄되어 버렸다.

단식자들은 그날 밤 특공대 투입이 있지 않을까 하는 긴장된 순간들을 보내면서 밤12시부터 1시까지 납치할 가능성이 많다고 생각하여 자정쯤에는 아무도 눈치채지 못하게 단식장소에서 하나둘씩 빠져나와 성당 안쪽 제대(미사를 드리는 곳) 밑으로 자리를 옮겨 만약의 사태에 대비했다.

한편 3일째를 넘어가니까 단식자들 사이에서 힘들어하는 사람들이 생기기 시작했다. 전북에서 온 박성선 단식자는 기력을 잃어서 사제관으로 옮겨서 미음을 먹게 하며 버텼다.

이날도 민구협에서 각종 옷들과 필요물품들을 가져왔고, 수건과 이불 등을 가져온 분들도 있었다(정테레사, 김근호, 강분다).

4일째(4월 28일)

9끼니를 굶었는데도 단식 참가자들은 맑은 정신을 유지하려고 애쓰며 단식 4일째를 맞았다. 그동안 유일하게 외부와 연결되던 비밀통로마저 완전히 봉쇄된 채 맞은 이날 아침부터 두 사람(이기환, 박성선)이 완전히 탈진상태가 되어 주교관을 통해 급히 병원으로 옮겼다. 더구나 전북에서 온 박성선 단식자는 다리를 목발에 의지하고 있어서

218) 조봉훈은 전남대에서 학생운동을 하였다.

주위 사람들이 단식에 참여하는 것을 그렇게 만류했으나 본인의 의지를 굽히지 않고 이날까지 버티다 최병욱 회장이 업어서 급히 병원으로 이송하였다.[219] 그런데 이 때 중정과 경찰 쪽에서 성당 안으로 구급차를 들여보냈다. 한 사람이라도 단식에서 빼내기 위해 환자를 실어간다는 명분으로 끌어내려는 술수라고 보고 단식자들은 구급차로 이동하는 것을 거부하였다.

오전 11시에 대책위 보고가 있었다. 대책위원들은 YWCA에서 특별미사를 드리고 성금을 모아 10시경 북동 천주교회 정문으로 들어오다 제지받고 성금[220]만 전달하였고(은명기 목사 외 1명), 대구의 사르트르 바오로회, 충청의 수사도 성금을 전달하였다고 보고하였다. 그런데 그제(26일) 일을 보러 나간 이상국이 행방불명 되어서 일단 구속된 것으로 간주하였고, 어제(27일) 떠난 김문식 대책위원은 소식이 없어 앞으로 계속 수소문 중이며(나중에 돌아왔다)[221] 단식자들은 절대로 개인행동을 금하고 지도부 지도에 따라 줄 것을 당부하였다.

이처럼 외부와 연락이 완전히 차단된 채 단식 4일째로 접어들어 대책 협의 후 단식자들은 가농 전국회원에게 보내는 '회원 형제들에게 드리는 글'을 통해 뜻을 함께 하자고 촉구하였다.

---

219) 결국 박성선은 그 후 6개월을 넘기지 못하고 단식 당시의 후유증으로 세상을 떠났다.

220) 하느님의 은총 아래 용기와 정진이 더하기를 기원합니다. 7만3천5백원, 세계YWCA 기념강연회에서 헌금. 광주 YWCA.

221) 김문식은 현장 대책위원장으로서 단식자들의 필요물품(예를 들어 소금)을 사러 출입하였다. 그런데 이날 김문식의 큰 형님이 그때 도 산림과(식수과) 과장이었다. 형님 집이 지산동 법원 앞에 있었는데, 경찰이 압력을 가하여 형님 보고 네 동생을 끌어내라 두목이니까 라고 하였다. 형님이 와서는 납치하다시피 끌고가서 형님 집에 5~6시간 있었다. 더러워진 옷도 갈아입고 납치해갔다고 또 난리가 나니까 걸어 들어왔다.

회원 형제들에게 드리는 글

- 함평 고구마 피해액을 즉각 보상하라.
- 구속중인 유남선, 정성헌 형제를 무조건 석방하라.
- 가톨릭농민회 탄압을 즉각 중단하라.

1978년 4월 28일 오후 3시 광주 북동 천주교회에서 전국 각지에서 모인 7백여 명의 회원들은 윤공희 대주교님의 주례로 전국지도신부단을 모시고 위와 같은 우리의 요구를 천명하는 기도회를 가졌습니다. 25일까지 계속된 철야기도로써 우리의 결의를 표시했으나 당해 농협 도지부장은 종래와 다름없는 책임회피에 급급했고, 관계기관은 무성의로 일관했습니다. 분함을 이길 수 없는 우리들은 이번에는 기필코 해결해야 한다는 굳은 의지로 급기야 25일 12시를 기해 무기한 단식투쟁에 돌입했습니다.

함평 고구마 문제는 농협측이 생산농민을 우롱한 지 2년이 경과한 이 시각에도 피해보상요구를 봉쇄하기에 여념이 없습니다.

또한, 춘천교구 연합회장 유남선 형제와 전국본부 협동부장 정성헌 형제가 농민회를 모르는 이들에게 활동을 소개할 목적으로 소개자료를 배포하자 소개자료 내용은 괜찮으나 그 저의가 불순하다는 이유로 1978년 4월 12일에 구속기소 되었던 것입니다.

더우기 법에서 보장하는 신용조합을 본회 회원이 중심이 되었다고 해체시킨 사례가 있는가 하면, 민방위교육장 등 공공집회에서까지 가톨릭농민회 및 교회단체들을 '불온단체' '용공단체' 운운하며 사실을 왜곡·날조하여 선전하고 농민회원을 위협하고 교회와 농민회를 모함하고 있습니다.

공업입국의 기치 아래 지금까지 일방적으로 희생만 강요당하면서 고도성장의 뒷전에서 서러움을 되씹어온 우리 농민입니다.

그러므로 이제는 더 이상 어떠한 명분 하에서도 우리는 특권과 재벌들의 제물이 될 수 없습니다.

농민도 천부의 인권을 부여받은 하나님의 자녀입니다. 그러므로 농민도 사람답게 살 권리와 자기 권익을 찾을 권리가 있습니다. 우리의 처지를 자각하고 사람답게 살고 권익을 찾기 위한 우리의 활동을 모함하고 방해하는 만행은 농민지배와 수탈을 영속화하려는 저의로 통탄을 금할 길이 없습니다.

그리스도의 사랑과 정의를 실천이념으로 농촌복음화의 사명을 연 주교회의 공식 인준단체인 가톨릭농민회에 대한 탄압은 곧 교회에 대한 탄압이라 단정합니다. 그러므로 우리가 하고 있는 단식투쟁은 우리의 요구가 관철될 때까지 결사적으로 싸우겠다는 극한 투쟁입니다.

전국 지도신부단은 우리 형제들과 하나가 되어 미사성제와 기도로써 생사를 같이하고 있으며 교우들과 뜻을 같이하는 형제들이 계속적인 성원을 보내고 있습니다. 지금 이 시간 광주대교구 사제단은 우리의 단식투쟁에 동참하겠다는 결의문을 선포했습니다.

회원 형제 여러분!

이제 인내와 굴종을 강요당해 온 이 나라 농민역사에 자주평등의 새 역사 창조의 횃불이 타오르기 시작했습니다. 타오르는 횃불을 더욱 번지게 하여 농촌복음화를 이루기 위해 우리는 무엇을 해야 하겠습니까?

여기 모인 형제들은 죽기를 각오하고 나흘째 단식투쟁을 계속하고 있습니다.

형제 여러분!

힘을 모읍시다. 힘을 모아 농민에게 지워진 굴욕의 쇠사슬을 끊어 버립시다. 전국의 회원과 임원은 이 시점에서 무엇을 할 수 있는지 생각하고 조직적으로 우리의 목적달성을 위한 활동을 전개합시다. 함께 모여 의논하고 의논해서 실천합시다.

형제님들의 우렁찬 성원을 고대합니다.

함께 건투합시다.

1978년 4월 28일

한국 가톨릭농민회 단식자 일동

가농 단식자들은 '회원 형제들에게 드리는 글'에서 함평고구마피해 즉각보상, 구속회원 무조건 석방, 가농탄압 중지를 내걸고, 전국지도 신부단과 광주대교구 사제단이 동참하여 벌이는 함평고구마피해보상을 위한 단식투쟁에 전국의 가농회원과 임원이 힘을 모아줄 것을 촉구하였다. 그리고 이어서 국민에게 드리는 호소문을 발표하였다.

국민에게 드리는 호소문

〈단식투쟁장에서〉

오늘 광주의 북동 천주교회에서 식음을 전폐한 우리 농민들은 단식 결사의 각오로 우리의 정당한 요구가 관철될 때까지 무기한 단식투쟁에 들어가 있습니다.

농번기를 맞아 일년 농사의 가장 중요하고 바쁜 이때 들판에 뿌린 씨앗을 그냥 둔 채 생업을 중단하고 여기에 모여 생명을 건 극한투쟁의 부르짖음은 농민들도 인간으로 인간답게 살아야겠다는 인간생존의 원초적인 외침이요, 오늘날 우리 농민들이 처한 구조적이고 제도적인 사회경제적 억압과 수탈 속에서 농민의 인간적 존엄을 일으켜 세우기 위한 몸부림입니다.

국민의 식량과 공업원료를 생산함으로써 이 땅의 실질적 주인인 농민에 대한 대우는 항구적인 빈곤과 열등 속에 방치되고 있습니다. 공업 위주의 소위 근대화 정책 밑에서 거짓 없는 피땀으로 거둔 생산물에 대한 대가는 생산비에도 미치지 못하는 저곡가 정책으로 보답되고 있으며, 고도성장의 혜택은 날로 격증하는 이농의 발생으로 도시 빈민 문제를 야기시키며, 저곡가로 인하여 우리 농민의 자식들은 다시 공장의 저임금 속에 허덕이고 있습니다.

농민들의 희생 위에 이룩한 재벌의 부는 다시 토지투기로 농민들은 이제 경작할 땅마저 빼앗기고 있습니다.

이러한 구조적 상황 속에서는 오직 우리 농민 스스로의 단결과 협동을 통해서만이 우리 농민의 권익 옹호와 인간적 발전을 도모하고 사회정의를 실천할 수 있음을 자각하고 그리스도의 가르침인 사랑과 정의를 행동으로 실천하기 위하여 한국 가톨릭 농민회는 농촌 복음화에 앞장서 왔습니다.

그러나 우리 농민의 권익옹호와 인간화를 위한 이 자각적 운동은 도처에서 용공단체 또는 불온단체시 되고 반국가적 행위인 양 비판되어 농민회와 농민회 회원에 대한 탄압과 악질적 중상모략은 갖은 수단과 방법으로 자행되고 있습니다. 그 구체적인 예로 농민회 소개를 위한 유인물을 배포하였다는 것을 이유로 유남선(농민회 춘천교구 연합회장) 형제와 정성헌(본부 협동부장) 형제를 구속하였으며(78. 4. 12.) 경남 울주의 경우 육성중인 신용협동조합을 단지 농민회 회원이 중심이라 하여 파괴, 강제 해산케 하고, 민방위 교육장에서까지 "용공," "반국가적" 운운하며 회원에 대한 폭행과 인격적 모독뿐만 아니라 종교 비방까지 자행하고 있습니다. 이는 종교 탄압과 한국 가톨릭 농민회 등 자주적 농민운동을 말살하기 위한 획책으로 참되고 바르게 인간답게 살고자 하는 진실된 노력이 용공시되고 위험시되는 풍토를 조성함으로써 국민 간의 불신과 불안을 조장하는 진정한 국민총화를 저해하는 것이며 농민문제의 해결을 방해함으로써 이 땅의 참된 민주주의 실현을 압살하기 위한 반국가적 행위요 반민족적 만행입니다.

더구나 농민의 자주적 협동을 통한 경제 사회적 지위향상을 목적으로 한 유일한 농민 협동조직체인 농업협동조합은 그 역할이 어느 때보다 막중한데도 불구하고 주인인 농민의 참여를 제도적으로 봉쇄하고 농민의 이익을 무시한 채 중앙집권적 관료체제요 행정기관의 시녀와 독점자본의 앞잡이로 전락하고 말았습니다.

그 반농민적 작태를 노골적으로 드러낸 것이 소위 함평 고구마 피해 사건으로 농협이 만성적 기만과 배신행위로 빚어진 한 예에 불과합니다. 농협의 수매약속 불이행으로 빚어진 이 사건은 피해보상을 요구하는 생산 농민들의 정당한 요구를 묵살한 채 2년이 지나도록 회유와 공갈로써 고구마 뿐만 아니라 농민들까지 무참히 짓밟은 것입니다. 이러한 오늘의 상황 속에서 농민문제의 해결 없이는 이 땅의 진정한 민주주의를 구현할 수 없음을 자각하고 우리의 권익을 찾아 그리스도의 공동선을 실현하기 위한 '농민의 기도회'를 4월 24일 광주 북동 천주교회에서 전국에서 모인 700여 명의 농민 형제들과 농민회 지도신부단은 윤공희 대주교님의 집전으로 가졌습니다.

이 자리에서 우리 농민들은 농민회에 대한 탄압 중지와 구속회원 석방, 함평 고구마 피해보상을 해 줄 것을 요구하는 결의와 지도신부단의 성명서를 채택하고 이 문제해결을 위해 기도했습니다.

그러나 통제된 언론은 우리의 주장을 국민에게 전하지 못하고 관계 당국은 우리의 요구를 무시하고 말았습니다. 이에 참석자 전원은 우리의 이 정당한 주장을 국민에게 알리고자 거리로 나왔으나 기동경찰의 폭력 앞에서 무참히 저지당하고 천주교회마저 봉쇄당한 채 우리의 요구 관철을 위한 무기한 단식투쟁에 들어갔습니다. 지금 단식 중인 이곳 북동 천주교회는 형사들과 기동경찰에 의해 인도의 교통마저 차단된 채 일반 신자의 미사 참여마저 방해받고 있으며 인근 상인들에 항의하게끔 이간행위를 하고 있습니다.

국민 여러분!

거짓 없는 피땀으로 성실히 노력함으로써 생명을 가꾸어 하느님의 창조 사업에 동참하고 있는 가장 신성한 직업인 농업에 종사하는 우리 농민들이 비인간적 처우 속에 방치되어 신음하고 있음은 무슨 까닭입니까?

이 자리에서 우리의 요구 관철을 위하여 생명을 건 단식투쟁은 바로 우리 농민의 인간적 존엄을 위한 투쟁이며 그리스도의 고난에 동참함으로써 새롭게 참되게 태어나기 위한 투쟁임을 확신합니다. 이제 우리 농민과 뜻을 함께하여 단식에 동참하는 농민회 전국지도신부단 및 성직자들과 함께 우리의 요구가 관철될 때까지 투쟁할 것입니다.

1978. 4. 28.

한국가톨릭농민회 단식투쟁자 일동

단식투쟁 현장인 북동 천주교회가 봉쇄되었고 더욱이 언론마저 보도하지 않는 상황에서 단식자들은 국민에게 농민들이 요구관철을 위해 생명을 건 단식투쟁을 하고 있음을 알렸다.

12시경 벌교의 한 단식참가자가 도저히 참을 수 없어 가겠다고 했

단식장 발언(박명근) ⓒ 가톨릭농민회, 민주화운동기념사업회

으나, 대책위와 상의한 뒤에 죽어서 나가겠다고 다짐하였다. 지휘부는 단식자들이 너무 긴장하고 불안한 것 같아 사명의식을 갖도록 「황토현에 부치는 노래」(김남주 시)를 낭독하였다.

그리고 함평에서 3명이 이곳에 들어오려고 틈을 보고 있으나 들어오지 못하고 있다는 정보가 들어왔다. 이어서 김지하 시인의 부인이 교구에 보내는 편지를 낭독하였다.

대책위가 전하는 뉴스에 따르면, 북동 천주교회 정규완 신부가 소식을 갖고 왔는데 단식 사건이 외신에 보도되었으며, CBS에서도 보도하였다고 하였다. 동아투위, 자유실천문인협회 사람들 10명이 단식 장소로 들어오려다 저지당하였고, 어젯밤에 외부에서 농성을 하다 20여 명이 연행됐으며 고은, 백기완씨가 다른 일로 구속되었다고 하였다. 목포에서 청년운동을 하던 의사 안철의 출소 기념식에서 단식투쟁 문제가 거론될 것 같으며 해직교수협의회에서도 움직이고 있다고 하였다.

오후 3시경, 문경식(단식자) 아버지가 찾아와 아들을 내놓으라고 농성을 하고 있었다. 이것으로 당국의 전략이 바뀌었음을 확인할 수 있었다. 단식을 방해할 목적으로 단식자의 부모들을 꾀어 오게 하는 책동이었다. 대책위에서 아버지를 계속 설득하기 시작하였다. 나중에 문경식의 아버지가 대책위원들의 설득 이후 단식자들에게 "농민의 처지를 개선하기 위해 수고하시는 여러분을 대할 때 나의 자식도 장함을 느낍니다. 한번 얼굴만 보고 돌아갔으면 쓰겠습니다”라고 하여, 숨어 있던 문경식이 나와 만난 뒤 귀가하였다.

그리고 문정현 신부가 (다른 투쟁에서 몸을 다쳐) 불편한 몸을 이끌고 여러 신부들과 함께 단식장을 방문하였다. 문정현 신부는 끝까지 동참할 것을 선언하였으며, 김지하의 ‘거부하라. 거부하라. 끝까지 거부하라. 거짓을 거부하라. 밥은 서로 나누어 먹는 것. 나는 공산주의라는 공짜도 모른다. 그러나 함께 나누어 먹어야 한다’는 싯구를 소개해 주었다. 오후 4시경 이동호 아빠스(가농 총재)가 격려 전문을 보내왔다. 오후 5시경 보성에서 또다시 단식자를 데리러 온 사람들에게 들어보니 경찰들이 교통비까지 주면서 가족들을 데리고 왔다고 하였다.

오후 5시 반경 단식 3일째 귀가하였던 최기만에게서 전보로 전해온 소식에 의하면 시위 중에 다친 여성이 곤봉에 맞아 출혈이 낭자한 채 연행되었고, 모두 약 8명이 연행됐고 3명이 중정에 이첩됐다[222]고 하였다. 이날 북동천주교회에서 성금 3만 원이 들어왔다.

서울에서 문익환 목사 외 3명, 이호철(자유실천문협), 정태준(조선투위), 김종철(동아투위)이 방문하여 각계에서 보내준 성금도 전달하였다. 그 외 5명 정도가 들어오지 못하고 있었다. 언론인들은 ‘민족문학의 밤’ 행사[223]로 인한 연행자들에 대한 성명서를 발표하고(4월

222) 전문 내용. ‘가톨릭농민회 단식투쟁 형제들께. 아침에 나와 어제 있었던 데모에 대하여 정보를 들어보니 우리가 염려했던 아가씨가 방망이에 맞아 출혈이 낭자한 채 경찰에 연행되었다고 합니다. 연행한 인원은 약 8명이고 그 중 중경에 3명이 이첩되었다고 합니다. 그리고 여기 우리 선배님께서 여러분들을 격려하는 뜻에서 (단식투쟁 현장에 가려고 했지만 저지당해서 못 가서) 성금을 보내오니 나와 있는 저도 지금 계속 단식을 하면서 각계에 여러분의 뜻을 전하고 있답니다. 우리의 암호로는 나오지 마십시오. 사방은 2, 3명의 정사복 경찰관이 저지하고 있답니다.’ 최기만 드림

28일), 쫓겨난 기자(해직기자)지만 기자의 자격으로 왔다고 했다.

그리고 전국 농민인권위원회를 월요일(5월 1일)에 정식 발족하기로 하고 준비에 들어가(조비오 신부를 서기로 선임하였다), 오후 4시에 광주 YWCA 총무실에서 전국농민인권위원회 준비모임을 하였다. 전국의 민주, 인권, 자유에 공동관심을 가진 제 단체 대표들이 모여 가농이 주관한 함평고구마투쟁에 대하여 논의하고, 전국농민인권위원회 준비위원회를 결성키로 하였다.

6시 15분 정문으로 들어오려다 못 들어온 사람들이 있어 신부 4명이 데리고 들어오려고 나갔으나 기동경찰의 제지를 받고 되돌아와 대책협의에 들어갔다. 그리고 시내 시위에서 어제 연행된 8명이 석방되었다고 하였다.

서울쪽의 민주인사들이 오는 것을 막지 못한 경찰은 이날밤 더욱 더 삼엄한 경계태세에 돌입했다. 납치된 두 단식자는 이날까지 아무런 연락이 없었고, 기동경찰의 감시는 더욱 삼엄해졌다. 단식자들은 경찰의 폭력에 의해 단식농성이 해산될 위험을 느끼고 또 제단 옆으로 들어가 밤을 새웠다.

이날 은명기 목사 외 2명이 YWCA 특별 미사에서 모금한 성금(7만 3,500원)을 기탁하였고, 광주YMCA총무 이형민(2,000원), 기장여신도회 전국연합회 선교후원회(10,000원), 대구 사르트르 바오로회 총장 수사(10,000원), 북동천주교 부인회(30,000원), 불초소생이라고 밝힌 북동 천주교회 신자의 성금(10,000원)과 격려 전문[224]이 들어왔고, 조선대 법대, 약대 2학년 학생들이 음료수(박카스 1박스)

223) 1976년 4월 24일 오후 6시 대한성공회 강당에서 자유실천문인협회와 백범사상연구소 주최로 문인 등 8백여 명이 참석하여 개최하였다. 이 행사와 관련하여 고은, 백기완이 경찰에 연행되었다.

를 보내왔다. 그리고 가농 경기총무의 '형제여, 우리 승리하리라'는 격려전문, 가농 총재 이동호 아빠스의 격려전문이 접수되었다.

단식장 방문(김문식, 미상) ⓒ 김문식, 민주화운동기념사업회

5일째(4월 29일)

단식 5일째를 맞은 4월 29일 단식자 중 2명이 쓰러져 급히 앰브란스에 실려 병원으로 옮겨졌다.

단식자들은 먹는 이야기를 많이 하고 장기를 두기도 하였다. "계속 누워서 자고 소금물만 먹고 일어나면 장기를 두고 배가 많이 고팠다."(박석면)

3~4일째 이후부터는 사람들이 모이면 먹는 이야기를 해가지고 죽는다고 웃곤 하였다. 3~4일 지나면서 최대 고비라고 하는데 그 고비의 시간에 앉아서 먹는 이야기가 고통을 주었다. 어디 가면 맛있는 게 있다, 가서 먹는데 어떤 것이 맛있더라 그런 이야기 하면서 한편으로 고통을 느끼면서 단식을 하였다. 그리고 4~5일째 될 때는 소금을 씹어서 먹었다. 몸에 염분을 보충하기 위해서 소금을 먹는데, 몸에서 염분이 거의 다 빠져나가서 인지, 물을 먹으면서 소금을 떠먹는데 소금이 짜지가 않다고 느꼈고 그래서 단식자들은 소금을 씹어서 먹었다. 그리고 5일이 지나니까 염소똥 같은 대변이 장을 비우고 나왔다(이창균).

224) '동지 여러분, 먼저 여러분의 투쟁에 경의를 표합니다. 아울러 그 투쟁에 동참하지 못함을 송구스럽게 생각하오며 더욱 분투하실 것을 빌어마지 않습니다. 일금 만 원으로 조그만 성의 표합니다. 1978. 4. 28. 여러분과 뜻을 함께하는 불초소생 올림.'

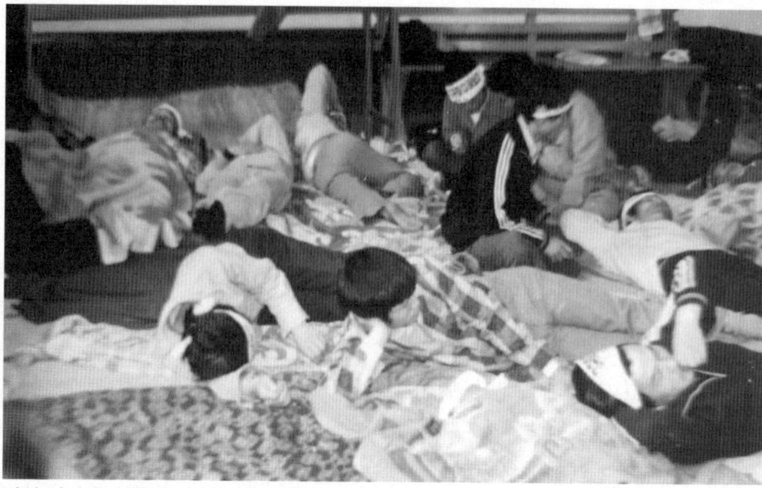

단식 장면 © 가톨릭농민회, 민주화운동기념사업회

이날 대책위원장 김문식이 출타하여 박재일 대책위원이 위원장을 맡았다. 아침에 열린 대책위에서 단식자들은 고구마 피해보상 309만 원 전액 보상, 도지부장의 사과, 납치해 간 김문식과 이상국의 석방, 농민회 탄압중지, 기도회 문제를 사후 문제삼지 말 것 등을 요구하였다. 그리고 출입을 중단하고 주위를 봉쇄 감시하는 행위가 자행되는 한 절대로 협상에 응할 수 없음을 통고하였다. 단식자들은 이상의 요구가 모두 관철될 때 단식을 풀겠다고 하였다. 물론 중정에서는 먼저 단식을 풀라고 요청하였다.

단식자들의 이러한 주장에 대해 지도신부는 윤 대주교의 의견을 존중할 수밖에 없는 현실이기 때문에 일단 오전 9시에 정식으로 협상하기로 했다고 말했다. 이에 대해 단식자들은 협상에 응하지는 말고 (대주교가 농민들의 사정을 잘 모르므로) 대주교에게 농민들의 상황을 상세히 보고하라고 대책위에 요구하였다.

대책위는 단식자들의 견해에 따르기로 하고 대주교를 만나러 갔다 왔다. 본당 신부가 격려의 말과 성서 낭독을 하고 난 후, 지도신부가 "농민회를 통해 체험적으로 느낀 것은, 가톨릭 농민회는 모든 회합을 할 때 어떠한 고난이 닥치더라도 기도하면서 일을 해야 한다. 여러분은 외롭지 않다. 하느님이 여러분과 함께 계신다"고 기도하였다. 지도신부에게 단식자들이 사후에 문제삼지 않기로 구두다짐을 받았다고 하는데, 그 구두다짐이 얼마나 신빙성이 있겠는가? 라고 질문하였고, 지도신부는 대주교 앞에서 도지사, 경찰국장, 지국장 등이 머리를 숙이고 절대로 문제삼지 않겠다고 다짐했다고 했다. 사목국장 신부는 만약에 문제가 있으면 본인이 직접 나서서 해결하겠다고 말했다. 단식자들은 농민들의 단식이 돈 몇푼 받기 위한 단식이 아니었음이 분명하고, 보다 근본적인 문제를 해결하기 위하여 모였고, 보상문제도 근본 문제의 일 부분이었기 때문에 협상과정이나 앞으로 계획은 계속 추진하면서 명분을 세울 수 있도록 추진했으면 한다고 하였다. 그렇게 해서 협상에 응하기로 하였다.

한편 사안의 심각성을 파악한 당국이 먼저 만나서 협상을 하자고 제의해 왔다. 천주교 광주대교구 윤공희 대주교가 중재를 맡았다. 당국 측에서는 고건 전남도지사, 중앙정보부 전남지국장, 농협 전남지부장, 전남도경국장 등 5명이 나왔다. 대책위 쪽에서는 전국본부 이길재, 최병욱 회장, 전남연합회 서경원 회장, 이국창 신부, 각 교구단위 신부 2명이 나왔다(서경원). 북동 천주교회 사제관에서 열린 협상에서 지국장이 말문을 열었다. "회장님 오늘 그 머리띠나 끌르고 얘기합시다." 서경원이 "우리 이거 매고 있어서 머리가 아픕니다. 고구마 피해보상 해결되면 이거 자동을 풀려집니다. 그 안에는 풀 수 없습니다"라고 응했다. 지국장이 농협 전남지부장에게 "먼저 이야기를 시작해보소"라며 농협 측 입장을 요구했다. 농협 측이 입장을 밝혔다. 이야기를 들은 고건 도지사가 대통령에게 혼쭐난 뒤라 자기 돈으로라도 해결해 보려고 "그러면 309만 원 중 100만 원을 받고 원만하게 해결하는 건 어떠냐"며 합의를 종용했다. 분노한 서경원이 입을 열었다. "저는 학교도 안 다닌 사람인데 고건 도지사님은 최연소 행정고시에 최연소 도지사라는 사실을 잘 알고 있습니다. 그런데 그 정도로 배우셨다는 분이 무엇이 옳은지 그른지도 모르셔야 쓰겠습니까. 법적으로 봤을 때 이 같은 피해를 협상으로 흥정해서 해결하는 게 맞습니까? 지사님, 함평장에서 돼지새끼 놓고 흥정하는 거 같습니다. 이건 흥정의 대상이 아니거든요. 우리 일어납시다."라고 하였다. 그러자 윤공희 대주교가 서경원의 옆구리를 꾹꾹 찌르면서 좀 기다려 보라고 하였다. 경찰은 한 마디도 안 하고 고건은 서경원의 말을 듣고 아무 말도 못하고 있었다. 농협에서는 박과장이 참여했는데 아무 말도 못했다. "뭔 말을 해?, 말 못해. 왜냐하면 달달달 떨고 형식적으로 앉았지. 경찰청에서 그랬다는 것 아녀. 야 색끼들아 느그들은 가만히 있고 우리들이 할테니 와. 그래서 온거여. 정보부에서 좌지우지해 버린거야."(서경원) 다 나간 다음에 대주교가 김신부 방으로 불러 손을 꼭 잡고 서경원에게 "내가 이제 네 뜻을 알겠다. 아 열심히 싸워, 도와주마. 끝까지 싸워!"라고 힘을 실어주었다.

협상은 중정 전남지국장과 농민들 간의 팽팽한 긴장 속에 진행되었다. 이 당시는 중앙정보부가 모든 일에 개입하고 결정하던 시절이었다. 10시경 관계당국의 대표와 농민 대표들 사이에 다음과 같이 구두합의에 도달했다.

① 당국에서 오늘 중으로 함평 고구마 피해보상 요구액 309만 원을 현금으로 지급한다.

② 농협도지부장의 농민들에 대한 공식사과는 지부장을 대리해서 판매과장이 단식농성 현장에 찾아와 단식자들에게 한다.

③ 연행된 이상국, 조봉훈 두 형제를 즉각 석방한다.

④ ①, ②, ③항의 약속이 이행됨과 동시에 단식농성을 중지한다.

이상 4개항의 합의를 토대로 양측의 협상대표들은 10시 20분경 단식현장을 방문하여 돈을 건네고 단식자들의 의견을 물었다. 당국 쪽에서는 보상금 309만 원을 건넸고 대책위에서 수령하였다. 그러나 단식자들은 보상금이냐 아니면 무슨 조건으로 주느냐 하는 확인이 없으면 절대로 받을 수 없다고 하였고, 현재 현금수령문제를 가지고 계속 협상중이라고 하였다.

대책위 보고가 이어졌고, 보상 문제는 문서로 밝히고 이상국 형제를 현장으로 데려오라고 요구했는데, 농협 측은 협의중이고 안을 찾아보겠다는 답변만 하고 있다는 것이었다. 단식자들은 외부의 열화 같은 지원을 생각하지 않고 돈 몇 푼 받고 헤어진다는 인상을 주면 웃음거리 밖에 안 된다고 언급하였다. 단식자들은 당국의 협상 대표에게 309만 원은 함평고구마 피해보상금이라고 명문화해서 지불증을 써줄 것을 요구했다. 이에 대해 당국의 협상대표는 상부기관에 문의하여 오후 3시까지 가부를 알려 주겠다고 했다.

오후 2시 20분 피해보상과 관련하여 도지부장이 309만 원에 대해 명문화할 수 없다는 연락을 하여 현금을 돌려주었다. 구속회원 석방 문제가 장기화할 것 같으니까 단식자들도 장기전에 대비해서 1일 미수가루 1컵씩 먹기로 하였다.

그리고 다시 협상이 재개되었다. "판매과장이 돈을 갖고 왔죠. 고구마 생산장려금이라고. 그걸 다시 쫒아 보냈죠. 또 만나자는 걸 천주교회 옆에 다방이 있었는데 거기서 우리 간부하고 지도신부님하고

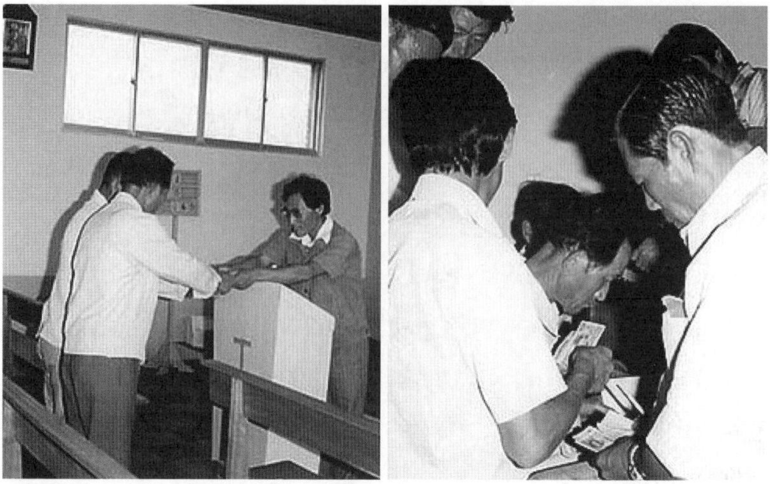

보상금 수령 © 가톨릭농민회, 민주화운동기념사업회

세 번을 만났어요. 근데 계속 회유책이었어요. 최종적으로 우리가 끝까지 고구마 생산장려금이 뭐냐, 우리는 피해보상을 요구한다, 분명히 해라, 그랬죠. 그랬더니 마지막에 현찰을 들고 와서 간접피해보상이라고 들고 왔어요. 참 추접하죠. 그랬더니 우리 회의석상에서 받아들여라, 간접이란 말은 여러 번 써도 좋으나 일단 피해보상이란 말을 반드시 넣어라, 농협이기 때문에 조합이기 때문에 받은 영수증에다가 그렇게 기록을 해라. 영수증을 딱 써주고 돈을 거기 놓고 사진을 찍었죠."(서경원)(대담, 322)

농협도지부에서는 고구매생산장려금이라고 하려고 했다. 단식자들은 고구마피해보상을 받으려는거지 무슨 생산장려냐 하면서 거부하였다. 다시 들고 와서는 간접피해보상이라고 하면 어떨지 물었다. 간접이라는 말은 백번 써도 좋으나 '피해보상'이라는 말을 반드시 넣으라고 요구하였다. 아울러 그에 대한 문서작성도 요구했다.

오후 4시 30분 기관원(형사실장)과 판매과장은 다시 단식장을 찾아와 피해보상금 지불증과 함께 현금 309만 원을 내놓으면서 지불증을 낭독하였다. 우여곡절 끝에 나온 지불증의 문구는 정말 가관이었다.

> 1978년 4월 29일 오후 4시 30분 농협 전남 도지부장 대리 판매과장은 함평고구마 피해농민들에게 사과의 말씀을 드리고 피해농민 159농가의 피해액 3백9만 원을 드립니다.
>
> **지불증**
>
> 피해보상에 대해서는 주교관에서 윤공희 주교님과 도단위 기관장과의 대화에서 공식적 보상은 여러 가지 사정으로 어렵고 비공식으로 보상하되 자금 출처와 방법은 묻지 않기로 하였다고 하기에 3,090,000원을 가져왔으니 받아주시기 바랍니다.
>
> 1978년 4월 29일
>
> 농협중앙회 전남도지부장 대리
>
> 판매과장 박태용
>
> 피해농가 임정택 외 159농가 귀하

판매과장은 사과의 말과 함께 함평고구마 피해농가에 대해 공식적 피해보상은 어렵고, '비공식' 피해보상을 하기로 하고 309만 원을 보상한다고 낭독하였다. 바로 1978년 4월 29일 오후 4시 30분, 단식자 일동이 이 제의를 수락함으로써 함평 고구마투쟁은 일단 매듭지어 졌다.

피해농가를 대표해서 현장 대책위원장인 임정택이 지불증을 받았다. 이렇게 해서 피해농가들은 피해보상금 지불증과 현금을 받았다. 지불증에는 '피해보상에 대해서는 주교관에서 윤공희 주교님과 도단위 기관장과의 대화에서 공식적 보상은 여러 가지 사정으로 어렵고 비공식으로 보상하되 자금 출처와 방법은 묻지 않기로 하였다고 하기에 3,090,000원을 가져왔으니 받아주시기 바랍니다'라고 쓰여 있었다. 도대체 비공식 보상은 무엇이며 자금의 출처와 방법을 묻지 않는다는 것은 또 무슨 소리인가? 간접 보상과 직접 보상을 벗어난 기묘한 비공식 보상을 받았다. 그래도 피해보상이라는 말이 들어가 있기는 했다.

지불증에서는 피해보상을 주제로 한 협상의 주인공으로 대주교와 기관장이 호명되고 가해당사자와 피해당사자는 등장하지 않는다. 농협도지부장은 판매과장을 보내 놓고 결국 나타나지 않았다. 중정에서 좌지우지하던 때이고 농협은 일은 저질렀지만 해결할 능력이 없었다. 그 때 당시에는 전부 다 중앙정보부에서 파견 나와서 사건들을 조정하였으며 그래서 그들의 명칭이 조정관이었다.

그래도 '자금출처와 방법은 묻지 않기로 하였다'는 문구가 눈에 띄는 것은 세월 탓만은 아닐 것이다. 물론 당시 투쟁에 참여했던 농민들은 309만 원을 보상받는다는 것 자체가 승리한 것이라고 생각하였고 그런 문구 등에 크게 개의치 않았다.[225)]

"309만 원만 받아도 우리는 성공이라고 했으니까. 그 때 당시에 내용이 중요한 것이 아니에요. 우리는 투쟁해서 309만 원을 요구해 가지고 받았으니까 내용이 중요하지 않다, 내용과 관련해서 얘기는

225) 서경원은 어쨌든 피해보상이라는 말을 꼭 들어가야 한다고 주장하였다. 그리고 도지사가 돈을 댔다는 소문이 있었다.

좀 있었어요. 그 때 당시에 그 내용까지 따지다 보면… 8일 동안 굶고 있었고 전국적으로 시끄럽고 그랬기 때문에, 내용보다는 돈을 받은 것은 말하자면 우리가 싸워서 이겼다 하는 것으로 생각했죠."(최성호)

전달식에서 봉투를 받아든 현장 대책위원장 임정택은 뜨거운 눈물을 쏟았다.[226] 농성자들도 서로 부둥켜안으며 만세를 불렀다. "농민운동 만세!" "함평농민 만세!" "가톨릭농민회 만세!"를 외쳤다. 해방 후 처음으로 농민들이 정부를 상대로 한 투쟁에서 승리한 순간이었다. 만 1년 6개월의 치열한 투쟁 끝에 얻은 승리였다. 이름도 묘한 '비공식적 보상'으로.

이렇게 해서 1976년 11월 17일[227]부터 본격적으로 시작된 함평고구마투쟁은 1978년 4월 29일 오후 4시 반경에 일단락되는 듯했다. 그러나 연행된 두 사람(이상국, 조봉훈)을 5시쯤 돌려보낸다고 하여 단식투쟁을 마칠 준비를 하였다. 우선 가장 시급한 것은 며칠씩 굶은 사람들에게 먹을 것을 지급하는 일이었다. 처음부터 바로 밥을 먹는 것은 자칫 후유증을 일으킬 수 있다는 경험 있는 분들의 의견에 따라 미음을 조금씩 먹기로 했다. 교회 측에서 준비한 5일 만에 처음 대하는 음식 미음과 숟가락! 사람들은 너나 할 것 없이 마파람에 게눈 감추듯 순식간에 훌훌 마셔버렸다. 그러나 몇 사람은 기력이 쇠잔해서 미음마저도 먹을 기운이 없어 급히 병원으로 옮겨야 했다.

그러나 당국은 약속을 어기고 오후 6시가 지나도 아무 연락을 하지 않았다. 협상대표를 통해 추궁했지만 당국은 조사가 아직 끝나지 않아서, 상부의 지시가 없어서라는 식으로 얼버무린다는 것이었다.

---

226) 교육관에서 보상금을 전달할 때, 전자석이 현찰을 받았다.
227) 피해와 관련한 논의와 불만 확인 등은 11월 초부터 있었고 피해보상대책위 결성논의가 11월 17일에 있었다.

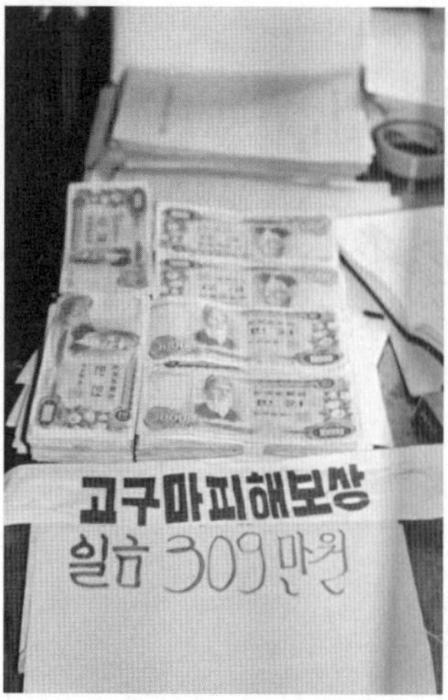

고구마피해보상 일금 309만 원
© 김문식, 민주화운동기념사업회

오후 8시 대책위원들이 이상국, 조봉훈을 데리러 갔으나 도청에서는 계속해서 행방을 모른다고 발뺌하였다. 끝내 두 사람을 내보내지 않았다. 이에 단식자들은 연행자들이 석방될 때까지 단식을 계속하기로 하였다.

한편 이날 낮에 양림교회(은명기 목사)에서 열린 안철[228]·이철우[229] 출감기념회에서 참석자들은 유신헌법 철폐에 대해 주장하고 단식투쟁 농민들을 지지하였다. 특히 윤홍성은 단식장을 빠져나가 출감기념회에 참석하여 대표기도를 하며 단식투쟁 상황을 알리고 지지를 호소하였다.[230]

이날은 월산동천주교회(10,000원), 배문한 신부(20,000원),[231] 계림동천주교회 사도회(40,000원), 대전신학교 부제단(13,700원)의 성금이 들어왔고, 북동교구 신 루실라 할머니는 사탕을 사오셨고 임수진[232]은 단식물품(칫솔, 소금)을 공급해 주었다.

---

228) 농민운동을 하던 안동해의 아들로 목포지역에서 약사로서 기청연합회장으로 (나중에 전국기청회장으로) 활동하였다.

229) 이철우는 목포에서 청년운동을 하였고 나중에 전도사를 하였다.

230) 이 일로 윤홍성은 연행되어 가톨릭회관이 있던 건물의 여관에 갇혀 3일 동안 조사를 받았다.

231) 수원 여주본당 주임신부.

232) 진안의 농민활동가. 당시 농촌문화연구회 전라북도 사무국장.

6일째(4월 30일)

단식 6일째인 4월 30일에는 단식투쟁이 계속되는 가운데, 관계 당국이 전날 고구마 피해보상금을 전달해 준 것을 빌미로 "단식투쟁 농민들이 고구마 피해보상금을 받음과 동시에 해산을 결의했다. 그리고 단식 중에 발생한 사건에 대해서는 일체의 문제제기를 하지 않기로 합의했다"는 등, 마치 단식농민들이 돈 3백 9만 원으로 만족해서 납치자석방 등 모든 것을 포기해버린 것처럼 소문을 퍼뜨렸다는 소식이 전해졌다. 그동안 단식투쟁을 열심히 지원하고 있던 사람들은 단식자들이 너무 성급하게 협상해버린 것이 아니냐, 그렇게 되면 납치된 두 사람은 어떻게 되느냐며 크게 실망하면서 혼선을 일으키고 있다는 것이었다.

단식자들은 아침으로 먹으려고 준비했던 미음을 물리친 채, 납치된 두 사람이 돌아올 때까지 단식투쟁을 연장하기로 결의했다. 그리고 이 사실을 밖으로 전달하여 전열이 흐트러지지 않도록 하기 위해 단식 참가자 몇 사람이 밖으로 빠져나갔다.

오전 10시경 도경 조 실장이 찾아와 일단 단식을 풀고 내일까지 기다려 보자고 제안했으나 단식자들은 간계라고 생각하고 계속 단식할 것을 결의하였다.

11시 30분경에는 북동 천주교회 부인회에서 미음을 가져왔다. 이날 미사는 특별 미사로 기도회 성격을 띠었다. 광주 여학생 2명이 방문차 다녀갔고, 경기지구 총무의 격려 전문('형제여 우리 승리하리라'), 무안 정해윤[233]의 격려 전문('함께 기도 건투 빔', 박석면 개인에

233) '해윤'이라는 이름으로 단식투쟁에 참여한 박석면에게 개인적으로 경축전보를 보냈다. 정해윤은 무안에서 가톨릭신자이면서 가농회원으로 활동하였고, 박석면이 총무로 있던 농사형제계에서도 활동하였다.

게 보냄)을 받았으며, 마산 이병철 형제는 앞으로 일이 끝나는 대로 오겠다고 연락해 왔다. 단식이 길어지면서 12시 30분 위독환자 2명이 병원으로 이송되었다. 이렇게 단식이 길어지면서 후원과 응원도 더해졌다. 오후 1시경에는 북동 천주교회 신자이며 리어카 끄는 분이 성금을 가져왔다. 오후 3시 25분에는 함평에서 (나갔던) 임정택 현지 대책위원장과 강영인(외대화마을 가농회원), 최윤이 정문 제지를 뚫고 들어왔다.

오후 5시 50분에는 대책위의 상황보고와 앞으로 대책 협의가 있었다. 조봉훈, 이상국이 약속대로 석방되지 않는데 대해 총무를 항의하기로 하였다. 당국은 계속 현지 부모들을 설득하여 와서 단식자들을 데려가려는 작전을 폈다. 납치된 사람들의 상황에 진전이 전혀 없었고 내일 아침까지 석방한다고 하였으니 기다려 보자고 하였다.

오후 6시경 조비오 신부가 방문하여 기도해 주었고, 5월 1일 기도회 참여자들이 혼선을 빚고 있음을 알고 당국은 계속 문제가 해결되었다고 퍼뜨리고 있었다. 그러나 보상 문제는 해결되었다 하더라도 석방 문제는 해결되지 않았다. 단식자들은 별일 없이 지내고 잠자리에 들었다. 늦게 황한식(부산대 교수, 크리스찬아카데미 농촌교육 간사)이 방문하였다.

이날 북동 교구 한국화장품(5,000원)과 기장 청년연합회(15,000원)에서 성금이 답지하였다.

7일째(5월 1일)

처음에는 63명이 단식을 시작했는데 그동안 납치되고 병원에 실려가고, 외부 활동을 위해 몇 사람씩 빠져 나가다보니 중간에 들어온 사람이 있어도 이날 아침 점호시간에는 39명이었다.

오후에는 각계 양심 인사들이 단식현장을 방문하고 새로운 농민운동조직('전국농민인권위원회')을 결성할 움직임을 전하였고, 각계에서 보내준 성금도 전달해 주며 단식농민들을 격려했다.

오후 3시 이후 많은 인사들이 기도회 참석차 와서 단식장에 들렀다. 대전의 유진훈이 천안의 김승경 의사를 대동하고 왔으며, 주최측은 그들에게 지금까지의 「농민의 기도회 및 단식투쟁 경과일지」를 작성해 줬다. 대주교는 서울에서 와서 경찰 당국에 현재의 사태(구속자 석방)를 빨리 해결하라, 그렇지 못할 때 이후 사태에 대한 책임은 경찰 당국에 있다고 통고하였다. 보성에서 신부 외 1명이 격려방문하였고, 빨리 해결되기를 기원하였다. 문정현 신부는 'ㄴㅗㅇ ㅁㅣㄴ ㄷㅡㄹ, ㄱㅓㄴ ㄱㅏㅇ ㅎㅏ ㅅㅣㅂ ㅅㅣ ㅇㅛ. ㅁㅜㄴ ㅈㅓㅇ ㅎㅕㄴ ㅅㅣㄴ ㅂㅜ'라는 전보를 보내 농민들의 건강을 빌었다. 격려전문이 도착한 직후 문 신부와 전주교구 사목국장 신부(이수현)가 방문하여 단식자들을 위해 기도를 드렸다. 인천 도시산업선교회 조화순 목사도 격려 방문하여 동일방직사건[234)]의 실상을 소개하였고, 윤홍성 전도사, 박대선 전도사가 양림교회 출소자 기도회 발언 관계 때문에 어제 연행되었음을 알렸다(윤홍성은 연행되어 가톨릭센타 부근의 여관에 3일간 연금되었다). 그리고 강진에서 조병환 장로, 서울에서 한빛교회 이해동 목사가 방문하였다.

이날은 여전히 정문은 통제받고 있었고, 단식자 가족들이 간간이 찾아와 책임자들과 대화를 주거니 받거니 하고 있어서 단식자들은 가능하면 바깥출입을 하지 않았다. 이날 단식자는 40명이었다. 오후 7시가 되어 단식자 중에 5명이 기도회 참석차 출발하였다. 남동천주교

234) 1978년 2월 21일. 사측이 노조원들의 행사에 똥물을 퍼부은 사건.

회 기도회 때문에 신부들이 모두 남동으로 갔기 때문에 단식자 안전을 위해 중요서류를 사제관에 가져갔다. 30일부터 서서히 미음을 먹기 시작하여 밤에는 미음을 먹는 것같이 먹었다. 오후 8시경 단식자들은 천주교회 안으로 들어가서 은신하다가, 오후 10시경 외부 사정이 호전되어 단식 장소로 옮겼다.

한편 남동 천주교회에서는 오후 7시 50분부터 신구교 합동으로 '특별기도회'('북동천주교회에서 단식농성을 벌이고 있는 회원들을 위한 기도회')가 개최되었다. 전국에서 모인 40여 명의 신부들과 20여 명의 목사들이 공동 집전한 이 기도회는 수십 명의 개신교 인사 및 사회의 양심인사들과 500여 명의 신자들이 참석하여 성황을 이루었다. 조비오 신부는 강론에서 단식투쟁 중인 농민들의 뜻을 대변하여 이미 구속기소 중인 가농회원 두 사람(정성헌, 유남선)의 조속한 석방과 농민회 탄압을 즉각 중지할 것을 요구하는 단식농민들의 결의를 밝혔다. 문익환[235] 목사는 강론을 통해 농민들의 단식투쟁이 민주회복과 인권수호에 기여한 공로가 크다고 평가하였다. 목사인 그는 강론을 하기 전에 신부들이 하는 식으로 성호를 그었는데 그 모습이 하도 엉성해서 참여한 신부들과 신도들이 박장대소하였다(서경원).

기도회에서 김성순 단식자가 농민의 기도를 했으며, 기도회 후 참석자들은 신부 80여 명, 목사 50여 명, 문인 다수 등 각계의 민주인사들로 이루어진 '전국농민인권위원회'를 구성하였다.[236] 전국농민인권위원회는 제일성으로 〈농민의 투쟁에 동참을 선언하며〉라는 선언

235) 당시 재야인사의 대표격인 인물이었다.
236) 기도회가 끝난 후 100여 명의 양심 인사들은 한자리에 모여 '전국농민인권위원회'를 결성하고 위원장에는 가농 전국 지도신부를 추대하였다. 그러나 이후 활동은 활발하지 않았다.

문을 발표하였다.

농민의 투쟁에 동참을 선언하며

오늘 이 시간 광주 북동 천주교회에서는 일주일째 식음을 끊고 함평 고구마 피해보상과 구속된 형제의 석방 및 농협의 민주화를 요구하는 농민들의 피맺힌 외침이 들려오고 있다.

지난 76년 농협의 대대적인 선전을 믿고 고구마를 재배했다가 농협이 수매 약속을 지키지 않는데다 중간 상인들의 농간까지 겹쳐 함평군에서만도 1억 4천여만 원의 피해를 본 이 엄청난 사건은 2년간의 끈질긴 투쟁을 당국이 외면하고 온갖 협박과 회유를 자행함으로써 마침내 가두데모와 단식으로 폭발하고 말았다.

길가에 썩어가는 고구마 냄새를 맡으며 가슴을 치던 농민들 중에 대부분의 사람들은 관의 눈초리가 무서워 보상받기를 포기하고 지금 겨우 3백 9만 원의 외로운 소리만이 남았다가 어렵사리 해결하였다. 함평군이 이렇다면 감사원의 감사를 받은 39개 군의 2백 39억 원은 어떻게 되었겠는가?

이 땅에 권력이 있어온 이래 농민은 언제나 가렴주구의 대상이었다. 그러나 민주주의와 인도주의를 부르짖는 오늘날에도 여전히 계속되고 있는 이 교묘한 수탈행위는 어찌된 일인가?

우리는 권력이 저지르고 있는 반농민적 반민주적인 사기행위가 함평사건으로 대표되며, 노동자의 희생을 바탕으로 정권의 안보를 유지하려는 사악한 기도가 노동자들에게 똥물을 퍼먹인 인천 동일방직 사건에서 여지없이 폭로되었다고 단정한다.

최저 임금을 쌀 한가마니 값 남짓한 3만 원 선으로 유지하라는 지시로 미루어 볼 때 얼마나 많은 노동자들이 그 이하의 임금을 받으며 인간 이하의 생활을 해 왔겠는가를 알고도 남음이 있다.

700만에 이르는 도시의 노동자에게는 의식주 가운데 식생활이 최대의 위협이 되며 그것은 언제나 사회불안의 요소였다. 정부는 노동자의 동요를 막기 위해서는 저곡가 정책을 강요할 수밖에 없었으며 그 피해가 직접 농민에게 전가된 것이다. 해마다 약간의 수매가격 인상을 선심이나 쓰듯 발표하는 당국의 오만한 태도, 국내의 농산물 가격을 유지하기 위해 노동자의 피땀 어린 외화로 사들여 오는 외국의 잉여농산물, 생산비에도 못 미치는 곡가에 짓눌려 하늘을 보며 탄식하는 농민들의 신음소리가 그것을 웅변해 준다.

지금 수출 100억 달라 달성을 자랑하는 자화자찬과 80년대는 국민소득이 얼마라는 화려하고 눈부신 최면술의 주문이 어지럽게 들린다. 그러나 100억 달러를 수출했다고 해서 그 주역인 노동자와 농민에게 과연 어떤 혜택이 돌아가고 있는가? 그들은 요란한 선전 문구에 현혹되어 배가 고프면서도 부른 것 같은 환상에 빠지고 있다. 농가의 안방 구석구석까지 침투한 텔레비전, 꼭두새벽부터 새마을 노래를 울려대는 유선 방송, 저의가 뻔히 들여다 보이는 충효의 구호, 이 모든 것이 민중의 판단력과 사고 능력을 마비시키려고 획책하고 있다. 그러나 역사와 민중은 한줌 밖에 안 되는 권력집단과 기생충들에 의해 좌우되지는 않는다. 학원을 아무리 병영화해도 거기서는 줄기차게 민주화 투쟁이 계속되고 있으며 양심적인 교수를 추방해도 밖에서의 가르침은 그치지 않고 있다.

신부와 목사를 용공분자로 몰아붙여도 그들의 곁에 있는 노동자와 농민들은 그들을 더욱 사랑하며 따르고 있다. 자유언론의 소리를 높이 외치다 거리로 쫓겨난 1백여 명의 언론인들은 빼앗긴 언론을 되찾기 위해 굳건한 투쟁을 벌이고 있으며 표현자유 정치를 위한 자유 문인들의 투쟁도 갈수록 격렬해지고 있다.

그렇다, 자유는 찍어 없앨 수 있는 나무가 아니다. 권리는 몽둥이로 두드려 죽여 버릴 수 있는 허깨비가 아니다. 극도로 발달한 정보기관과 통치 수단을 총동원해도 민족의 통일과 자유를 갈구하는 민중의 염원은 억누를 수가 없다. 우리는 오늘 함평 고구마 사건을 계기로 농민들의 투쟁에 동참하면서 이 땅에 참다운 자유와 통일이 오는 그날까지 농민과 같은 대열에 서서 함께 웃고 함께 울며 함께 싸울 것을 선언한다.

1978년 5월 1일

전국농민인권위원회

기도회에 참석했던 양심인사들은 전국농민인권위원회 이름으로 북동천주교회에서 일주일째 함평고구마 피해보상과 구속된 가농회원의 석방 및 농협의 민주화를 요구하는 농민들의 단식투쟁을 지지하며 함께 갈 것을 선언하였다. 위원회는 위원장에 가농 전국지도신부인 이종창 신부를 추대하고 농민의 인권옹호를 위해 적극적인 활동을 전개할 것을 선언하였다.

이처럼 단식장 바깥에서 신부들과 목사들, 민주인사들과 학생들은 기도회를 통해 단식투쟁을 지지하였다. 이 기도회에는 단식자 중에서 5명이 참석하여 투쟁경과를 보고하였다. 오후 11시경 기도회에 참석했던 단식자들이 돌아와서 경과를 알려주었다.

이날 밤 11시쯤 되자 단식장 멀리서부터 “연행자를 무조건 석방하라!” “긴급조치 해제하라!”는 군중들의 함성소리가 해산을 종용하는 경찰의 마이크 소리, 호루라기 소리와 함께 뒤섞여 단식장 주변을 향해 밀려왔다. 단식자들은 천주교회 정문 앞으로 나가 멀리서 들려오는 구호에 따라 함께 외쳤다(노금노, 1987: 68).

이처럼 일주일 동안 단식장에서 뿐만 아니라 단식장 바깥에서 다양한 투쟁이 벌어졌으며, 많은 신부, 목사, 민주인사, 학생 등이 단식장을 방문하여 투쟁을 지지하였다. 특히 언론에 알려지면서 학생들뿐만 아니라 일반 시민들까지 합세하여 단식장 바깥에서 시위 인원은 처음 200여 명에서 점차 늘어나 1천여 명에 이르렀다.

단식자들은 밤 12시경 신부들이 사온 우유를 1봉지씩 먹고 잤다. 이날 지도신부단은 우유 50봉을 사왔고, 북동천주교 부인회가 미음을 쒀왔으며, 북동천주교 신자들의 성금(5천원 두분), 쌀과 김치 제공이 있었고, 조병환 장로(10,000원)가 성금을 기탁하였다.

8일째(5월 2일)

전날(5월 1일) 특별기도회에서 보여준 양심세력들의 의지와 행동은 당국에 엄청난 압력이 되었다. 석방문제를 놓고 대책위에서는 사후문제와 윤홍성, 박대선 석방 등 계획을 추가하여 통고하였다. 그래도 여전히 경찰은 단식자들이 먼저 해산해야 회원을 석방한다 하고 단식자들은 먼저 석방해야 해산한다 하며 옥신각신하다가, 경찰이 해산을 확인함과 동시에 석방하겠다고 약속해와 그렇게 하기로 합의했다.

5월 2일 단식 8일차 오전 9시에 당국은 연행하여 7일 동안 구금했던 두 사람을 석방하겠다고 사무국장 신부를 통해 알려왔다. 잠시 후 두 연행자가 초췌한 모습으로 단식자들 앞에 나타났다. 단식자들은 서로 부둥켜안고 뺨을 부벼대면서 지난 8일 동안 긴장과 초조, 불안으로 응어리졌던 가슴을 기쁨과 환희, 승리와 감격으로 흐느꼈다.

12시 30분경 단식자들은 지도신부들과 북동천주교회에 모여서 8

일간의 단식투쟁을 끝내는 미사를 하였다. 단식자들은 '농민기도회 경과보고(함평고구마 피해보상 드디어 받다!)'를 하였고, 이어서 '단식농성을 풀면서'라는 마무리 발언을 하였다.

함평고구마 피해보상 드디어 받다!

(농민기도회 경과보고)

때 : 1978. 4. 24. ~5. 2.

곳 : 전남 광주시 북동천주교회

주최 : 한국 가톨릭 농민회

1976년 11월부터 시작된 함평고구마 피해보상 문제는 농협측의 무성의한 태도에 의해 번번히 묵살된 채 시간이 지남에 따라 과거의 얘깃거리로 사라질 기로에 처하게 되었다. 그리하여 피해농민들은 최후 수단으로 「농민기도회」를 열고 다시 한번 농협의 성의 있는 사건 해결을 촉구하기에 이르렀다.

4월 24일 오후 3시부터 광주 북동 천주교회에서는 전국 각지에서 회원 700여 명이 모인 가운데 윤공희 대주교님의 주례와 농민회 지도신부단의 공동 집전으로 기도회가 시작되었다. 이종창 농민회 지도 신부님의 강론이 있은 이날 기도회를 통해 우리들은 1) 함평 고구마 피해보상, 2) 농민회 탄압중지, 3) 구속회원 석방을 요구하였다.

기도회 2부 순서에서는 그간 함평 고구마 사건 경과보고가 있었고, 농협의 비민주적 작태가 성토되고, 농민회 탄압 사례가 발표되었다. 이어 전국 지도신부단의 성명서가 낭독되고 농민회의 선언문과 전국 회원들의 결의문이 채택되었다.

우리들이 이 사건 해결을 위해 농협 도지부장을 오후 5시까지 현장에 나오도록 서면 요구하였으나, 농협측은 일언반구도 없었다. 이에 분개한 우리들은 오후 7시경 농협 도지부로 직접 몰려가기로 하고, 천주교회 정문을 열어 제쳤다. 그러나 대기중인 기동경찰에 의해 제지당하고 말았다.

기동경찰과 대치한 우리들은 천주교회 뜰에서 연좌한 채 우리의 요구를 외치고 이러한 사정을 시민에게 호소했다. 오후 9시경 도지부장의 요청으로 지도신부단과 대표들은 다방에서 도지부장과 대면하였다. 도지부장은 이 사건에 대하여 농수산부의 현지 조사가 있었던 만큼 자기로서는 책임질 수 없다고 답변했으나, 우리들은 이 사건의 해결책임이 도지부에 있음을 주지시키고 도지부장의 "농협중앙회에 연락하여 결과를 알려 주겠다"는 약속으로 면담을 끝냈다. 그후 우리들은 밤 11시쯤에 천주교회로 들어가 철야 기도회를 가졌다.

4월 25일 : 천주교회에서 밤을 새운 우리들은 도지부에서 아무런 회신이 없자, 다시 연좌농성에 들어갔다. 이때 당국은 교통을 완전 차단하고 인도 주변의 상인들로 하여금 우리에게 항의토록 함으로써 우리의 농성을 해산시키려 했다. 결국 기동경찰의 제지로 도지부까지의 행진이 불가능함을 깨달은 우리들은 12시쯤 천주교회에서 대책을 강구하고 이날부터 무기한 단식투쟁에 돌입하기로 결의했다. 단식투쟁 참가자 60여 명은 천주교회 뒷뜰 건물에 들어와 우리의 요구가 관철될 때까지 단식투쟁에 들어갔다. 이때, 지도신부단도 함께 단식에 동참했다.

4월 26일 : 단식 이틀째인 이날 새벽부터, 경찰 당국은 천주교회 앞 인도와 천주교회 주변을 삼엄하게 봉쇄, 경계하고 있어서 일반 신자들의 새벽 미사 참여도 불가능했다. 오전 9시쯤, 윤대주교님의 주선으로 관계 당국과 협상키로 하여 농민회 지도신부단과 대표들은 주교관을 방문했다. 전남 도지사, 중앙정보부 도지부장, 도 경찰국장, 농협 도지부장과 자리를 함께한 지도신부와 대표들은 "앞으로 농민회를 탄압하지 않겠다"는 당국의 확약을 받았으나, 고구마 피해보상에 관해서는 "총 피해 요구액 309만 원 중 2/3이상 선을 5월 31일까지 지급하겠다"는 그것도 막연하기 짝이 없는 농협측의 제의를 거부함으로써 고구마 피해보상에 대한 협상은 일단 결렬됐다.

4월 27일 : 우리의 요구를 주장하는 현수막, 심지어 예비신자 입교환영 현수막마저 저들에 의해서 밤사이 철거되었고 신자들의 새벽미사 참여를 또다시 제지하는 등 종교적 탄압도 가중되어 갔다. 정사복 경관에 의한 통행차단은 계속되었고, 우리들은 외부와 완전 고립된 채 공포 분위기는 극에 달했다.

농민회 지도신부단은 이 날짜로 전국 교회에 단식자들의 상태와 결의를 알리는 동시에 적극 호응해 줄 것을 요청하는 호소문을 채택했다. 오후 1시, 윤공희 대주교님은 단식 현장을 방문하시고 기도와 위로의 말씀을 해주셨다. 또한 광주 대교구 신부님들은 우리의 뜻에 적극 동참한다는 내용의 결의문을 발표했다.

이날 저녁 YWCA회관에서 열린 인권기도회의 참가자들이 기도회가 끝난 후 우리들의 단식 현장인 북동 천주교회 쪽으로 몰려오자 기동 경찰은 무력 해산시키고 20명을 연행해 갔다 한다. 한편, 농민회 탄압을 중지하겠다는 당국 고위층 인사의 약속이 있었음에도 불구하고 본부 홍보부장인 이상국 형제가 26일 행방불명되었고 또한 조봉훈 형제가 강제 연행됐다. 특히 이날부터는 단식자들의 가족이 현장으로 몰려와서 우리들을 억지로 귀가시키려는 사태가 속출했다. 경찰당국은 가족들에게 여비와 기타 숙식비까지 제공하여 면회케 한 사실만 보아도 당국은 우리들을 간악한 수법으로 분산시키려는 계획이었음이 틀림없다.

4월 28일 : 외부와 연락이 차단된 우리들은 전국 회원에게 현 상황을 알리고 그들의 성원을 촉구하기 위해 "전국 회원에게 보내는 글"을 작성 발송하였다.

오후에는 문익환 목사 및 사회 각계 양심인사들이 단식 현장을 방문하고 전국농민인권위원회를 결성할 예정임을 알리고 우리를 격려해 주었다.

이상국 형제와 조봉훈 형제로부터는 이날까지 아무런 연락이 없고 기동 경찰의 감시는 더욱 삼엄해졌다. 우리는 경찰의 비열한 수단에 의해 단식농성이 해산될 위험을 깨닫고 천주교회로 들어가 기도로 밤을 새웠다.

4월 29일 : 관계 당국의 요청으로 이날 아침 북동 천주교회 사제관에서 협상이 시작됐다. 전국 지도신부, 전남 지도신부 및 대표들과 농협 도지부 판매과장, 중앙정보부 조정관, 도경 형사 분실장이 함께한 자리에서 당국이 피해액 309만 원을 보상하고, 연행된 이상국, 조봉훈 형제를 즉각 석방한다는 조건하에서 우리는 단식농성을 중지하기로 상호 약속했다. 그리하여 농협도지부는 판매과장을 도지부장 대리로 보내 현금 309만 원을 고구마 피해 보상 명목으로 전달해 왔다. 단식자 일동이 이 제의를 수락함으로써, 함평 고구마 사건은 일단락 매듭을 지었다.

그러나 이번 단식 농성중에 연행된 이상국, 조봉훈 두 형제가 이날 늦게까지 석방되지 않으므로, 우리는 그들이 돌아올 때까지 단식을 풀지 않기로 결의했다.

4월 30일 : 오늘도 연행된 형제들은 석방되지 않은 채 우리의 단식투쟁은 계속되었다.

5월 01일 : 저녁 7시 30분부터 광주 남동 천주교회에서는 우리를 성원하기 위한 특별기도회가 열렸다.

전국에서 모인 40여 명의 신부님들이 공동 집전한 이 기도회는 수십 명의 개신교 인사 및 사회의 양심 인사들과 500여 명의 신자들이 참석하여 성황을 이루었다. 조비오 신부님은 강론 중에서 단식투쟁중인 우리들의 뜻을 대변하여, 이미 구속 기소중인 유남선, 정성헌 두 형제의 조속한 석방과 농민회 탄압을 중지할 것을 요구하는 우리들의 결의를 전달해 주었다.

특히, 문익환 목사님은 우리 농민들의 단식투쟁이 이 나라의 민주회복과 인권수호에 기여한 공로가 크다고 높이 평가했다.

기도회가 끝난 후 100여 명의 양심 인사들은 한자리에 모여, 전국농민인권위원회를 결성하고, 위원장에는 이종창 농민회 지도 신부님을 추대하였는데, 이 위원회는 앞으로 불의와 압제의 희생물이 되고 있는 농민의 인권옹호를 위해 활동하는 적극적 단체가 될 것이다.

이 기도회가 계속되는 동안 천주교회 안에서 기도를 드린 우리들은 이같이 뜨거운 각계의 성원에 새로운 용기를 얻고, 단식투쟁을 언제까지든 지속할 각오를 굳혔다.

5월 2일 : 오전 9시 당국측으로부터 이상국, 조봉훈 두 형제를 석방하겠다는 소식이 들어왔다. 드디어 기다리고 기다리던 두 형제는 우리들에게로 돌아왔다.

모질게도 견디어온 8일간의 단식으로 이미 6명의 형제들이 쓰러질 정도로 쇠약해 졌으나 우리의 투쟁이 헛되지 않았음을 실감했다. 우리는 지도신부님들과 천주교회에 모여서 농성을 끝내는 기도회를 조용히 가졌다.

우리는 하느님께 감사를 드리고 앞으로의 활동을 재다짐했다. 또한 이 자리에서는 유남선, 정성헌 두 형제의 석방을 위해 5월 8일 춘천교구 주최로 죽림동 천주교회에서 갖는 기도회에 적극 참여할 것으로 결의했다.

단식을 끝내면서, 그동안에 물심양면으로 성원하여 주신 많은 분들께 진심으로 감사를 드리는 바이다.

1978. 5. 2.

한국가톨릭농민회 단식투쟁자 일동

단식을 끝내는 기도회를 하면서 단식자들은 8일간의 투쟁 과정을 자세히 보고하였고 이번 투쟁을 끝내지만 앞으로의 활동을 재다짐했다. 각계의 성원에 감사하면서, 단식자들은 5월 8일 춘천교구 주최로 죽림동 천주교회에서 갖는 기도회에 적극 참여하기로 결의하였다.

단식투쟁을 끝내는 것은 고구마투쟁을 일단 끝내는 것이었다. 단식으로 몸은 지쳐 있었지만 결연한 마음으로 단식자들은 '단식농성을 풀면서'를 발표하여 단식투쟁이 끝났음을 알렸다.

단식농성을 풀면서

- 농민도 사람이다!
- 사람답게 살 권리가 있다!

그러나 우리의 피땀 어린 생산물이 정당한 대가를 보장받고, 농민도 엄연한 이 나라의 주권자임을 현실적으로 확인하기 위하여 마침내 농민 집단단식이란 엄청난 과정이 필요했다는 것은 분명 우리 사회의 기본적 모순을 노출한 것이 아니었습니까?

몇 달째 계속되는 가뭄 속에 봄 못자리도 팽개치고 우리는 4월 24일 이곳 광주에 모여 하느님께 기도했고, 목청껏 외쳤고, 마침내 25일 정오부터 농민회 지도신부단과 함께 죽음을 각오한 무기한 단식에 들어갔던 것입니다.

그러나 단식 8일이 된 지금, 우리가 내걸었던 요구 가운데 첫째, 함평 고구마 피해보상금 309만 원은 단식 5일 만에 해결을 보았으나, 둘째, 구속된 정성헌, 유남선 두 회원 형제의 즉시 석방은 실현되지 못하였고, 세째, 농민회 활동보장 문제는 지역적 사정으로 전남에서만 해결을 보았습니다.

이 정도의 성과를 가지고 단식농성을 푼다는 것은 참으로 서글프기 짝이 없으나 현 단계 모든 사정을 감안하여 부득이한 일이었습니다. 그동안 우리를 위하여 걱정해 주신 존경하는 광주시민 여러분! 특히 27일 YWCA, 29일 양림교회 기도회를 통하여 보여주신 여러분의 뜨거운 형제애에 깊이 머리 숙여 감사드립니다. 철통같은 경찰의 제지를 무릅쓰고 위로 격려해 주신 사회 각계 단체 대표 여러분과 성직자 및 모든 이에게 감사를 드리며, 특히 북동 천주교회 주변 시민들께 본의 아닌 불안과 불편을 끼쳐드린 데 대하여 우리의 처지를 형제적 입장에서 깊이 양해하여 주시기 바랍니다.

윤공희 대주교님, 광주교구 사제단, 특히 북동 천주교회 정 신부님과 형제자매들의 성원에 뜨거운 감사를 드립니다. 간장통을 담 너머 넘겨주시고, 수건을 치마 밑에 숨겨 가져다주시며 단식현장에 오셔서 눈물을 흘리시던 아주머니, 할머니를 우리는 길이 잊지 못할 것입니다.

우리의 피맺힌 호소가 전국에 메아리쳐서 사회 각계 양심인사들에게 충격과 각성을 주고 마침내 '전국농민인권위원회'가 탄생된 것은 진실로 하나님의 섭리로 알고 농민도 결코 외롭지 않다는 사실을 깨달았으며 옳은 일을 위하여 죽음을 겁내지 않을 때 많은 선의의 사람들의 지원을 얻고 문제해결의 실마리도 풀린다는 것을 확인하였습니다.

그동안 적지 않은 동지가 쓰러지는 8일간의 단식을 끝내며, 등에 붙은 허기진 배를 움켜쥐고 떨리는 다리를 가다듬으며 우리는 마음 깊이 다짐합니다. 전체 농민의 생존을 위한 싸움, 기본적인 자유를 누리고 사람답게 살기 위한 거룩한 싸움은 이제부터 시작된다는 것을 구속된 두 형제를 위한 투쟁은 계속될 것임을! 그리고 우리의 복음적 사명에 대한 참뜻을 곡해하여 마치 반국가적 용공단체인 양 몰아붙이려는 망국적 책동에 대하여는 가차 없는 싸움을 전개할 것을!

전국 회원여러분!

우리의 그간의 희생이 비록 작은 것이나 헛되이 하지 않기 위하여 자신을 가지고 가속된 노력을 집중합시다.

언제나 가난한 자 억눌린 자 편에 서시는 하느님! "날마다 자기를 부인하고 자기 십자가를 지고 나를 따르라" 하신 그리스도 예수여!

오늘 이 땅 위에 당신의 뜻을 이룩하고자 애쓰시는 농민의 아들딸 장한 행렬에 축복하소서.

언제나 함께 하소서.

1978년 5월 2일

한국 가톨릭농민회 단식자 일동

단식자들은 '단식농성을 풀면서'[237]에서 '농민도 사람이다, 사람답게 살 권리가 있다'고 포효하면서, 정당한 대가를 보장받기 위해 농민 집단단식이라는 엄청난 과정이 필요했으며 이는 우리 사회의 모순을 드러내는 것이라고 지적하였다. 그러한 엄청난 집단단식 투쟁을 하였음에도, 내걸었던 요구 가운데 함평고구마 피해보상금 문제는 해결하였으나 구속된 가농회원의 석방문제와 농민회 활동보장 문제[238]는 말끔하게 해결하지 못하여 아쉬워하였다. 그렇지만 단식투쟁을 지지하고 후원하는 사회 각계 인사들이 결집하여 농민인권위원회가 탄생한 것을 보며 농민들이 외롭지 않다는 사실을 깨달았다고 하였다. 더욱이 단식자들은 '전체 농민의 생존을 위한 싸움, 기본적인 자유를 누리고 사람답게 살기 위한 거룩한 싸움은 이제부터 시작된다'는 것을 확인하면서 가차 없는 싸움을 전개할 것을 다짐하였다.

그리고 이날 구례군 광의면 대산분회 농민회원들은 농민회원 일동 명의로 단식투쟁장(서경원 귀하)으로 '초는 나를 태우면서 남을 비춘다, 건투와 서광이 비추길…'이라는 경축전보를 보냈다.

이렇게 가열찼던 8일간의 단식투쟁은 마무리되었다.

237) 이 해단 성명서는 박재일이 쓰라고 해서 경북연합회 총무 김성순이 썼다. 그는 '농민도 사람이다'라고 시작하는 해단 성명서를 썼고, 그 뒤에도 주변 사람들이 그를 지칭하며 '농민도 사람이다'를 언급할 정도였다.

238) 농민운동 탄압중지를 단식투쟁 동안 주요한 요구로 내세웠으나 전남지역 이외의 지역에서의 탄압문제에 대해서는 이렇다 할 매듭을 짓지 못하였다.

3. 단식 참가자들

1) 단식 참가자들

단식투쟁에는 전남의 농민을 비롯해 강원, 경북, 경남, 충남 등 전국 각지의 농민운동가와 지도신부단, 합하여 연 73명이 참가하였다. 기도회 참가자 700여 명 가운데 약 10% 정도가 단식농성에 돌입하였다. 하루라도 참여한 사람을 모두 합하면 73명이었고, 중간에 이탈하거나 중간에 시작한 사람들도 있었다. 그래서 단식자는 시작할 때 63명이었고 도중에는 40여 명 선에 머물렀다. 물론 잠깐씩 들러 단식에 동참한 사람들도 있었다.

단식에 참여한 사람은 연인원 73명이었으며 참가자 명단은 다음과 같다.

단식참가자 명단

전남

해남 : 정광훈, 양동술, 윤기현, 이동배, 이순애(여), 임수옥(여), 황연자(여), 고옥희(여)

강진 : 장영근, 김정순, 박광용, 이광수, 윤홍성, 김재봉

함평 : 서경원, 노금노, 모영주, 임정택, 정병오, 지성철, 장홍빈(함평천주교회, 지도신부)

보성 : 이기환, 조계선, 문경식, 김용준, 신상일.

구례 : 최성호, 박우갑

무안 : 박석면, 이창균, 김수복(여)

광산 : 최기만, 염창섭

곡성 : 김문식

영광 : 정병온

광주 : 이 강(해남), 이용주, 윤한봉(강진), 박병기, 정태성, 황광우, 박태우, 박형중(장흥), 조봉훈(승주), 김현장(강진), 정규완(북동천주교회, 지도신부)

계 46명

다른 지역 참가자

강원 : 박명근, 김동식, 조한수, 김춘배, 김상범, 김헌일, 강태용, 박재일, 신현봉(지도신부) 9명

충남 : 정연석, 이상국, 최병욱, 이길재, 유진훈 5명

경북 : 구정회, 정재돈, 권종대, 김성순 4명

경남 : 구자순, 이도열, 송세경, 이병철, 이종창(전국 지도신부) 5명

전북 : 전자석, 박배진, 김만용, 박성선 4명

계 27명

〈표-21〉 함평고구마투쟁 단식참가자

번호	성명	출신지역		연령	직업	가농 회원	크아 교육	비고
1	정광훈	전남	해남	40	농민		7기	기독교
2	양동술	전남	해남	31	농민	O	17기	
3	윤기현	전남	해남	30	농민		8기	
4	이동배	전남	해남	27	자영업	O		
5	이순애	전남	해남	25	농민	O		
6	임수옥	전남	해남	23	농민	O		
7	황연자	전남	해남	23	농민		9기	

번호	성명	출신지역		연령	직업	가농 회원	크아 교육	비고
8	고옥희	전남	해남	23	농민	O		
9	장영근	전남	강진	41	농민	O	5기	
10	김정순	전남	강진	28	농민	O	15기	
11	박광용	전남	강진	23	농민	O		
12	이광수	전남	강진	32	전도사			
13	윤홍성	전남	강진	32	전도사		5기	
14	김재봉	전남	강진	35	농민		6기	
15	서경원	전남	함평	42	농민	O	1기	
16	노금노	전남	함평	30	농민	O	5기	
17	모영주	전남	함평	22	농민	O	17기	
18	임정택	전남	함평	29	농민	O	7기	
19	정병오	전남	함평	25	농민	O	7기	
20	지성철	전남	함평	24	농민	O	15기	
21	이기환	전남	보성	32	농민	O	9기	
22	조계선	전남	보성	25	농민	O	10기	
23	문경식	전남	보성	24	농민	O	11기	
24	김용준	전남	보성	23	농민	O		
25	신성일	전남	보성	30	농민	O		
26	최성호	전남	구례	37	농민	O	6기	
27	박우갑	전남	구례	40	농민	O	14기	
28	박석면	전남	무안	20	농민	O	14기	
29	이창균	전남	무안	21	농민	기청		
30	김수복	전남	무안	19	무직	기청		
31	최기만	전남	광산	29	대학생	기청		
32	염창섭	전남	광산	21	대학생	기청		
33	김문식	전남	곡성	42	농민	O	1기	
34	정병온	전남	영광	30	농민	O	17기	
35	이 강	전남	광주	29	대학생*	O	7기	해남
36	이용주	전남	광주	19	정당원			
37	윤한봉	전남	광주	31	대학생*			강진
38	박병기	전남	광주	25	대학생	기청		
39	정태성	전남	광주	29	정당원			

번호	성명	출신지역		연령	직업	가농 회원	크아 교육	비고
40	황광우	전남	광주	21	대학생			
41	박태우	전남	광주	23	대학생			
42	박형중	전남	광주	25	대학생		13기	장흥
43	조봉훈	전남	광주	26	대학생	O	8기	승주
44	김현장	전남	광주	25	대학생			강진
45	박명근	강원	춘성	32	농민	O		
46	김동식	강원	춘천	30	농민	O		
47	조한수	강원	원성	51	농민	O		
48	김춘배	강원	원주	32	농민	O	16기	
49	김상범	강원	원주	40	농민	O		
50	김헌일	강원	원주	35	농민	O	7기	
51	강태용	강원	삼척	40	전교회장	O	4기	
52	박재일	강원	원주	41	농민	O		
53	정연석	충남	대전	37	가농 교육부장	O	1기	경북 선산
54	이상국	충남	대전	26	가농 홍보부장	O		
55	최병욱	충남	대전	41	가농 회장	O	14기	충남 공주
56	이길재	충남	대전	39	가농 상임이사	O	2기	
57	유진훈	충남	대전	42	전교회장	O		인쇄업
58	구정희	경북	안동	28	농민	O	15기	공소회장
59	정재돈	경북	안동	25	대학생**	O	9기	강원 춘천
60	권종대	경북	영주	42	농민	O	11기	
61	김성순	경북	금릉	49	농민	O	9기	
62	구자순	경남	울주	40	농민	O	10기	낙농업
63	이도열	경남	고성	33	농민	O		축산업
64	송세경	경남	김해	27	대학생**	O	17기	
65	이병철	경남	고성	30	농민	O	9기	
66	전자석	전북	임실	32	농민	O	1기	
67	박배진	전북	부안	31	농민	O	14기	
68	김만용	전북	진안	25	농민			

번호	성명	출신지역		연령	직업	가농 회원	크아 교육	비고
69	박성선	전북	남원	30	농민	O	14기	
70	장홍빈	전남	함평	32	지도신부	광주		
71	이종창	경남	마산	45	지도신부	전국		
72	신현봉	강원	원주	49	지도신부	원주		
73	정규완	전남	광주	40	신부	북동		

– 당시 크리스찬 아카데미 교육은 1기~17기까지 진행된 상황

조영욱(1998: 134~135)의 표를 수정하였음.

73명의 단식참여 인원을 직업별로 살펴보면, 농민(45명), 대학생(12명), 가농관련 인사(6명: 회장, 교육부장, 홍보부장, 상임이사, 전교회장 2명), 지도신부(4명), 기타(6명: 정당원 2명, 전도사 2명, 자영업 1명, 무직 1명) 등으로 이루어져 있다. 가농관련 인사 중에는 농민도 있었으니 농민들이 대부분이었다고 말할 수 있겠다. 대학생들 가운데는 퇴학과 복학을 반복하는 상태에 있던 휴학중인 대학생들이 많았고 사회운동가로 나서고 있었다. 이강과 윤한봉은 지역에서 사회운동가로 자리를 잡아가고 있었다. 대학생들은 고향이 전남 지역 안에 있었지만 대부분 광주에서 활동하고 있었다. 외부에서 온 사람으로 대학생을 확인된 정재돈과 송세경은 지역에서 가농총무로 활동하고 있었다. 그리고 젊은이들 가운데는 기청 활동을 하고 있던 사람이 많았다. 단식참여자들의 평균연령은 31. 2살이었고, 19살에서 51살에 걸쳐 있었다. 그리고 73명 가운데 크리스찬아카데미 농민교육 이수자(41명)와 가톨릭농민회원(50명)이 다수를 차지하며 이 가운데 35명은 양쪽에 모두에 속해 있었다. 지역별로는 광주전남 출신이 46명(단식참여자의 60%)[239]으로 다수를 차지하고 있었다(조영욱, 1998: 133).

전남에서 온 단식자들은 12개 시군에서 왔으며 광주에서 온 사람

들이 제일 많았다. 전남을 지역별로 보면 (지도신부를 포함하여) 단식자수가 광주(11명), 해남(8명), 함평(7명), 강진(7명), 보성(5명), 무안(3), 구례(2), 광산(1), 곡성(1), 영광(1) 순이었다.

해남

해남의 경우 YMCA농민회 활동에 이어 기독교농민회를 만들고 있던 기농활동가들이 많이 참여하였다. 교회청년 활동가들이 1970년대 초반부터 YMCA농촌개발위원회 활동을 해오다가 기독교농민회와 YMCA농민회로 분화되던 시점이었고, 1978년 3월 전남기독교농민회(전남기농)가 먼저 창립되고 이어서 해남군 기독교농민회를 만들려고 하고 있었다. 전남기농은 함평, 무안, 해남, 강진, 보성, 영암 등에 있던 농민운동활동가들이 참여하여 구성하였는데, 해남에서는 황연자가 부회장으로, 정광훈이 총무로, 그리고 정광식과 윤기현이 회원으로 참여하였다. 전남기농은 결성 후 첫 사업으로 함평고구마투쟁에 결합하였으며, 해남에서 여러 사람이 단식투쟁에 참여하였다. 양동술은 YMCA농민회 활동에 이어서 기농활동을 했고, 정광훈, 윤기현은 해남기농을 결성하고 있었고, 황연자, 임수옥, 고옥희는 해남기농의 여성 삼총사로 알려진 인물이었다.[240] 이들은 해남읍교회에서 활동하였는데 교회 목사가 지지하지 않아 Y와 함께 모임이나 행사들을 하였다. 이동배는 북일면에서 기농활동을 하였고 나중에 어민회

239) 광주교구 소속 지도신부 2사람을 포함하면 46명이다.

240) 이들은 결혼 이후에는 활동이 이어지지 않았는데, 임수옥만이 영광에서 가톨릭농민회 활동을 하는 정병온과 결혼하여 활동을 이어갔다. 황연자는 Y 신협 실무를 맡아보기도 했고 광주에 나가서 화장품 관련 일을 하였으며, 단식투쟁에서 만난 박형중과 결혼하였다. 고옥희는 한신대 출신의 김성종과 결혼하였고, 시어머니가 조산원을 하였고 자신은 가농분회 어린이집을 하였다.

활동도 하였다. 해남에서 가농분회로는 1977년에 갈매기분회, 우수영분회, 연당분회가 공소 중심으로 결성되었는데 농민회원들의 활동이 미미하였고, 단식투쟁에 참여하지는 않았다.

강진

강진의 경우 마원훈(강진읍교회 신자)이 일찍부터 가농회원으로 활동하였지만(1973년 2월 가입) 이후에는 강진읍 교회 신자들과 전도사를 축으로 크리스찬아카데미 교육을 받은 사람들이 농민운동을 주도했다. 1976년경 '강진농문회'가 결성되어 활동하였는데 크리스찬아카데미 지역조직 같은 것이었고 장영근이 주로 연락을 맡았다. 가농분회는 아직 만들어지지 않은 상태였다.[241](정호기, 2021: 84~94). 그러나 김규식, 홍종대는 가농회원으로 활동하고 있었다.

단식에 참여한 장영근, 윤홍성, 김재봉, 박광용, 김정순(28살)[242]은 크리스찬아카데미 교육을 받았다. 장영근은 딸기재배로 유명하였고 윤홍성은 저두교회 전도사였고 나중에 목사가 되었다. 윤홍성은 단식투쟁에 대해서는 못 들었고 전혀 준비하지 못했다. 그러나 교회에서는 자주 단식을 했었기 때문에 별 어려움 없이 단식에 참여하였으며, 단식 중에 외부 기도회에 나가 단식투쟁 상황을 알리기도 하였다. 김정순은 단식투쟁 현장에서 글을 쓰고 가리방을 긁어 등사판을 찍는 역할을 하였다. 문구를 가지고 해남에서 온 윤기현과 갑론을박하면서 글을 정리하였다. 그는 단식하는 것을 모르고 왔다. 이광수는

241) 1979년 들어서야 가농분회가 결성되기 시작하였다. 그러나 가농분회원도 가톨릭신자는 드물었고 종교적으로 자유로웠다. 이후 강진기농도 만들어졌으며 독립적인 조직인 탐진농우회가 있었다.

242) 전남기농 결성시에는 초대임원(서기)으로 참여하였다.

도암면 송천리 송천교회의 전도사였고 나중에 목사가 되었다. 강진 지역의 농촌교회 전도사들이 모임을 만들고 한 달에 한 번씩 만나서 토론도 하고 사건에 대한 대응(구속된 목사들 재판참석 등)도 하였고, 윤홍성이나 이광수 같은 전도사들이 참여하게 되었다. 그리고 김현장은 광주에서 학생운동 하다가 사회운동 활동을 했지만 고향은 강진이었다.

함평

함평지역에서는 100여 명의 농민들이 4월 24일의 기도회에 참석했지만, 4월 25일부터 시작된 단식에는 여섯 명(서경원, 노금노, 임정택, 모영주, 지성철, 정병오)의 농민과 지도신부(정홍빈 신부)가 참가하였는데, 이 가운데 직접 피해 당사자는 서경원, 임정택 둘 뿐이었다. 그나마 서경원의 경우 농협에서 회유하기 위해 책정 가격으로 썩은 고구마까지 수매해 갔다. 임정택, 정병오는 외대화마을 사람이고, 지성철은 엄다면 사람으로 노금노, 모영주 등과 함께 운동을 해왔다. 그리고 임정택은 단식 후반부에 참여하였고 현지 대책위원장으로서 보상금을 전달받은 장본인이었다. 함평의 단식 참가자들은 모두 가농회원이었으며 아카데미교육 경험(5명)과 4-H(3명)나 마을금고활동(3명) 경험이 있는 평균 소유 논규모가 1,640평에 불과한 빈소농들이었다(조영욱, 1998: 136). 그리고 피해조사를 같이 했던 4-H 활동경력이 있던 사람들(이석현, 임재상 등)은 이 기도회에는 오지 않았고 단식에도 물론 참여하지 않았다.

장홍빈 신부는 하루나 이틀 있었는데 단식에 참가하지 않고 함평천주교회에서 마리아회 여성 5~6명과 남성 2명이 데리러 와서 함께 가버렸다(서경원).[243)]

보성

보성의 경우 이기환이 가농회원으로 활동해 왔고(1973년 10월 가농회원 가입) 1976년 12월에 정회원 5명으로 '벌교분회'를 만들고 회장으로 활동하였다. 이기환은 벌교성당에 다니면서 가농회원이 되었고 집에서 과수원을 하고 철물점을 하였다. 김용준은 이기환과 함께 활동해 왔다.

문경식과 조계선은 1977년 2월에 정회원 5명으로 결성된 가농 '노동분회'에서 활동하였지만, 문경식은 전남기농 결성시(1978년 3월) 부회장으로 선출되었고 기농에서 주로 활동하였다. 조계선은 크리스찬아카데미 교육을 받고 농민운동을 하게 되었고, 당시 가농 전남연합회 조직부장을 맡고 있었다.

무안

무안에서는 박석면, 이창균, 김수복이 왔다. 이들은 배종열의 소개로 농민운동을 하였고 박석면은 무안 '농사형제계' 총무 역할을 하였고, 이 계가 실시한 교육에 이창균이 와서 만나게 되었다. 배종열은 단식 말미에 참여하였다. 박석면(무안군 현경면 평산리)은 고등학교 다니다가 퇴학당하고 농사형제계 총무 역할을 하면서 농민교육을 하고 있었다. 학생들이나 젊은 사람들은 단식장 안팎을 드나들었는데 박석면은 단식투쟁 내내 안에 머물렀다. 이창균은 고등학교 2학년부터 기청 활동을 하였고, 농협의 부정(특히 농협출자금이 출자금통장 내역에 없는 것을 나중에 알게 됨)을 목격하면서 농민운동을 생각하게 되었고, 친척인 배종열의 인도에 따라 가농 농민회 교육을 무안

243) 이런 모습을 보고 전국지도신부 이종창이 "저 자식이 신부냐"고 하였다.(서경원)

성당에서 받고 집회도 참여하였다. 고등학생으로서 1977년의 계림동 1차 기도회에도 다녀왔고 북동성당에서 열린 2차 기도회에도 왔다가 단식을 하게 되었다. 박석면은 조직부장 조계선이 한 달 전에 집에 찾아와서 단식명단을 체크하고 갔다고 한다. 그래서 단식을 한다는 것을 알고 갔지만, 이창균(무안군 해제면 유월리)은 단식하는 것을 모르고 갔다. 이창균은 '보상금 309만 원'이란 글씨를 쓰라고 해서 크게 써서 놓고 옆에 서서 사진을 찍었다. 주최측이 연행된 사람들의 석방을 기다리며 단식을 연장했는데 그는 이날 귀가하였다가 다시 단식장에 갔다.

김수복은 무안군 현경면 용정리 사람으로 이창균과 같이 19살로 참가자들 중에서 가장 어렸던 것 같다. 그녀는 부모 농사를 도우면서 기청활동을 했다. 그리고 무안에서 농민교육을 할 때 이창균과는 알게 되었다. 기청활동을 하면서 고구마투쟁을 알게 되어 기도회에 왔었다. 단식투쟁에 들어가기는 했는데 성당 마당에서 가마니 깔고 누워서 하는 것이 여성으로서 만만치 않은 일이었다. 단식투쟁을 하겠다고는 했지만 첫날밤 자지 않고 무안 해제로 내려간 것으로 보인다.

광산

광산에서 온 염창섭과 최기만은 학생으로 분류되어 있는데 명확하지 않으며 농민회원이라고 기억하기도 한다(김현장). 광산지역에서는 1978년 들어 삼도면과 본량면 등 2개 면에 3개의 가농분회가 결성되었다. 1978년 들어서 기도회 직전에 광산군에서는 삼도·본량 지구 경지정리사건을 둘러싸고 2월부터 농업진흥공사 영산강사업소와 전남도청을 대상으로 농민들이 피해보상투쟁을 전개하였다. 이 투쟁에 참여했던 사람들이 기도회에 왔으며 단식에 참여하게 되었다.

기타

그 외 전남 내 다른 지역에서는 활발한 활동을 하는 가농분회에서 한두 명씩 참가하였다. 곡성 원달분회장이며 전국본부에서도 활동하던 김문식이 참가하였고, 일찍부터 가농운동을 해 온 영광의 정병온이 참가하였고, 경지정리사건을 둘러싸고 활발한 운동을 해온 구례 구만리분회에서 분회장 최성호가 녹음기를 들고 다니면서 운동의 도구로 활용했던 대산리분회 박우갑과 함께 참가하였다.

광주

광주의 경우 대학생들과 학생운동했던 사람들 그리고 사회운동가들이 주로 참여하였다.

이강은 학생운동을 하다가 1975년 10월 이후 전남가농에서 교육부장으로 활동해 왔으며 단식투쟁에서도 의견을 내서 논의하는데 주도적으로 참여하였고, 동생 이황은 밖에서 프랭카드를 써가지고 들여왔다.

이용주는 화순 사람으로 일찍부터 당활동을 하였다. 광주에 살았고 단식장에서 이창균과 같이 19살로 가장 어려서 서로 어울렸고 심부름을 하고 뭐를 쓰라고 하면 썼다.

윤한봉은 사회운동을 하였는데 단식투쟁에 참여하여 안팍의 통로 역할은 물론 바깥에서 시위를 조직하는데 크게 기여하였다.

황광우는 고교시절 반독재운동을 하고 대학에서 연합시위를 했었는데 단식투쟁에 결합하였다. 그는 윤한봉의 심부름을 했다. 안과 밖을 연결하는 심부름 역할을 했던 것이다. 단식 시작 전에는 문병란 시인의 집에 가서 단식에 소요되는 일체의 물품들, 이불과 요, 숫가락과 그릇을 져날라 북동성당 담벼락을 넘어 운반했다.

박형중은 장흥읍교회 청년일 때 임기준, 강신석 등 4명의 목사가 구속되었을 때 광주에서 기도회에 다녔고 조봉훈을 공판장에서 만났다. 강신석 목사가 무진교회 열기 전에 했던 성서연구회를 하면서 사회운동에 눈 뜨게 되었다. 조선대 학생으로 학생운동을 하였고 단식투쟁에서 등사판 만드는 역할을 했으며 단식투쟁에서 만난 황연자와 결혼하였다. 함평고구마투쟁 이후 교육지표사건을 지지하는 시위를 하다가 투옥되었고 이후 사회운동을 해 왔다.

박병기는 전남대 철학과 학생이었다. 3학년 마치고 고향 해남에서 방위 복무하고 농촌현실에 대해 비분강개하다가 대학 4학년 때 기도회에 가게 되었다. 조직동원이 아니라 개인적으로 갔다. 당시 박몽구, 노준현 등 운동권 학생들이 녹두서점의 영향을 받고 여러 학습도 하였고 박병기는 기독학생회 활동을 하면서 (나중에 기독교농민회를 만드는데 협력한) 나상기의 학습팀에서 학습도 하고 김남주 그룹에서도 학습하고 있었다. 나중에 시인이 된 박몽구(기독학생회장)가 "형님 한번 가보쇼. 재미있을거요"라고 권유하여 참가하게 되었고, 당시 함평고구마 문제에 대해서는 널리 알려져 있었다. 박몽구도 단식에 잠깐 참여하였다. 박병기는 단식 중간에 나왔다가 들어가서 끝까지 했다. 단식장에서 박병기는 박형중, 황연자와 함께 셋이 움직였다. 이 셋이 단식장 안에서 가리방 긁어서 등사기로 밀어 (프린트하여) 유인물을 만들어내는 일을 전담하였다. 박병기는 "이강, 서경원 두 사람이 단식과정에서 대단한 지도력을 발휘했다. 단식을 하는 사람들을 이끌어 가는 모습이 인상적이었다"고 말하였다.

조봉훈은 승주에서 온 것으로 되어 있지만 고향이 승주였고 전남대학교 농대학생으로 학생운동을 했었고 제적된 상태였지만 단식투쟁에서 홍보부장을 맡았다. 계림동 1차 기도회에는 안 갔으며, 학생운동권 쪽에 연락책을 해서 이 기도회에 오게 되었다. 단식 시작되고 봉쇄됐을 때 사회운동이나 학생운동에서 처음부터 참여한 사람들은 많지 않았다. 그래서 외부와의 연락책을 맡았다. 북동성당 뒷담을 넘어서 외부와 소통하였는데, 기관원들이 그 사실을 알고 잠복하고 있다가 높은 담을 뛰어넘어 내렸는데 잡혀서 연행되었다. 잡힐 때부터 키가 190이나 되는 중정 놈이 뒷목을 잡아끌고 가 구두도 벗겨지고 양발도 벗겨지고 했다. 서부경찰서에 가니 이상국 경상북도 총무(가농본부 홍보국장)가 먼저 연행되어 와 있었다. 서부경찰서에 계속 잡혀 있었고, 이상국과는 분리 구금되어 있었다.

정태성은 당활동가였고 기도회에 왔다가 하루 단식하고 되돌아가면서 음료수 한 상자를 단식장에 보냈다.

김현장[244]은 당시 복학생이었으며 농민회 총무가 친구였고 후배들이 있어서 고구마피해보상 기도회를 한다고 알게 되었다. 기도회에 참석한 뒤 단식에도 참여하였는데, 예비군 훈련 때문에 하루 빠져나왔다가 다시 들어가 끝날 때까지 참여하였다. 학생들은 들락날락했는데 이렇게 계속 단식을 하게 된 이유에 대해 물으니, "왜냐하면 나와버리면 몇 명 안 되잖아 그 누워 있는 사람들이, 그러니"라고 대답하였다.

박태우는 신원을 확인하지 못하였다.

밖에서 연락을 하던 학생들도 있었다(예를 들어 노준현). 그리고 황연자가 드나들며 녹두서점 주위의 학생들로부터 바깥소식을 듣고

---

244) 전남 강진군 칠량면에서 태어났으며, 조선대학교 공과대학을 졸업했다. 학창시절에 르포라이터로 활약하면서, 〈대화〉, 〈뿌리깊은 나무〉 등의 월간잡지에 많은 글을 썼다. 1977년에는 무등산 타잔 박흥숙 사건의 진상을 〈대화〉에 쓰는 한편 〈한국기자협회보〉에도 무책임한 신문보도를 폭로한다라는 글을 써서 파문을 일으켰다. 1982년에 부산미문화원방화사건 관련자로 10년 넘게 복역하였다.

들어와 전달하곤 하였다. 윤한봉은 바깥 활동도 조직하였으며 황석영은 서울 지역에 연락을 취하여 지원하러 오도록 하였다.

학생들은 단식투쟁에서 필요한 일들을 해내서 농민들과 잘 결합하였다. 물론 함평고구마투쟁 단식에서 조직적으로 결합한 것은 아니었다.[245)]

대학생들이 13명(단식참가 인원의 18%)이나 단식에 참여하였는데, 이들 전남대와 조선대의 6·3세대와 민청학련 세대의 학생운동권들은 고구마투쟁의 움직임에 주목하였고 단식투쟁장에서 활동함으로써 광주전남지역 학생운동권과 농민운동권 간의 관계가 돈독해졌고 이어서 조직적인 결합이 이루어지게 되었다.[246)]

그리고 전남연합회 지도신부인 장홍빈(전남 함평), 북동천주교회 주임신부인 정규완 등 4명의 신부가 단식에 동참하였다. 그런데 장홍빈 신부는 하루 정도 단식을 한 뒤 함평본당의 신도들이 와서 모셔갔다.

광주전남을 벗어난 다른 지역에서 온 단식자는 (지도신부 포함) 강원(9), 전북(5), 충남(5), 경북(4), 경남(4)에서 가농본부와 가농 지구연합회별로 4~5명이 왔으며, 강원의 경우 5월 8일 죽림동 천주교회에서 (구속자 석방을 위한) 기도회를 준비하고 있어서 동원을 요청하는 차원에서 많이 온 것으로 보인다. 그리고 원주교구와 춘천교구가 나뉘어져 있었고 두 군데서 오다 보니 많이 온 것 같다. 경기연합회와 대구연합회에서는 오지 않았다. 외부에서 온 사람들은 전국본부나 각 지구연합회 회장이나 임원진 또는 실무자들이었다. 그리고

245) 이러한 흐름은 1980년 가농 광주분회 결성으로 이어졌다.

246) 실질적인 조직적 결합은 11월에 열린 쌀생산자대회에서 농민들과 학생들이 함께 행사를 준비하고 치르게 되면서 이루어졌다.

지도신부들이 두 사람 참여하였다.

광주전남 이외 지역 참가자들

강원 : 9명

박명근 – 춘천교구 연합회 부회장

김동식 – 춘천교구 연합회 총무

조한수 – 원주교구 연합회 회장

김춘배 – 원주교구 연합회 총무

김상범 – 원주교구 연합회 전임회장

김헌일 – 원주교구 연합회 전임총무

강태용 – 원주교구 연합회 전임부회장, 가농 이사

박재일 – 가농 이사, 전임 가농부회장

신현봉 – 원주교구 지도신부

충남(본부) : 5명

최병욱 – 가농 회장

정연석 – 가농 교육국장

이상국 – 가농 홍보국장

이길재 – 전임 가농회장

유진훈 – 가농회원 (전교회장)

경북 : 4명

권종대 – 가농 이사, 안동교구 가농 회장(1979)

정재돈 – 안동교구 가농 총무(1979)

김성순 – 가농 감사

구정회 – 가농회원, 연합회 임원.

경남 : 5명

이병철 – 마산교구 가농 회장

이도열 – 마산교구 가농 부회장

송세경 – 마산교구 가농 총무

구자순 – 마산교구 가농회원

이종창 – 가농 전국지도신부(마산교구)

전북 : 4명

전자석 – 전주교구 가농 총무

박배진 – 전주교구 가농회원

김만용 – 전주교구 가농회원

박성선 – 전주교구 가농회원

전체적으로 보면 단식참여자들 가운데 전남 이외의 지역에서 온 사람들은 27명으로 각 지구연합회 임원이거나 가농회원이었다. 그에 비해 전남지역에서는 강진과 해남의 경우 많이 왔지만 가농회원이 아니었고 기농회원(또는 교회 중심의 활동가들)이 많았다. 광주에서 온 학생운동이나 사회운동을 했던 사람들도 대부분 가농회원은 아니었다. 물론 한두 명씩 온 지역의 경우 대부분 가농활동가들이 왔다.

이처럼 단식투쟁장에는 함평농민들, 특히 피해농민들은 거의 없었고, 전남 내 각지역에서 온 농민활동가들과 농민회원들, 그리고 전국에서 온 가톨릭농민회 회원들과 임원들이 많았다.

단식자들을 직업별로 살펴보면 농민들이 많음을 알 수 있다. 전남 지역에서 온 사람들은 대부분 농민이었고 광주에서 온 사람들은 학생이거나 사회운동가였다. 전남 이외의 지역에서 온 사람들은 농민회 관련 실무자들과 임원들이었지만 농사를 짓는 사람도 있었다. 물론 신부들은 농사꾼은 아니었다.

그리고 특히 단식투쟁 과정에서 학생 참가자들이 여러 가지 심부름을 하고 농민들의 투쟁을 도왔다. 이 과정에서 농민운동 활동가들과 학생운동 활동가들이 만나고 결합되었으며, 이후 다양한 활동에서 함께 하게 되었다.

단식자들은 8일 내내 단식장에 머무는 것이 쉽지는 않았다. 여러 가지 일로 드나들기도 하였고 귀가하기도 하였고 납치되기도 하였고 병원에 실려가기도 하였다. 단식자들의 출타·귀가 상황은 〈표-22〉에 나타나 있다.

〈표-22〉 단식자 참여·출타·귀가 상황[247)]

번호	성명	25	26	27	28	29	30	5. 1	5. 2
1	정광훈	○	○	○	○	○	○	○	○
2	양동술							○	○
3	윤기현	○	○	○	○	○	○	○	○
4	이동배	○	출타	귀가	출타	○	○	○	○
5	이순애								
6	임수옥	○	○	○	○	○	○	○	○
7	황연자	○	출타	○	출타	출타	○	○	○
8	고옥희					○	○		
9	장영근	귀가	○	○	○	○	○		
10	김정순	○	귀가	○	○	○	○	○	○

247) 일부 수정하였다.

번호	성명	25	26	27	28	29	30	5. 1	5. 2
11	박광용	○	○	○	○	○	○	귀가	
12	이광수				○	○	○	귀가	
13	윤홍성	○	○	○	○	○	춤		
14	김재봉	○	○	○	○	○	○	○	○
15	서경원	○	○	○	○	○	○	○	○
16	노금노	○	○	○	○	○	○	○	○
17	모영주	○	○	○	출타	출타	○	○	○
18	임정택						○	○	○
19	정병오	○	○	○	○	○	○	○	○
20	지성철	○	납치	○	○	○	○	○	○
21	이기환	○	○	○	○	긴급	귀가	○	○
22	조계선	○	○	○	○	○	○	○	○
23	문경식	○	○	○	○	○	○	○	○
24	김용준	○	○	○	○	긴급	귀가		
25	신상일	○	○	귀가	○	○	○	○	○
26	최성호	○	○	○	○	○	○	○	○
27	박우갑	○	○	귀가					
28	박석면	○	○	○	○	○	○	○	○
29	이창균	○	○	○	○	○	○	귀가	귀가
30	최기만	○	○	귀가					
31	염창섭	○	○	초과	○	위급	귀가		
32	김문식	○	○	출타	납치	송환	○	○	○
33	정병온	○	○	○	○	○	○	○	○
34	이 강	○	○	○	○	○	○	○	○
35	이용주	○	출타	○	○	긴급	도움	○	○
36	윤한봉			○	출타				
37	박병기	○	○	○	○	출타	귀가		
38	정태성	○	귀가						
39	황광우	○	출타	○	귀가				
40	김수복								
41	박태우	○	귀가						
42	박형중		○	○	출타				

번호	성명	25	26	27	28	29	30	5. 1	5. 2
43	조봉훈	○	출타	○	납치				
44	김현장	○	출타	○	○	○	○	○	○
45	박명근	○	○	○	○	○	○	○	○
46	김동식	○	○	○	○	○	○	○	○
47	조한수	○	○	○	○	○	○	○	○
48	김춘배	○	○	귀가	○	○	○		
49	김상범	○	○	○	○	○	○	○	○
50	김헌일	○	○	○	○	○	○	○	○
51	강태용	○	○	○	귀가			○	○
52	박재일	○	○	○	○	○	○	○	○
53	정연석	○	○	○	○	○	○	○	○
54	이상국	○	귀가						○
55	최병욱	○	○	○	○	○	○	○	○
56	이길재	○	○	○	○	○	○	○	○
57	유진훈	○	○	귀가				○	○
58	구정회	○	○	귀가	○	○	○		
59	정재돈	○	○	○	○	○	○	○	○
60	권종대	○	○	귀가					
61	김성순	○	○	○	○	○	○	○	○
62	구자순	○	○	귀가					
63	이도열	○	○	귀가					
64	송세경	○	○	○	○	○	○	○	○
65	이병철	○	○	○	귀가				○
66	전자석	○	○	○	○	○	○	귀가	○
67	박배진		○	○	○	○	○	○	○
68	김만용	○	○	○	○	○	○	○	귀가
69	박성선	○	○	○	○	긴급	태움	○	○
70	장홍빈	○	귀가						
71	이종창	○	○	○	○	○	○	○	○
72	신현봉	○	○	○	○	○	○	○	○
73	정규완			○	○	○	○	○	○
합계		59	51	52	48	46	47	45	47

8일 내내 단식장에 있었던 사람은 27명이었다. 대부분 전국 또는 지역의 농민회 임원들이었다. 60명이 채 안 되는 또는 60명이 시작하였던 단식인원은 일이 있어 잠깐 나갔다 들어오기도 하고 납치되었다가 돌아오기도 하고 귀가하였다가 다시 돌아오기도 하고 병원에 실려가기도 하여 그 다음 일주일 동안은 45명에서 52명 사이에 있었고 후반으로 갈수록 약간 줄었다. 신부들의 단식을 포함하지 않으면 셋째 날부터 단식인원은 40명대였다(48, 44, 42, 43, 41, 43).[248] 그리고 출석여부가 확인되지 않은 두 사람이 있었다. 학생들이나 사회운동가들은 이강을 제외하면 단식기간은 짧았고 출타하여 다른 일을 보는 경우가 많았다. 그리고 낮 시간에 잠깐씩 단식장에 머문 사람들이 있었다.

2) 단식장 방문자들

단식투쟁 중에 투쟁을 응원하고 지지하기 위해 사회 각계 인사들이 단식장을 찾았다. 단식장에 찾아와서 방명록에 이름을 쓰고 대책위원이나 임원들과 인사하고 단식자들에게 힘을 실어주는 말씀을 하신 분들이 있고, 조용히 오셔서 필요한 물품만 전달하시고 빠져나가신 분들도 있고, 응원차 왔다가 며칠 또는 잠시 단식에 참여하신 분들도 있었다.

단식일지와 기도회 방명록[249]에 기록된 방문자들을 정리해 보면

---

248) 노금노가 확인한 그날그날의 단식자와는 좀 차이가 있다. 드나드는 사람들이 있었으며 대개 자고나서 아침에 단식자를 확인하다 보니 낮에 단식장에 들러 일시적으로 단식하는 사람들은 거의 확인하지 않았다.

다음과 같다.

고구마투쟁 단식장 방문자들(가톨릭계)

윤공희 – 신부, 광주대교구 대주교

김정용 – 신부, 광주대교구 부주교

서상채 – 신부, 전남 목포 북교동천주교회

정철수 – 신부, 전남 곡성 곡성면 곡성천주교회

정형달 – 신부, 전남 여수 서교동천주교회

장옥석 – 신부, 전남 광주 호남동천주교회

도요셉 – 신부, 전남 광주 학운동천주교회

남재희 – 신부, 전남 무안 무안천주교회

박영웅 – 신부, 전남 광산 신동천주교회

모신부 – 신부, 전남 보성

모신부 – 신부, 천주교주교회 매스컴위원회

신신부 – 신부, 명도회(천주교 평신도들의 교리연구 및 전교조직)

문규현 – 신부, 전북 완주 고산천주교회

문정현 – 신부, 전북 전주교구 파티마천주교회

범영배 – 신부, 전북 전주교구 중앙천주교회

유종환 – 신부, 전북 전주교구 전동천주교회

이수현 – 신부, 전북 전주교구 사목국장

249) 기도회 방명록에는 기도회에 참석하신 분들을 한 페이지에 실려있고, 그 뒤에는 단식장에 찾아오신 분들의 자필 성명과 응원의 글이 실려있다.

이순성 – 신부, 전북 전주교구 전동천주교회

전대복 – 신부, 전북 임실 임실천주교회

조정오 – 신부, 전북 이리 창인동천주교회

나진흠 – 신부, 경북 대구 비산동천주교회

류강하 – 신부, 경북 안동 대성동천주교회, 전국사제단 지도 신부

정호경 – 신부, 경북 안동 사목국장

모씨 – 전남 광주가톨릭센터 사무국장

김정심 – 전남 광주 방림동 천주교회

김집중 – 전남 광주 호남동 천주교회

장세현 – 전남 광주, 부제? 1981년에 신부가 됨

최은숙 – 전남 광주 방림동천주교회

문 헤레나 – 전남 광주 북동천주교회

임 사비나 할머니 – 전남 광주 북동천주교회

신 도마 대표(남동성당 사목회 부회장), 국 보스코, 양 알렉산델 – 광주 남동천주교회

모씨 – 전남 보성 (신부와 함께 옴)

성 베드로회(서울?) 수녀 3명

대구의 사르트르 성바오로회(수녀회) 총장 수사

김현종 – 경북 대구 내당천주교회

충청의 수사

간척재 – 부제, 경북 대구 대명천주교회

황용식 – 부제, 경북 영천 영천천주교회

권혁시 – 부제, 강원 태백 계산동천주교회

노완석 – 부제, 전남 함평 함평천주교회

허성규 – 부제, 경남 마산 고성천주교회

신은근 – 부제, 경남 마산

가톨릭계에서 단식장에 방문한 사람들을 살펴보자.

먼저 단식장을 방문한 신부들은 23명으로 전남지역에서 12명, 전북지역에서 8명, 경북지역에서 3명이 왔다. 전남지역에서는 대주교와 부주교를 비롯하여 광주, 목포, 곡성, 무안, 여수, 광산에 있는 천주교회 담당신부들이 왔다. 이들은 평소에 반독재민주화 운동에 관여하거나 지지해 왔던 신부들이었다. 광주에서 활동하던 김성용, 조비오, 정규완 신부와 단식장에 지지차 왔던 서상채, 정형달, 남재희 신부는 그동안 사회운동과 농민운동을 적극 지지해 왔고 다른 신부들도 해당 천주교회에서 적극적으로 사회활동을 해왔다.

천주교에서 전주교구와 광주교구는 서남부권으로 같은 권역에 있어서 예를 들면 신학교를 공동으로 운영한다. 그래서 신부들이 교구 사이에 오가며 사제 이외의 역할을 담당한다. 그럴 정도로 전주교구는 광주교구와 가까운 관계를 유지하고 있다. 전북에서는 6명의 신부가 왔는데 문규현, 문정현 신부는 민주화운동에 앞장섰던 신부들이다. 경북에서는 안동교구에서 류강하, 정호경 신부가 방문하고 단식도 며칠 참여하였다. 그리고 대구교구에서는 나진흠 신부가 방문하였다.

수녀회, 신도회, 사목회 등에서 방문한 분들도 있었다. 이분들은 직위를 쓰지 않은 경우가 많고 방명록에 등록하지 않은 경우도 많았다. 광주가톨릭센터 사무국장도 방문하였다. 방문등록을 하거나 단식일지에 나오는 사람들을 정리하면 17명인데, 그 가운데 11명이 광주전남에서 왔고 그 외 8명은 서울, 대구, 충청 등에서 왔다.

그리고 가톨릭계 방문자들 중에는 부제라고 직위를 적은 사람들이 있었다. 신학교(신학공부) 7년 중에 2년을 마친 신학생들에게 부제 명칭을 주고, 소속 성당에 가서 제대에 올라갈 자격을 주어 미사에 협력하는 역할을 하도록 하였다. 고등학교 졸업하고 신학교에 갈 수 있으므로 20대 초반의 젊은이들이었고 대학을 졸업하고 신학교를 가더라도 20대 중후반이었다. 경북, 경남에서 2사람, 강원, 전남에서 1사람씩 와서 6명의 부제가 단식장에 방문하였다.

가톨릭계에서 단식장에 방문한 사람은 총 48명으로 그중 광주전남지역에서 온 사람이 24명으로 반이 넘고, 전북에서 온 사람이 10명, 경북에서 온 사람이 7명이고, 그 외 지역에서 온 사람이 7명이다. 결국 가톨릭계에서 방문한 사람들은 거의 대부분 전남북과 경북에서 왔다는 것을 알 수 있다.

고구마투쟁 단식장 방문자들(사회운동계)

나병식 – 민청학련 관련자, 서울대 국사학과, 1973년 문리대 데모 주동. 서울 중구 을지로

정문화 – 민청학련, 서울대 정치외교학과, 1973년 문리대 데모 주동, 서울 종로구 사직동

박계동 – 고려대 정외과, 1975년 긴급조치9호 위반으로 투옥. 서울 도봉구 월계동

박석무 – 전남대, 1973년 〈함성〉지 사건, 1976년 반공법 위반으로 구속.

이석표 – 1975년 중앙대 학생운동. 서울 도봉구 미아동.

정상용 – 전대 법대 중퇴. 학생운동. 사회운동가

김운기 – 조선대 학생운동출신 사회운동가.

김종철 – 동아투위

정연주 – 동아투위

정태준 – 조선투위

최장학 – 조선일보 해직기자, 민언협.

이호철 – 자유실천문인협회

성내운 – 해직교수협의회 대표

이기홍 – 광주 변호사

홍남순 – 광주 변호사

장기언 – 광주 변호사

윤철하 – 광주 변호사

정광진 – 홍남순 변호사 사무장

박가용 – 광주의 활동가, 광주 NCC 준비위원

문병란 – 시인, 광주시 지산동

김승경 – 의사, 천안시 오룡동 (1973년 12월 유신헌법 개정요구 개헌청원 서명에 참여)

김인성 – 원주mbc 총무국장. 장일순 그룹과 활동.

전남일보 기자

황한식 – 부산대 교수, 크리스찬 아카데미 농촌교육 간사.

(JOC)

김성애 – JOC(가톨릭노동청년회)

김홍용 – 광주 JOC

손원철 – JOC 광주교구

이상기 – JOC 대전교구연합회장, 4명의 외국인 신부(신, 도, 모, 고)

전맹진 – JOC 경북 이사.

백교순(白敎淳), 장인제(張麟悌), 최강호(崔康浩) – 통일당 총무부장 외 통일당 당원

정태성 – 신민당 당원, 광주시 산수동

사회운동계에서 단식장을 방문한 사람들을 보면, 학생운동을 하다가 사회운동가로 변신한 사람들, 언론 및 지식인 운동가들, 변호사들, 가농청 활동가들, 정당인들이었다. 확인한 바로는 사회운동계에서 단식장에 방문한 사람은 36명에 이른다. 광주전남 이외의 지역에서 온 사람들은 14명에 이른다. 사회운동계에서 방문한 사람들은 광주전남 외부에서 온 사람들의 비율이 가톨릭계에 비해 높다. 변호사들을 제외하면 사회운동계에서 단식장에 방문한 사람들은 압도적으로 외부인사가 많았다.

학생운동 출신 사회운동가들의 면모를 보면, 민청학련 관련자로 나병식과 정문화가 서울에서 방문하였고, 학생운동을 하다 사회운동을 하던 박계동과 이석표가 서울에서 방문하였다. 전남지역에서는 박석무, 정상용, 김운기 등이 방문하였다.

그리고 당시 언론투쟁을 하던 조선일보와 동아일보 해직기자를 중

심으로 한 조선투위(정태준), 동아투위(김종철, 정연주), 언론운동협의체인 민언협(최장학), 그리고 자유실천문인협회(이호철), 해직교수협의회(성내운) 등을 대표하여 활동가들이 방문하였다. 이들은 당시 군사독재정권의 언론탄압에 저항하던 사람들을 대표하여 다른 사회운동에 힘을 실어주었고, 함평고구마투쟁을 지지하고 농민인권위원회 결성을 위해 서울에서 광주로 내려와 단식장을 방문하여 단식자들에게 힘을 실어주었다.

한편 당시 광주지역에서는 종교계 이외에는 변호사들이 사회운동을 지지하였는데, 이기홍, 홍남순, 장기언, 윤철하 변호사를 비롯하여 정광진 사무장이 단식장을 방문하여 격려하였고 성금도 기탁하였다.

가농이 분리되어 나온 조직인 가노청에서도 5명이 단식장에 방문하였다. 가노청 본부에서 한 사람(김성애)이 온 것 같고, 광주에서 2명(김홍용, 손원철)이 왔으며, 대전교구연합회장은 외국인 신부 4명과 함께 방문하여 힘을 실어주었고 경북 이사인 전맹진은 방문하였다가 잠시 단식에 참여하기도 하였다.

정당인으로는 당시 정권에 대해 비판적이었던 통일당에서 총무부장을 포함하여 3명(백교순, 장인제, 최강호)이 왔다.

그리고 활동가(박가용), 시인(문병란), 의사(김승경), 방송인(김인성), 교수(황한식), 기자(전남일보) 등이 방문하였다.

이들 가운데 특히 서울에서 내려온 활동가들은 함평고구마투쟁을 전국적인 투쟁으로 만들어 나가는 데 힘을 실어주었다.

고구마투쟁 단식장 방문자들(기독교계)

고민영 – 목사, 전남 광주 무돌교회, 광주기장

방철호 – 목사, 전남 광주 주월동교회

은명기 – 목사, 전남 광주 양림교회.(전주임마누엘교회 개척, 전주 남문교회, 유신반대로 구속.)

류연창 – 광주NCC 총무, 목사

강신석 – 목사, 전남 광주 무진교회

윤기석 – 목사, 전남 강진 강진읍교회, 전남노회 소속. 1976년 8월 11일 광주 양림교회(기장)가 결의문을 발표하여 전남노회 소속인 조흥래, 강신석, 윤기석, 류연창 목사가 구속되었다.

윤재현 – 목사, 전남 목포 중앙교회. 기장 부총회장.

이서하 – 목사, 전남 영암 영암읍교회

이동순 – 목사, 전남노회(예장 연합회) 교육원

안동해 – 장로, 기장 전남회장. 목포, 무안 해제 신협 결성, 전도사.

조병환 – 장로, 전남 강진 강진읍교회

조아라 – 광주 YWCA 회장

이형민 – 광주 YMCA 총무

조홍근 – 기장 청년(기청) 전남연합회 부회장

문익환 – 목사, 통일운동가, 사회운동가 (서울 강북 미아동 한빛교회 목사 역임)

조화순 – 목사, 인천 기독교도시산업선교회 총무

이해동 – 목사, 문익환 목사에 이어 한빛교회 목사 역임.

김은경 – 기장 선교교육원 (2022년 기장 총회장)

기독교계에서 단식장에 방문한 사람들은 주로 목사들이었다. 광주에서 은명기, 방철호, 고민영 목사, 그리고 광주NCC(기독교교회협의회) 총무이자 목사였던 류연창이 방문하였고, 전남지역에서는 강신석(광주 무진교회), 윤기석(강진읍교회), 윤재현(기장 부총회장), 이서하(영암읍교회), 이동순(전남노회 교육원) 등 5명의 목사가 방문하였다. 이들은 광주나 해당 지역에서 반독재민주화운동에 관여하고 있었고 농민운동에 대해 적극 지지하였다. 그리고 장로였던 안동해와 조병환이 방문하였는데 이들은 나중에 목사가 되었다. 그리고 광주YWCA의 조아라 회장과 광주 YMCA의 이형민 총무가 방문하였고 기청 전남연합회 부회장 조홍근도 다른 기장 목사들과 방문하였다.

외부에서 방문한 기독교계인사 4명은 당시 사회운동과 통일운동의 대부격인 문익환 목사, 동일방직사건에 대해 설명해준 인천 도시산업선교회 조화순 총무(목사), 그리고 문익환 목사에 이어 한빛교회를 사목하고 있던 이해동 목사, 그리고 선교교육원의 김은경이었다.

기독교계에서 방문한 18명 가운데 14명이 광주전남지역에서 왔으며 기장 소속 목사나 책임자들이 많았다. 외부에서 온 목사들은 (김은경을 포함하면) 4명에 불과하였지만, 당시 사회운동계에서 가장 활발히 활동하던 분들이고 지명도도 있어서 함평고구마투쟁에 외부인사들이 지지한다는 것을 내외에 확인해 주었다.

고구마투쟁 단식장 방문자들(기타)

학생

강을희 – 전남대 학생

정경자 – 전남대, 흥사단 멤버

김선춘(金善春), 김영복(金榮福), 기남용(奇楠容) – 전남대 학생

김연중 – 전남대(탈반)

윤강현 – 전남대 학생, 학생운동

박젬마 – (춘매), 광주

윤 율리아나 – (순명), 광주

농민

김만용 – 광주시 동구 용산동 의석지우회(가농분회)

박영오 – 광주 가농분회 의석지우회 총무

윤종형 – 함평군 해보면 상곡리, 가농회원

임수진 – 전북 진안, 농촌문화연구회 전북사무국장

기타

박정자 – 박흥식 동생. 방명록 기록(와장창 – 무등산 타잔)

이동문(미상)

이철규(미상)

이형선(미상)

정상윤(미상)

정형화 – 함평

단식장에는 학생들도 9명이나 응원하러 왔다. 전남대 학생들이 주로 왔고 처음 온 3명에게 단식 주최측은 다칠테니 돌아가 달라고 부탁하였다. 그래도 중간에 몇 사람이 방문하였고, 학생운동을 하는 사람들이 대부분이었다.

농민들의 단식장에 농민들(4명)이 응원하러 오기도 하였는데, 광주의 가농분회인 지석지우회에서 총무(박영오)와 회원이 방문하였고,[250] 함평 해보면에서 가농분회 조직활동을 하고 있던 윤종형도 방문하였다. 계림동 1차 기도회와 북동 2차 기도회에 모두 왔던 임수진(농촌문화연구회 전북사무국장)은 격려차 방문하여 물품(소금, 칫솔)을 기탁하였다. 그리고 신원을 확인하기 어려운 사람들(5명)이 단식장을 방문하였다. 특히 무등산 타잔 박흥숙[251]의 동생 박정자가 방문하였다. 방명록에 '와장창, 무등산 타잔'이라고 써 놨는데 아마도 다른 사람이 박정자가 온 것을 그렇게 표현한 것 같다(김현장).

단식장을 방문한 학생들이나 농민들은 대부분 광주전남지역 사람들이었다.

이렇게 정리해 보면 단식장에 응원차 방문한 사람들은 가톨릭계에서 46명, 사회운동계에서 36명, 기독교계에서 18명, 학생과 농민 기타에서 18명으로 합해서 118명에 이른다. 이중 광주전남에서 온 사람들이 65명(미상 4명이 광주전남에서 왔을 가능성이 높다) 이상 된다.

그리고 물론 등록하지 않은 사람들이 있을 것이다. 그래도 격려방문의 성격상 유명인사들이 주로 왔으며 이들은 대부분 방명록에 등록하였을 것으로 보인다. 평신도단체들에서 물품이나 성금을 전달할 때는 직접 와서 전달하기도 하였고 이들은 방명록에 등록하지 않았다. 더욱이 리어카를 끄는 사람이 성금을 내러 와서 등록하지는 않았

250) 그리고 1977년 4월 광주시 지원동에서 회원 15명으로 '의석지우회'라는 가농분회가 결성되었는데 분회원들이 기도회에 참가하였으나 단식투쟁에는 참여하지 않았는데, 이렇게 단식장에 방문하였다.

251) 박흥숙은 1977년 4월 19일 경에, 광주 학운동의 무등산 중턱 증심사 계곡 덕산골에서 동구청소속으로 알려진 무허가 건물 철거반원 7명 중 4명을 살해한 사람이다. 당시에 언론은 철거반원들을 묶은 뒤에 망치로 살해한 엽기적인 범죄 행위만을 부각시켰지만, 김현장이 잡지 기고를 통해 재조명해 그의 실체가 알려지게 되었다. 중학교에 못 갈 정도로 가난했던 '도시 빈민 박흥숙'은 강제철거에 항거하는 과정에서 생긴 우발적 범죄로 인해서 '희대의 살인마'로 포장됐으며, 수감 중 1980년 12월 신군부 하에서 갑자기 사형을 당했다.

다. 물론 일지 작성자는 기록해 놓았지만 이름은 없이. 그리고 단식 첫날 12개 지역의 20여 명의 인사들이 단식장을 방문하였다는 일지 기록이 있는 것을 보면, 일일이 확인되지 않은 방문자들이 많이 있었을 것으로 보인다.

그런데 단식장에서 단식자들의 원기를 북돋운 것은 직접 방문해서 지지하고 응원해준 사람들만 있었던 것은 아니다.

먼저 단식장으로 경축전보가 왔다. 농민들이나 활동가들이 자신이 사는 지역의 우체국에 가서 전신타자 글씨로 쓴 경축문을 전신문자로 북동우체국으로 보내면 북동우체국에서 보낸이와 받는이, 그리고 경축문의 내용을 담은 종이로 된 경축전보를 북동성당(단식자들, 가농 전남연합회장 앞)으로 보내왔다. 경축문의 내용은 단식을 못해서 아쉬움을 전하거나 단식자들에게 힘내라, 건강 챙기라, 승리하라 등의 응원 문구가 많았으며, 경축전보와 함께 성금을 전신환으로 보내기도 하였다.

그리고 이름 있는 재야인사나 활동가들이 전화를 하기도 하였다. 단식장에서 전화를 받을 수는 없었다. 주로 사제관으로 전화가 와서 본당 신부나 보좌신부 등이 받아서 전화 내용을 단식 주최측(서경원 등)에 알려주었다. 전화 외외에 편지를 보내오기도 하였다.

그리고 성금이나 다양한 물품의 기증도 있었다. 단식 초기에는 모포나 필수물품들을 소리 없이 가져오는 사람들이 많았고, 특히 천주교 안의 여성들 모임에서 여러 가지 도움을 주었다. 단식 중간에 음료나 미숫가루 등을 가져오거나 보내오는 사람들도 있었다.

전보, 전화, 편지, 성금, 물품기증 등이 들어오면 단식주최 측에서는 단식장에서 큰 소리로 그 내용을 낭독하여 알렸고, 이러한 응원과 지지에 단식자들의 사기는 고조되었다.

이처럼 단식장에 직접 방문해서 격려하는 사람도 있었지만 전보도 보내고 전화도 하고 또 성금도 보내고 필요한 물품도 보내는 것이 단식자들에게는 큰 힘이 됐다. 고립되어 있는 단식자들에게 바깥에서의 시위만이 아니라 이렇게 안으로의 응원과 지지가 있었다.

4. 단식투쟁과 일화

단식투쟁은 농민운동에서 거의 처음 있었던 일이었다. 종교계에서는 단식투쟁이 종종 있었지만 열심히 먹고 힘들게 일하던 농민들에게 단식투쟁은 힘겨운 실험이었다. 그리고 긴장된 상황에서 4~50여 명이 집단적으로 단식을 하고 주위는 경찰이 둘러싸고 있고 그 가운데에서도 드나드는 사람들도 있고 해서 여러 가지 이야기들이 생겨났다.

4월 24일 기도회를 마치고 가두진출을 시도하다가 일어난 일이었다. “오후 6시 우리는 스크럼대열 양옆으로 긴 장대를 이어잡고 도지부를 향해 성당정문을 열어 제꼈다. 경찰은 시위대의 허리를 두 동강내서 우리를 각개격파할 심산으로 양옆으로 쫙 갈라섰다. 이것을 감지한 우리는 장대를 더욱 굳세게 틀어쥔 채로 길 건너편 터미널을 향해 도로를 가로질러 진출했다. 이렇게 되자 거리 교통은 완전히 마비되었고 기동대와 우리들의 치열한 몸싸움이 전개되었다. 저들은 농민들의 대오를 흐트러뜨리기 위해 장대를 이어잡은 어깨를 곤봉으로 집중적으로 난타하였고, 우리는 피켓과 장대로 이들의 접근을 저지하면서 시간을 끌었다. 이쪽이 곤봉에 얻어터지면서도 물러서지 않고 당당한 투쟁을 전개하자 명령에 따라 마지못해 움직이는 저들은 명령이 떨어질 때는 맹렬히 덤비다가도 우리와 직접 몸이 부딪히면 자신을 방어하기 위해 급급하면서 적극성을 보이지 않았다.

이것을 본 경찰간부는 이제 새로운 방법의 명령을 내렸다. 이번에는 기동대 차량이 우리 대열 중간지점을 파고들었다. 자칫하면 두 동강이 나버릴 상황이었다. 갑자기 요란한 꽹과리 소리가 들렸다. 성당으로 퇴각하라는 신호였다. 우리 경비조들이 달려드는 차바퀴 밑에 드러누워 시간을 버는 사이에 대열은 퇴각을 완료했다. 마지막으로 경비조가 퇴각하면서 기동대원 2명을 붙잡아 끌고 들어왔다.

농민들이 우르르 몰려들었고 기동대원의 투구가 흥분한 농민에 의해 벗겨졌다. 기동대원이 발길에 채여 넘어졌다. 그때 누군가가 소릴 질렀다. '때리지 마! 그것들은 죄가 없어. 명령 때문이야.' 순간 흥분이 멈추었다. 그들은 겁에 질려 얼굴빛이 사색이 된 채 고통스런 표정을 지으며 무릎을 꿇고는 '나 좀 살려 주쇼. 우리는 아무것도 몰라라우.' 하고 애걸했다.

이것을 지켜보고 있던 농민들은 표정이 굳어졌다. 곤봉으로 사납게 두들겨 맞던 아픔은 이제 막 20여 살쯤 될까 말까 한 그들의 애절한 모습을 보자마자 순식간에 가셔버리고 기동대원이 측은하게까지 보였다. 누구랄 것도 없이 둘러쌌던 길을 터 주었다. 투구를 던져 주자 그들은 재빨리 성당 정문을 빠져 달아났다."(노금노, 1987: 51~52)

이런 일은 단식투쟁 중에도 있었다. "작년 기도회에서 홍보하는데 어려움을 느껴서 광주에서 최고 좋다는 마이크를 계림라디오에서 빌려왔어. 성당에 나무 있는데 제일 꼭대기에 걸어놓고 말하면 양쪽으로 펑펑 나가는데, 말 한번 하면 무등산에서까지 다 들렸다니까. 그러니까 경찰이 죽을라고 하는거야. 틈만 있으면 펜치를 갖고 와서 선을 자른거야. 근데 그걸 발견했어. '선 잘랐다!' 하자 여러 사람이 쫓아 가서 '별짓을 다 하네, 저거 이 새끼 어디 와서 선을 잘라?' 하면서 열나게 두드려 팼지."(서경원)

단식투쟁에서는 많은 일화가 있었다. 기도회 참가자들 중에는 단식을 전혀 예상하지 못했고 (지도부는 단식 계획을 이미 가지고 있었다) 대부분 단식을 어떻게 하는지도 몰랐다. "처음에 모여서 기도회를 시작할 때에는 며칠간 단식을 하겠다는 계획도 없이, 참석해서 기도회를 하다 보니까 지시하는 대로만 따라가는데, 거기 온 사람들은 단식을 할지, 자고 갈지도 전혀 몰랐다죠. 그때 단식을 잘 몰랐어요. 물만 먹고 드러눕자는 거예요. 살짝살짝 좀 먹을 줄 알았어요. 아무리 단식이라고 해도 숨어서 먹을 줄 알았다고. 근데 물을 이만치 떠다 놓고는 전부 다 못 먹게 했죠."(최성호) "그것도 누룽지랑 우유를 먹다가 단식을 해야지 그냥 단식을 하면 건강에 위험하다, 설왕설래 했거든요. 그랬더니 윤한봉 선생이 와 가지고 '이게 무슨 소리냐, 무조건 굶어야 한다, 안 죽으니까 해야 된다'는 말에 충격을 받고 바로 저 말이다 해서 그대로 실천했죠."(서경원)(대담, 321)

"나도 단식을 시작하기 전에는 '설마 무엇이라도 조금씩은 먹으면서 하겠지?'하며 대수롭지 않게 여겼는데 진짜 물만 마시며 버텼다. 그래서 몸집이 큰 이기환 회원은 단식농성을 하는 동안 몹시 힘들어 했지만 경찰들과 대치할 때면 '기동대장 나와! 나는 농민회 데모 대장이다. 둘이 한번 붙어보자'고 외치며 시위대 선봉을 지켰다. 박우갑 회원은 우리가 구례 부실경지정리 사건을 해결하고 농민들로부터 답례로 받은 녹음기를 가져와 매일 단식농성 상황을 녹음하였다. 박우갑 회원은 잠시 성당 밖으로 나갔다가 경찰들에게 연행되어 녹음기를

빼기기도 하였다."(최성호, 2021: 146)

"이기환은 구척 키에 험상궂은 얼굴을 하고 문지기를 하였다. 기동대 하고 싸우면 제일 앞에 나서고 했던 이기환은 130kg 몸무게에 콧수염까지 달고 있었다. 인기가 대단했다. 그러나 단식에서는 가장 취약하였다. 단식에 들어가자 '아이고 사람 죽겠다, 뭐 묵고 잡다'고 소리치곤 하였다. 그리고 몰래 뭔가 먹기도 하였다. 그리고 시민단체에서는 담요를 사서 보냈다. 프랭카드 글씨는 이강 동생 이황이 썼다. 단식투쟁하던 교육관에서는 가마니를 깔고 농성을 했는데, 양동시장에서 사다가 펴면 한 사람이 눕기에 딱 맞았다. 70개를 사다가 깔고 누워서 농성하였다. 원래 단식하면서 눕는 것 아닌데 이때는 앉기도 하고 눕기도 하였다."(서경원)

그리고 학생운동 하는 사람들이나 학생운동을 했던 사회운동가들이 단식장에서 뒷바라지를 하였다. 물 같은 것을 사서 나르고 단식에 필요한 물품을 조달하였다. 학생운동 했던 사람들은 안팍으로 들락날락했다. 천주교회의 특성상 완전히 봉쇄할 수는 없었다. 학생들은 샛길로 돌아다녔고 담으로도 뛰어넘고 지붕으로도 타고 넘었다. 당시 외부와의 연락을 주로 맡았던 윤한봉의 얘기를 들어보자.

"북동천주교회에서 단식농성을 하는데, 전혀 내부에서 준비도 없이 치약 칫솔 하나, 소금 한줌 준비 안 한 채로 침구 하나도 없이 갑자기 단식을 해버린 거예요. 단식농성에 들어가 버렸거든요. 천주교회 측에서 동의를 안 할 것 같으니까 천주교회 교육실, 교리실 같은 것이 있었는데 거기서. 그런데 이강씨가 가농에서 간부(전남연합회 교육부장)로 활동하고 있고 형선(박형선)이도 있고 조계선(조직국장)이도 그러고 있고. 이게 함평고구마 사건이지만 함평 농민들 뿐만 아니라 전국에서 막 간부들이 오고 그랬는데. 그래 단식농성이 딱 들어가 버리니까, 농민들은 또 일하니까 밥은 이만큼씩 (많이) 먹던 사람들이 갑자기 예비단식 과정도 없이 아무런 준비 없이 시작하니까. 그 다음에 거기에 누웠다 해서 일이 해결되는 거 아니거든? 증폭을 시켜야 하는데 단식효과를 정치적으로 높이려면, 밖에서 흔히 말하는 재야나 청년학생들 쪽에서 호응을 해줘야 하는데, 그 일을 갑자기 내가 맡게 된 거예요. 그러니까 침구 구해 나르고 세면도구부터 몰래 솔래 솔래 타먹으라고 미숫가루부터 마련해 가지고, 완전히 경찰이 봉쇄해 버렸기 때문에 북동천주교회 뒷골목으로 해가꼬 경찰들이 모르는 골목으로 담 넘어서 들여보내고 했지. 그런 일을 하고 나서 바깥에서 모임을 주선해가지고 시위가 아니라 지지격려차 북동천주교회 방문을 해야한다고, 그런 식으로 양림동 천주교회에서 모여가지고 그런 음모 꾸미고, 동원하고. 그래서 진짜로 청년 학생들이 밤에 북동천주교회 위로차 간다 그래 가지고 걸어가면 경찰이 막고 뛰고 엉뚱한 방향으로 사건이 번지게 되니까 저쪽에서 항복! … 끝나버리고, 이겼는데. 이긴 다음에도 그 침구부터 시작해서 다 실어다 주인들 갖다주고 나르느라고 고생했는데 그 일로 해서 갑자기 농민운동 쪽하고 굉장히 가까워졌어. 신뢰도 얻고. 서울에 연락하고 그런 일을 다 했기 땜에."(윤한봉)

안동교구에서 온 구정회는 단식 상황을 이렇게 전해준다[252]. "안동교구에서 간 사람 가운데 권종대 씨, 정재돈 씨, 김천에 김성순 씨,

252) "땅이 해코지하지 않는 세상을 꿈꾸며," 와룡 농사꾼 구정회, 〈UGN경북뉴스〉, 2019. 08. 07.

나 그렇게 넷이 남아서 단식을 하게 됐어요. 천주교회 마당 앞에서 가마때기 타개면서 우리는 죽어도 해결을 보고 간다, 죽으면 저 가마때기에 싸여서 시체로 나가겠구나! 이래 생각했죠. 그런데 이 사실을 딴 데 어느 언론도 방송을 안 해요. 마이크 스피커 방송으로만 외부로 흘러나갔지. 단식할 자리를 다 만들어 놓고 앉을 즈음 본당 신부님한테 광주 CBS 기독교 방송 거기에서 이런 사실을 뉴스를 해줄 테니까 들어보라고 사전에 연락이 왔습디다. 그래 실지로 라디오를 트니까 유일하게 나오더라고요. 피해보상을 안 해주면 관철될 때까지 투쟁에 들어간다고. 단식하고 누워있는데 오성백 신부님이 보낸 대건신학교 학생 20~30명이 와서 인사하고 얘기를 들어주고 갔어요.

그날 저녁 캄캄한데 지붕에 사람이 한둘 있더라고요. 우리가 들락날락하면서 봤어요. … 밤에 추울까봐 이불 담요 몇 장 가지고 왔다 그래요. … 그러고 또 한 가지 일어난 일은 방송하는 소리 때문에 시내 정류소 부근이 시끄러우니까 누가 그랬던지 전원을 차단시켜 버렸어요. 외부로 방송을 못 하게요. 이웃 시민들이 전기 안 들어온다고 우리한테 막 항의를 했어요. 그래 급하게 건전지 전기로 전환시키고 한전에다가 전기를 안 넣어주면 원성이 한전으로 간다고 하니까 즉시 또 전기를 넣어줬어요.

그날 저녁부터 단식을 하는데 주관하는 사람이 대번 단식을 하면 안 되니까 우유 작은 거 한 팩하고 빵 한 개 하고 우선 먹고 내일부터 단식하자 하면서 우유 하나, 빵 한 개를 나눠 주더라고요. 그런데 누군가 일어나서 '이거 뭐 양식하는 거냐? 단식하는 거냐?' 그러니 받은 사람은 먹고 그 말한 사람은 안 먹고 단식 시작되고. 나는 먹었어요(웃음). 대번 단식하면 안 되고 서서히 해야된다 하면서. 그 이튿날부터 진짜 물만 먹고 시작하는데 이틀, 3일째 되니까 배가 덜 고프더라고. 교우들은 보니까 농민들이 아칠 하니까. 전부 불뚝 농민들이 와 가지고 가마때기 펴놓고 반은 일어나 앉았고 반은 누웠고 하니 물만 준다하니까 물 대신 일부러 숭늉을 주더라고요. 누룽지를 만들어서 밑에 가라앉히고 공급을 해주더라고요. 나는 한 삼 일 굶으니까 정신이 더 맑아지고 깨끗해지더라고요. 그런데 4일째 되니까 눕는 사람도 많고 포기하고 싶을 만큼 힘들더라고요.

오 신부님이 안동 오셔서 이런 사실을 알려서 그때 전국구역 사제단의 지도신부님이면서 안동교구 신부님이셨던 류강하 신부님하고 정호경 사목국장 신부님이 함평으로 파견돼서 오셨어요. 이미 내용은 알고 있었지만 현장 사정을 들어보라고요. 4일째 되는 날 밤에 단식현장에 오신 거예요. 닷새 되는 날 아침에 권종대 씨하고 나하고는 단식 중단하고 신부님들하고 동행해서 나왔어요. 사제와 동행해서 나오면 연행되거나 체포되는 건 면하잖아요."(구정회)[253]

단식할 때 전리품(?)을 획득한 일을 서경원은 이렇게 말한다. "북동천주교회에서 머리띠를 두르고 단식투쟁을 할 때 기동대가 천주교회 앞 출입문을 막았다. 막고 있는데 몸이 좋은 중대장이 캐리버 50 가죽끈 지휘봉(군대에서 대대장부터 지니고 있음)을 들고서 서 있는 나에게 '이 자식 또 왔네' 하면서 내리쳤다. 자세를 낮추면서 막으니까 줄이 내 팔에 착착 감겨서 확 잡아챘다. 그리고는 '중대장, 지금부터 내가 지휘한다. 이 지휘봉이 어떤 지휘봉인가? 지휘봉을 빼앗기면 패배한거야'하니 그가 얼굴이 일그러지더니 멍하고 있다가 갔다. 나는 지휘봉을 들고 천주교회로 가지고 들어와 미사 지내는 제대 앞에

253) 경북in뉴스(http://www. kbin. co. kr).

갖다 놓고 '성모님 전리품입니다. 하느님 앞에 바칩니다'하고 나왔다. 이길재가 보았는데, 그 중대장이 버스에 올라가 (권총을 빼앗길까 봐) 권총을 꺼내 두고 케이스만 차고 내려왔다. 위험천만한 아슬아슬한 싸움이었다."(서경원)

자유롭게 출입했던 황연자(23살)에 대한 이야기도 흥미를 끈다. "그 때 당시 외부하고 연결이 돼야 단식이 효과를 발휘하잖아요. 황연자라는 여자가 있었는데, 그 친구는 경찰이 완전히 포위를 하고 있잖아요, 못 들어오게 딱 막고 있어. 근데 그 여자는 자유롭게 돌아다녀요. 어쩔 때는 간호원복을 입고 딱 거 닝게루(링거) 갖고 환자 있다고 들어오고(동생이 간호원이었음). 어쩔 때는 북동천주교회에 유치원이 있어요. 유치원 선생으로 가장 해갖고 유치원 애기들 손잡고 들어오고. 그 여자가 그렇게 안팍으로 들락날락했어. 남자로는 홍길동같이 들락날락했던 친구가 윤한봉, 황석영이 있었어. 그 친구들이 밤에는 어떻게든 들어 들어와서 좀 재밌게 했었지."(조계선)(5·18기념재단3, 2009: 244)

당국(중앙정보부와 경찰)은 가족을 동원하여 단식자들에게 압박을 가하기도 하였다. "문경식의 아버지가 왔다. 와가지고 내(서경원) 멱살을 잡고는 '문경식이 내놔라' 했다. 문경식을 감춰놨었다. 천주교회 마당에서 경찰이 보는 앞에서 '차비 값은 해야 할 것 아니야. 내놓아라, 여기 있는 줄 내가 알고 왔다.'고 씩씩거리고 나갔다. 그러나 나중에 농민들의 이야기를 듣고는 … 마음이 변하셨지."(서경원)

직접 문경식의 얘기를 들어보자. "단식투쟁 때 20살 초반이었는데 우리 아버지가 동네 지서의 순경 하고 같이 저를 찾으러 북동성당에 오셨죠. 제가 담 너머 숨었는데 서경원 회장이 '당신 아드님은 여기 참여 안 하고 내려갔다' 이렇게 얘기하니까 더 이상 할 얘기가 없어 돌아가 보니까 제가 집에 없거든요. 그래서 그 이튿날 경찰하고 잔뜩 술을 잡숫고 오셔서 아버지도 같이 단식농성을 한 거죠. 우리 아들 내놓으라고. 그때 4~5일 단식을 진행할 때라 서울의 문익환 목사님, 원로 민주화운동 선생들이 오셔서 감동 있는 말씀을 하시고 장한 일 한다고 격려하시고, 우리 아버지도 하루 종일 앉아 있어서 의식화가 되어버린거죠. 우리 아버지가 안 데려갈 테니까 아들 얼굴이라도 보게 해달라고 하셔서, 나는 사제관에 숨어 가 있고, 서 회장님이 와서 '네 아버지가 너 안 데려가기로 약속을 했고 얼굴만 보고 간다고 했으니까 아버지한테 가서 인사해라' 그래서 나가서 인사했죠. 우리 아버지는 아들이 참 장한 일 하긴 하는데 배고프고 굶고 하는 부분에 대해서 정말 안타까워하며 잘 추스리면서 잘 하고 오라고 격려하였고, 그때부터 우리 아버지는 농민운동 하는 데 대해서는 이의를 제기하지 않았고 제가 농민운동을 활발하게 할 수 있는 계기가 됐죠."(문경식)〈문경식 구술, 민주화운동기념사업회(2010)〉

김문식 형님도 오셨다. "김문식 형이 도 식수과장으로 있었는데 중정 애들이 같이 왔었어요. 농민들이 보는 앞에서 김문식의 멱살을 잡고 천주교회 안을 돌아다녔지. 나갔다가 나중에 와서 나에게 '너 이렇게 하는 건 올바른 일이야, 내 인정한다. 그런데 문식이 저것은 아무것도 모르는 새끼가, 니가 해 가지고 전부 그러는 것 아니냐.' 과장되게 삿대질까지 하면서 소리질렀다. 중정 애들 보는 앞에서 나에게 그렇게 말하였다. 그런데 나갈 때는 내 귀에 대고 귓속말로 '너는 해야 돼, 이건 분명히 싸워야 한다, 맞는 일이다'라고 속삭였다."(서경원)

싸움꾼(?) 이야기도 있다. “경찰이 철통같이 막고 있었어. 그 때 고민영 목사가 들어오니까, 경찰이 ‘어이 뭐야, 당신 이리 와봐’ 해서 고민영 목사가 ‘나 목사요’ 하니까, ‘목사가 뭐야 이새끼야’하면서 무술경찰들이 멱살을 잡고 길가로 내동댕이쳤어. 그 뒤로 문정현 신부가 왔어. 싸움을 해본 사람은 달랐어. 문정현 신부가 정문에서 안으로 들어가는 것을 경찰들이 막자 천주교회 앞에 터미널 맞은편이었는데 시민들이 보는 앞에서 (인혁당 사건으로 시신을 내놓으라고 무악재에서 항의시위 하며 차 밑으로 들어갔다가 다쳐서) 목발 짚고 검정 옷 입은 채 목발 던져버리고 길바닥에 주저앉아 버렸어. 그러니까 한 십분 있다가 무술경찰들이 와서 어서 들어가라고 하였지. 그런데 넥타이 매고 오다가 잡혀서 귀싸대기 맞고 쫓겨가는 목사들을 몇 봤어.”(서경원)

단식장 안에서 총무를 맡았던 노금노의 얘기를 들어보자. “제가 가톨릭농민회 전남연합회 총무를 맡고 있던 때입니다. 그래서 이 때 제가 단식장 내부에서 총무를 맡았어요. 기록이라든가 이런 걸 제가 담당하고 있었습니다. 첫째 날 단식을 그냥 워낙 그날 피곤하고, 오후 8시쯤부터 단식에 돌입했는데 북동천주교회 광장에서 멍석을 깔고 시작했는데, 밖에서 들어오는 정보가, 지치고 그랬으니까 여기를 덮쳐서 다 드러내불까 하는 우려가 있다고 해요. 그래서 그날 밤은 성당 안으로 들어가서 단식을 합니다. 그 날 밤을 성당 안에서 새운 걸로 기억이 돼요. 성당 안은 함부로 진입을 하기가 자기들이 껄끄러운 문제들이 있기 때문에. 그리고 그 이튿날은 성당 안에서 계속 단식을 할 수가 없어서 사제관 옆에 있는 교육관으로 옮겨서 창고처럼 생긴 곳에 멍석도 깔고 단식하는데, 거기는 상당히 좀 위험성이 있었어요. 거기는 또 바로 저쪽 골목 뒤에라서 거기 담 허물고 들어와서 다 거덜내 가버리믄 위험하다 해서, 그러믄 낮에는 천주교 성당앞 광장에서 하고 밤에는 교대로 성당에서 일부는 자고 광장에서 일부 자고, 한꺼번에 다 거덜나블믄 안 되니까. 그럴 정도로 상당히 위기의식을 많이 지니고 있었죠.

이틀, 3일째부터는 미음을 물 마시듯이 마시거나 물만 마시는 정도고, 아예 안 먹는 사람은 아예 안 먹어블고. 3일째 되니까 전국 각지에서 사람들이 오기 시작해요. 광주지역 안에서는 웬만한 사람들은 다 왔죠. 목사님들, 신부님들, 당시 뭐 야당을 위해 적극적으로 활동하셨던 분들, 학생운동 하시던 분들, 서울에서도 그 기간 내내 문익환 목사라든가, 하여튼 헤아릴 수 없이 많이 오셨어요. 근데 3일째를 넘어가니까 벌써 몸이 약한 사람들은 먹지도 못허고 기력을 상실해버려요. 그런 경우는 사제관으로 옮겨서 미음을 먹이면서 계속하고. 또 밖에서 안으로 들려오는 소리로는 전대생, 조대생들을 중심으로 학생들이 계속 가두데모, 뭐 지원 성격의 데모들을 하여, 한편으로는 격려가 되기도 하고 또 다른 한편으로는 광주에서만 저렇게 계속할 경우 저들이 강압적인 방법으로 해산하는 작업을 하지 않겄냐 해서 가능하면 서울이나 다른 데서 이걸 지지하는 집회, 이런 것들이 촉발됐으믄 쓰겠다 하는 의사를 전달하기도 했었죠."(노금노)

"좀 재밌는 얘기는 4일째 되니까 무안의 박석면이가 그 때 고등학교를 퇴학당했든가 하다가 단식에 참여했던 거예요. 나는 개인적으로 그의 집에도 갔었고 잘 알고 있었는데, 나한테 와서 그래. '아이 총무님, 정말로 나는 단식해도 뭣을 좀 먹고 하는지 알았더니 암것도 안 묵고 이러고 헌께 죽겄당께요.' 그런 얘기를 허고 그럴 정도로 뭣을 그렇게 정말로 단식을 단식답게, 너무 좀 했달까, 무식허게 했달까, 뭘 전혀 안 먹어 버린거여, 그냥 물만 먹고. 아 그런께 사람들이 그냥 4~5일 되니까 다 탈진해브러요. 4일째 되니까 보성의 이기환이도 실려가브리고, 병원으로 실려갔어요. 뭐 글고 덩치가 큰 사람들이 더 못 견뎌블더만. 여러 사람이 실려갔어요."(노금노, 2014: 61~62).

사실 이렇게 굶지만은 않았다. 그리고 주체측도 단식을 기획했던 터라 준비를 했었다. "주최측에서 먹을 것까지 계획을 해놨었어요. 무등산 뒤쪽 화순에서 목장을 하던 사람이 산양 우유를 보급하는 계획까지 짜 놨더군요. 그래서 실제로 산양 우유를 먹었어요. 이기환, 박형중 등은 일부가 단식장 뒤쪽 벽돌 담 너머 식당이 있었는데 거기서 봉지에 싸서 던져 넣어준 막걸리와 콩나물을 먹었는데 나중에 들켰지. '먹을 사람은 먹어야 하지 않겠느냐'고…."(박병기)

뜻하지 않게 무시무시한 효과를 발휘했던 작은 프랑카드(?)가 있었다. "기도회를 끝내고 단식에 들어가기 전에 발표한 '우리의 요구'(1. 함평고구마 피해를 즉각 보상하라, 1. 구속된 유남선, 정성헌 두 형제를 즉각 석방하라, 1. 농민회 탄압을 중단하라)를 강태용이 검붉은 페인트로 커다란 사각형 종이에 써서 단식장인 교육관 문에 밖에서 볼 수 있게 붙여놨어. 그리고 입구 쪽에 베니어판에 붉은색 페인트로 '단식 중'이라고 써서 세워놨어. 페인트가 흘러내려 피로 쓴 것처럼 보였나봐. 좀 떨어져서 보면 영락없이 혈서로 보였지. 피가 뚝뚝 떨어지는 느낌을 준단 말야. 정보과장이 만나자고 해서 왜 그러냐고 했더니 '저, 저, 저 피로 쓴 것좀 제발 치워달라'고 해. 제발 저것좀 떼어달라고 간청하였다니까. 피? 뭐 돼지 잡았어? 우리가 상상하지 못한 효과가 나타난 거야."(서경원)

감동적인 일도 있었다. “단식을 3일째 하고 있을 때 최초로 찾아오신 분이 조아라 장로였어요. 개신교 장로인데 YWCA회장인가 기고 일제 때 독립운동 했던 여자예요. 한 4일째 되니까 피곤하고 힘들고 제대로 서 있기도 어렵고 앉아 있기도 하고. 근데 조아라 장로가 강의실 비슷한 그런데다 바닥 깔아놓고 기도하는데, 이야기를 떠듬떠듬 속도가 빠르지 않아요, 말솜씨가. 단식장에서 자기 체험을, 자기도 일제 때 직접 등에 자기가 낳은 애기를 업고 경찰서에 잡혀들어가기도 하고 자기 생애 다하면서 극한적인 투쟁을 했다고 이야기하면서 ‘진실로 잘 하고 있다. 당신들이야말로 애국자다’ 라는 취지로 얘기했어요. 본인도 울면서 하는데 아, 내 생각에는 한 20분 정도 이야기했지 않을까 싶은데, 단식장이 전부 다 눈물바다가 될 정도로 그렇게 감동적으로 해주시더만 그 양반이.”(이강, 5·18 기념재단, 2014: 165~166).

단식장 방문객과 관련한 일화를 김문식은 현장대책위원장으로서 이렇게 전한다. “외부에서 유명한 분들이 이제 전국에 소문이 나서 오면 정문으로 올 거 아니여. 정문으로 오면 경찰이 뭐 들어가게 안 해. 정 못 들어오게 하면 연락이 와 나한테로. 그러면 내가 이제 비상을 걸면 단식하는 사람들이 가마니 쪼개서 펴서 앉거나 누웠던 놈 딱 머리 위에다 들고 정문 앞으로 가서 쫙 서. 그럼 바로 저편에는 북동터미널 아니야. 터미널에서 사람들이 다 쳐다보는 거야. 유명한 인사는 와서 못 들어오고 있지, 우리는 가마니를 뒤집어 쓰고 정문 바깥쪽을 향해서 서 있지, 밖에서 사람들은 쳐다보지. 여러 명이 머리에 가마니를 뒤집어 쓰고 나가면 다 성공이라. 문을 안 열어줄 수가 없었지." 그런데 이렇게 방문한 인사들은 단식자들을 괴롭혔다. "단식하는 사람들은 이제 짚가마니를 쪼개서 펴서 강당 바닥에다 깔아놓고 머리띠 두르고 앉거나 누워 있는데. 찾아오는 손님들은 북동성당 정규완 신부님이 접대를 해. 외부인사들이 오시면 차도 끓여드리고 때가 되면 밥도 대접하는거야. 그러면 같은 건물에서 한쪽에서는 단식을 하고 한쪽에서는 음식 냄새가 폴폴 나서 아주 고약한거야. 그 과정이 눈물겨운 거야. 근데 단식을 해도 물을 먹어야지 물을 안 먹으면 창자가 눌러붙는다고 해서 단식하는 사람들은 교대로 물을 끓여서 두었다가 수시로 마시는 거야, 고약한 냄새를 견디며."(김문식)

문익환 목사의 모습도 살펴보자. "누군가(문익환 목사) 단식장에 들어왔는데 두루마기를 입고 오셨어. 단식하고 있는 마당에서 마악 춤을 추고 다니는거야. 사람들이 전부 다 정신이 좀 이상한 사람인가보다 했지. 나도 그랬고. 나는 문익환 목사를 몰랐거든. 누가 나보고 귀뜸을 해줬어. 저 양반 문익환 목사라고. 깜짝 놀라서 뛰어가서 '아이고 목사님 죄송합니다, 저 서경원입니다' 그랬더니, 나를 껴안고 '이제는 됐어, 됐어. 농민이 일어섰어, 농민이 주인이야'하고는 성당 마당에서 정신 나간 사람처럼 마냥 춤을 추는거야."(서경원)

안타까운 일도 있었다. "4월 28일, 그동안 유일하게 외부와 연결되던 비밀통로마저 완전히 봉쇄된 채 단식 4일째를 맞은 우리는 아침부터 두 사람이 완전히 탈진상태가 되어 주교관을 통해 급히 병원으로 옮겼다. 동지가 병원 앰뷸런스에 실려 가는 것을 바라보는 단식자들은 심히 걱정스러운 눈빛들이었다. 더구나 (전북에서 온) 박성선[254] 형제는 다리를 목발에 의지하고 있는 불구의 몸이었다. 주위 사람들이 단식에 참여하는 것을 그렇게 만류했으나 본인의 의지를 굽히지 않고 오늘까지 버티다 실려 나갔기에 우리들의 마음은 더욱 착잡했다."(노금노, 1987: 61)

단식투쟁 장소였던 북동 천주교회 주임신부였던 정규완 신부의 얘기도 들어보자. "저의 선배이시고 노인 신부님이셨던 마산교구의 이종창 신부님이 그때 전국농민회 지도신부였어요. 그 신부님이 농민들 단식투쟁하는 동안에 같이 계셨어요. 우리 북동성당 사제관에 나하고 같이 계셨어요… 그 때 단식을 하고 가마니를 깔고 누워있는데 황석영 씨가 거기 와서 누워있었어요, 누가 보더니 황석영 씨라고 하더만요. 하루는 밤에 무력을 투입해서 강제해산시켜 버린다는 그런 말이 들리더라구요. 그래서 한밤중에 교리실에서 당하면 안 되니까 당하더라도 성당에서 당해야것다, 그래야 말하기도 좋다 생각했죠. 성당 제대 옆문을 열어가지고 제대 쪽으로 전부 옮겨서 제대 둘레에 누워있었어요. 그날 별일 없이 나오기는 나왔는데, 그러고 나니까 농민들이 가마니 위에 뭉개던 몸을 그대로 와서 있었으니까 제대 주변에 지푸라기가 온통 뒤덮일 정도였죠."(정규완, 5·18기념사업회, 2013: 203)

"성당 제대 앞에서 자고 농성하니까 신자들이 겁먹고 들어와서 내(서경원)가 잡고있는 마이크를 뺐더니, '왜 남의 성당에 와서 이러냐, 함평 가서 해라'며 몰아쳤어. 신자들이 사제관에다가 총공격을 하는

254) 박성선은 차량의 조수를 하다가 사고를 당하여(세워둔 차가 뒤로 미끄러지는데 어린아이가 있어서 자신이 차 밑에 몸을 던져 어린아이를 구하고 자신은 크게 다쳤다) 하반신이 불편하게 되었다. 그리고 그는 단식투쟁의 후유증을 앓다가 죽었다.

거야, '내보내라, 그런 식으로 하면 성당 안 된다'며. 정(정규완)신부가 흔들리기 시작한 거야. 그러더니 나한테 와서 비워달라는 말까지 했어요. '인자 그만하고 딴 데로 옮겼으면 좋겠다, 준비하라'고. 나는 제대에서 울면서 기도하고 있었어요. 그런데 그 이튿날 새벽미사를 하는데 할머니 한 분이 오셔서는 신부에게 '신부님 제가 방언을 들었습니다. 성모님이 나타나셔서 내가 있으니 두려워 말고 계속하라고 하셨습니다.'라고 했대요. 이 말을 듣고는 정신부가 기운을 얻어서 나중에 와서는 열심히 싸우라고 했어요. 그래서 우리는 뛸 듯이 기뻤죠."(서경원)

"그 당시 (전남연합회) 회장이 서경원 씨였거든요. 그 때 도지사가 고건이었고. 피해보상 문제를 해결하는데 농협과의 관계로 해결이 나는 것이 아니고 정치적으로 해결을 하드만, 보니까. 그래서 중앙정보부 계통의 사람이 들어서고 또 도청이 나와서 하고, 그래가지고 보상이 나왔는데, 내 생각에는 자, 그 정도면 이제 우리가 원하는 것은 만족할 만한 선을 구하려고 꼭 하는 것은 아니잖아요. 근데 서경원 씨가 그렇게 강한 줄 몰랐어요. 끈덕지고, 그 정도로 끝내면 좋겠다고 주임신부로서 생각을 했고… 또 빨리 끝나야 우리 신자들이 성당을 정상으로 돌릴 수 있으니까. 그러면 좋겠는데 저쪽 제의를 안 받아들여요. 몇 번 협상을 하러 가고, 단식중이니까 기운이 없는데 또 다시 협상을 하고, 하여간 상향조정을 했어요. 그래서 나는 '좀 지나치지 않느냐 느그들이' 이런 생각을 했었지요."(정규완, 5.18기념사업회, 2013: 204)

춘천에서 온 박명근의 얘기도 들어보자. "그 지역에서 함평고구마 사건이 큰 이슈로 나타나서 농민의 권리를 위해 싸우는 그런 과정이었고 또 그 과정 속에서 우리 춘천교구 간부들이 들어갔기 때문에 함께 했었던 거죠…. 단식 들어갈 때 참 비장했어요. '자 이건 안 된다. 무기한 단식에 돌입하라'하면서, 농촌현장에 가서 일할 사람들은 현장으로 가고 또 죽기를 각오하고 여기서 단식을 할 사람은 앞으로 나서라 그랬어요. 그런데 저도 앞으로 나서서 무기한 단식을 죽기로 각오하고 하려고 그 무리에 들어갔는데, 6~70명뿐이 안 남더라구요. 몇 백명 모인 중에서 6~70명 정도 남으니까 좀 서운한 마음도 있었고 '이게 죽음 앞에서는 사람들이 가는구나' 하는 그런 생각이 들었죠."(박명근)

나중에 전농의장까지 한 권종대는 이렇게 말한다. "함평 단식투쟁에 참여했는데 참 단식까지 해가면서 격렬한 투쟁을 전개하는 이런 분들도 있구나. 이분들이 자기 개인적인 사욕을 버리고 활동하는 걸 보고 상당히 감명을 받았어요. 또 원주연합회 회장이던 조한수 그분이 말씀은 제일 안 하시면서도 그 자리를 계속 지키고 계셨죠. 성당 안에서 단식투쟁하고 있는데 경찰들이 성당을 뻥 둘러싸고 있으니까 외부사람 출입이 부자연스러운데도, 사이사이 가만히 밤에 와서 물질적인 협조, 정신적인 격려를 해주던 분들이 있었죠."(권종대).

정재돈은 단식투쟁장의 모습을 이렇게 기억한다. "78년 함평고구마 투쟁이 북동성당에서 이태째 싸우게 됐거든요. 그때 기도회를 딱 하는데 벌써 기동대 버스가 몇 대가 와서 성당 앞을 막고 그랬습니다. 공용터미널 앞이기 때문에 사람들이 많이 나와 있으니까 이것을 알리기 위해서는 나가야 된다고 해가지고 젊은 사람들이 앞장서고 대열이 중간에 잘릴까봐 사다리를 양쪽에 대고 북을 둥둥 치면 앞으로 나가고 꽹과리를 치면 뒤로 후퇴하는 그런 식으로 터미널 앞에까지

쪽 나가 교통차단하고 그랬죠. … 철야기도회를 허고 그 다음날 점심 때입니다. 단식농성으로 들어가는 수밖에 없겠다 싶어가지고 전부 다 모여있는데, 단식농성에 남을 사람들과 집에 돌아가서 이걸 자기 지역에서 알리고 거기서 싸울 사람들 두 줄로 서서 단식투쟁 출범식을 할 때 분위기가 아주 엄숙하고 결연했었죠. 8일 동안 단식할 때 서경원 형제가 그때 전남연합회 회장이었죠. 단식 3일째쯤 되면 제일 힘들거든요. 정신도 몽롱해지고 배도 고프고 그냥 먹는 얘기만 하고 그럴 때, 제일 그럴싸하게 얘기하는 사람이 서경원 형제님이었습니다. 입담이 좋아서 좌중을 압도할 만큼, 자기한테 집중시킬 만큼 그렇게 얘기를 재미있게 했어요. 또 아주 앞장서 싸우는 투사적인 모습을 보이고 그랬었지요. 그때 저는 이병철 형제하고 문안 작성해서 발표하는 팀을 맡았어요. 그리고 아주머니들, 할머니들이 수건, 칫솔, 비누, 필요한 물건들을 둘둘 말아서 치마폭에 숨겨서 가지고 와 넣어준 거라던지 담 너머로 넣어주기도 한 그러던 따뜻한 맘, 그런 것이 정말 오랫동안 기억에 남아요."(정재돈).

가농 초대회장을 했던 이길재는 협상에 대해서 이렇게 말한다. "단식한 지 5일쯤 됐는가 하는데 교구청의 사무국장 신부가 농성장에 올라왔더라고. 나를 보자고 하더니, 윤대주교가 좀 보자고 한대. 그래서 뭐 때문에 그러냐 그러니 도청하고 우리 사이에 중재역할을 하실라고 그러니까 갑시다 해. 그 때 몇몇 대표들을 선임해가지고, 그대로 머리띠를 두른 채, 그 때 단식 중인데 교구청에서 차를 대기시켜서 타고 가톨릭센타 건물에 있는 교구청에서 갔더니, 윤대주교가 지금 옆방에 고건 지사가 왔다, 문제를 어떻게 합리적으로 풀려고 그랬습니다 해. 그래서 방으로 들어갔더니 고건 지사가 젊은 39살 땐가인데, 자신이 차후에 보상을 해줄테니까 농성을 먼저 풀라고 해. 그래서 무슨 소리냐 지금 보상을 바로 해줘야지 정부의 의지를 우리가 믿을 수 있지, 그동안 수없이 3년 동안 이래 왔잖냐. 그러면서 계속 당신들이 농민들을 기만하고 이렇게 했는데 이 마당에 단식을 풀라니 말이 되냐. 우리가 이 문제를 푸는 것이 농업문제를 푸는 하나의 계기가 된다고 보기 때문에 그렇게 적당히 당신 말대로 풀 수 없다. 우리가 당신하고 협상하러 우리가 온 게 아니고, 존경하는 대주교님이 우리를 불렀기 때문에 왔는데 우리는 우리의 대주교님한테 우리 입장을 충분히 보고드렸으니까 당신하고 협상할 이유가 없다. 우리는 간다고 일어나 버렸어요. 그랬더니 일어나서 붙잡더라고. 뒤따라 오더니 저쪽 방에 잠깐 앉아 있으래. 주교님이 있는데 그냥 갈 수가 없잖아. 방으로 들어가서 즉시 현금을 농성장에 내놓으라고 했지."(이길재)

협상장의 분위기도 들어보자. "5일째 되는 날 중정 지부장으로부터 윤공희 대주교에게 제안이 왔어. 주교, 가농 전국신부, 서경원, 노금노, 나(이강) 5명이 대화 자리에 갔지. 북동성당 나와서 50미터 앞에 2층 별도 홀 같은 데서 만났지. 상대쪽은 전남도지사, 전남도경국장, 농협도지부장, 중앙정보부 지부장(조정관)이 왔어. 거기서 논쟁하는데, 보상 한번 해줬으면 되지 자꾸 연연이 해달라 한다는 논지의 설명을 농협도지부장이 하는데 떨두만, 말을 떨어 내가 옆에서 보니까. 그쪽 얘기 다 끝나고 이쪽 얘기하라고 하니까, 서경원이가 몇년 몇월 며칠 이러이러한 조건의 이러이러한 일을 했죠, 고구마관계가 아니고 뭔 명분인데 핑계를 고구마라 하고 했대, 그럼 고구마 해당 안 된 사람이 탄 거야 뭐야? 요런 식으로 따지는데 농협도지부장이 딸싹을 못하드만. 서경원이는 거짓말을 한게 아니라 몇월 며칠까지 들먹여 가면서 그 얼마 하고, 한참을 두세 차례 얘기가 오고 갔을까. 그 때 내가 윤공희 대주교 얼굴을 봤지. 양쪽 대장이 윤공희하고 저 중정 지부장이니까. 윤공희 대주교 눈동자 표정이 좀 달라진다는 느낌이 탁 들더라구. 대주교가 농민이 맞고 얘들이 거짓말이다 하는 느낌을 가진거죠. 대주교 눈동자 표정이 달라진다 싶었는데 느닷없이 중정 지부장(김덕창)이, 그때 내가 끝발이 쎈지 알았어, 농협도지부장에게 '어이 지부장 당신, 나 같으면 모래밭에 새(혀) 박고 죽어버리겠네, 당신 각서 써 잘못했다고. 당장 현찰로 보상해. 그 하겠어 못하겠어?' 도지부장은 발발 떨며 '예 알겠습니다. 바로 조치를 취하겠습니다.' 다른 설명 없어, 그러구 달달 떨어. 그때부터는 끝난 거지."(이강)

단식 뒤의 이야기도 있다. 전남대 학생이었던 박병기는 수업을 빼먹고 단식에 참여하였다. "내가 송기숙 선생님한테 수업을 받고 있었어요. 송기숙 선생님 연구실이 도서관 백도 2층에 있었는데… 단식하느라고 수업에 못 들어갔어요. 그래서 송기숙 선생님한테 가서 '선생님 제가 단식하느라고 수업에 참여하지 못했습니다' 하니까, 선생님이 '어 나도 알어. 함평고구마 관련 소설[255]을 하나 쓰고 있는데 마지막 교정하고 있는 거야. 자네 수업 안 들어온 거 내가 실습으로 처리할께' 라고 말씀하셨다."(박병기)

255) 양파 농사하는 할머니에 관한 이야기로 된 짧은 소설은 있지만, 함평고구마와 관련 소설은 없다.

5. 농민교육과 보상금 분배

18개월 동안 치른 노력과 고통에 대한 보상치고는 너무나 미미했다. 함평군내 전체 피해액은 1억 4천여만 원으로 추산되었지만 보상액은 농협과 경찰의 간섭과 협박 때문에 최소한으로 피해조사를 하여 신고된 309만 원, 전체 피해액의 2.2%만이 보상을 받을 수 있게 되었다. 피해보상은 함평군내 피해농가 모두에게 돌아가는 것이 아니라 줄기차게 투쟁해온 가톨릭농민회원 또는 여기에 적극 참여한 농민들, 즉 피해조사농가들에게만 돌아가게 되었다. 더욱이 갖가지 부대비용을 공제한 결과 어떤 농가는 단돈 23원을 보상받은 경우도 있었다.[256)]

연합회 총무인 노금노는 함평 천주교회 장홍빈 지도신부와 전남연합회 회장 서경원과 함께 함평천주교회에서 고구마 피해보상금 지급에 관한 방안을 논의한 끝에, 당시 대책위원회와 함께 직접 피해조사에 참여한 9개 마을 대표와 함평지역 가톨릭농민회 분회장(8명)의 합동회의를 소집키로 했다.

5월 22일 가농 전남연합회는 함평천주교회에서 12시부터 각 마을과 가농분회에서 온 17명의 대표가 참석하여 피해보상금의 분배 방법, 시기, 장소 등을 토의하였다. 여기서 피해농가에 대한 피해보상의 원칙으로, 첫째 보상금은 1976년 당시 피해조사서에 의해 밝혀진 근거내용을 토대로 피해농가에 지급한다, 둘째 만일의 경우를 생각해서 피해농가마다 지급되는 금액에 대해서는 영수증과 함께 기록사진을 찍어 보관한다, 셋째 보상금 지급은 마을별로 날짜를 정해 마을

256) 2009년 5월 4일, 서경원 당시 전남연합회 회장 증언, 『한국민주화운동사 연표』, 333쪽.(김영택, 2011: 37).

회관이나 공소 등 공공장소에서 피해농가에 대한 교육을 실시한 후 지급한다고 정하였다.

이상과 같은 원칙에 따라 5월 24일 대동면 백련동 26농가와 학교면 월산리 화산마을 13농가(실제로는 5농가), 25일 함평읍 장련, 백연, 성곡 3개 마을 55농가, 26일 신광면 가덕리 가리마을과 대동면 과목장마을 19농가, 27일 함평읍 월봉마을 24농가, 28일 월야면 정산리 신기마을 23농가를 지급하는 것으로 해서 총 3백 9만 원의 지급 계획을 확정했다.

이러한 결정에 따라 전남연합회는 5월 24일부터 교육과 보상금 분배에 나섰다. 5회에 걸쳐 9개 마을에서 교육을 하고 보상금을 분배하기로 했지만, 실제로 이루어진 것은 〈표-23〉과 같다.

〈표-23〉 고구마투쟁 이후 기초교육(보상금분배)

장소	일시	강사	교육내용	참가인원	피해농가수
대동면 백호리 백련동 마을회관(백련동마을)	5월 24일	연합회장	가농회 소개, 고구마사건 경과	55명	26명
함평읍 장년리 장년공소 (월선마을, 백연마을)	5월 25일	연합회장, 지도신부, 총무	〃	52명	50명
대동면 금산리 과목장 (과목장 마을)	5월 26일	총무	고구마사건 경과	6명	6명
월야면 정산리 문장공소(신기마을)	5월 28일	연합회장, 지도신부, 총무	가농회 소개, 고구마사건 경과	36명	23명

– 자료: 전남지구연합회, 『가톨릭농민회 상반기사업보고서』, 1978, 15.

5월 24일 조사된 피해농가가 많았던 대동면 백호리 백련동 마을(상록수분회)부터 보상금 분배에 나섰다. 공소가 없던 대동면 백호리 백련동 마을의 경우 5월 24일 오후 1시 마을회관에서 교육을 실시하였다. 2년 전에 바로 "내 고구마를 사 주시오! 내 고구마를 실어 가시오" 하고 차바퀴 밑에 드러누워 몸부림치며 울부짖던 농민이 있던 마을이었다. 백련동마을의 피해조사농가는 26호였고 피해금액은 약 73만 원이었다. 교육에는 55명이 참석하였는데, 연합회장(서경원)이 먼저 가톨릭농민회에 대해서 소개하고, 총무(노금노)가 보상금을 전달할 수 있게 되기까지의 피나는 투쟁경과를 보고하고 보상금 지급에 관한 원칙을 설명하였다. 설명과정에서 마을민들이 자신의 주장을 펴며 이야기하였다.

한 마을주민이 조사를 했든지 안했든지 간에 다 똑같이 망했으니까, 이제 와서 조사서에 도장을 찍었느냐 안 찍었느냐를 따질 것이 아니라, 마을에 할당된 보상금을 호당 공평하게 나누자는 의견을 피력하였다. 또 다른 마을주민은 조사를 했는데 도장을 안 찍어서 피해농가에서 빠져버렸다고 불평하였다. 그러자 다른 마을주민이 열심히 운동할 때 돌아도 안 보고 이제사 공평하게 나누자는 얘기를 한다면서, 가농과 활동한 사람들을 생각해 보면 마을에 공평하게 나누는 것이 공평이냐고 다그쳤다. 활동하느라 고생하고 소모한 비용을 마을민이 공평하게 부담하지는 않을 것이지 않느냐고 하였다. 피해조사 당시에 조사에 응하지 않거나 조사를 하고도 도장을 찍지 않은 사람들이 피해를 당했음에도 보상을 받지 못하자 불만을 드러냈던 것이다.

이러한 이야기가 나오자 대책위원장이었고 이 마을 피해조사를 주도했던 임정택이 마을민 앞에 나서서 피해조사과정에서 어려웠던 당시를 되새기면서, 보상금은 조사서에 산출된 내용을 근거로 받았기 때문에 일단 조사된 서류를 근거로 해서 영수증 처리를 하고 조사과정에서 조사원들의 실수로 누락된 농가는 당시의 피해정도를 참작하여 마을 안에서 원만히 조정하여 처리하도록 하자고 하자 마을 사람들은 더 이상 문제를 제기하지 않고 그 제안을 받아들였다. 곧바로 보상금을 지급하고 서류상의 절차를 모두 마쳤다. 현금을 전달받은 마을 사람들은 미리 준비한 큼직한 술상을 회관 앞마당에 차렸고, 술잔을 주고받으면서 분배하러 간 회장과 총무, 그리고 실무진(모영주 등)에게 감사를 표했다.

이어서 학교면 화산 마을에 피해보상금을 전달하였다. 화산마을의 조사대상자는 13명이었지만 신한제분에서 가깝고 일부 수매를 완료하였기 때문에 실제 피해농가는 5호에 불과하였다. 총 손실금액도 3만6천여 원에 지나지 않았다. 피해보상금을 전달할 때 같이 다녔던 모영주가 피해보상금을 조사자였던 임재상에게 건네서 임재상이 또래인 세 사람(임재상, 임형조, 노진갑)은 함께 만나서 전달하고 나이가 많은 사람 둘은 따로 찾아가 전달하였다(임재상).

이어 5월 25일에는 함평읍 장년리에 있는 월선마을과 백연마을에서 교육하고 보상금 분배를 하였다. 두 마을이 같은 리에 속하고 두 마을사람들이 같은 공소(장년공소)에 다니고 있어서 함께 공소에서 교육을 하였는데 52명이 참석하였다. 월선마을의 피해농가는 30호이고 피해금액은 46만 원이 조금 넘었고, 백연마을은 피해농가 20호에 피해액이 35만 원 가량 되었다. 두 마을의 피해농가수(50호)와 비슷한 수의 농민들이 교육에 참가하였다. 회장과 총무 그리고 지도신부가 강사로 나서 가톨릭농민회에 대해서 소개하고 그간의 투쟁과정을 설명하였다. 이어서 피해보상 원칙을 설명하고 보상금을 전달하였다. 그런데 월선마을에서는 조사과정에서 개인별 피해조사는 하였으나 조사집계과정에서 생산량, 출하량을 명시하지 않아서 실제 피해보상에 어려운 문제가 발생하여 누락자들의 항의에 부딪혔다.

성곡마을은 조사농가가 워낙 적어 교육을 하지 않고 전달하였다. 모영주의 친구를 통해 연결된 박병술이 어렵사리 5농가만 조사하였는데, 상층농에 속하는 한 농가가 피해금액이 훨씬 많았다. 그러다 보니 보상금을 분배할 때 영세한 농민들에게서 심한 빈축을 사기도 했다.

5월 26일에는 신광면 가덕리 가덕(가리)마을에 보상금 전달을 위해 예정된 장소인 그 마을 안에 있는 가덕교회를 찾아갔다. 이 마을은 피해조사농가가 12호였고 부패량은 없었고 대부분 피해가 감량 때문이었다. 생산량도 많지 않았고 수매량도 많지 않아 마을 총 피해액이 9만3천여 원이었다. 교회에 가보니 마을 사람들은 물론 피해 당사자들조차 한 사람도 나타나지 않았다. 당시의 조사책임자마저도 얼굴을 볼 수 없었다. 할 수 없이 조사책임자 집으로 찾아갔으나 집에도 없었다. 농민회 분회장 집을 찾아갔으나 그도 없었다. 수소문 끝에 모씨를 만나 물어보니, 마을사람들이 가톨릭농민회에 대해 무척 두렵게 생각하고 있으며 보상금을 받으면 혹시 또 무슨 보복이 있을까 하는 두려움 때문에 떨고 있다는 것이었다. 그래서 모임 장소도 제공해 주지 않고 보상금을 지급하러 온 회장단(및 실무진)을 만나는 것조차도 무척 두렵게 생각하고 있다고 하였다. 결국 보상금을 전달하지 못하고 돌아왔다(노금노, 1987: 83).

이날 가덕마을 사람들을 만나지 못하였지만, 회장단은 대동면 금산리 과목장 마을을 방문하여 피해보상금을 전달하였다. 과목장 마을은 작은 마을(12호)이고 이 마을에서는 서경원(회장)이 제값에 수매를 하였기 때문에 7호가 조사됐지만 피해농가는 6호였다. 조사 당시 손실금은 2천원 정도였고 미수금이 33만 4천여원 되었다. 즉 수매를 했지만 수매대금을 받지 못하여 그것이 피해액으로 남았다. 노금노 총무가 강사로 나섰고 이 마을에서는 가톨릭농민회 소개 없이 고구마피해보상투쟁 경과에 대해 설명하고 보상금 지급원칙에 대해 설명한 뒤 보상금을 전달하였다. 이 마을에서는 한 농가가 보상금의 거의 절반을 받았다. 그런데 이 농가는 과목장에 있던 동광원대표였고 그 지역에 동광원 땅이 많이 있었고 그래서 생산량과 피해액이 많았다.

5월 27일에는 월봉마을에 가서 교육을 하고 피해보상금을 전달하려고 하였으나 마을에서 거부하여 전달하지 못하였다. 이 마을은 4-H 활동을 했던 이석현이 조사하였는데, 피해조사를 해서 대책위에 넘긴 뒤에 그는 농민회와 단절하고 있었다. 본인은 보상받은 것이 없다고 하였다.

5월 28일에는 월야면 정산리의 신기마을에 보상금을 전달하러 회장단이 갔다. 월야(문장)공소에서 교육을 하였고, 교육에는 36명이 참석하였다. 이 마을의 피해조사농가는 23호였고, 피해액은 약 60만원에 달했다. 연합회장, 총무, 지도신부가 강사로 나서 가톨릭농민회를 소개하고 고구마사건의 경과를 설명하고, 이어서 보상금 배분 원칙을 설명하고 보상금을 나누었다.

이상과 같이 피해보상금을 전달하기 위해 교육을 하였는데, 그 내용은 연합회장이나 지도신부, 총무가 가농회를 소개하고 고구마사건의 경과에 대해 설명하는 것이었고, 교육에 참석한 농민들이 피해조사를 한 농민들보다 더 많았다.

오랫동안 당국으로부터 시달림을 받은 피해농민들 중에는 보상을 받고 나면 또 무슨 (보복)조치가 있지 않을까 두려워하기도 하였다. 그래서 가리(가덕)마을과 월봉마을의 경우 보상금을 전달하러 찾아갔다가 만나지 못하고 말았다.

그리고 조사에 응하지 않았던 피해농가들 중에서도 모든 피해농가에 보상이 나온 줄 알고 찾아와서 “우리 것도 나왔느냐?”고 묻기도 했다(대책위, 1978b: 35). 특히 조사한 뒤 중간에 빼달라고 한 농민들이 제일 먼저 와서 보상금을 받을 수 있는지 물어봤다. 이러한 점들에서 투쟁에 대한 무임승차 뿐만 아니라 승리한 투쟁의 결과를 쉽게 갖는 것조차 두려워하는 모습도 보였다.

그리고 보상금 전달과정에서 미처 예기치 못했던 여러 가지 문제들이 터져 나왔다. 성곡 마을에서는 극빈 영세농가들의 보상액보다 마을에서 비교적 넉넉한 살림을 꾸려가는 소위 유지급 농가들의 피해보상금이 월등히 많아 내막을 잘 모르는 대다수의 빈농들에게 심한 빈축을 사기도 했다. 또한 보상금 전달에 해당되지 않는 이웃마을 농민들이 왜 자기 마을은 조사를 하지 않았느냐, 자기네 마을도 극심한 피해를 봤다고 하면서 흥분하여 보상금을 지급하는 현장에까지 몰려와 항의를 하는 사태를 빚기도 했다. 물론 조사과정에서는 두려움 때문에 일부러 조사를 기피했던 마을에서도 이제 와서 보상금을 내놓으라고 억지를 쓰는 경우도 많았다. 그때 보상금을 분배하러 갔던 실무단이 “당신들은 왜! 투쟁하지도 않고 이제서야 그런 말들을 하시오!”, “이제라도 늦지 않으니 당신들도 피해를 보상해 달라고 떠들면 될 게 아니오”라고 하면 항의하던 농민들은 금방 시무룩해지면서 발길을 돌렸다(노금노, 1987: 82).

결국 가리마을과 월봉마을에게는 예정한 날짜에 피해보상금을 전달하지 못하고 우여곡절 끝에 7월 하순에야 그것도 아주 조심스럽게 전달할 수 있었다. 전달하지 못한 보상금[257]은 함평성당의 장홍빈 신

257) 노금노는 절반 가량을 전달하지 못했다고 한다.

부에게 맡겼고 신부는 한두 사람이나 몇 사람씩 오면 보상금을 전달하였다. 피나는 투쟁을 통해 쟁취한 피해보상금을 전달하는 사람들이 피해당사자들에게 받아 달라고 사정하는 꼴이었다. 그러나 피해보상금을 곧바로 받은 몇 마을에서는 보상금 중 일부를 갹출하여 농민운동을 하는데 쓰라고 카메라를 사서 농민회에 기증하였다.

6. 농협 비리 – 감사와 문책, 그리고 복권

1) 농협 감사

감사원은 함평고구마투쟁이 발생하여 전국적인 관심사가 되자 고구마 수매자금에 농안기금(농산물가격안정기금)이 포함된 것을 이유로 들면서 함평군 관내 군조합과 전 단위조합에 대하여 1978년 2월 14일 감사에 착수하였다. 하지만 감사반의 감사결과 기대한 것만큼 성과가 나오지 않자 인원을 증원까지 하면서 감사대상자들에게 매우 강압적인 수단을 동원하여 감사를 하게 되었다. 그리하여 감사 착수 일주일 정도 지난 1978년 2월 21일자 동아일보 사회면에 '가혹한 감사원 감사'라는 기사가 보도되었다.

이러한 보도가 나가자 감사원 감사반은 곧 감사를 중지하고 철수하였다. 이 보도로 인해 감사원이 청와대로부터 심한 질책을 받았고, 함평감사를 담당했던 감사반 책임자가 문책을 당했다. 이후 감사원은 농협에 대한 철저한 감사를 지시하게 되었고, 농협중앙회 판매부의 정책판매사업 담당자에게서 고구마 수매와 관련된 모든 관련 사항을 숙지한 후 많은 인원을 동원하여 전방위로 재감사에 착수하였다.

함평감사 이후 실시된 재감사는 300여 명의 감사인원을 동원하여 1978년 3월 초순부터 전남·전북·경남·제주 등 4개 도지부 관내 고구마 주산지 21개 군조합과 74개 단위조합을 대상으로 동시에 착수하였다. 이 전체 감사대상 가운데 전남에서는 8개 군조합 63개 단위조합, 조합원 14만4천여 명의 생산농가가 있었다. 그리고 13개 주정회사에 대해 주정원료로서의 고구마계통수매 및 인수실태를 조사하였다. 감사원 감사반은 도단위·군단위에 있는 행정기관(농협 사무실인 군조합을 이용하기도 함)에 감사반 사무실을 차리고 농협 관계자를 사무실로 부르거나 현장에 나가 직접 확인하는 방식으로 4월 22일까지 감사를 진행하였다. 재감사는 함평군조합에서 실시했던 감사 때의 분위기와는 전혀 달랐지만 엄밀하게 하려고 했던 것 같다(농협중앙회 전남도지회, 1991: 264~268).

감사결과 지적된 사항은 대부분의 군농협에서 비슷하였다. 고구마 계약재배 면적에서 농민실제 재배면적과 계통보고 계수와의 차이(허위보고), 상인이 개재된 부당수매, 주정회사에 허위인도 조작, 원인불명 대금망실 등이었다. 동아일보는 다음과 같이 감사결과를 보도하였다.

> 감사원 감사의 가장 큰 지적사항은 고구마 수매와 관련하여 농협이 80억 원을 유용한 것이었다. 전남북·경남북 농협도지부 산하 단위조합에서 1976년과 1977년 2년 동안 고구마 수매를 위장 또는 조작으로 농협자금 약 80억 원(생고구마 24만 6,000톤 상당)을 유용하였다는 것이다. 이는 고구마 허위 인수도와 관련된 것으로 농가로부터 고구마를 수매하거나 인도한 사실이 없는데도 고구마를 수매하여 주정회사에 인도한 것처럼 농협이 관계 서류를 허

위로 꾸며 놓고, 실제 수매의 경우에는 농가에 지급할 수매대금을 주정회사에 부당하게 지급했다는 것을 지적한 것이다.

감사원 감사결과에 따르면 농가로부터 제 때에 고구마를 직접 수매하여 주정회사에 공급해야 할 일부 단위조합이 주정회사나 중간상인과 결탁하여 중간상인으로부터 산 것을 농민으로부터 수매한 것처럼 꾸몄고, 현물을 수매하거나 인도한 사실이 없는데도 고구마를 수매하여 주정회사에 공급한 것처럼 관계 서류를 허위로 꾸며 농수산물가격안정기금의 일부가 들어있는 거액의 농협자금을 회사 측에 준 것으로 되어 있다.

이 같은 농협 측의 위법 처사는 농협 본래의 구판사업 취지에 어긋나고 용도가 지정된 자금을 목적 외에 사용해서 일부 주정회사는 이 같은 자금으로 주정원료로 사용이 금지된 밀가루 등을 뒷거래로 사서 원료로 쓰고 남은 일부를 사외에 유출하여 약 35억원의 세금을 면탈했고 양곡관리법과 주세법상의 원료사용 제한명령을 위반한 것으로 밝혀졌다.

〈중략〉 감사원은 이번 농협에 대한 고구마 실태조사 결과 관계직원 인책 고발 외에 부당하게 주정회사에 지급된 자금의 즉각 회수, 주정회사가 면탈한 세금추징, 양곡관리법 및 주세법을 어긴 주정회사에 대한 면허 취소 등 의법처벌, 주정가격의 재조정과 주정원료 수입관리의 철저 및 주정원료로 쓰이는 밀가루 상당량의 공급 삭감 등 소맥 수급계획 재검토 등을 농수산부와 재무부 장관에게 요청했다… 〈이하 생략〉 – 〈동아일보〉 1978년 5월 6일자

2) 농협 비리

함평고구마투쟁이 끝난 며칠 뒤인 1978년 5월 5일 낮 라디오 뉴스방송에서는 고구마사건에 관한 감사원의 조사결과와 함께 조치사항이 계속해서 흘러나왔다. 3년여 동안 그 많은 투쟁과정에서 주장한 농민들의 요구가 방송이나 신문을 통해 보도된 적이 거의 없었기 때문에, 현지 농민들은 처음 듣고는 신기해 했다.

노금노는 이것은 유신 제2기를 위해서 5월 18일 치루는 소위 '통일주체국민회[258]의 대의원' 선거용이라고 생각했다. 고구마사건을 대대적으로 터뜨리고 선전함으로써 마치 현 정권이 부정부패에 대해서 단호한 척결의지가 있는 것처럼 국민에게 인식시켜 일시적 지지를 획득하려는 속셈이 있지 않을까 의심하였다(노금노, 1987: 72).

이튿날 5월 6일에는 전국의 모든 중앙지(동아, 한국, 조선, 신아, 중앙, 서울경제 등)는 물론 각 지방의 신문(전남일보)에는 '농협 고구마수매자금 80억 유용', '단군 이래 최대의 부정사건', '농협 임직원 6백 59명 무더기 징계' 등의 제목으로 사설과 함께 대서특필되었다.

그에 따르면 감사원은 단위농협이 중간상인들(주정회사)과 결탁하여 상인에게 산 것을 농민에게 수매한 것처럼 하여 농협자금 80억 원을 유용했다는 것을 밝혀냈다. 농가로부터 제때에 고구마를 수매하여 주정회사에 공급해야 할 농협이 주정회사나 중간상인들과 결탁하여 농민들로부터 직접 사들이지 않고 일부 수집상들로부터 사들여 이를 직접 수매한 것처럼 가장했고, 또한 전혀 현물을 공급하지 않았는

258) 유신헌법에 의거해 설치되었던 헌법기관으로 국민이 직접 선출한 대의원들로 구성됐는데 대통령을 선출하는 관제기구의 역할을 하였다.

데도 공급한 것처럼 관계 서류를 허위로 꾸며 수매자금을 유용함으로써 고구마 생산농가에게 경제적 손실과 정신적 고통을 안겨주었다는 사실을 확인해 주었다.

농협 고구마 수매 80억 유용

감사원 전남북, 경남북 단위조합 감사

주정회사, 중간상과 짜고 서류 조작

전남북, 경남북 농협도지부 산하 단위조합에서 지난 76년과 77년 2년 동안 고구마 수매를 위장 또는 조작, 농협자금 약 80억 원(생고구마 24만 6천 톤 상당)을 유용한 사실이 6일 밝혀졌다. 감사원은 지난 2월 15일부터 4월 22일까지 농협 4개도지부 등에 대한 감사결과 이 같은 사실을 밝혀내고 농협 도지부장 한 명을 포함한 농협직원 2백 2명을 해임 해직했고 정직 12명, 감봉 247명, 견책 1백 13명, 경고 85명 등 모두 6백 59명의 농협직원을 인책 징계토록 조치했다.

감사원 조사결과에 따르면 농가로부터 제때에 고구마를 직접 수매하여 주정회사에 공급해야할 일부 단위농협이 주정회사나 중간상인과 결탁하여 중간상인으로부터 산 것을 농민으로부터 수매한 것처럼 꾸몄고, 현물을 수매하거나 인도한 사실이 없는데도 고구마를 수매하여 주정회사에 공급한 것처럼 관계서류를 허위로 꾸며 농수산부 가격 안정기금의 일부가 들어있는 거액의 농협자금을 회사 측에 준 것으로 돼 있다.

이 같은 농협 측의 위법처사는 농협 본래의 구판사업 취지에 어긋나고 용도가 지정된 자금을 목적 외에 사용해서 일부 주정회사는 이 같은 자금으로 주정원료로는 사용이 금지된 밀가루 등을 뒷거래로 사서 원료로 쓰고 남은 일부를 사회에 유출하여 약 35억 원의 세금을 포탈했고 양곡 관리법과 주세법상의 원료 사용제한 명령을 위반한 것으로 밝혀졌다.

주정회사에서 주정원료로 고구마가 아닌 밀가루를 썼을 때는 주정 1드럼에 고구마보다 1만7,8천원에서 3만 6~7천원까지, 당밀을 원료로 썼을 때는 4만 원에서 5만 9천원이 더 싸게 먹히는 것으로 알려졌다.

감사원은 이번 농협에 대한 고구마 수매 실태 조사결과 관계직원의 인책 고발 외에 ① 부당하게 주정회사에 지급된 자금의 즉각 회수, ② 주정회사가 면탈한 세금추징, ③ 양곡관리법 및 주세법을 어긴 주정회사에 대한 면허취소 등의 법 처벌, ④ 주정가격의 재조정과 주정원료수입관리의 철저 및 주정원료로 쓰이는 밀가루 상당량의 공급삭감 등 소맥수급계획 재검토 등을 농수산부와 재무부장관에게 요청했다.

감사원이 고구마 수매실태를 조사한 것은 '일부지역에선 농민들이 데모까지 있었고 감사원과 청와대 관계 당국에 진정이 잇달았기 때문인 것'으로 알려졌으며, 동우산업 등 13개 주정회사에 대해서는 경찰 당국에서 조사를 진행 중이며 위법조치로 고발된 사람은 검찰에서 따로 수사를 하게 될 것이라고 감사원 당국자가 밝혔다.

감사원은 3백여 명의 감사인원을 동원하여 농협 4개 도지부의 21개 조합, 1백 74개 단위조합 및 그 조합원 14만 4천여 고구마 생산농가와 13개 주정회사에 대해 주정원료로서의 고구마 계통수매 및 인수실태로 조사했었다. – 〈동아일보〉 1978년 5월 6일자 그리고 다른 지역에 비해 농협 전남도지부의 부정규모가 가장 컸던 것은 전북, 경남북 등지에 고구마 흉년이 들자 전국 13개 주정회사가 고구마 주산지인 함평, 여천, 무안, 고흥, 승주군 농협과 계약을 맺음으로써 수매량이 평년보다 훨씬 늘어났기 때문이었다. 감사결과 1976년과 1977년 2년 동안 전남지역에서 고구마 수매를 위장 또는 조작, 농협자금을 유용한 액수는 30~40억 원에 이르렀다. 전체 부정수매 액수의 거의 절반이 전남지역 농협에서 부정수매한 것이었다.

게다가 그 이후에 주정회사들은 주정원료를 수입해서 사용하는 것은 물론 고구마 대신 밀가루를 사용하기도 하였다.[259] 당연히 고구마 수요는 급감했고 생산량도 급감했다.

이상과 같이 고구마사건은 신문지상에 보도된 것만 보더라도 전 국민은 물론 직접 투쟁을 담당했던 농민들도 놀랄 정도로, 많은 농협의 임직원이 책임을 져야 할 정도의 대형 부정사건이었다. 문제를 제기했던 피해농민들조차 이렇게 커다란 조직적인 부정행위가 있었다고는 생각하지 못했다. 그렇지만 고구마투쟁을 적극 전개한 함평피해농민들 이외에 수많은 농민들의 피해에 대해서는 언급이 없었고, 다른 피해농민들은 전혀 보상받지 못했다.

3) 문책

감사대상 각 군조합의 경제상무, 전무, 군조합장까지 모조리 해임 및 조건부 징계 해직으로 결정되었다. 해당 단위조합은 말할 것도 없이 단위조합장의 무더기 해임, 기타 관련직원들의 해직 및 중징계로

259) '불법 원료 사용, 된서리 맞은 대전주정,'(〈경향신문〉, 1978. 6. 22.)

전국적으로 659명이 징계를 받았다. 4개 도지부 중에서 전남이 262명으로 가장 많은 인원이 징계를 받았다.

〈표-24〉 고구마수매조작 관련 문책 상황표

구분		문책					
		해임면직	정직	감봉	견책	경고	계
단위조합	조합장	108				35	143
	상무	5		12			17
	기타	26	9	221	69	36	361
	계	139	9	233	69	71	521
군조합	조합장	11				1	12
	전무	20				1	21
	차장	2			4		6
	상무	20		1	9		30
	기타	9	1	8	18	5	41
	계	62	1	9	31	7	110
도지부	지부장	1		3		3	7
	부지부장		1	1	2		4
	과장		1	1	11	4	17
	기타						
	계	1	2	5	13	7	28
합계		202	12	247	113	85	659

– 자료: 『한국종합농협운동50년』, 176쪽.

농협을 떠나게 된 해임·면직자는 202명이었다. 전남지역에서는 도지부장, 부지부장, 차장(2명 가운데 1명)이 5월 6일과 7일 해임면직되었고, 함평군조합장은 5월 8일 해임면직되었다. 함평군내 10개 단협 가운데서는 8개 단협(함평, 신광, 학교, 엄다, 대동, 나산, 해보, 월야) 조합장이 5월 7일과 8일에 해임면직되었다. 조합장이 해임되지 않은 조합은 2개로 손불면 단위조합과 나산면 수하리 리동조합이었다. 수하리 리동조합은 우수조합으로 표창을 받아서 모범농협이었다. 유통사업, 가공공장, 도정공장 등을 하며 우수조합으로 꼽혀서 리동조합이 면단위 단위조합으로 통합될 때 그대로 남아 있다가, 나중에 나산면 농협으로 통합되었다. 손불면에서도 고구마가 생산되었는데 기존 조합장이 해임면직되지 않고 계속 자리를 유지하였다.

단협에서 상무나 기타, 군조합에서 전무, 차장, 상무, 기타에 속한 사람들도 해임면직되었다. 단협에는 조합장 밑에 상무가 있었고, 상무 밑에 4대 부장(경제부장, 지도부장, 판매부장, 신용부장)이 있었다. 부장 중에서는 경제부장이 고구마관련 수매사업을 담당하였고, 감사에서 주요 감사대상이 되었으며, 학교면의 서동열이나 합평읍의 양천대 등이 있었다. 전체로는 단위조합에서 조합장이 108명, 상무 5명, 기타 26명이 해직되었는데 기타로는 경제부장들과 그 밑에 있는 판매계장들이 해임면직되었을 것으로 보인다.

군조합에는 조합장 밑에 전무, 차장, 상무, 기타 직원이 있었다. 전무는 업무를 총괄하였고 차장은 지도참사라고 했는데 읍면조합을 관리하였다. 상무는 경제상무, 신용상무가 있었다. 전체로 군조합장 11명과 전무와 상무가 20명씩, 차장(지도참사)이 2명 기타 9명이 해임면직되었다. 즉 군조합에서는 전무와 상무가 주로 해임면직되었다. 그리고 기타 해임면직된 사람들은 고구마수매관련 일을 하였던 경제부장들이 해임면직되었을 것으로 보인다.

당시 도지부단위 인사위원회에서는 사전에 기준을 정해준 그대로 통과시킨 것으로 징계당사자들은 생각하였으며 대부분 인사위원회에 불참하여 진술을 포기하였다. 참석하여 변명해 보았댔자 무슨 효력이 있을 것인가 생각했기 때문이었다.[260)]

그리고 한 달 이상 지난 뒤인 6월 17일 농협중앙회는 고구마 부정

수매사건과 관련 감사원 감사위원회의 해직통고에 따라, 본부이사급 2명과 부장급 3명(새마을부장, 판매부장, 검사부장) 등 5명을 해직하였다(〈경향신문〉, 1978. 06. 17). 이어 농수산부장관이 경질되고 농협중앙회장이 사퇴하게 되었다(〈경향신문〉, 1978. 06. 24).

4) 복권

피해농민들은 피해보상금을 받는 것조차 두려워하였고 실제로 받지 않으려고까지 하였다. 그만큼 1978년은 독재정권의 탄압정치가 극에 달해가고 있었다. 농협비리로 해임면직된 사람들은 불만이 있었지만 징계자에게는 항의하지 못하고 지역에서 농민회원들이나 운동에 참여했던 사람들에게 "너 때문에 쫓겨났다"고 하며 남의 탓을 하고 있었다.

단위조합장들은 단위조합 대의원 50여 명이 한두 사람을 선출하여 중앙회에 보고하면 그중에 한 사람(대부분 우선순위자)을 농협중앙회에서 임명하는 식이었다. 사실상은 임명직이었다. 그럼에도 형식상 선출직으로서 3년 임기를 지니고 있었다. 그런데 재임기간에 고구마 문제가 터져서 감독책임을 지고 물러나게 되었던 것이다. 조합장들은 정무직으로 직장에 복귀한다는 의미의 복권 대상이 되지 않았다.

전무, 상무 등은 독재정권 아래에서 강제로 해임면직된다는 느낌을 지니고 있었지만 항의하지 못하고 있었다. 전남지역에서 퇴직동인 전무, 상무 11명은 해직 7개월 후 1978년 12월에 협심계(協心契)라는 친목계를 결성하여 분기 1회 모임을 갖고 지냈다. 그런데 1979

260) 이런 점이 나중에 복권을 위한 소송의 빌미가 되었다.

년 10·26[261] 이후 사회 여건이 완전히 달라지고 있었다. 독재정권에 반대하다 권리를 박탈당한 사람, 학교를 떠났던 교수와 제적을 당했던 학생, 기타 독재정권의 억압으로 인한 피해자들이 원상 복귀하는 일이 벌어졌다.

이 때를 틈타 협심계 성원들(12명 중 광주에 10명이 있었다)은 1980년 2월 중순경 변호사를 대리인으로 선정하여 광주지법에 농협중앙회장을 상대로 징계해직처분 무효확인소송을 제기하였다. 재판을 통해 결국 1982년 4월 27일 대법원에서 원고측의 승소가 확정되었다. 징계해직 후 4년이 지나서였고, 약 3개월 뒤인 8월까지 전원 복직 발령되었다. 정년 연령이 지난 사람은 그동안의 급여를 전액 계산해서 받았고, 복직자들도 퇴직기간 동안 급여를 계산하여 기수령했던 퇴직급여금과 상계하고 잔액을 수령하였다.

여기서 그치지 않고 이들은 법정투쟁에서 승소했다는 소식을 전북·경남·제주의 해임면직자들에게 알려주어 각지에서 소송이 제기되었고 결국 모두 승소하게 되어 복직하거나 급여를 수령하였다(농협중앙회 전남도지회, 1991: 267~268).

단위조합장이나 군조합장, 도지회장은 정무직이라 해당이 안 되고, 전무나 상무, 기타 직책에 있던 농협직원들은 복권하여 복직하였다. 단위조합장들은 형식적으로 간선제를 통해 선출된 정무직이었기 때문이다.

해임면직된 202명 가운데 단위농협 조합장 108명과 군조합장 11명을 빼면 83명이었다. 단위조합에서 상무 5명, 기타(경제부장, 판매계원)가 26명, 그리고 군조합에서는 전무와 상무가 각각 20명, 차장

261) 이 날 독재자 박정희가 살해당하였다.

(지도참사) 2명, 기타 9명으로 51명이었다. 아마도 이 83명이 복권되었을 것이다.

당사자들은 무고하게 해임면직이란 징계처분을 받았다고 주장하지만 부정을 저질렀던 일을 따지지 않고 원상복귀하였다. 그런데 함평고구마투쟁에서 조사하여 피해를 확인한 피해농민들 이외에 다른 피해농민들에 대한 보상은 왜 안 되었는가? 요구하지 않아서 인가?

유화국면에서 해직자로 둔갑한 이들은 아무 일 없었던 듯이 제자리를 찾아갔다. 고구마투쟁의 대상들이기도 했던 농협직원들이 법제도를 통해 이렇게 복귀한 일은 고구마투쟁을 무색하게 만드는 것이었다. 당사자들은 부정행위[262]는 제도상의 문제였지 일선 담당자의 잘못만은 아니었으며, 조합의 실적을 높이기 위해서 한 것이었다고 강변하였다. 농협의 제도적 개혁을 가로막고 있던 사람들이 피해자 코스프레 하면서 문제를 숨기는 결과가 되고 말았다.

262) 핵심적인 부정행위는 출하증을 받아서 계통출하해야 하는데 제대로 안 하고 상인들에게 수매하게 한 것이다(상인개재사업). 신한제분에 수매한 것은 나오는데 생산증명은 안 돼 있었다. 감사가 나오기 전부터 농협에서는 이 문제를 알고 있었고, 나중에(감사 때)는 직원들이 생산 현장에 나가 농민들에게 생산증명을 받으며 서류를 만드느라 허둥지둥하였다. 즉 계통출하 하라고 했더니 상인에게 맡겨 수매하도록 한 것이었다(임재상).

6장 함평고구마 피해보상투쟁 이후

6장 함평고구마 피해보상투쟁 이후

1. 농민운동의 촉발

함평고구마투쟁은 관제농협의 부패상을 폭로하고 보상을 받음으로써 농민이 승리한 투쟁이었다. 이 투쟁은 전남지역은 물론 사회운동권 전체에 파장을 불러일으켰으며, 그 승리는 많은 민주화운동세력이나 민중세력에게 긍지를 느끼게 하였고, 특히 농민운동을 확산시키는 계기가 되었다.

그리고 함평고구마투쟁은 학생, 노동자, 농민, 빈민, 여성 등 유신독재에 저항하는 민주화세력들이 실천적 연대투쟁을 통해 결속력을 강화하는 계기가 됐으며 생존권 투쟁에서 반독재 민주화운동으로 승화돼 이후 민주화운동사의 큰 물줄기를 이루게 되었다.

운동조직의 측면에서 볼 때, 함평고구마투쟁은 이후 농민들의 정당한 요구는 받아들여질 수 있다는 각성의 계기가 됐고 가톨릭농민회, 기독교농민회의 조직 등 전국 각 읍면, 마을 단위에도 농민회 조직이 생겨나는 데 큰 계기가 되었다.

더욱이 함평고구마투쟁은 이후 강제출자거부운동, 조합장 직선제 서명운동 등 농협민주화운동(1977~1983)과 농지세제 시정운동(1981~1982), 농가부채 탕감운동(1985) 등 농민운동이 본격화되는 계기가 되었다.

이처럼 함평고구마투쟁은 1920년대 일제에 항거한 암태도 소작쟁의 이후 1970년대 초중반 꿈틀대던 농민운동을 더욱 촉진시켰으며 유신독재의 종말을 앞당긴 촉매제 역할도 했다.

한편 고구마투쟁이 끝나고 투쟁을 되새기며 5월 7일 '천주교정의평화위원회'에서는 언론인들에게 보내는 성명서를 발표하고 함평고구마투쟁에 대해 사실대로 보도할 것을 촉구하였다. 보상을 받은 농민 이외에 다른 농민들의 피해에 대해 문제제기하고 농민을 비롯한 서민대중이 부당하게 피해를 입는 현실을 사실대로 보도하지 않는다면 이 나라의 언론은 누구를 위해 존재하느냐고 질타하였다.(기쁨과 희망 사목연구소, 1997: 125). 한편 함세웅 신부는 5월 8일 '스스로 운명의 주인이 되는 삶을 살자'는 강론에서 함평고구마투쟁을 언급하면서 농민수탈과 노동자수탈의 유사성을 적시하였다. 그리고 전국지도신부단이 발표한 성명을 인용하면서 농민 스스로의 조직화에 의해서만 농민문제를 해결해 갈 수 있다고 설파하였다(기쁨과 희망 사목연구소, 1997: 126~128).

전국적으로 함평고구마투쟁은 널리 알려지게 되었고 투쟁의 승리사례로 회자되었다. 한편 전남지역에서 고구마투쟁 이후의 동향을 보면, 교회쪽 양심인사들이 주축이 되어 고구마 투쟁의 단식 중에 결성된 '전국농민인권위원회'가 전남지역에서부터 활동을 시작했다. 천주교 쪽에서 조비오, 김성룡, 정규완, 남재희, 정형달, 서상채 신부, 개신교 쪽에서 광주 NCC 인권위원회 위원장 이성학 장로, YWCA 조아라 장로, 류연창, 고민영, 은명기 목사들이 농민인권 문제에 깊은 관심을 갖고 농민운동을 지원하고 있었다.

5월 19일 오전 11시 광주시 화정동 피정센타 알뜰 잔디밭에 전남지역 운동단체 대표 및 관계자 20여 명이 모여 '농민인권위원회 전남지부'를 결성하고 지부장에 남동천주교회 김성룡 신부를 선출하였다. 이 모임의 첫 행사로서 5월 29일 밤 도청앞에 위치한 YMCA회관에서 '노동자·농민을 위한 인권기도회'를 가졌다. 이 기도회는 사실상 광산지역 삼도·본량 지구 경지정리사건과 보성·벌교 지역의 농지개혁사건을 해결하기 위한 방법으로 준비하였다. 고은 시인의 '역사와 민중'이라는 강의를 듣고 두 사건에 대한 고발이 이어졌다. 이 기도회가 끝나고 서경원, 최성호, 노금노가 연행되어 감금되었다가 농민인권위원회 활동가들의 노력으로 풀려났다.

1978년 7월 한 달 동안 전남지역 무안, 강진, 구례, 나주, 해남, 보성 등에서 하곡수매부정사건과 농협 강제출자 문제를 둘러싸고 벌어진 농민들의 집단적 저항이 30여 건을 넘어섰다. 여전히 농협의 부당한 행태가 이어지고 있었다.

1978년 11월 12일에 52명의 농민이 참여한 지역교육이 광주 광산 삼도공소에서 있었는데, 연합회 회장(서경원)이 농촌현장사례로서 고구마투쟁을 발표하였다. 이처럼 농민운동의 성공사례로서 함평고구마투쟁은 농민교육 현장에서 계속 회자되었다.

1979년 들어 씨감자 보상을 둘러싼 농민회 간부 테러 사건인 '오원춘(감자) 사건'으로 유신독재와 농민들이 다시 한 번 맞붙는다. 함평고구마투쟁에서 투쟁훈련을 한 농민들은 이번에는 훨씬 적극적으로 투쟁을 전개해 나갔다.[263] 이 사건은 때마침 발생한 YH여성 노동자 신민당사 농성사건 등과 맞물려 10·26 사태(독재자의 살해)를 촉발하는 결정적 원인으로 작용했다.

1976년 말부터 전개된 함평고구마투쟁은 전남지역 가톨릭농민회의 조직확대에 매우 중요한 영향을 미쳤다. 피해조사 과정에서 상당수의 농민들이 가톨릭농민회 회원이 되었을 뿐만 아니라, 1978년에 투쟁이 성공적으로 마무리된 이후에는 이에 고무된 많은 농민들이 가입하여 1979년에는 전남지역 신규가입회원 절반 가량(58명)이 함평지역에서 나왔다. 함평지역은 물론 전남의 여러 지역에서 농민회에 가입하는 수가 115명(전남 전체)[264]으로 크게 증가하였다. 즉 함평의 가톨릭농민회 뿐만 아니라 전남지역 가농의 조직역량이 크게 확대되었다.[265] 함평고구마투쟁이 "승리하고 나니까, 참 광주전남만 아니라 전국 농민운동 지도자들이 교육해 달라며 마을로 와달라고 요청이 오는데, 시간표를 정할 수가 없었어. 인력의 양적 폭발이 일어나더만. 그해 농민운동조직이 3배는 늘어났을 거야."(이강)

〈표-25〉 함평·전남지역 가톨릭농민회 신입회원 증감 추세

년도	가톨릭농민회 신입회원 수		함평/전남
	함평	전남	
1976	10	33	0.30
1977	10	51	0.20
1978	0	14	0.00
1979	58	115	0.50
1980	7	33	0.21

– 자료 : 76~77, 79~88 부분은 조영욱의 논문에 실린 통계표(한국가톨릭농민회 정회원 명부;1996)를 옮겨 실었고, 1978년은 가농 전남연합회 회원명부를 참조하였음.

---

263) 뉴스에서 농민들이 (투쟁에서) 죽창을 들고 나왔다고 하며 죽창의 등장을 알렸는데, 농민들이 다시 창끝을 잘라 죽장을 만들고 나와, 다음 뉴스에서 죽창을 죽장으로 정정하는 일이 있었다.

264) 전남연합회 회원명부에는 1979년 신규가입자 명단이 117명으로 기록되어 있다.

그리고 함평고구마투쟁을 계기로 농민운동가들은 춘천농민회 탄압사건 그리고 1979년에 터진 경북 안동 썩은 감자 씨앗 불하 사건(감자사건) 등의 투쟁을 더욱 적극적으로 결집하여 수행해 나갈 수 있었다. 그리고 이러한 농민운동의 전개는 YH여공 사건 등의 도시 노동운동과 함께 유신독재체제 반대 운동에 기름을 부었다.

그러나 크리스챤 아카데미 사건(1979년 3월), 오원춘 사건(1979년 7월), 남민전 사건(1979년 10월) 등으로 탄압이 심해진 1979년부터는 신규회원 수가 급감하여(7명), 광주민주화운동이 일어난 1980년까지 하강 추세(5명)가 이어졌다. 농민회에 가입해서 이익을 보호받을 수 있을 것 같은 상황에서는 많은 농민대중이 농민회에 가입하였지만 탄압이 심해지자 가입을 꺼려하게 된 것이었다. 1981년, 1982년을 거치면서 신규회원 수는 회복세를 보이지만 1984년부터는 함평지역에서 종교적 성격을 벗어난 독자적 농민조직의 결성이 추진된 관계로 가톨릭농민회 신규회원이 별로 배출되지 않기에 이른다. 즉 함평군 농우회(1985) 결성 이후에는 농민들이 가톨릭농민회 조직을 거치지 않고 농우회 조직에 곧바로 가입하였다(조영욱, 1998: 59).

실은 함평고구마투쟁은 농민운동에만 자극을 준 것이 아니었다. 고구마 투쟁의 승리 후에 "하루 저녁에 잠을 잘 수가 없을 정도로 바빴어. 승리를 한다는 거, 어마어마한 힘이 있더라고. 송기숙 교수가 나를 만나자고 해서 맥줏집에서 만났어. 슈퍼에서 맥주 마시고, 가맥 마시고 다섯 번 정도 했을까? 송 교수가 진실로 우리들한테 많이 배웠다는 거야. 지식인들이 교육의 지표를 거기서 얻었대. 송 교수 감

265) 함평협의회의 사업보고서에는 당시 상황을 "회원가입을 원하시는 분이 워낙 많아서 관리능력이 없을 것 같아 고민이 많다"고 표현하였다.

동을 받았대요."(이강) 함평고구마투쟁이 교육지표 사건에 영향을 주었다고 볼 수 있는 대목이다.

함평고구마투쟁의 승리는 다른 운동에 대한 이런 직접적인 영향은 물론 민주화운동 전체를 고조시키는데 기여했다.

2. 함평고구마투쟁 기억하기

함평고구마투쟁은 종결된 이후에는 이야기와 노래의 형태로 남아 이후 농민운동의 발전을 위한 문화적 자산이 되었다. 1년 반(햇수로는 3년)에 걸친 끈질긴 투쟁과 마지막 8일간의 집단적인 단식투쟁이라는 극한적 투쟁방식을 통해 한국전쟁 이후 농민들이 관과 맞서 싸워 따낸 최초의 승리였다. 이것은 농민운동 주도자들에게는 그만큼 자랑스럽게 되새기면서 의지를 고취시킬 수 있는 투쟁사례가 되었다. 농협의 부정부패에 대한 농민의 피해보상 요구 투쟁에 지나지 않았지만, 전후 최초로 집단적 농민투쟁에 의한 가시적인 승리를 따낸 싸움이라는 점에서 함평고구마투쟁은 농민들의 집단적 연대감 형성과 희망을 북돋기 위한 새로운 상징의 재료가 되기에 충분하였다(조영욱, 1998: 102).

이후 노동자와 농민을 위한 기도회나 미사에서는 함평고구마투쟁에 대한 언급이 빠지지 않았다. 1978년 5월 16일 서울 동대문 천주교회에서 열린 '노동자와 농민을 위한 신구교연합특별미사'에서는 함평고구마 사건을 언급하였다. 5월 29일에는 광주YMCA에서 기독교계 주최로 '농민노동자 안전을 위한 기도회'를 개최하였는데 전남지역 농민회원 25명이 참가하였고 함평고구마에 대해 언급하였다.

이어서 1978년 11월 27~28일 광주시 계림동천주교회에서 열린 '전국쌀생산자대회 및 추수감사제'가 전국에서 5백여 명의 농민이 참가한 가운데 개최되었다. 이 대회에서는 함평고구마투쟁 마지막의 단식투쟁 과정에서 결합하기 시작한 농민운동과 학생운동이 조직적으로 결합해 나갔다. 준비단계에서부터 학생들과 농민들이 함께 논의하고 준비하여 대회를 치렀다.

이틀째인 28일 문화행사에서 전남대학교 탈패인 민속문화연구회와 전남대 연극반이 함께 만든, 함평고구마투쟁을 극화한 마당극 '함평고구마'를 공연하였다.[266] 공연은 탈을 쓴 인물이 등장하여 사건진행의 핵심적인 뼈대만을 전달하고 그 핵심적 틀 안에서 농부들이 즉흥적인 재담이나 즉각적인 감정적 동조와 정서적 반응으로 서로 대거리하면서 사건진행의 핵심에서 벗어나기도 하고 사건에 접근해서 다시 진행하기도 하다가, 결국은 서서히 사건의 자초지종과 본질을 밝혀나가는 '이야기하는' 방식이었다. 그러므로 사건에 대한 단순한 전달만이 아니라 농민과 관객 사이를 반복적으로 넘나들면서 집단적인 정서적 공감을 이루고 관객을 투쟁농민으로 변화시켰다(김도일, 2016: 512~513). 함평고구마는 1980년 4월 서울대의 '관악제'에서도 공연되었다.

이어 1979년 5월 2일에는 '고구마 사건 전승 1주년 기념행사'가 전국에서 모인 300여 명의 농민들이 참석한 가운데 단식투쟁의 현장이던 광주 북동천주교회에서 열렸다. 고구마피해보상 1주년 기념미사로 시작된 행사에서 농민가를 입당 노래로 부르면서 윤공희 대주교의

266) 이 '함평고구마'는 광주·전남 마당굿의 효시라 할 수 있으며, 이를 계기로 극회 '광대'가 결성되어 이 지역 마당굿 운동의 흐름을 이루게 되었다(놀이패 신명, 1989: 36~47).

강론을 들었다. 강론에서 윤대주교는 "농민이 자신의 문제를 해결하기 위해 모이고 자기주장을 여러 사람에게 들리도록 하기 위해 외치는 것은 지극히 중요하다. 이러한 농민의 모임을 당국이 흩으려 해서는 안 된다"고 강조하면서 농민회의 발전을 기원하였다.

기념식 2부에서는 그때의 상황을 되돌아보는 시간을 가졌다. '고구마피해보상운동 경과'를 자세히 보고하고, 보상투쟁 과정에서 나왔던 성명서, 결의문들을 낭독하였다. 또한 농민들이 당면하고 있는 문제들을 다시 돌이켜 보는 시간도 가졌다. 벌교농지문제, 삼도단지 경지정리 문제와 크리스찬아카데미 관련자들의 구속사태 등을 자세하게 소개하여 농민운동이 나아가야 할 방향을 제시하며 투쟁의지를 북돋웠다. 그리고 참석자들은 농민이 인간답게 살 수 있는 그날까지 어떠한 고난과 탄압에도 굴하지 않고 농민문제 해결에 몸과 마음을 바칠 것을 다짐하였다.

이날 행사에서는 문병란 시인의 「절규」라는 시를 낭독하였고, 단식에 참여했던 농민들은 당시를 회상하며 개사곡 동지가[267]를 불렀다(노금노, 1986: 162~166).

그리고 참석자들은 '고구마 피해보상운동 참여자 일동'의 명의로 '우리의 다짐'이란 선언문에서 함평고구마투쟁 1주년을 맞아 여전한 농촌현실과 이를 바꾸기 위해 농민의식화와 권익신장을 위해 노력하겠다고 다짐하였다.

---

267) TV극 '전우(戰友)'의 곡에 개사를 하여 만든 동지가의 개사내용 : 생사를 같이 했던 동지여 정말 그립구나 그리워, 방망이 휘두르던 기동대 형제 너는 알겠지, 보상을 위해 단식을 했던 우리의 동지들이, 마지막 남긴 그 말 한마디 가슴을 울립니다, 우리는 죽어서도 고구마 정말 사랑했노라고.

우리의 다짐

– 고구마 피해보상 1주년을 맞으면서 –

1976년 농협이 고구마 수매약속을 불이행함으로써 생산농가가 입은 막대한 경제적 피해와 유린당한 인권에 대해 피해 농가들과 함께 보상을 요구하고 나섰던 우리들은, 계속되는 농협의 책임 회피와 무마술책에 분노를 참을 수 없어, 1978년 4월 24일에서 5월 2일 바로 이곳 북동 천주교회에서 700여 전국 각지 농민들의 동참 속에 기도회를 개최하고 집단항의와 결사 단식투쟁을 전개하여, 보상요구액 309만 원을 보상받고 "농협 고구마 수매자금 80억원 유용"이라는 엄청난 부정을 들춰냈다.

이는 늘 당하기만 해왔던 농민들이 스스로 쟁취한 값진 승리였으며 민주, 민생운동의 활력소가 됨으로써 농민운동사에 새로운 장을 마련하였다.

1년이 지난 오늘 우리는 "고구마 피해 보상하라, 농민도 인간답게 살 권리가 있다"고 외치며 단식으로 허기진 배와 떨리는 다리를 간신히 가누면서 손잡고 힘찬 활동을 다짐했던 바로 그 자리에 서 있다.

고구마 피해 농민들이 당한 고통과 문제해결을 위해 힘썼던 일들은 생각해 보면서 그 의미를 되새겨본 이 자리에서 우리는 오늘 농민이 처해있는 현실을 또한 생각해 보지 않을 수 없다.

수출제일주의 공업화로 일컬어지는 경제정책은 농민들을 계속 생산도구로 전락시켜 가고 있다. 출혈 수출과 이에 따른 저노임을 위한 생산비에도 훨씬 밑도는 저곡가 정책은 농민의 가계를 더욱 찌들게 하고, 쇠고기, 양파, 마늘 등 무절제하게 들여오는 농산물 수입은 우리가 생산한 마늘, 양파 값을 폭락시켜 창고에서 썩게 하고, 닭을 생매장해야 하는 비참한 상태로 농민을 떨어뜨리고 있다.

이런 상황에서 누구보다 농민보호에 앞장서야 될 농협은 온 국민의 지탄을 받았던 "고구마 수매부정사건" 이후 대오각성하고 체질변화를 하기는커녕 "신풍운동"의 구호만이 요란할 뿐 농민의 원성을 사고 있는 수입 농산물 판매에 급급하고, 비민주적 제도장치인 조합장 임명제의 굴레 속에서 출자강요, 공제가입강요 등 반민주적인 행위를 계속 자행하고 있다.

또 한편 지난해 노풍 강제권장으로 폐농을 한 농민들의 상처가 채 아물지 않고 있는데 올해도 역시 획일적인 강제 농정은 농민들로부터 씨앗 선택권마저 빼앗아 가고 있다. 이러한 어려운 조건과 불안 속에 빈집을 남겨둔 채 막연히 도시로 떠나는 농민행렬은 날로 늘어 지난 한 해 동안 100여만 명의 농촌 청장년들이 농촌을 떠났다. 겹겹이 몰려오는 생존의 위협에 농민은 당황하여 갈피를 잡지 못하고 있는 것이다.

이러한 상황을 절감하고 스스로의 자각과 농민의 자주적 협동의 힘으로 극복하고자 하는 농민운동은 어느 때보다 절실히 요청되고 있음에도 불구하고 오히려 심한 탄압을 받고 있다.

곳곳에서 농민 교육과 집회가 더욱 심한 방해를 받고 있고, 회원들이 회유 협박을 당하고 있다. 이 중대한 시점에서 우리는 다시 한번 지난 활동들을 분석 평가 반성하고, 앞으로 더욱 철저하고 정확하게 농민운동을 전개해야 됨을 절감하지 않을 수 없게 되었다. 따라서 우리는 고구마 피해 농민들의 짓밟힌 권익을 농민의 구체적인 힘으로 되찾은 1년 전 그날의 교훈과 결의를 되새기며 토지 문제, 농협 문제, 농산물 가격 문제와 반봉건적이고 비민주적인 문제 등의 농민문제 해결로 농민이 인간답게 살 수 있는 그 날까지 어떠한 고난과 탄압에도 굴하지 않고 농민의식화와 권익신장에 몸과 마음을 바칠 것을 다짐한다.

1979년 5월 2일

광주 북동 천주교회에서 고구마 피해 보상운동 참여자 일동

참여자들은 함평고구마투쟁(그리고 고구마수매부정사건) 이후에도 농협은 대오각성하고 체질변화를 하기는커녕 "신풍운동"의 구호만을 요란하게 울리며 수입 농산물 판매에 급급하고, 조합장 임명제의 굴레 속에서 출자강요, 공제가입강요 등 반민주적인 행위를 계속 자행하고 있다고 질타하였다. 이를 농민 스스로의 자각과 농민의 자주적 협동의 힘으로 극복하고자 하는 농민운동이 어느 때보다 절실히 요청되고 있다고 하면서, 농민의식화와 권익신장에 몸과 마음을 바칠 것을 다짐하였다.

1980년대 들어서도 광주민주화운동 이전까지는 '함평고구마사건'이 농민행사와 민주화운동 행사에서 곧잘 호출되었다. 5월 3일에는 노금노가 고려대에 가서 학생들을 상대로 함평고구마투쟁을 중심으로 '오늘의 농민 현실은 이렇다'는 강연을 하기도 하였다. 이처럼 함평고구마투쟁은 운동의 상징으로서 기억되고 활용되었다. 그리고 함평고구마투쟁은 시로도 승화되었다. 시인 문병란은 1979년에 '함평고구마'란 시를 써서 1980년에 발표하였는데 구테타 세력이 등장하여 5행이나 삭제당한 채 잡지(『실천문학』 1980년 3월호)에 실어야 했다.

전남지역 농민운동 주체들은 농민운동을 활성화하기 위해 함평고구마투쟁을 집합 기억으로서 대대적으로 활용할 계획을 세웠다. 농

민운동세력은 1980년 함평고구마투쟁 2주년을 맞이하여 5월 19일 광주에서 대대적인 시위를 계획하였다. 가톨릭농민회 전남연합회, 전남기독교농민회, 해남YMCA농민회 등을 주축으로 하여 농협민주화투쟁을 준비하였다. 독재자가 살해되고 다양한 운동이 분출되던 열린 민주화 공간에서 노동운동과 빈민운동 등 다른 부문운동이 활발하게 활동했던 것에 비해 활동이 미진하였던 농민운동은 국면전환을 위해 치밀한 준비를 하여 시위를 계획하였다.

"5월 19일 날 농민들을 모아서 대대적으로 행사를 추진해서 '민주화의 바람을 불어넣자'고 하며, 사실은 그때 당시 김대중을 초대할 정도로 큰 규모의 대회를 준비했죠." "함평고구마 사건은 그 때 당시로 끝났고 사회분위기가 민주화운동으로 나갔기 때문에 농민 쪽에서 가톨릭농민회 조직이 강하니까 이러한 조직에서 '천주교를 등에 업고 안에서 크게 행사를 한번 해보자'는 생각을 갖고 행사를 준비하고 있었다."(최성호)(5·18기념사업회, 2013: 587~588)

이를 준비하기 위해 1980년 4월 10일 가농본부 대전 사무실에서 가농 임시 이사회가 열렸다. 참석 이사들[268)]은 광주에서 열리는 농민대회의 행사 일정을 검토하고 내용을 확인하였다. 강제농정의 실태를 최성호가 비판하고 몇 사람이 현장고발을 하고 이어서 농정당국과 정당의 입장과 대책을 듣는 시간을 마련하고 김대중을 불러 30분간 이야기 하기로 하였다. 마무리에서 서경원이 농민에게 드리는 호소문을 낭독하고 유남선이 결의문을 채택하기로 하였다. 700여 명의 동원을 생각하였지만 홍보하면서는 더 많은 농민들이 오기를 기대하

268) 권종대, 최병욱, 김문식, 서경원, 이길재, 이용호, 정인재, 장태원, 신태근. 이중 앞에 5명은 북동 천주교회에서 있었던 농민의 기도회와 이어서 단식투쟁에 참여하였다.

였다.

가농 전남연합회가 주최가 되어 행사를 5월 19일[269]에 바로 고구마투쟁의 단식장소였던 광주 북동 천주교회에서 '함평고구마사건 전승 제2주년 기념식 및 민주농촌 실현을 위한 전남 농민대회'라는 이름으로 준비하였다.

함평 고구마사건 전승 제2주년 기념식 및

민주 농촌 실현을 위한 전남 농민대회(안내 유인물)

관제농협 해체하라!!

– 함평 고구마사건 전승 제2주년 기념식 및 민주농촌 실현을 위한 전남농민대회 –

일시 : 1980년 5월 19일 오후 2시

장소 : 광주북동천주교회(광주공용터미널 앞)

주최 : 한국가톨릭농민회 전남연합회

후원 : 전남기독교농민회 해남Y농민회

최성호는 당시에 가톨릭농민회 부회장으로서 이 행사의 준비위원장을 맡았고 준비를 하기 위해 5월 15일부터 광주에 와 있었다. 19일 북동 천주교회에서 치룰 행사를 준비했다. 가톨릭농민회에서는 동원계획을 짰다. 가톨릭농민회원, 광주시민까지 포함하면 약 2만 정도 모일 것이라는 생각을 가지고 준비했다. 가톨릭농민회에서는 경찰하고 부딪혔을 때 대책에 대해 논의하면서, "각 지역별로 협의회별로

269) 함평고구마투쟁의 농민기도회 날이나 단식투쟁일, 또는 보상금을 받은 날(4월 29일)에 맞추어 준비하려고 했는데 늦어져 5월 19일에 하기로 하였다.

밥을 싸가지고 오자," 그 다음에 경찰들이 최루탄을 쏘게 될 때 대책에 대해 논의하고 "농약살포용 동력분무기 5대를 각자 지정해 가지고 올라오자"고 하며 준비를 했다. 그리고 신부들을 만나고 각 협의회별로 동원계획을 짜고 외부 인사들을 접촉하고 그런 준비를 하고 있었는데, 5월 18일 날 광주민주화운동이 발발하였다.

전두환·노태우를 중심으로 한 쿠데타 세력은 마치 농민대회를 염두에 둔 듯 5.17 비상계엄확대조치를 발동하고 5월 18일을 기점으로 2,000여 명의 광주시민을 학살하는 만행을 저질렀다. 그와 더불어 군부세력은 모든 민주운동세력을 연행·구속하고 민주운동단체 활동을 정지시켰다. 5월 19일 계획은 무산되었고, 전날인 5월 18일이나 그 전에 광주에 와서 농민대회를 준비하던 농민들과 19일에 광주로 올라온 농민들은 광주민주화운동 과정에 휩싸이게 되었다.

그래도 지역에서 농민들이 올라오고 있었기 때문에 주최측은 19일에 행사장인 북동 천주교회에 갔는데, 이미 시내에서는 군인들이 마구 폭력을 행사하는 상황이었고 그 때 보안사 중령이 준비위위장인 최성호에게 찾아와서, "절대 안 됩니다. 여기 행사를 하면 수많은 농민들이 다치게 되니까 행사를 중지해주십시오"라고 했다. 그래서 "이 행사는 우리 가톨릭농민회만 하는 것이 아니라 신부님들하고 같이 계획을 짜고 행사를 하는 것이기 때문에 내 맘대로 할 수가 없습니다. 지금 이렇게 사람들이 올라올 수가 있으니까"라고 했는데, 바로 그 때 지역에서 올라온 농민들이 군인들의 최루탄과 폭력에 뿔뿔이 흩어지고 말았다. 물론 행사도 치를 수 없었다.(최성호)

이렇게 발발한 '광주민주화운동'은 이제까지 운동세력이 가질 수 있었던 상징의 한계를 훌쩍 뛰어넘은 상징자원으로 단단히 자리잡아 갔다. 만약 광주민주화운동이라는 압도적인 상징이 출현하지 않았더라면 함평고구마투쟁은 계속해서 농민운동뿐만 아니라 민주화운동의 압도적으로 중요한 상징자원의 위치에 남아 있었을 것이다(조영욱, 1998: 104).

3. 함평고구마투쟁의 계승

함평고구마투쟁은 승리의 기억과 운동의 상징을 획득하였으며, 나아가 농민운동세력의 역량 강화와 조직화를 통한 농민운동 발전이라는 농민운동의 방향을 제시하였다.

보상받아 승리했다는 것에 그치지 않고 투쟁과정에서 농협민주화에 대한 요구, 특히 조합장 임명제를 규정한 임시조치법의 폐지를 제기하였다. 그러나 그 제도적 요구(임시조치법 폐지)는 10여 년의 농협민주화운동 이후에야 실현되었다.

1) 농협민주화운동

1980년대 농협민주화운동은 1970년대에 해오던 농협의 각종 부당행위를 시정하는 활동을 계속하였다. 현장농민들은 강제출자문제, 비료조별판매문제, 영농자금배분문제 등을 내용으로 조합원의 의사를 반영하고 조합의 실태를 파악하여 협력방안 등을 모색하는 등 구체적인 활동을 벌였다. 점차 총대 선출이나 총대 회의에 농민들이 방청하면서 총대회의의 민주적 운영을 촉구하고 단위조합의 민주적 운영, 조합원의 의사 반영을 요구하였고 조합장 임명제를 규정한 임시조치법의 철폐, 조합장 선거제 실현 등을 제기하면서 농협개혁을 촉구하였다.

이러한 활동들을 결집하여 1983년 가농 본부에서는 '농협조합장 직선제 백만인 서명운동'을 시작하였다. 가농이 주도하여 연합회별로 추진결의대회를 개최하고 서명을 받았고, 가농 각 지역협의회와 분회에서는 서명운동에 대한 대책회의와 학습, 현장교육을 실시하고 서명운동을 전개하였다. 서명운동의 여파는 컸고 당국은 전 행정력을 동원하여 서명운동을 방해하려고 하였다. 그럼에도 불구하고 농협조합장 직선제라는 화두는 위력을 발휘하고 있었다. 기농도 가농이 주도한 농협조합장 직선제요구 백만인 서명운동에 적극 연대하여 함께 실천했다.

서명운동의 여파 속에서 농민들은 조합장 후보선출과정에 주민의 뜻을 반영하기 위한 예비투표 실시, 개정된 규칙에 따른 조합장 후보 선출 실태조사, 운영상의 비리 사정, 농협 입출고료 시정 등의 활동을 해 나갔다. 더욱이 농민들은 함평·무안농민대회, 추수감사제 및 농민대회 등을 통해 농협문제를 제기해 나갔다. 전국단위에서는 농협문제 토론회가 열렸다. 이후 현장 단위에서 단위농협의 부정부패 시정활동을 적극 전개해 나가면서 민주농협 쟁취운동을 활발히 전개해 나갔다.

1987년 들어 농민운동은 더욱 활성화되었고 특히 기존 농민회조직들이 조직통일을 하면서 군단위 대중조직이 건설되었고, 그 전후로 면단위농민회가 활발히 건설되었다. 이 시기에 지역별 단일조직과 더불어 계층별, 요구별, 작목별 농민조직의 결성도 활발히 이루어졌다. 더욱이 1987년 노동자농민대투쟁을 계기로 '민주헌법쟁취국민운동본부' 산하에 전국단위에서 농민위원회가 조직되었고 지역별로도 조직되었다. '민주헌법쟁취국민운동 전남농민위원회'는 '조합장직선제 및 쌀 한 가마 10만 원 쟁취를 위한 1단계 투쟁기간'을 선포하고 서명운동을 시작했다.

이러한 조직활성화와 조합장직선제 서명운동에 발맞추어 읍면단위에서 '농협민주화추진위원회'가 지역농민들이 참여한 가운데 결성되었다. 농협민주화추진위원회라는 투위구조가 읍면단위로 확산되면서 지속적이고 다발적인 투쟁과 단위농협회의실, 농협앞마당 등 생활현장에서의 투쟁이 전개되었다. 더욱이 농협민주화투쟁은 당시 활성화하고 있던 수세거부투쟁과 결합하여 더욱 활성화되었다. 농민들은 농협민주화추진위원회 주관으로 농민대회를 개최하였으며, 이를 통해 임시조치법 철폐와 조합장 직선제를 목표로 활동해왔다. 각 지역에서 민주농협 쟁취를 위한 유인물 가두배포, 대자보, 가두방송 등의 홍보선전 활동과 서명운동을 전개하였다.

이러한 농민들의 광범한 농협민주화 투쟁과 1987년 노동자농민대투쟁의 발발 속에서 농협민주화의 제도적 장치를 마련하려는 움직임이 일었다.

2) 농협민주화의 제도적 장치

농협의 설립은 해방과 정부 수립 후 농촌경제를 재건하기 위한 핵심적인 수단이었다. 1958년 최초의 협동조합법에 의해 경제사업만 담당하는 농업협동조합과 특수은행인 농업은행이 설립되었다. 그리고 농업협동조합의 최일선 농협으로 이동(里洞)조합(나중에 읍면 단위조합)이 설립되었다. 쿠데타를 통해 집권한 독재정권은 1961년 8월 두 기관을 통합하여 신용사업과 경제사업을 겸영하는 농협중앙회라는 종합농협체제의 농협을 창립하였고, 농협은 단위조합–시군농협–

도지부–농협중앙회 체제로 운영되어 왔다.

읍면 단위농협, 시군 및 특수 농협은 자신들의 연합체가 아니라 별도의 독립된 자본금을 가진 특수법인으로 설립된 농협중앙회의 회원조합으로 의무적으로 가입하고 중앙회는 이들을 지도 육성하고 감독하는 상급기관이 되었다. 회원조합(단위조합)은 중앙회 산하기관과 같은 성격의 하부조직이 되었다. 정부는 모든 읍면에 단위농협을 설립하고 모든 농가를 농협에 가입하도록 했으며, 중앙회장은 대통령이, 시군과 단위농협 조합장은 중앙회장이 임명했다. 이러한 임명제 아래에서 농협은 무늬만 '농민들의 자주적인 협동조직'이었지 반(反)협동조합적이고 비민주적이었고 명분과 실제가 다른 '관제농협'이 되었다. 즉 준정부기관이었다. 따라서 국제협동조합 조직에도 가입하지 못하였다.[270)]

이러한 농협이 지닌 반농민성은 함평고구마투쟁을 통해 여실히 드러났다. 이후 농민들의 농협민주화운동이 지속되어 왔고 1987년 노동자농민 대투쟁을 계기로 그동안 비민주 악법으로 지탄받아왔던 농협법 개정에 대한 논의가 진행되었다. 결국 임명제를 규정했던 '농업협동조합임원 임면에 관한 임시조치법'을 폐지하고 조합원들이 직접 투표를 통해 조합장을 선출하는 것 등을 골자로 한 개정 농협법이 1988년 12월 31일 공포되었다. 이어 1989년 3월에 각 단위조합장 선거가 치러졌고 4월에는 단위조합 조합장들의 직접투표로 농협중앙회장을 선출하였다.

가농이 1972년 출범하면서 제기했고 함평고구마투쟁이 지향했던

270) 회장이 대통령에 의해 임명되는 것을 문제 삼아 국제협동조합 기구에서 한국의 가입 승인을 받아주지 않아 결국 준회원으로 가입해 있었다.

'농협민주화'를 이루어나갈 제도적 장치가 26년이 지나서야 만들어졌다. 그러나 이러한 제도화는 '농민을 위한 농협'으로 나아가기 위한 첫 발자욱일 뿐이었다.

당신들이 싸워온 결과 미래세대가 이렇게 더나은 세상에 살고 있습니다

1976년 11월 초에 시작되어 1978년 5월 2일 일단락된 함평고구마 피해보상투쟁은 함평지역에서 발발한 작은 사건이었지만 가농회원을 비롯한 농민들, 가농 전남연합회, 전국가농(그리고 지역연합회들), 사회운동 세력들이 총결집하는 민주화운동이 되었다.

함평고구마투쟁을 기념화하고 상징화하는 것도 중요하겠지만, 그러기 위해서라도 그 전개과정을 작은 이야기부터 큰 이야기까지, 현장의 움직임에서 전국단위의 움직임까지 파악하고 정리해 보려고 하였다. 당시 활동했던 운동가들이 점차 기억력과 언어구사능력을 상실해 가고 있는 상황에서 당시를 생생하게 그려내기가 쉽지 않았다. 다행히 여러 투쟁 당사자들이 정정하게 버티시며 적극 협력해 주셨다.

그리고 왜 함평에서 사건이 일어나고 더욱이 투쟁으로 이어졌는가에 대한 적극적인 해명을 위해서 당시 함평지역의 농민운동 상황에 대해서도 탐구하고 정리하고자 하였다. 뚜렷한 인과관계로 설명할 수 없었지만, 당시 전남지역 및 함평지역 농민들의 열렬한 활동을 기록하는 것만으로도 마음이 뭉클하였다.

살아있는 역사를 구성해 내야 할 필요성을 다시금 느꼈다. 그래서 크고 작은 투쟁 흐름 안에서 개인 농민들의 활동과 일상을 드러내고 싶었다. 더 이상 이념과 정의에 입각한 굳은 마음으로 하는 운동이 아니라, 농사현장에서, 투쟁현장에서 결연한 자세 속에서도 삶의 즐거움을 표현해내는 농민들의 모습을 조금이나마 그려내고 싶었다. 하지만 너무 기록물을 조립한 수준에 머문 것이 아닌가 생각된다. 투쟁에 참가한 농민들과 활동가들에게 기록물을 드린다는 작은 마음조차 지닐 수 있게 되어 감사하다.

드러난 분들뿐만 아니라 이름도 없이 기록되지 않았지만 삶을 바꿔가려 투쟁했던 수많은 농민들과 활동가들에게 당신들이 싸워온 결과 미래 세대가 이렇게 더 나은 세상에 살고 있다고 꼭 말씀드리고 싶다.

참고문헌

5·18기념재단, 2006, 『5·18의 기억과 역사2』(사회활동가 편), 심미안.

5·18기념재단, 2009, 『5·18의 기억과 역사3』(농민운동가 편), 심미안.

5·18기념재단, 2013, 『5·18의 기억과 역사5』(천주교 편), 심미안.

5·18기념재단, 2014, 『5·18의 기억과 역사6』(사회활동가2 편), 심미안.

가톨릭농민회 광주연합회·우리농촌살리기운동 광주본부·천주교광주교구 농민사목, 2013, 『한국가톨릭농민회·우리농촌살리기운동본부 40년사, 1-2』(가톨릭농민회 광주연합회·우리농촌살리기운동 광주본부 ·천주교광주교구 농민사목).

가톨릭농민회, 1977, 『농협실태조사연구보고서』(가톨릭농민회 조사연구 총서) 5집.

가톨릭농민회 50년사 편찬위원회, 2017, 『가톨릭농민회 50년사 1,2』, 리북.

강승희, 2010, "한국 신용협동조합 운동 50년," 『한국협동조합연구』 21-1, 2010, 153.

기쁨과 희망 사목연구소, 1997, 『암흑 속의 횃불』, 가톨릭출판사, 125.

김도일, 2016, "문화예술운동 마당극," 『민주장정100년, 광주·전남지역사회운동사 문화예술운동』, 2016, 512~513.

김동주, 2000, "1970년대 박정희 정권의 원료농산물 증산정책과 가공기업의 활동 - 주정기업의 고구마 수급을 중심으로 -," 한국사연구(188), 2020. 3, 363~409.

김영택, 2011, 『2011 함평문화 순회강연회 - '함평 고구마 사건' 연구』, 함평문화원.

김원석, 2015, "맨발의 성자 이현필 그리고 동광원에 대한 연구," 협성대학교 석사논문, 2015, 47~59.

김태일, 2005, "1970년대 가톨릭농민회와 농민운동," 차성환 외, 『1970년대 민중운동 연구』, 2005, 449~524.

노금노, 1986, 『땅의 아들 1』, 돌베개.

노금노, 1987, 『땅의 아들 2』, 돌베개.

노금노, 2014, 『땅의 아들 3』, 돌베개.

놀이패 신명 엮음, 1989, 『전라도 마당굿 대본집』, 들불.

농협동인회, 2017, "혹독한 대가 치른 절간고구마 수매 – 함평고구마사건," 『한국종합농협운동50년 I』, 농협동인회, 2017. 169~184.

농협중앙회 전남도지회, 1991, "고구마 販賣事業의 試練," 『전남농협30년사』, 1991, 264~268.

배병룡, 1996, "유신체제하 농민운동의 확산과 성공 – 함평 고구마 피해보상 운동사례를 중심으로," 『현대사회』(현대사회연구소) 43, 130~144쪽.

서경원, 2003, "잃어버린 진실 – 함평고구마사건," 『기억과 전망』, 2003년 여름호, 215~229쪽.

손석조, 2019, "한국 신용협동조합운동과 천주교," 『가톨릭평론』 19, 2019, 136~149.

신협중앙회, 2020, 『한국신협운동 60년사』, 디자인소호.

엄영애, 2007, 『한국여성농민운동사』, 나무와 숲.

윤수종, 2015, '영원한 개량 – 전남지역YMCA농민회의 활동', 『농촌사회』 25-1, 2015.

윤수종, 2018, 전남지역 기독교농민회의 조직과 활동, 민주주의와 인권 18-4, 2018: 229~234

윤수종. 2010. "1970년대 이후 주류 농민운동의 형성과 도전." 『농촌사회』(한국농촌사회학회) 20-1, 47~87쪽.

이상록, 2019, "1979년 크리스챤 아카데미 사건을 통해 본 한국의 인권 문제," 역사비평, 2019, 64~110.

이우재, 1991, "내가 겪은 사건2 – 1979년 크리스찬 아카데미 사건," 『역사비평』 1991, 306~323.

이우재, 1986, 『한국농민운동사』, 한울.

이임하, 2005, "1970년대 크리스챤 아카데미 사건 연구," 차성환 외, 『1970년대 민중운동 연구』, 2005, 535~565.
장상환, 2001, "1970년대 사회운동과 크리스찬 아카데미 교육," 『이론과 실천』 1~9쪽.
정호기, 2021, "농민정체성의 형성과 운동조직의 전환," 『지방사와 지방문화』 24-1: 84~94.
조영욱, 1998, "1970년대 함평농민운동의 연결망과 의미구성과정에 관한 연구." 서울대 언론정보학과 석사논문.
조영호, 1984, "함평군 고구마사건," 한승헌 외, 『유신체제와 민주화운동』, 춘추사, 171~185.
최성호, 2021, 『지구의 중심은 나다』, 새날.
최재율, 1978, "한국 4-H 구락부 운동의 진단과 방향," 전남대학교, 1978.
한국 4-H 연맹, 1998, 『한국 4-H 운동 50년사』, 동양인쇄.
한국가톨릭농민회, 1984, "함평고구마사건," 명동천주교회, 『한국가톨릭인권운동사』, 439~456쪽.
한국가톨릭농민회, 1999, "함평고구마사건," 『한국가톨릭농민회 30년사(1966~1996)』, 222-238쪽.
함평고구마사건피해보상대책위원회(대책위), 1977, "함평군 고구마사건 경과보고," 1977. 4. 22.
함평고구마사건피해보상대책위원회(대책위), 1978a, "함평군 고구마사건 경과보고," 1978. 4. 24.
함평고구마사건피해보상대책위원회(대책위), 1978b, "함평고구마 피해보상운동," 『함평고구마피해보상운동 - 활동사례 2집』.
황광우, 2022, 『그 시절, 광주 사람들 - 혁명가 박석률과 그의 벗들』, 심미안.

민주화운동기념사업회 사료관 관련 자료들.

함평고구마 피해보상투쟁

초판1쇄 찍은 날 | 2022년 11월 3일
초판1쇄 펴낸 날 | 2022년 11월 8일

지은이 | 윤수종
펴낸곳 | 심미안
등록 | 2003년 3월 13일 제 05-01-0268호
주소 | 61489 광주광역시 동구 천변우로 487(학동) 2층
전화 | 062-651-6968
팩스 | 062-651-9690
전자우편 | simmian21@hanmail.net
블로그 | blog.naver.com/munhakdlesimmian

값 | 30,000원
ISBN | 978-89-6381-404-9 03300

·잘못된 책은 바꿔드립니다.